诞生地【上】

寻找中共在上海的红色基因

徐觉哉 著

上海科学技术文献出版社

图书在版编目（CIP）数据

诞生地 : 寻找中共在上海的红色基因 / 徐觉哉著.
—上海：上海科学技术文献出版社，2024
ISBN 978-7-5439-8941-2

Ⅰ.①诞… Ⅱ.①徐… Ⅲ.①革命纪念地—介绍—上海 Ⅳ.① K878.2

中国国家版本馆CIP数据核字（2024）第 015495 号

策划编辑：张　树
责任编辑：王　珺
封面设计：钱　祯

诞生地：寻找中共在上海的红色基因
DANSHENGDI: XUNZHAO ZHONGGONG ZAI SHANGHAI DE HONGSE JIYIN
徐觉哉　著
出版发行：上海科学技术文献出版社
地　　址：上海市长乐路 746 号
邮政编码：200040
经　　销：全国新华书店
印　　刷：商务印书馆上海印刷有限公司
开　　本：787mm×1092mm　1/16
印　　张：43.25
版　　次：2024 年 4 月第 1 版　2024 年 4 月第 1 次印刷
书　　号：ISBN 978-7-5439-8941-2
定　　价：398.00 元（上下册）
http://www.sstlp.com

前 言
FOREWORD

　　走在上海这座魔都的大街小巷，不经意间便会在繁华都市的闹区或幽静石库门弄堂的深处，发现各种建筑物上的铭牌和二微码，它会告诉你那里所承载的历史记忆，并向你讲述革命和战争年代曾经发生过的一幕幕惊心动魄的历史场景。俄罗斯作家果戈里说过："建筑是世界的年鉴，当歌曲和传说都缄默的时候，只有它还在说话。"是的，当峥嵘岁月终成翻阅过后的历史一页，只有文物建筑、革命遗址还在续写着昔日的风采，诉说着过往的故事。一座城市不仅需要蓬勃向上的生命力，更需要历史文化的积淀以及从中焕发出的一种精神。

　　上海是一座具有光荣革命传统的城市，有着丰厚的红色基因。寻找中共在上海的革命遗址和旧址，就是为了挖掘和保存这一红色历史文脉，竖起不可磨灭的永恒丰碑。据上海市人民政府公布的《上海市红色资源名录》，重点旧址、遗址、纪念设施或场所类，共612处，它们为上海红色文化的传承奠定了重要基础。这些革命遗址和旧址可归纳为七大内涵，即中国共产党的诞生地、党的重要会议举办地、中共领导机构所在地、政治家革命活动居住地、早期工人运动发祥地、思想文化战线主阵地和隐蔽战线斗争聚焦地。本书按照这七大部分，在实地考察和文献考证的基础上，寻找了上海61处在中共历史上具有重要意义的革命遗址和旧址，用文字和图片记录了文物建筑背后饱经风霜的遗存，以唤起那些不该被时代忘却的历史记忆：

　　——100年前，在那个需要漂洋过海去看世界、寻求真理的年代，一批优秀的中华儿女在留法勤工俭学的大潮中义无反顾、勇往直前。而位于上海公共租界白克路（今凤阳路）562号的"寰球中国学生会"，借此时机建起了上海滩大本营，架起了有志青年出国留学的桥梁,为古老中国的近代化进程写下了重要的一笔。更为重要的是,一代留学前贤在法期间,接受了马克思主义教育,组织了旅欧中国少年共产党和中共旅欧支部,为中共的创立培养了一代革命家。

——俄共(布)远东局海参崴分局的外国处曾向中国派出一个以维经斯基(ГригорийНаумовичВойтинский)为首的代表团,潜伏于霞飞路(今淮海中路)716号的栖息处。他以上海"革命局"为建党活动中心,组建华俄通讯社和社会主义青年团,帮助恢复和创办《新青年》《劳动界》《共产党》等书刊,还创办了外国语学社等,为创建中共而在南北穿梭奔波,促进了马克思主义在中国的传播,播下了共产主义的革命火种,促进了中共在上海的快速孕育。虽然原建筑已不复存在,但这个门牌号码在中共建党史上从未被抹去,潜伏霞飞路的俄国"神秘房客"也从未被人们所遗忘。

——1920年2月,陈独秀由密友李大钊亲自用骡车护送到天津,然后转乘海轮悄然来到上海。途中,他们商定一南一北推动中共的建党伟业。到上海后,陈独秀在法租界环龙路老渔阳里2号(今南昌路100弄2号),设立了《新青年》编辑部。经过与前来拜访的维经斯基多次交谈,陈独秀与他在许多问题上取得了共识,都认为创建中共的条件已经成熟。维经斯基利用东方民族部提供的活动经费,成功地在《新青年》编辑部成立了上海共产党早期组织——即中国共产党发起组,担负起与各地共产主义者联络的任务,酝酿着开天辟地的乾坤变革。老渔阳里俨然成了孕育中共的诞生地。

——从老渔阳里往北走不远就是新渔阳里,它们之间有一条相通的方便走道。党在上海发起以后,由杨明斋、陈独秀出面,租下了上海霞飞路新渔阳里6号(今淮海中路567弄6号)戴季陶的住宅,用以建立"中俄通讯社",并决定在这里成立"中国社会主义青年团中央机关",担负起组织、发动和指导全国各地的建团任务。为了不引起怀疑,房子的门口还挂上了"外国语学社"的牌子。这里是上海社会主义青年团的诞生地,"中国青年的红色起点"已成为这条弄堂的符号,而新渔阳里则成为培育和输送革命火种的摇篮,开辟了一代人的革命道路。

——1920年5月,毛泽东第三次来到上海。这次来上海的两个月中,他一直住在哈同路民厚南里29号(今安义路63号)一幢两层砖木结构的房子里,这是新民学会李思安出面租赁的,用来作为湖南新民学会会员来上海活动时的住处。当年毛泽东住在前楼正房,睡在靠北的落地长窗旁的板床上。其间,他除了发起成立"湖南改造促成会"外,还常去拜访名人。他见了著名湘绅章士钊,在民厚里弄口邂逅过《少年中国》月刊主编左舜生。

不过,他拜访最多的应该是住在老渔阳里的陈独秀。他们经常促膝长谈,相见恨晚。毛泽东说,是陈独秀最早告诉他"世界上有马克思主义";陈独秀也在与毛泽东的交谈中,感触到湖南人的奋斗精神已在他这辈青年身上复活了,并委托他回湖南组建共产党组织。在这期间,毛泽东的思想发生了重大的变化,最终选定了自己的人生之路,促成了自己由激进的民主主义者向马克思主义者的转变。

——1921年6月,共产国际秘密特使马林(Maring)乘坐意大利"阿奎利亚"号客轮,第一次踏上了上海这块土地,然而却被密探盯上了。他不顾一切,径直向南京路先施公司楼上西北角的东亚旅馆走去。马林与同期到达的尼克尔斯基经常约上海共产党早期组织成员在下榻的旅社屋顶花园会面,听取关于建立中共的工作汇报。不久,他提议召开全国代表大会以正式建立中国共产党,随后又协助向全国各地及日本的中共早期小组代表发出了邀请函。为使各地代表不致因筹措路资而耽误与会,他还拿出自己的活动经费,给每位代表邮寄了100元路费。

——一大召开之前,会议筹备处希望找到一处独立的、与李汉俊住宅相近的地方解决代表的吃住问题。于是,白尔路389号(今太仓路127号)的私立博文女校便被看中了。李达夫人王会悟登门拜访了校长黄绍兰,说明以"北大师生暑期旅行团"的名义租借房子的来意。由于学校正值暑假,校长欣然同意,并积极进行安排。代表们住在博文女校邻街一排校舍的楼上,在这里交流、讨论,同时又规划、起草党纲,描绘着红色中国的"初心之作"。在长达九天的会议期间,绝大多数时间是在博文女校度过的。这里既是中共一大代表的住宿地,也是中共一大会议的重要组成部分,其意义与历史价值已经彪炳史册。

——在动荡不安的上海,一大会议选址成了一大问题。考虑再三,王会悟发觉位于法租界望志路106号(今兴业路76号)那幢由贝勒路树德里出入的石库门民居颇为适合,那里是李汉俊哥哥李书城的寓所,对外号称"李公馆"。在李达的同意下,由王会悟出面游说,最后李汉俊同意用哥哥的公馆作为一大的会址。1921年7月23日,在这幢房屋的底层客堂间,中共召开了具有历史意义的一大,代表们围坐在一起,听取共产国际代表马林的报告。几天后的一次会议进行时,却遭到了法租界巡捕房密探的突然"探访"。在王会悟的提议下,会议转移至浙江嘉兴南湖的一艘画舫上继续进行。中共的诞生是中国历史上开天辟地的大事变,从此作始也简的燎原星火在沉沉黑夜的中华大地被点燃。

——中共一大后,共产国际代表马林决定建立一个工人运动的中央领导机构,随后便在当时五大工业区的中心位置,又是上海缫丝厂分布最密集的成都北路新闸路口,租赁了北成都路19号C(今成都北路893弄7号)一处单独的房子。由于它不是由各地工会产生出来的机构,所以还不能称之为总工会,马林提议叫作"中国劳动组合书记部"。该处门前还有有轨电车站,可以方便到达全市各大工业区,便于发动市内各处的工人运动。一年中,上海工人在书记部指导下总共发动了48次大罢工,参加罢工人数达七万多人。这里是中共领导工人运动的第一个总机关,发动和领导了全国第一次罢工高潮,创建了中共成立后的第一个基层工会组织,创办了中共成立后的第一份工人刊物《劳动周刊》,编印了第一本《马克思纪念册》,发起了广州第一次全国劳动大会,从而推动了中国工人运动第一次高潮的形成。

——1922年7月16日,一群年轻的共产党人又聚集到南成都路辅德里625号(今老成都北路7弄30号)中央局成员李达的寓所,中共二大在这里拉开帷幕。李达夫妇新婚后不久,就从公共租界巡捕刘少归处租借了这里的房子,从老渔阳里陈独秀寓所搬了过来,不仅成立人民出版社,还是中央局与各地的联络点。当年辅德里处于公共租界和法租界的交汇处,相对来说是个模糊地带;周围石库门房屋连排连幢,使得这一雷同的房屋淹没于深巷之中,这就成了二大会址的最佳选择。这次会议继续完成一大的未竟使命,通过了《中国共产党宣言》,把党的奋斗目标明确为最高纲领和最低纲领,这里也成了中共第一部党章和民主革命纲领的发源地。

——1923年中共三大后,党决定将中央局迁至产业工人集中、交通便利的上海,由当选为三大中央局秘书的毛泽东到上海协助陈独秀处理中央局日常工作。先期抵沪寻找办公地点的王荷波发现公兴路与香山路口有个小弄堂(今公兴路临山路西侧),里面住着三户曾姓人家,俗称"三曾里"。此地靠近火车站,对外交通联络方便,而且毗邻的宝山路又与公共租界北区挨着,万一发生紧急情况,可以向租界转移,于是就租下了3号这幢两厢房的石库门房屋。不久,中央局成员毛泽东、蔡和森、罗章龙先后来到这幢门口挂了一块"关捐行"牌子的中央局机关秘密办公处。一年多时间内,陈独秀经常来这里召集会议,成了中央高层领导集体决策党内外大事的秘密场所,尤其为国共合作打开了新的局面。这幢房子也以所承载的革命统一战线指挥部的内涵而载入史册。

——国共合作全面展开后,革命统一战线中的矛盾冲突不断显现,国民党排挤共产党人的倾向渐露端倪。这样,提出民主革命中的领导权问题就交给了将于1925年1月召开的党的四大,而这次会议最终决定在上海举行。经过当年中共中央宣传部秘书郑超麟的实地勘察,确认会场设在闸北淞沪铁路附近一幢三层楼的里弄房子内,现为虹口区东宝兴路254弄28支弄8号处。这次会议对中国革命的一些基本问题作了系统探讨,在党的历史上首次明确提出无产阶级在民主革命中的领导权和工农联盟的问题,镌刻多项历史坐标的会议于11天后在这座红色殿堂闭幕。

——五卅运动前后,中央急需开办地下印刷所,并决定调毛泽民来上海主持印刷厂的创建。1925年6月,我党第一个地下印刷厂"国华印刷所"开设在会文路125弄6号的一条弄堂里,为防周围环境的不测,在房外特意挂上"会文堂印书局"的招牌对外营业。但笨重的机器不得不因出现一些险恶的苗子而一再地搬迁,中兴路西会文路、闸北青云路青云桥、租界泥城桥鸿祥里以及新闸路忻康里(今东斯文里)都留下了它的足迹,而当时最大的"协盛印刷所"则在爱而近路(今安庆路)春晖里秘密创立,刊印党内刊物《中央通讯》和中央理论刊物《布尔塞维克》等。1931年端午节前后,钱之光摇身一变成了烟纸杂货店的"老板",把印刷厂搬到了梅白克路(今新昌路)祥康里99号的街面房子。它是上海唯一保存完好的中共中央秘密印刷厂旧址,正默默诉说着九十多年前我党地下工作者的传奇经历。

——1925年七八月间,共产国际两次发来指示,要求中共建立党的军事机构。为此,以往派去苏联红军学校学习军事的26人被召集回国。身为中央军事部秘书的白鑫和妻子租赁了新闸路经远里1015号(今新闸路613弄12号)旧式石库门二楼居住,从此这里成了彭湃经常秘密召集会议的地方,也成了中央军委机关所在地。1929年8月24日,军委一些干部在楼房内召开联席会议,没有料到的是,白鑫因一个亲戚早年战败逃跑被彭湃枪毙而怀恨在心,秘密叛变投敌,并把此次会议的时间、地点向国民党上海市党部情报处长范争波做了通报,结果全部被捕。这里是中央军委一批革命志士曾经战斗过的地方,"农民运动大王"彭湃等烈士在此也留下了最后的足迹。

——在天蟾舞台的隔壁,有一块"中共中央政治局机关旧址(1928—1931年)"的铭牌,这里是1928年4月中央地下党员熊瑾玎在上海租界找到的一处用于开会办公的场所,地址是云南路447号(今云南中路171至173号)。当年,楼下二房东是位名医,开设了一家"生黎医院",对面有座灯红酒绿的妓院,熊老板以商人的身份租下了二楼三大间房屋,在室内挂了一块"福兴字号"的招牌,以经营纱布生意为掩护。为了便于掩护,周恩来还调来一位湖南女党员当"老板娘",他自己常化了妆、留起大胡子来"商行"办公,中共中央军委还在此召开过重要会议。这个高度机密的中央枢纽机构在极为险恶的环境中竟然存在了三年之久,直到顾顺章叛变。随着时间的流逝,这些老建筑虽历经沧桑,却依然镌刻着往日的峥嵘岁月。

——初创时期的共产党要在国民党军警宪特和租界巡捕暗探密布的十里洋场站稳脚跟，必须及时掌握敌人的动向，打击叛徒特务的嚣张气焰。为此，中央决定在武定路修德坊6号（今武定路930弄14号）设立中共中央特科机关。这是1928至1931年期间指挥过多场惊心动魄战斗的地方。特科不仅从敌人营垒中将能为我所用的人拉出来，而且选择忠诚可靠而又精明能干的人打入敌人内部去。国民党中央驻沪特派员杨登瀛是陈赓部署在巡捕房里的一条重要内线，并特意为他在北四川路大德里对面过街楼上成立一个"国民党中央调查科驻沪办事处"，派女党员安娥做其秘书，一有情报就能及时抄送陈赓。同时，特科又派遣李克农、钱壮飞、胡底打入国民党"中统"内部，获取各种重要情报，成为三把插入敌特机关利刃的"龙潭三杰"。顾顺章叛变后，电报均为潜伏在徐恩曾身边的钱壮飞截获，在这千钧一发之际，他派自己的女婿来沪，抢在敌人前面向组织通报。这是一支活跃在隐蔽战线的传奇部队，他们是战斗在敌人心脏的"伪装者"，用一次次的"亮剑"行动，守护着中央机关的安全。

——为了加强中央与各地的通讯联络，中共六大专门讨论建立无线电通讯的计划，周恩来有意将自制、设置、保卫电台的艰巨任务，交给中央特科无线电通讯科科长李强。1929年10月，中共历史上第一座无线电台诞生于大西路福康里（今延安西路420弄）9号（今为"美丽园大厦"）。三个月后，李强带着自制的收发报机去香港九龙弥敦道建中转台，实现了中共首次远程无线电联络。当时的电文从香港发出，邓颖超在上海亲自译出中共历史上第一份电报，而所用的是周恩来发明的"豪密"。随着革命事业的发展，中央需要与根据地、白区地下组织以及共产国际加强联络，这就要求培训更多的报务人员。于是，"风语者"火种在巨籁达路四成里（今巨鹿路391弄）12号集结，两扇厚重的黑漆木门上方悬挂了"上海福利电器公司工厂"的招牌，而这个颇具"神秘"色彩的富商，就是刚从苏联学习无线电专业归来的涂作潮。历经百年岁月的洗礼，四成里旧址仍留下了过往的记忆，让每一位寻踪者在这里接受红色基因的传承。

——在"中东路事件"后，为加强远东地区的情报工作，共产国际选择上海为远东局的落脚点。由于派遣的情报人员都是外国人，行动惹人注目，于是中央决定在位于静安寺路（今南京西路）681至683号开设一家古董店，以购买古董的方式与共产国际代表联络。远东局情报官员牛兰（Hilaire Noulens）夫妇正是在这种背景下受命来华，受周恩来派遣，原上海赤色救济分会党团书记朱锦棠出任古董店的"老板"。他将秘密文件藏在古董里，保持着与共产国际情报人员的接触。据统计,1929年中共中央秘书处送给共产国际的文件多达570余件,而中共每个月可收到共产国际下属的"大都会贸易公司"转交的2.5万美元的援助经费。由于顾顺章和向忠发的出卖,牛兰夫妇的真实身份暴露,被英国警方逮捕,共产国际在中国的情报系统因而几乎全部瘫痪,古董店突然不见常来光顾的外国"客商"。

——为粉碎国民党反革命文化"围剿",潘汉年向各文化团体传达党的指示,明确中国革命文化运动应以鲁迅为旗手,成立一个新的革命文化团体,经过一番斟酌,最后打出了"中国左翼作家联盟"的旗号。1929年10月,"左联"首次筹备会在四川北路998号"公啡咖啡馆"举行,周扬夫人充当周扬和鲁迅之间的联络员,她先陪周扬到"公啡"等候,再去内山书店请鲁迅。交谈时,周扬夫妇喝咖啡,鲁迅喝茶、穿长袍、含烟斗。次年3月,在中共的领导下,左联成立大会在窦乐安路233号(今多伦路201弄2号)中华艺术大学举行。会上,潘汉年代表中共做了重要讲话,鲁迅也提出了今后左翼文化运动的方向。这是"五四"以来中国革命文化运动发展的又一重要阶段,"普罗文学"口号的提出,标志着无产阶级文学发展新时期的形成。

——由于环境险恶,中央规定各机关所有文件必须随时送到保管处,并于1930年夏于戈登路1141号(今江宁路673弄10号)筹建了中共中央秘书处阅文场所。这里几乎集中了中共六大以前历次代表大会的所有文件以及领导人的手稿,弥足珍贵。一年后,二十余箱共两万多份文献经历了密集的迁址,辗转于上海租界的花园洋房、富裕人家的石库门建筑,乃至赤贫学徒工的亭子间,一度到过雷米路(今永康路)141弄文安坊6号和小沙渡路合兴坊(今西康路560弄)15号。有一次竟然搬到法租界一位白俄老妇人的楼上。那个老太太的儿子是个租界巡捕,成天张牙舞爪地满街乱抓共产党,却不知他家楼上就藏有中共的"一号机密"。如今这批经过22年秘密隐匿的历史文件已完好无损地收藏于中央档案馆,默默地诉说着那段充满血与火的峥嵘岁月,显示了共产党人忠于使命的接力和用生命为代价的守护。

——在共产国际执委会远东局书记米夫的一手策划下,中共中央扩大的六届四中全会于1931年1月7日以突然袭击的方式,在武定路修德坊6号(今武定路930弄14号)这幢红砖砌成的石库门民宅举行。会议集中批判了立三路线及瞿秋白对之所采取的"调和路线",并将他们置于政治上的死地。与此同时,此前从未参加过国内革命斗争历练的王明粉墨登场,并夺得中共实际上的帅旗,以确保中共对共产国际的忠诚。尽管会议受到了何孟雄、罗章龙等反对派的抵制,在党内引发激烈交锋,但是最后还是让留苏学生群体在这次会议上进入中央领导层。可以想象的是,这是苏共党内残酷斗争、无情打击的翻版,六届四中全会也以这样的结局,开启了王明"左"倾错误在党中央长达四年的统治。

——北四川路永安里(今四川北路1953弄)刚建成时,周恩来堂弟便买下了44号石库门三层楼寓所。周恩来从欧洲回国后,与堂弟来往密切,早就有意在上海寻找最可信赖的亲属寓所,以备遇到危机时刻紧急"启用"。1931年5月,上海地下党面临一场灭顶之灾。一天深更半夜,一位身着长袍、头戴礼帽、商人打扮的男子和一位身着旗袍的女子来到这里,一阵急促的叫门声划破宁静的夜晚,敲门的正是周恩来夫妇。顾顺章叛变后,他们来不及事先通报,及时销毁了文件,迅速转移了同志,随后来到这里隐蔽。周恩来在沪的早期革命斗争足迹,留下了一些难忘的镜头:苏联驻上海总领事馆夜晤维经斯基的激动;指挥上海工人第三次武装起义的坚定;礼查饭店日夜聆听浦江涛声的煎熬;永安里隐秘藏身之地被启用的无奈;外滩十六铺码头深夜撤离的局促;新亚酒店和国民党特务大捉迷藏的快感……这一幕幕,展示了这位无产阶级革命家与上海这座城市的不解之缘。

——六届四中全会以后,瞿秋白被排挤出中央,现在他可以从事热爱的文学了,而鲁迅也盼着他回来。他们的首次见面是在1932年夏天,瞿秋白由冯雪峰陪同,去拉摩斯公寓拜访鲁迅,两人一见如故,从上午一直谈到子夜降临,双方都有一种相见恨晚的感觉。以后,瞿秋白夫妇经常到鲁迅家中避难。在内山完造夫人的帮助下,鲁迅两次去北四川路施高塔路东照里(今山阴路133弄)12号帮着看房,隔天瞿秋白夫妇就搬进了这幢仿日式建筑的二楼亭子间,特别是挂起了鲁迅手书的"人生得一知己足矣,斯世当以同怀视之"的联语,竟然蓬荜生辉。一个月后,鲁迅也由拉摩斯公寓迁居施高塔路大陆新村9号,两家在同一条马路上,鲁迅几乎每天都要到东照里叙事,乐而忘返;秋白一见鲁迅,也变得爱说话了。1934年瞿秋白奉命去中央苏区前,特意去向鲁迅和茅盾辞行,他为离开这批肝胆相照的挚友而深感惋惜,但有所安慰的是,他和鲁迅共同领导了反文化"围剿"的斗争。谁也没有想到,这竟是他们的最后一次叙别。

——世界反对帝国主义战争委员会决定派调查团来华,重新调查日本侵略东北的事件,并根据共产国际的倡议,决定在上海召开远东反战大会。1933年7月,中国民权保障同盟成立了由宋庆龄主持的筹备委员会。由于遭到了国民党当局的极大阻挠,负责具体筹备工作的冯雪峰只能在僻静的汇山路(今霍山路)85号租下了欧洲毗连式三层建筑。

这处房子的附近,据说是公共租界巡捕房侦探头目的寓所,这种既大胆又巧妙安排的理由,在于巡捕房怎么也不会想到在自己霸占的地盘上会有人冒险?结果,恰恰在他们的眼皮底下,召开了这个对全世界人民有着巨大影响力的秘密会议。这次会议是中国进步力量与世界反战力量的一次紧密握手,推动了全国抗日高潮的掀起。

——"起来,不愿做奴隶的人们!……"这耳熟能详的歌词与雄壮的旋律,在国歌纪念广场(荆州路151号)唱响。聂耳原名聂守信,因为耳朵敏锐,别人称他"耳朵先生",他索性改名"聂耳"。在田汉的影响下,他参加了左联并开始了他们之间的合作。田汉在山海关路安顺里(今山海关路274弄)11号的家中奋笔疾书,为《风云儿女》影片创作主题歌词。聂耳看到后,爱国激情油然而生。他在霞飞路(今淮海中路)1258号三楼居所内,琢磨着田汉的歌词,并很快谱写出《进行曲》初稿。在赴日本避难前一天,他还到荆州路405号电通影业公司摄影棚试唱,后在日本迅速将曲谱定稿寄回上海,一首表现中华民族刚强性格和豪迈气概的《义勇军进行曲》诞生了!后来,又在徐家汇路1434号(今衡山路811号红楼)的上海百代唱片公司灌制了第一张唱片。影片制作完成后,在金城大戏院(今北京东路780号的黄浦剧场)首映,而它的主题歌《义勇军进行曲》很快响彻了大江南北、长城内外,被誉为抗战前线铿锵有力、震撼人心的旋律,成了中华民族不屈精神的怒吼。

——第二次国共合作形成后,原中共驻上海办事处旋即改为"八路军驻沪办事处",进行公开的对外活动。1937年8月,办事处机关也从爱文义路(北京西路)移至福煦路多福里(今延安中路504弄)21号,李克农出任"八办"主任,这里对外便称为"李公馆",不久他的工作由潘汉年接任。办事处设立后,经潘汉年多方奔走,据理力争,"七君子冤狱"终得以洗清;后与国民党谈判交涉,不少长期被关押在监狱的我党久经考验的老同志也得到获释;又向上海各界募集大批物资,支援了前线的八路军;在上海沦陷之前,又帮助宋庆龄、何香凝、沈钧儒等著名爱国人士安全撤退。11月,办公地址迁至淡水路274号,活动转入秘密状态。"八办"的同志始终活跃于抗日救亡运动的第一线,在上海滩与抗日根据地之间架起了"特殊桥梁"。

——抗战胜利后,李白被组织从浙江调回上海,在黄陆路亚细亚里(今黄渡路107弄)15号设立了电台。当人们酣然进入了梦乡,李白却悄悄地起床,把25瓦的灯泡拧下换成5瓦的,并在灯泡外面蒙一块黑布,再取一小纸片放在电键接触点上。零点一到,他首先向延安发出呼叫,让上海和延安之间架设起了一座"空中桥梁"。1948年12月,国民党特务通过分区停电的办法,侦察到我地下电台的位置。随着辽沈、淮海、平津三大战役的展开,很多重要的军事情报急需及时报告中央,李白小阁楼里的收发报频率只能越来越高,把"十万火急"的重要情报发往延安。正当国民党特务在向自己逼近的危急关头,他向延安党中央发出:"同志们,永别了!"这成了李白烈士最后悲壮的告别。这栋由陈云题写牌匾的西式建筑已经老旧,却仍让人感觉到了它的深邃和内涵。李白一生是短暂的,而他被革命精神和崇高信仰注入的力量,将化作一道道永不消逝的电波。

——1946年,周恩来率中共代表团在梅园新村设立了办事处。考虑到各党派领导人及知名人士均居住于上海,于是决定在沪也设立办事机构。当时,通过龚澎的妹妹了解到马斯南路107号(今思南路73号)这幢沿马路洋房的主人是国民党大员黄天霞,他去南京后闲置的寓所正有意出租,但不准挂"中共代表团驻沪办事处"的牌。董必武得知后当场拍板:"不让设立办事处,就称周公馆。"办事处设立后,中共代表团成员先后来这里开展工作,一方面以记者招待会的形式,向社会各界阐述中共和平民主的主张,揭露国民党假和谈真内战、假民主真独裁的本质;另一方面通过拜会著名民主人士,与他们交换对时局的看法,建立起广泛的统一战线。在不到一年的时间里,这里已成为中国人民心中的一盏指路明灯和一座民主堡垒,给渴望光明的人们带来希望和信心,也为中国现代史留下了不凡的一页。

——在江苏路、愚园路口的深处,隐匿着一栋20世纪30年代建造的宁静小楼,楼前的院子里有一棵高大的枇杷树,这里的门牌号显示为江苏路永乐村(今江苏路389弄)21号。经考证,此地便是解放战争时期中共中央上海局机关旧址。斑驳的地板、泛黄的照片、生锈的老式电扇、早已停摆的座钟、楼梯走道的复古电话、枯黄的藤椅和沙发、桌上放着的麻将或扑克,以及楼顶装有紧急逃生用的绳梯,这里的一件件都记录着昔日地下斗争的时光。革命志士们在这里运筹帷幄,不仅卓有成效地领导了轰轰烈烈的争取和平、民主,反对内战、独裁的爱国民主运动,而且策反国民党军队内部爆发一连串的起义,为上海的解放及顺利接管城市立下了汗马功劳,在国统区开辟了人民革命的"第二条战线"。

——上海西区愚园路81号是一幢饰有鹅卵石外墙的三层欧式建筑,这里曾经是时任中共中央上海局副书记刘长胜夫妇1946至1949年的住所,也是中共中央上海局的机关之一。为了掩护革命工作,刘长胜在常德路65号开办了一家"荣泰烟号",在福煦路(今延安中路)916号开了一家"丰记米号",经理是张承宗的弟弟张困斋,都是党的秘密联络站。刘长胜平时灰布长衫,圆脸上架着宽边圆眼镜,常常与周围邻居一起搓麻将,故有"麻将搭子刘胖"的美称。随着解放上海时刻的临近,上海局开始转入与中国人民解放军里应外合解放上海的战役。他们绘制了标有各种目标的地图,还筹集了必需的物资、武器、医药,给前线输血,做好人民解放战争的后勤保障。在国民党特务的黑名单上,刘长胜"名列榜首",但他们哪里知道,他一直安稳地住在愚园路81号这幢小楼里。解放上海前夕,他工作繁忙没回家,邻里的两姐妹惦记着"麻将搭子"哪里去了?等报纸来了方才知道——天哪,和解放军在一起的领导不就是隔壁的"山东大哥"吗?

——龙华烈士陵园坐落在上海西南的龙华古镇(今龙华西路180号),与千年古刹龙华寺毗邻。入口广场上巍然耸立着一座"红岩石",以特定的思想意蕴点出了陵园的纪念主题。龙华革命烈士纪念地在陵园东北角,这里曾经是囚禁和残杀无数共产党人和革命志士的魔窟,遍地洒满了烈士的鲜血。走进这阴森森的旧址,历史的沉重感便留在斑驳的墙壁上,锁在大青石的镣铐中,藏在鲁迅先生"不敢"来看的桃花里。在百米长的弧形人造坡上,安息着自"五卅"运动以来近1700位革命烈士的英灵,它是国民党罪恶历史的见证,也是记载着革命者高风亮节的丰碑。无名烈士墓有一座雕像用大地艺术的形式,表现了一个巨大有力的侧卧人物身躯,半埋于泥土,露出发达有力的脊梁,象征着无数烈士虽然已为民族而牺牲,却魂归祖国大地。前面供奉着一盏长明火相伴,表明烈士们生命之火不灭和革命精神永驻。

············

用历史的镜头回溯,展现在我们面前的是一幢幢带有昔日斑痕的石库门建筑,依然镌刻着过往血雨腥风的峥嵘岁月;一件件开天辟地的乾坤变革,有力见证着燎原星火在黑暗中被点燃和蔓延;一幕幕惊心动魄的亮剑行动,默默诉说着地下工作者的传奇历程;一个个承载红色内涵的初心故事,生动显示着共产党人忠于使命的奋力勇进;一曲曲震撼人心的革命旋律,强烈发出中华民族不屈精神的怒吼。当下已经到了一个需要唤醒的年代,以唤起那些不该被时代忘却的记忆,而这需要继续寻踪,挖掘大批彪炳史册的革命纪念地,从而让每一位寻踪者在那里接受红色基因的接力和传承!

谨以此书献给党的100周年生日。

于上海社会科学院

2020.8

目 录 CONTENTS

中国共产党的诞生地

上海滩赴法勤工俭学的大本营
　　——寰球中国学生会遗址/黄浦码头旧址 ………………………… 003

潜伏霞飞路的俄国"神秘房客"
　　——维经斯基旧居 ………………………………………………… 017

老渔阳里孕育了党的诞生
　　——中国共产党发起组成立地(《新青年》编辑部)旧址 ……… 029

新渔阳里成培育和输送革命火种的摇篮
　　——中国社会主义青年团中央机关旧址 ………………………… 039

共产国际特使为创建中共而奔忙
　　——先施公司(东亚旅馆——1921年马林入住地) …………… 051

激荡"红色初心"的博文女校
　　——中共一大代表宿舍旧址 ……………………………………… 065

作始也简的燎原星火在中华大地被点燃
　　——中共一大会址 ………………………………………………… 071

党的重要会议举办地

中共第一部党章和民主革命纲领的发源地
　　——中共二大旧址 ………………………………………… 085

镌刻历史坐标的红色殿堂
　　——中共四大遗址 ………………………………………… 097

南洋归国皮货商的公馆成了红色中华的"产房"
　　——全国苏维埃代表大会中央准备委员会机关遗址 …… 107

米夫来华扶植王明上台后引发党内激烈交锋
　　——中共六届四中全会旧址 ……………………………… 117

中外进步力量的一次紧密握手
　　——远东反战大会旧址 …………………………………… 125

中共领导机构所在地

建立革命统一战线的指挥部
　　——中共三大后中央局机关三曾里遗址 ………………… 139

"农民运动大王"在经远里留下最后的足迹
　　——中共中央军委机关旧址 ……………………………… 149

弄堂里发出"红色强音"
　　——中共中央宣传部遗址 ………………………………… 159

陈延年在恒丰里被捕后惨遭杀害
　　——1927年中共江苏省委旧址 …………………………… 167

罗亦农在望德里被叛徒出卖
　　——中共中央联络点遗址 ………………………………… 179

邓小平坐镇柏德里"中央办公厅"
　　——中共中央政治局联络点遗址 ………………………… 189

天蟾舞台隔壁的"福兴字号"土布商行
　　——中共中央政治局机关旧址（1928—1931年）………………… 197

去丽云坊找党员自己的"娘家"
　　——中共中央组织部遗址 …………………………………………… 205

上海郊县农民运动指挥所
　　——中共淞浦特委办公地点旧址 …………………………………… 215

古董店突然不见常来光顾的外国"客商"
　　——中共中央与共产国际代表联络点遗址 ………………………… 225

惊心动魄的"一号机密"保卫战
　　——中共中央文库遗址 ……………………………………………… 237

连结上海滩与根据地的"特殊桥梁"
　　——八路军驻沪办事处旧址 ………………………………………… 249

为抗日根据地"雪中送炭"
　　——新四军驻上海办事处旧址 ……………………………………… 261

雾海中一盏不灭的明灯
　　——中国共产党代表团驻沪办事处旧址 …………………………… 269

在国统区开辟人民革命的"第二条战线"
　　——中共中央上海局机关旧址 ……………………………………… 277

政治家革命活动居住地

黄浦江畔留下闪光的足迹
　　——李大钊的七次上海之行 ………………………………………… 289

走向马克思主义的转折点
　　——1920年毛泽东寓所旧址 ………………………………………… 301

逆境中不屈奋斗的革命志士
　　——邓中夏旧居 ……………………………………………………… 311

国民党上海执行部里的共产党人
　　——上海茂名路毛泽东旧居 ········· 323

从江南水乡练塘走出的"共和国掌柜"
　　——陈云故居 ················· 333

隐秘的藏身之地被"启用"
　　——周恩来在沪早期革命活动旧址 ····· 345

呕心沥血的工会运动领导者
　　——刘少奇旧居 ················ 359

东照里见证左翼文坛的一段友情
　　——瞿秋白寓所旧址 ············· 369

长征路上出"阴谋"的关键先生
　　——张闻天故居 ················ 379

早期工人运动发祥地

领导全国工人运动的总机关
　　——中国劳动组合书记部旧址 ········ 393

机械的电车开始变得有灵魂了
　　——英商上海电车公司遗址 ········· 403

万千劳工发出觉醒的呐喊
　　——上海南洋烟厂工人大罢工旧址 ····· 413

十里洋场一次规模空前的反帝进军
　　——"五卅"运动爱国群众流血牺牲地点 ·· 423

工人阶级从此攥成了一个"拳头"
　　——"五卅"运动初期的上海总工会遗址 ·· 435

早期工人运动的策源地
　　——商务印书馆第五印刷所旧址 ······ 445

黄浦江畔惊心动魄的一幕
　　——上海工人第三次武装起义工人纠察队总指挥部旧址 …………… 457

思想文化战线主阵地

《共产党宣言》中文全译本在成裕里问世
　　——又新印刷所旧址 ………………………………………………… 471

"作一个风雨晦冥中的晨鸡"
　　——平民女校旧址 …………………………………………………… 481

第一张公开发行的党中央机关报
　　——《向导》发行所遗址 …………………………………………… 493

国共合作时期创办的第一所"红色学府"
　　——上海大学遗址 …………………………………………………… 503

为革命的青年作革命的指导
　　——《中国青年》编辑部旧址 ……………………………………… 513

薄利小店做大红色书刊发行销售网
　　——上海书店遗址 …………………………………………………… 525

亨昌里的暗夜明灯
　　——《布尔塞维克》编辑部旧址 …………………………………… 535

吹响以鲁迅为旗手的革命文学号角
　　——中国左翼作家联盟成立大会会址 ……………………………… 543

一代文化斗士弥留之际立下入党誓言
　　——韬奋故居 ………………………………………………………… 553

新文化运动奠基人的最后寓所
　　——鲁迅故居 ………………………………………………………… 567

中华民族不屈精神的怒吼
　　——《义勇军进行曲》纪念地 ……………………………………… 579

隐蔽战线斗争聚焦地

烟纸店老板的特种经营
　　——中共中央秘密印刷厂旧址 ·················· 593

战斗在敌人心脏的"伪装者"
　　——中共中央特科机关旧址 ···················· 603

"风语者"火种在四成里集结
　　——中共中央无线电训练班旧址 ················ 613

瑞兴坊的电台收到了中央红军到达陕北的消息
　　——路易·艾黎旧居 ·························· 621

三层阁楼里发出永不消逝的电波
　　——李白烈士故居 ···························· 633

"荣泰烟号"胖刘老板的秘密居所
　　——刘长胜故居 ······························ 643

"为了忘却的记念"
　　——龙华烈士陵园 ···························· 655

中国共产党的诞生地

上海滩赴法勤工俭学的大本营

——寰球中国学生会遗址/黄浦码头旧址

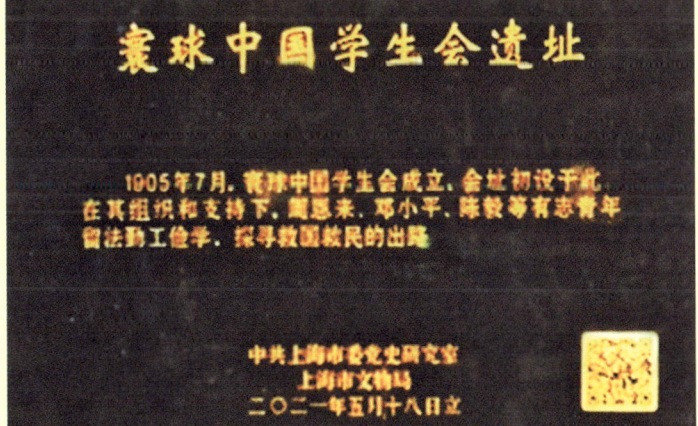

李登辉会长

1905年1月间，上海基督教青年会邀请获美国耶鲁大学学士学位的李登辉（1873—1947）先生发表演讲。李先生30出头，曾追随孙中山，参加过兴中会的革命活动，刚从南洋群岛执教返回申城。那时，他黑须玄鬓，一身朴素的西装，这对于当时还垂着辫子、穿着清朝袍褂的民俗风情来说，格外令人醒目。由于他生长在海外，不会用汉语演讲，说的满口是英语，却讲了许多振奋人心的话。

他说："外国人办得好的事业，我们中国人也可以办，不一定要外国人来办。但我们要吸收外国人的长处，发挥中国人的智慧。"讲到这里，他干脆点出了演讲的意图："现在基督教青年会规模虽大，但非中国人自办。我们应立即迎头赶上世界新潮流，自己站起来创办一个既像个学会又像个福利团体的组织，研究科学技术，与国际互通声气，吸收国际先进文化，力求走改革自新之道，并须提倡高尚有益的娱乐，锻炼身心，以图改造社会，贡献祖国。"他回顾自己的经历后激励大家："我生长南洋，留学美国，目睹侨胞常受外人欺侮，又受到中山先生的教益，所以回到祖国来提醒国人，重视教育，提倡科学，以期革命自救。"

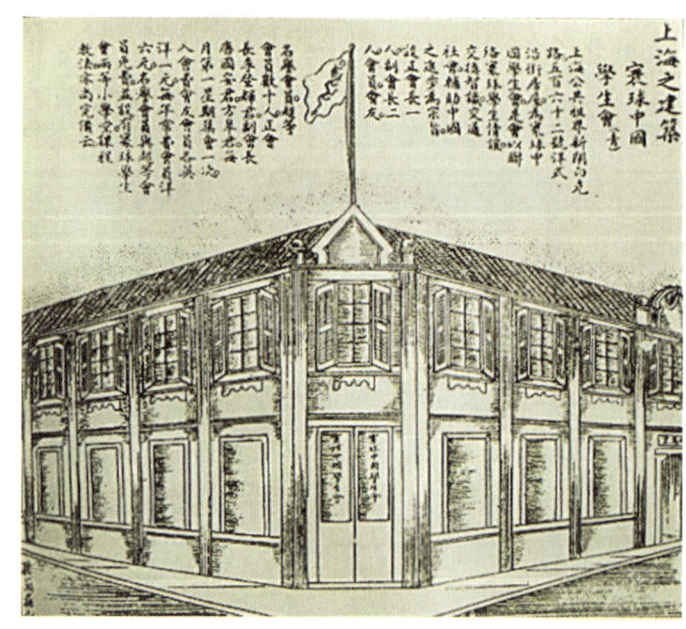

位于白克路562号的寰球中国学生会遗址（绘图）

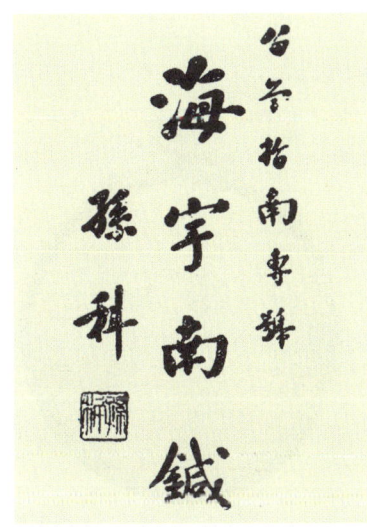 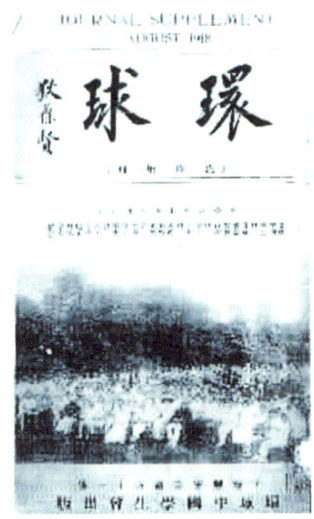 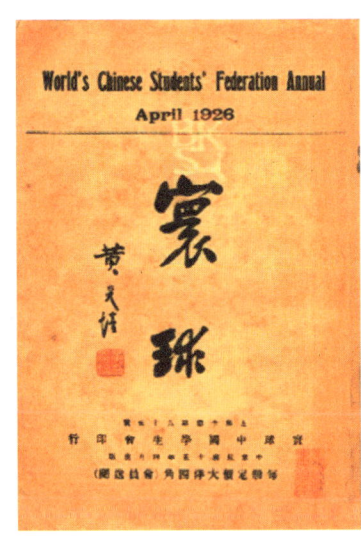

孙科为《留学指南专号》题词　　　《环球》杂志封面　　　《环球》杂志封面

不久，李登辉在兴中会谢瓒泰等人的支持下，与颜惠庆一起串联了杨筱川、钱新之、朱少屏、吴和士、唐露园等上海一些有影响的人士，在上海公共租界白克路（今凤阳路）562号洋式沿街房屋中，创立了"寰球中国学生会"。该会最初的宗旨是接待各地经上海出洋的留学生及替归国留学生介绍职业，后改为"联络全世界中国学生情

留法勤工俭学演讲会

孙中山曾到学生会发表演讲

纪念章

谊,互相扶助,交流知识",李登辉出任首任会长,并定期出版中英文合编的《寰球中国学生会会刊》。该会设有学校部、介绍部、出版部、会员部、游学部等,交流出国留学生信息,介绍海外教育界动态,具体指导出国留学,协助办理各种手续,并为海内外中国学子提供种种服务,还附设日夜班辅习学校、职业介绍部、文娱活动室和图书馆等,并举办讲座,邀请中外名人学者演讲。孙中山先生曾到学生会发表演说,希望大家"认清当前形势,适应世界潮流",结束前还针对南北分裂局势,用英语高呼:"团结就是力量,分裂必致灭亡!"

朱少屏总干事

当时上海跑马厅及外滩公园等处,均为美英帝国主义势力所霸占,并竖立"华人与狗不得入内"的牌子,蔑视中国人。李登辉一再联合"寰球中国学生会"各董事,以该会全体董事名义向"租界工部局"提出书面抗议,并在所谓英租界南京路市政厅,公演了新剧《十年后之中国》,剧情意为推翻帝制,改建民国,由该会董事曹雪赓饰大总统,上海名医唐乃安饰内阁总理,观众一时大为轰动。

后来,复旦由公学扩充为大学,李登辉受聘为校长,因校务繁忙特邀请朱少屏(1882—1942)为"寰球中国学生会"总干事,会所也随之迁至静安寺路(今南京西路)51号的寓所。朱

位于静安寺路51号的寰球中国学生会旧址

少屏早年赴日本留学，1906年在秋瑾、陈天华等倡导下回国，在上海组织中国公学。武昌起义后，中华民国南京临时政府成立，朱少屏应孙中山之邀，去南京襄组总统府，任秘书。后来袁世凯窃取辛亥革命果实，朱少屏又回到上海，参与创办《太平洋报》，并在《生活日报》《中华日报》等处任职，从1916年担任总干事起，主持会务达二十余年，声名鹊起，备受社会关注。

1915年，蔡元培、李石曾、吴玉章等人发起创办以"勤于工作，俭于助学"为宗旨的勤工俭学会。1916年，又在法国成立华法教育会，旨在对在法的大批华工进行教育，并号召国内贫苦学生出国留学，接受先进的思想和文化。于是，国内大批有志青年毅然漂洋过海，远赴异邦，努力探寻振兴中华之路。其间，寰球中国学生会不仅积极为赴法学生提供各种服务，免费赠送自编的《西礼须知》一书，对每一批赴法学生的情况也都有详细的记载，在报纸上发表颇有"金榜题名"的味道，并"摄影一张以志纪念"，皆能留下"不遗余力"的口碑。当时，上海各报都有大量关于寰球中国学生会欢送赴法勤工俭学学生的消息。

1919年3月15日，《申报》报道："留法学生会成立业已数载……该会出洋学生办事处即设在静安寺路五十一号寰球中国学生会，闻此次所派留法学生多至八十九人，兹已陆续到沪，定于十七日上午乘'因幡丸'出发，并闻今日下午开一欢送会。"翌日，又对欢送会作如下报道："昨日下午三时开会，欢送赴法留学生。中西来宾者到者，有法国驻沪领事韦

诞生地 寻找中共在上海的红色基因

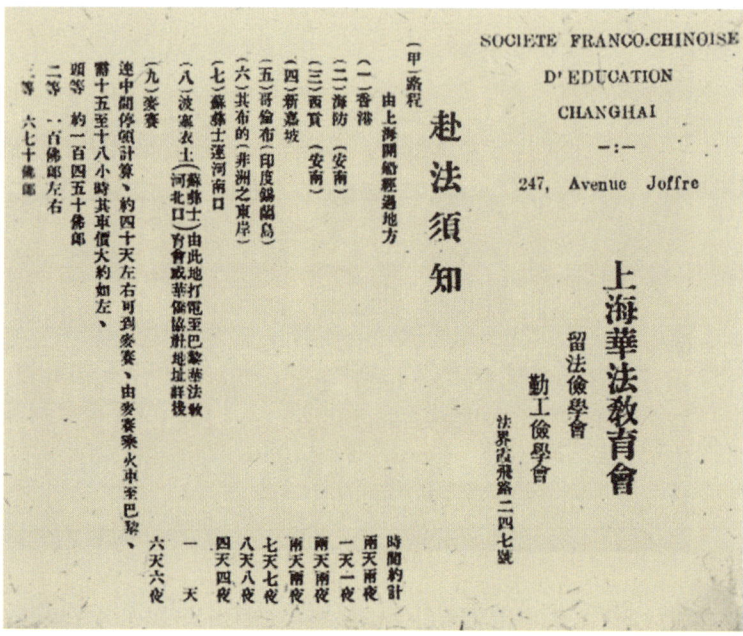

◀ 上海华法教育会印发的《赴法须知》

▼ 寰球中国学生会在上海送别留法学生合影,后排右一为毛泽东

《申报》关于"学生会欢送留法学生"的报道和留法学生名单

耳登君、副领事翰德威君","前参议院议长张继君"等一百余人;"先由主席朱少屏君报告开会并致欢迎词","张继君演说大要有三","乃共摄一影"。毛泽东出席了这次欢送会,与大家一起被摄入镜头。3月31日,第二批赴法勤工俭学学生共26名,乘坐日本"贺茂丸"轮船又出发了。

12月9日,上海《时事新报》报道:"前日上午十时,寰球中国学生会开会欢送留法学生,到者有湖南、四川等省男女学生一百余人,茶点后,由主席朱少屏君致欢迎词","湖南留法学生汪泽楷君演说,感谢寰球中国学生会开会欢送并扶助指导之详尽","次湖南留法学生向警予女士演说,略谓:'中国今日之种种事业,其希望均在学生;而学生中分子不能完全,希望学生界此后渐趋纯粹。寰球中国学生会实指导学生入正轨之绝好机关。所最钦佩者,会内办事诸君均有真实之诚意,对于吾人之扶助不遗余力,虽琐碎之事莫不详为指导,令人敬慕无已'。这批学生于今日乘'凤凰号'赴法。"

据不完全统计,从1919年3月17日到1920年12月15日,寰球中国学生会共为20批次、1 600余人赴法勤工俭学提供了出国前的服务,其中就有周恩来、蔡和森、蔡畅、向警予、赵世炎、刘伯坚、何长工、邓小平、陈毅、聂荣臻等多位革命家。当然,学生会的服务是"有偿"的,出洋赴法都要交五块大洋的手续费,以至解放初期陈毅曾与机要秘书朱青(朱少屏的女儿)开玩笑说:"你父亲还敲了我五块大洋的竹杠!"

向警予

诞生地 寻找中共在上海的红色基因

1920年,毛泽东(左七)与即将赴法的湖南学生在半淞园留念

位于秦皇岛路32号东码头园区的黄浦码头旧址

汇山码头

　　一批批留法学子纷纷来到黄浦江畔的黄浦码头、杨树浦码头、汇山码头、三菱码头，从这里登上不同型号的赴法邮船：何长工、穆青、孙福熙等人乘"智利"号邮轮；蔡和森一家、邓小平等分别乘"盎特莱蓬"号邮轮；李维汉、李富春等分别乘"宝勒加"号邮轮；萧三、赵世炎等人分别乘"阿尔芒勃西"号邮轮；陈毅、陈炎兄弟等人乘"湄南"号邮轮；周恩来、徐特立等人分别乘"博尔多斯"号邮轮。其中有六批次、650余人从位于秦皇岛路

"智利"号邮轮

"盎特莱蓬"号邮轮

"宝勒加"号邮轮

"湄南"号邮轮

"阿尔芒勃西"号邮轮

"博尔多斯"号邮轮

位于卡德路191号的寰球中国学生会遗址

32号东码头园区的黄浦码头,乘坐邮轮出发。为了欢送第一批赴法勤工俭学的湖南青年,毛泽东特意从北京赶来上海,还坚持送同仁至码头,许久地挥着手,望着渐渐远去的轮船消失在人们的视线中。

20世纪20年代后,学生会以其骄人的业绩,为社会各界所注目,影响遍及全球,朱少屏也再一次搬家至卡德路(今石门二路)191号,新寓所成为学生会新的会所。抗日战争爆发后,朱少屏、刘湛恩、林语堂同组"国际友谊社",因该社出版的英语刊物《回声》刊登侵华日军南京大屠杀之报道及照片,触怒了日本军部,刘湛恩遭暗杀,朱少屏也受到日本特务的威胁和加害,后因寓所遭掷手榴弹而出走香港,寰球中国学生会主体业务便逐渐停止。他后来受命担任驻菲律宾马尼拉领事,但还是没能逃脱日军的追杀,遗骸运回国内后,安葬于南京雨花台。

100年前,在那个需要漂洋过海去看世界、寻求真理的年代,一批优秀的中华儿女在留法勤工俭学的大潮中义无反顾、勇往直前,而作为上海滩大本营的寰球中国学生会借此时机,架起了有志青年出国留学的桥梁,为古老中国的近代化进程写下了重要的一笔。更为重要的是,一代留学前贤在法期间,接受了马克思主义,组织了旅欧中国少年共产党和中共旅欧支部,为中共的创立培养了一代革命家。从"自由故乡的法兰西海岸"归来后,他们成了新中国的缔造者、建设者和振兴中华的重要旗手。

绝大多数留法勤工俭学生都从马赛进入法国

诞生地 寻找中共在上海的红色基因

◀ 20世纪初期的法国马赛港

▼ 1920年6月,勤工俭学生抵达马赛后合影

上海滩赴法勤工俭学的大本营

旅法青年在蒙达尼杜吉公园召开留法学生会留影

潜伏霞飞路的俄国"神秘房客"
——维经斯基旧居

诞生地 寻找中共在上海的红色基因

1919年7月,苏俄发表废除帝俄政府与中国签订的不平等条约的"第一次对华宣言";1920年3月25日,《上海俄文生活日报》(Шанхайская жизнь)在中国首次刊登了宣言原文,中国各团体和报刊对之表示赞赏和欢迎。在这样的背景下,经共产国际的批准,俄共(布)远东局海参崴分局的外国处向中国派出了一个代表团,负责的是时年27岁、操一口流利英语、有着丰富地下工作经验的维经斯基(Григорий Наумович Войтинский)。同行的有翻译杨明斋,他是旅居俄国的华侨,俄共(布)党员,亲历十月革命;维经斯基的夫人库兹涅佐娃、秘书马迈耶夫及其夫人马迈耶娃等人。1920年春,中俄交通恢复通行,也解决了维经斯基来华交通上的难题,代表团一行从四条可达中国的交通线中,选择了从布拉戈维申斯克—哈巴罗夫斯克—哈尔滨—天津—北京的具体行程。

维经斯基

北大红楼大门

北大红楼图书馆主任室

到达北京后,他们入住东城王府井外国公寓。这次来华的任务是了解五四运动后中国革命的政治动向,试探与中国进步力量建立联系,以及考察在上海建立共产国际东亚书记处的可能性。由于对中国情形的陌生,维经斯基首先拜访了在北大的两个俄籍教授柏烈伟和伊凡诺夫,以求得他们的帮助。柏烈伟谈起了北京大学、《新青年》、五四运动,甚至还谈

维经斯基在北大拜访李大钊(素描)

1918年初建时的上海永安公司

到了"南陈北李"……这真是位货真价实的中国通,十分准确地勾画出中国共产主义运动的概貌。

在李大钊的安排下,维经斯基参加了一系列座谈会和演讲会,向中国人介绍共产国际的状况和俄国十月革命的经验。同时,他又与李大钊等人多次在北京大学红楼图书馆主任室里讨论建立共产党的问题。李大钊对维经斯基的建议完全赞同,不过他认为建党这件事情,必须去上海找陈独秀商谈。当然,这也完全在维经斯基的计划之中,因为上海当时既是中国最大的工业中心,是中国工人阶级最集中的城市,又聚集了一批具有初步共产主义思想的先进知识分子,有创建无产阶级政党的先决条件。

刚到上海,维经斯基一行入住永安百货楼上的大东旅社,待与陈独秀接上关系后,才迁往车水马龙的霞飞路(今淮海中路)716号的栖息处,那里正靠近他们意欲造访的新老渔阳里。作为远东第一城的上海,昔日有数量众多的俄侨纷至沓来,所以当1920年4月下旬这里迎来几位神秘的俄国房客,似乎也没引人耳目。维经斯基的中

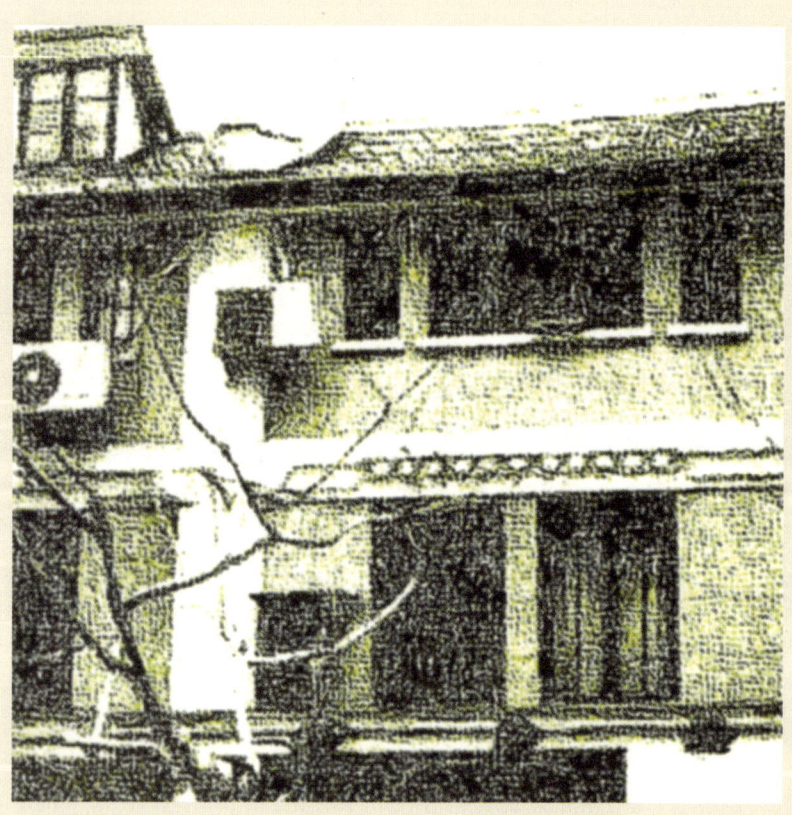

位于霞飞路716号的维经斯基一行栖息处

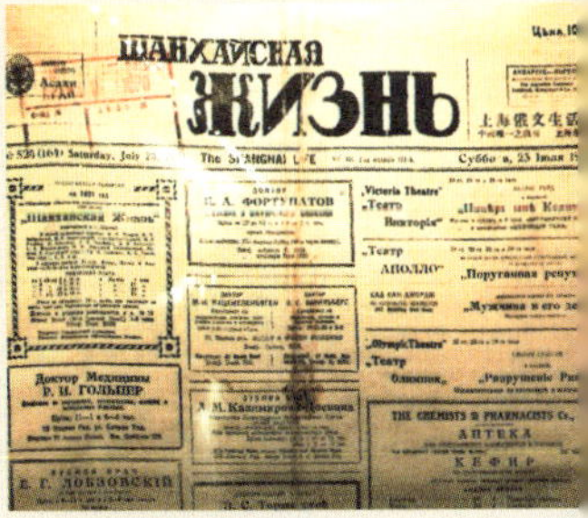

潜伏霞飞路的俄国"神秘房客"

《上海俄文生活日报》

昔日具有浓重斯拉夫气息的霞飞路　　霞飞路716号街面今景

诞生地 寻找中共在上海的红色基因

位于环龙路老渔阳里2号的陈独秀寓所

位于白尔路三益里17号的《星期评论》社

文名唤作吴廷康，公开身份是《上海俄文生活日报》记者。这张报纸于1919年9月创刊，老板是个对社会主义有好感的进步俄侨，一年后苏俄政府开始对它资助，使报社逐渐成为俄国布尔什维克在华活动的机关，而报纸则以隐蔽的方式成了宣传布尔什维克声音的"喉舌"。他们每日披星戴月，行色匆匆，似乎总有做不完的事、见不完的客，而活动的重点范围不外乎法租界的新渔阳里6号、老渔阳里2号和白尔路三益里17号。

一行人在维经斯基的带领下，先是造访了位于法租界环龙路老渔阳里2号（今南昌路100弄2号）的陈独秀寓所，即《新青年》编辑部，从霞飞路716号步行过来也就十几分钟的行程。维经斯基的到来，使陈独秀喜出望外，他们两人差不多一见如故。在陈独秀的引荐下，维经斯基得以邀约申城的先进知识分子齐聚一堂，《星期评论》的灵魂人物戴季陶、李汉俊、沈玄庐，《民国日报》副刊《觉悟》主编邵力子，商务印书馆的沈雁冰，《时事周报》负责人张东荪，以及陈望道、施存统、俞秀松、陈公培等各路精英名流都来了。在座谈会上，维经斯基热情介绍了共产国际、俄共（布）以及俄国革命等方面的情况，让与会者耳目一新、大开眼界。他说："中国现在关于新思想的潮流，虽然澎湃，但是第一太复杂，有无政府主义，有工团主义，有社会民主主义，有基尔特社会主义，五花八门,没有一个主流,使思想界呈现混乱局势;第二,没有组织,做文章、说空话的人多,实际行动一点都没有。这样绝不能推动中国革命。"他们还去白尔路三益里(今自忠路163弄)17号的《星期评论》社,与中国的青年才俊们围坐一起,纵论天下,马克思、列宁、布尔什维克、十月革命等是他们言谈中的高频词汇。维经斯基还给年轻的马克思主义者们带来了许多"宝贝",包括共产国际出版的《国际通讯》,出版于美国的《苏维埃俄国》《共产党人》《阶级斗争》《解放者》等进步书籍,还有约翰·里德的名著《震撼世界的十日》等。

会上,大家各抒己见,兴趣点还是集中在如何从俄国十月革命中获得启示,从中汲取经验以改造中国社会。经过多次的商谈,大家对中国革命的前途有了基本一致的结论——走俄国人的路。一个月后,一个秘密的团体"马克思主义研究会"在《新青年》编辑部组建,而维经斯基的到来,给予了中共建党大业以不可或缺的外部帮助和经济支持。

经过多次交谈,维经斯基和陈独秀在许多问题上取得了共识,都认为创建中共的条件已经成熟。不久,在维经斯基的推动下,上海共产党早期组织的建立列入日程。会上,推选陈独秀为书记,他还起草了具有党纲、党章性质的若干条文,由李汉俊用两张信纸抄成,其中重要的一条,就是确定中国无产阶级政党必须采用劳工专政、生产合作等手段达到社会革命的目的。维经斯基还利用东方民族部提供的活动经费,成功地在上海《新青年》编

维经斯基与陈独秀相谈甚洽(素描)

辑部建立了上海"革命局",即共产国际东亚书记处的"中国科",下设出版部、宣传报道部和组织部,酝酿着开天辟地的乾坤变革。

中共上海发起组成立后,担负起与各地共产主义者的联系,筹备正式成立中国共产党的任务。1921年2月,陈独秀在广州起草了一份中共党章转送上海,维经斯基收到后,马上召开了有各地党的早期组织代表参加的会议,讨论这个党章。会后发表共同声明,阐明中共的奋斗目标、纲领和工作原则,对于党与工会、共青团、军队和文化团体的关系也作了说明,这次重要会议为中共的正式成立做了思想理论准备。当商议组织的名称谓共产党还是社会党时,维经斯基表明:"还是叫共产党!"

为了接受来自共产国际和苏俄发表的各种新闻资料,同时把中国报刊上的重要消息译成俄文发往莫斯科,维经斯基决定建立"中俄通讯社"(后改称"华俄通讯社"),由自己的翻译和助手、俄共党员杨明斋负责。于是,由杨明斋、陈独秀出面,租下了霞飞路新渔阳里(今淮海中路567弄)6号那幢原来由戴季陶租赁的房子,华俄通讯社就在这里发稿。

华俄通讯社是维经斯基为宣传报道部而设立的,信息来源于俄国的远东报纸以及英美的《每日先驱报》《曼彻斯特卫报》《民族》《新共和》《纽约呼声报》《苏俄通讯》的最新报道,并为《新青年》《民国日报》等几十家报纸提供稿源。从1920年9月起,维经斯基将四个月前处于停刊状况的《新青年》复刊,并在复刊号(第8卷第1号)上开辟"俄罗斯研究"专栏,全面介绍十月革命后俄国的社会制度、经济政策、农业制度、婚姻制度、平民教育、儿童教育和职工运动等情况,使国人对苏维埃俄国有了更清晰的认识。估计这与曾经在美国活动的维经斯基有着密切的关系,有可能是他通过自己的渠道,从美国订阅了这些报纸杂志。尤其是《布尔什维克沿革史》《列宁小史》《列宁关于劳动的演辞》《列宁答英记者底质问》

霞飞路新渔阳里6号的华俄通讯社旧址

维经斯基（左二）与共产国际远东书记处人员合影

等大批稿件的发表，吸引了众多读者的眼球，以至于胡适抱怨《新青年》"差不多成了美国《Soviet Russia》的汉译本"。不久，维经斯基又将"共产国际东亚书记处"设在了蓬路（今塘沽路）12号的通讯社。该处所设"中国科"的主要任务之一，即是"成立共产主义组织，在中国进行党的建设工作"。

8月17日，维经斯基又马不停蹄地给俄共（布）中央西伯利亚局东方民族处写信，明确提出："我们对最近工作的展望是，希望在这个月内把各种革命学生团体组织起来，建立一个总的社会主义青年团"，并"派代表参加我们的（上海、北京和天津）革命局"，"引导他们到工人和士兵中间去做有效革命工作"。一个星期后，"青年社会革命党"（即社会主义青年团）在这里宣告成立，在维经斯基看来，中国要做的就是"社会革命"的工作。

在维经斯基的工作议程上，还有一项任务是"物色一些中国的进步青年到莫斯科东方大学学习，并选择一些进步分子到俄国游历"，这就需要创建一所外国语学校，为输送先进青年赴俄学习打好语言功底。最后校址还是选择在新渔阳里6号青年团的所在地，门口挂上"外国语学社"的牌子,并由杨明斋任校长、青年团书记俞秀松任秘书,维经斯基夫妇亲自教俄语,李达教日语,李汉俊教法语,李震瀛教英语。它对外是公开的,在报纸上刊登广告公开招生,实际上是输送中国革命青年到苏俄学习,自此共产国际开始为中国革命培养干部。

11月中下旬,维经斯基根据陈独秀的建议,还专程去附近法租界莫利爱路29号(今为香山路7号)拜访了孙中山,同他进行了长达两个小时的会谈。会见时,孙中山询问了有关十月革命和苏俄国内的一些情况,介绍了袁世凯如何篡夺辛亥革命的果实,并在日本帝国主义的帮助下复辟帝制的情况,提出了与苏俄建立电台联系的问题。给维经斯基留下深刻印象的是,孙中山只对一个问题感兴趣,即如何使刚从广州反革命桂军手里解放出来的华南斗争与遥远的苏俄斗争结合起来。

1921年初,维经斯基从广州起程,途经北京回国。他在故地重晤了李大钊以及北京早期共产主义组织的成员,表示希望各地建立的雏形组织快速联合起来,正式成立中国共产党,并迅速成为共产国际的一个支部。虽然他没有能够参加中共一大的历史性会议,淮海中路716号原建筑也已不复存在,但这个门牌号码在中共建党史上从未被抹去,

维经斯基专程去莫利爱路29号拜访了孙中山,图为孙中山故居

潜伏霞飞路的俄国"神秘房客"也从未被人们所遗忘。在沪期间，他以上海"革命局"为建党活动中心，组建华俄通讯社和社会主义青年团，帮助恢复和创办《新青年》《劳动界》《共产党》《上海伙友》等书刊，还指导和创办了上海机器工会，开办工人补习学校、外国语学社等。他为创建中共而在南北方之间穿梭奔波，撒下了共产主义的革命火种，促进了马克思主义在中国的传播和中共在上海的快速孕育，使中国革命开启了全新的征程。

老渔阳里孕育了党的诞生

—— 中国共产党发起组成立地
（《新青年》编辑部）旧址

诞生地 寻找中共在上海的红色基因

陈独秀铜像

1915年6月,陈独秀中断在日本协助章士钊办《甲寅》的事宜,从日本抵达上海。自反袁"二次革命"失败后,陈独秀认为:"欲使共和名副其实,必须改变人的思想,要改变思想,须办杂志。"在亚东图书馆老板汪孟邹的引见下,陈独秀结识了群益书社的陈子沛、陈子寿兄弟俩。陈氏兄弟正想借助新刊物创建品牌,爽快答应投资创办杂志,而陈独秀觉得:"要把这个杂志的立足点放在青年身上,要成为青年的导师,为青年传播福音,把思想革命寄予青年身上。我想要不了多久,人们的思想就会大改观。"于是,遂将杂志命名为《青年杂志》。经过一个夏季的辛勤耕耘,在群益书社的全力支持下,1915年9月15日,《青年杂志》问世,从而揭开了新文化运动的序幕。

翌年2月15日,待出满第1卷第6号后,因为战事爆发和刊名风波,《青年杂志》决定休刊。休刊期间,中国政局发生了剧变。洪宪帝制不到百日就灰飞烟灭,黎元洪"依法"继位总统,段祺瑞组阁成立,宣布恢复《临时法约》,黑暗中又透出一丝光明。对此,陈独秀欣喜若狂,于9月1日抓紧复刊,出版了第2卷第1号,并以更响亮、更醒目的《新青年》刊名全新登场。在"青年"前冠以"新"字,既区别于基督教青年会的《青年》杂志,又与其鼓吹新思想、新文化的内容名实相符。1917年1月,应北大新任校长蔡元培之邀,踌躇满志的陈独秀把《新青年》从上海带到了北京。

1920年2月,陈独秀从监狱里面被释放出来,但仍然受到北洋军阀政府的监视。2月19日除夕,危急

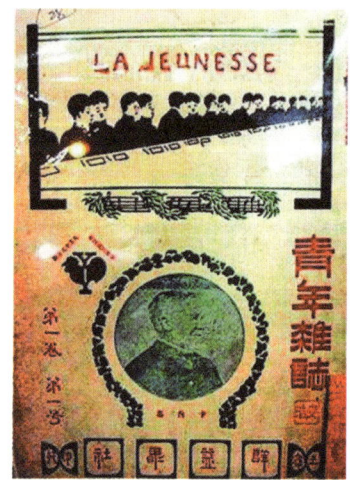

《青年杂志》创刊号

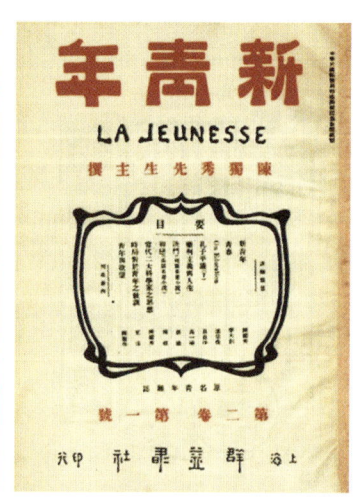

《新青年》创刊号

老渔阳里孕育了党的诞生

回到上海的陈独秀

南陈北李　相约建党（油画　作者：陈坚）

之中的他由密友李大钊亲自用骡车护送到天津，然后转乘海轮悄然来到上海。途中，他们商定要建立中国共产党，这就是所谓的"南陈北李，相约建党"。作为传播马克思主义的先驱者，陈独秀和李大钊一南一北推动着中共的建党伟业。

到上海后，陈独秀先住在自己好友亚东图书馆汪原放的家中，4月，搬到了建于1912年的法租界环龙路老渔阳里2号（今南昌路100弄2号）两层砖木结构的老式石库门。这里排列着二三十幢一正一厢、私密性很好的房屋，民国初期不少国民党大佬都云集此地，

诞生地 寻找中共在上海的红色基因

老渔阳里2号的新主人

环龙路老渔阳里2号

陈独秀夫妇的卧室

老渔阳里2号是安徽都督柏文蔚的寓邸,时称"柏公馆",他爽快地把这栋房子让给了安徽老乡居住。

这幢房子的楼上厢房是陈独秀夫妇的卧室,房间里放着一张书桌,一只红木的衣橱,靠墙的书架上堆满了书籍,一张大铜床挂着白色帐子,壁上还挂了几张精致的字画。当时,陈独秀是大学教授身份,因此房间的摆设较为考究。楼下客堂则是接待客人和举行会议的地方。

陈独秀的到来,仿佛有神奇般的磁力,把居住在法国公园(今复兴公园)周围的邵力子、李汉俊、陈望道、俞秀松、施存统等一批新文化运动和共产主义运动的进步知识分子聚集到了这里。陈独秀是《新青年》的创办人,邵力子是《民国日报》的主编,沈玄庐和李汉俊是《星期评论》的主笔,他们经常在陈独秀或李汉俊家中研讨马克思主义和社会主义思潮,酝酿建立社会主义组织,探讨改造中国社会的出路。据陈望道回忆:"大家住得很近(都在法租界),经常在一起,反复地谈,越谈越觉得有组织中国共产党的必要。"

于是,在老渔阳里2号逐渐升温的建党过程中,留下了多件红色的历史记载:

——《新青年》在这里复刊并成为上海共产党早期组织的机关刊物。陈独秀回到上海后的第一件事,便是复刊《青年杂志》为《新青年》,编辑部自然也搬到了自己的住地。他将编辑部设在一楼的厢房,楼下的堂屋堆满了《新青年》杂志和新青年社出版的丛书。自9

月发行第8卷第1期起,这份杂志成为中共上海发起组的机关刊物,从而完成了它的华丽转身。不久,陈独秀前往广州担任教育行政委员会的委员长,《新青年》的编辑工作则由住在编辑部内的陈望道负责,沈雁冰、李达、李汉俊也在此参加编辑工作。

——俄共(布)使者维经斯基在这里与陈独秀商讨建立中共。3月,列宁和共产国际决定,由俄共(布)中央远东局海参崴分局派遣一个代表团前往中国。列宁给代表团下达了三项任务,第一项就是同中国社会主义团体联系,组建中共及青年团。代表团一行五人,以俄文报纸《生活报》记者的身份,于4月初来到北京。经李大钊牵线,旋即来此会见陈独秀,又由他介绍会见了陈望道、俞秀松,以及当时宣传社会主义的《星期评论》编辑戴季陶、李汉俊、沈玄庐,还有《时事新报》的负责人张东荪。他们举行多次座谈,商讨发起成立中共的事宜。一个月后,一个秘密的团体"马克思主义研究会"在这里组建。

——《共产党宣言》第一个中译本在这里校订完成。一次,《星期评论》主编戴季陶表示对译介《共产党宣言》很有兴趣,并打算在自己的杂志上连载中译文。随即邵力子向

《新青年》第8卷第1期

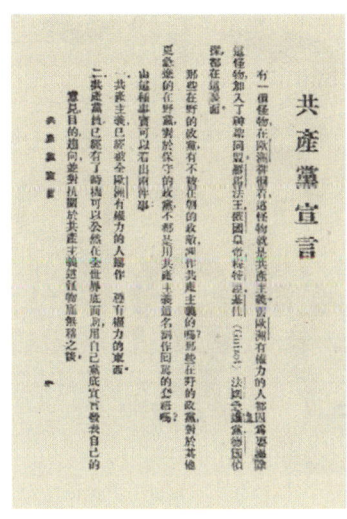

《共产党宣言》中译本

环龙路老渔阳里2号内景

他举荐了在日本留学期间就认识日本早期著名社会主义者河上肇和山川均等人、日语和汉语功底都很深厚的陈望道。不久,陈望道便收到了邵力子发来的邀请函。3、4月间,马克思主义经典著作的第一部中文译稿,在浙江农村简陋的茅屋里诞生后,陈望道带着译稿赶赴上海三益里的李汉俊家。在《星期评论》社三楼阳台上,他见到了戴季陶、李汉俊、沈玄庐、沈雁冰、李达等人,并把译稿连同日文、英文版原著交给了李汉俊校阅,尔后又送给陈独秀做最后校订。由于《星期评论》的进步倾向被当局发现后勒令停办,原准备在该刊上连载的打算无法兑现。维经斯基得知后非常重视,决定资助出版。

青年毛泽东

——毛泽东到这里拜访陈独秀。5月,毛泽东来上海,经常来这里与陈独秀促膝长谈。毛泽东多次与其商讨"改造湖南联盟"的计划,陈独秀则把建党计划和盘托出,还委托毛泽东回湖南组建共产党组织,并把湖南列入了自己的组党计

《中国共产党宣言》草稿　　　中共早期党组织成员

划。后来毛泽东回忆此段经历时说,在上海,陈独秀"对我的影响也许超过其他任何人","陈独秀谈他自己的信仰的那些话,在我一生中可能是关键性的这个时期,对我产生了深刻的印象","到了1920年夏天,在理论上,而且在某种程度的行动上,我已成为一个马克思主义者了,而且从此我也认为自己是一个马克思主义者了。"

——中国第一个共产党组织在这里诞生。6月,经维经斯基提议,陈独秀与李汉俊、俞秀松、施存统、陈公培等5人开始讨论组织共产党的问题。两个月后,在这里正式成立了上海共产党早期组织,推选陈独秀担任书记。经向李大钊征求意见,正式定名为"中国共产党"。为了统一大家的思想,后来维经斯基还仿照俄共(布)党的纲领章程,与陈独秀商议起草了一个《中国共产党宣言》,由李汉俊用两张八行信纸写成,约有六七条,其中最重要的一条是:"中国共产党用下列手段,达到社会主义革命的目的:一劳工专政,二生产合作。"党纲中还规定:"共产党员不做资产阶级政府的官吏,不加入资产阶级政党,不当议员。"这是中共正式成立前的第一个党纲草案。上海共产党早期组织的诞生不仅是中国这块土地上出现的第一个共产党地方组织,而且它对于创立统一的中共也起到了重要的发起和组织作用。

——中共第一份党刊《共产党》月刊在这里问世。8月,李达怀着寻找同志干社会主义革命的目的从日本回国,来此拜访了心仪已久的陈独秀。由于在建立共产党和社会革命等一系列问题上,李达与陈独秀的意见不谋而合,李达便欣然接受陈独秀的邀请,创办党的上海发起组筹划的《共产党》月刊,并把编辑部设在这幢房子的亭子间里,他也曾长时间住在这里,编辑了该刊的第1、第2两期。11月7日,正值苏俄十月革命三周年的纪念日,《共产党》月刊第1号发行了5 000份,第一次在中国树起了"共产党"的旗帜,而选择这一日子就是希望中国革命也能走俄国的社会主义道路。

《共产党》月刊

诞生地 寻找中共在上海的红色基因

李 达

李汉俊

陈望道

楼上厢房

房内的上下楼梯

——中共一大在这里筹备和联络。在中国开展卓有成效的联络和建党准备之后，1921年初维经斯基受命回国。6月初，共产国际代表马林到沪，经商议后决定于7月下旬召开中共一大。自陈独秀赴广州担任广东教育委员会主任职务后，总书记的职务就由李汉俊代理，但他们之间因在党内实行中央集权还是地方分权问题上意见分歧，相互指责，愤怒之下的李汉俊辞去了代理总书记的职务，并把党内的名单及一切文件交给了李达，要李达代理书记职务，并承担一大的发起与组织工作。中国共产党发起组就以这里为联络处，由李达、李汉俊出面进行具体的筹备，征询各地共产党早期组织委派的代表，确定会议地点和日程，起草并刻印有关文件，所有致函各地的重要信件都从这里秘密发出。

——中共一大成员曾在这里避难。当中共一大举行第6次会议时,法租界巡捕出现在了会场,马林毅然停止会议的进程,诸位代表纷纷撤出会场。当时谁也不敢回博文女校,怕那里也被密探监视,于是都跑到这里来避难。等了两个钟头后,见无异样动静,大家牵挂留在会场的李汉俊,于是包惠僧自告奋勇,来探虚实。待李汉俊、陈公博将刚才发生的事告诉包惠僧后,包惠僧知道此处非久留之地,便叫了辆黄包车,东拐西拐,确认后面没有"尾巴"跟着,才回到渔阳里报告事情经过。

——中共第一个中央局机关所在地。7月,在中共一大会议上,陈独秀被选为中央局书记。9月,回到上海的他仍寓居在老渔阳里2号,从此这里也就成了中共第一个中央局机关的所在地,1921至1923年中央工作部都在此办公。陈独秀、李达、张国焘三人经常在这里聚会讨论工作,中共上海支部的沈雁冰、杨明斋、邵力子、陈望道、张国焘等每星期也有两次在这里开会:一次是讨论发展党员,开展工人运动,加强党员的学习等;一次是研究和讨论马克思主义理论的学习会。

老渔阳里孕育了党的诞生,早期共产主义者在这里发出的一次次呐喊,做出的一件件贡献,留下的一个个印记,将永远载入红色史册。

1921年10月4日下午,法国巡捕房密探以"宣传激进和赤化"为名,拘押了陈独秀和其妻高君曼,以及正在这里聚会的包惠僧、杨明斋和柯庆施等人,后经孙中山、马林等人的努力,陈独秀等人很快被保释,并以《新青年》杂志有"过激言论","妨害治安"为由,罚款5 000元而结案。自遭这次搜查后,这里随即也就成了法国巡捕房严密监视的重点。半年后,陈独秀离开了这里,然而历史没有在这儿停步,它又将在新的红色据点继续谱写。

新渔阳里成培育和输送革命火种的摇篮

——中国社会主义青年团中央机关旧址

全国重点文物保护单位
中国社会主义青年团
中央机关旧址
中华人民共和国国务院
一九六一年三月四日公布
上海市人民政府立

诞生地 寻找中共在上海的红色基因

杨明斋

中国社会主义青年团中央机关旧址

从老渔阳里往北走不远，就是建于1917年的新渔阳里，它们之间有一条相通的走道，相互来往甚为方便。1920年4月，经李大钊介绍，维经斯基一行在老渔阳里会见了陈独秀，商谈了在上海建党的工作。为了接受来自共产国际和苏俄发表的各种新闻资料，以及一部分来自英美等国进步杂志的消息，沟通中俄两国之间的关系，他们决定在上海霞飞路新渔阳里6号（今淮海中路567弄6号）建立"中俄通讯社"（后改称"华俄通讯社"），由维经斯基的翻译和助手、俄共党员杨明斋负责。于是，由杨明斋、陈独秀出面，租下了霞飞路渔阳里6号，华俄通讯社就在这里发稿，文章主要送《民国日报》刊登。

此前，这里是戴季陶于1919年租赁的房子，他在玻璃窗上还写了几首诗。当时弄堂口有一个买香烟的烟纸店，包打听经常在店里监视着6号的动向。弄堂底的小铁门时常关闭，进出通行基本都从霞飞路走。

在共产党早期组织的筹建过程中，陈独秀就注意从青年中培养和挑选预备党员。于是，他们决定"收罗左倾及有革命性质的青年，组织社会主义青年团"。此时，代理临时中央书记的李汉俊成立了教育委员会，由包惠僧、杨明斋负责，主要任务是"选择青年团员中的优秀分子送莫斯科留学"，学习俄国的革命经验，回来救国救民，改变黑暗的旧中国。

据李达回忆："1920年夏间，内地有许多青年脱离了家庭，离开了学校，去到上海找《新青年》社的陈独秀和《民国日报》'觉悟'栏编者邵力子。党在上海发起以后，决定成立社会主义青年团（S.Y.），并租定新渔阳里6号作为容纳那些青年的处所，并介绍他们加入社会主义青年团，派俞秀松同志（党的发起人之一）负责主持。"8月22日，在上海共产党早期组织的领导下，上海社会主义青年团就在这里成立，发起人有俞秀松、施存统、陈望道、李汉俊、叶天底、沈玄庐、袁振英、金家凤等八人，平均年龄为24.5岁，最年轻的俞秀松为书记。由于是国内最早建立的青年团组织，因此担负了组织、发动和指导全国各地的建团任务。俞秀松主持制定了社会主义青年团章程，这个章程分寄给各地共产主义者，要求各地建团。不久，北京、武汉、长沙、广州、天津等地也陆续建立了团组织，团员发展到一千多人。在此基础上，1921年4月，在上海成立了中国社会主义青年团临时中央执行委员会。上海社会主义青年团的创建，对各地社会主义青年团的建立起到了发动和指导的核心作用。11月，青年团临时章程中明确规定："在正式团的中央机关未组成时，以上海团的机关代理中央职权。"

新渔阳里6号内景

青年团发起人在商议工作（油画）

诞生地 寻找中共在上海的红色基因

上海社会主义青年团八位发起人群雕

| 李汉俊 | 叶天底 | 俞秀松 | 施存统 |

| 陈望道 | 沈玄庐 | 袁振英 | 金家凤 |

当时楼下灶间是厨房，用大灶头烧菜，厢房里只有一只大菜台子，四周有长板凳，亭子间有一个烧饭的内线住在里面。客堂间放置假红木的大圆台，布置得很整齐，地板是用红色油漆刷过的。楼上两间亭子间分别为杨明斋和李启汉的卧室，房间里一床一桌，陈设极其简单。楼上的客堂是临时团中央办公室，里面放了办公桌和油印机等。社会主义青年团的活动是以新渔阳里6号为主，但党组织基本上也在这里活动，甚至人比较多的会议也在这里召开。开会有时在客堂间，有时在厢房里。开会时，大家搬一只椅子聚在一起就谈，也没有一定的形式。有许多传单印刷品也都在这里印刷，当时有两三架油印机，刻蜡纸用的铜板等都是齐全的，不过都是日本掘井腾写堂的货色。

为了不引起怀疑，房子的门口挂上了"外国语学社"的牌子，以公开办校的形式掩护革命活动，由杨明斋任校长，俞秀松任秘书，具体管理行政事务。9月30日，学社在《民国日报》上刊登了一则招生广告："本学社拟分设英法德俄日本语各班，现已成立英俄日本语三班。除星期日外每班每日授课一

外国语学社的师生在渔阳里弄堂口交流讨论的场景（油画　作者：俞晓夫）

外国语学社大门

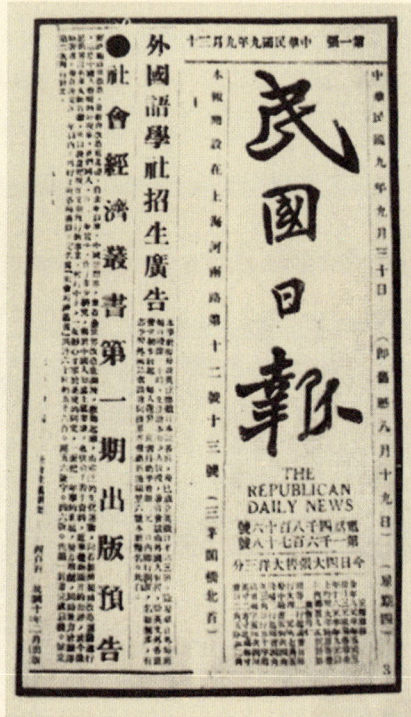

《民国日报》刊登的招生广告

小时,文法读本由华人教授,读音会话由外国人教授;除英文外各班皆从初步教起。每人选习一班者纳学费银二元。日内即开课,名额无多,有志学习外国语者请速向法界霞飞路渔阳里六号本社报名。此白。"

虽然报上登了招生广告,但实际上学员都是经各地中共早期党组织推荐来的进步青年,浙江、安徽、湖南的居多。学生人数少时二三十人,多的时候有五六十人,其中有刘少奇、萧劲光、任弼时、张太雷、罗亦农、汪寿华、谢文锦、王一飞、许之桢、梁柏台、李启汉、李中、彭述之、袁振英、周伯棣、柯庆施等,他们大都半工半读。俞秀松、刘少奇、许之桢、柯庆施等住在这里,大部分学生都不住学校,半天来校上课,半天回去自修。大部分学生生活很艰苦,每月生活费只有五元左右。他们五个人只包了四个人的饭,省下一个人的饭钱以作另用。上课用的是大教室,因学员来源不同,课外活动大多是按省分组进行的。据曹靖华回忆:"那时,我们几十人在一个大教室上课。课外分成三个小组,即安徽、湖南、浙江等。刘少奇、任弼时等是湖南的,王一飞是浙江的。……按地区分组,在语言、生活习惯上都方便些。三个组上课在一起,课外不来往。"

开学以后,俄文教员起初只有杨明斋和维经斯基的夫人库兹涅佐娃两人,学生增多后,陈独秀又聘请老同盟会员王维祺之女王元龄来教俄文,李达教日文,袁振英教英文,李汉俊教法文,课堂设在底层的厢房和客堂内,里面放着几排课桌和长凳,教师因陋就简进行教学。学社除了提供外语教材外,还把李汉俊翻译的《马克思〈资本论〉入门》、陈望道翻译的《共产党宣言》作为必读书籍。为帮助会员们尽快掌握马克思主义,学社还请陈望道给学员们讲解《宣言》,请作家沈雁冰和《民国日报》的邵力子讲授社会科学知识。据《周伯棣自传》记述,尽管经费极困难,在上海共产党早期组织成员们的帮助下,这里还筹建了图书室,"开办时,靠沈雁冰捐了80元稿费才成立"。

青年学生在上课之余,还积极参加革命实践活动。在江南造船所当锻工的李中,曾

新渔阳里成培育和输送革命火种的摇篮

会客厅

上课的教室

学生宿舍

诞生地 寻找中共在上海的红色基因

▲ 上海机器工会临时会所旧址

◀《申报》刊载《机器工会成立消息》

新渔阳里成培育和输送革命火种的摇篮

参加过毛泽东创办的新民学会,接触过陈独秀,并积极在工人中宣传马列主义。后来,他在《劳动界》发表了《一个工人的宣言》,提出"要成立一个大团体"的主张。李中被吸收为上海共产党早期组织成员后,就住进了老渔阳里2号陈独秀寓所,在陈独秀、李达、李汉俊的直接领导下,进行机器工会的筹组工作。不久,由李中任书记的上海机器工会筹备会又在这里召开发起会,选举产生了机器工会理事会,通过了由他与陈独秀共同起草的《上海机器工会章程》,并决定在西门路泰康里41号(今自忠路225号)暂设事务所筹备处。11月21日,假座白克路207号(今凤阳路186号)上海公学召开成立大会,标志着中国第一个工会的正式成立,孙中山和陈独秀皆到会发表演说,表示祝贺。成立后的机器工会很快融入革命的洪流之中,成为中国革命力量的重要组成部分。

李启汉

外国语学社学员

上海外国语学社学生刘少奇

俞秀松（后排中）、罗亦农（前排左）、袁笃实（前排右）、谢文锦（后排右）等人合影

1921年3月，这里还举办过上海第一次庆祝"三八"妇女节的筹备会议，陈独秀的妻子高君曼发表过演说；4月，这里又由上海共产党早期组织成员李启汉与上海工界各团体组成纪念五一国际劳动节筹备会，大型活动虽因法租界巡捕房查抄而未成功，但仍分散举行了许多纪念活动，把传单拿到天后宫、闸北和永安公司等处散发。另外，在中共发起组办的工人半日学校中有他们的身影；在创办工人刊物《劳动界》时，下厂调查、撰稿、发行等工作中又有他们的贡献。

通过一段时间的学习和锻炼，党的临时中央派了十几位优秀青年团员分批走上"到俄国去"的革命征程。为了缩小目标，去莫斯科东方大学学习的青年分三批走，刘少奇等是第一批，柯庆施等是第二批，第三批中有任弼时、萧劲光、许之桢、王一飞、付大庆、梁百达等，都化装成理发匠或裁缝，乘日本邮轮从上海取道日本长崎，到海参崴远赴莫斯科。这些青年回国后，犹如播撒在祖国大地上的革命种子，为中国人民解放事业做出了不朽的贡献。

新渔阳里成培育和输送革命火种的摇篮

  1921年3月,俞秀松离沪去莫斯科参加少年共产国际第二次代表大会,后来又有大批学生赴俄学习,加上4月份再遭受了一次法租界巡捕房的搜查,教学活动开始受到监视。这样,外国语学社最终于8月中旬结束了教学活动。

  这里是上海社会主义青年团的诞生地,"中国青年的红色起点"已成为这条弄堂的符号,而新渔阳里则成为培育和输送革命火种的摇篮,开辟了一代人的革命道路。

渔阳里广场

共产国际特使为创建中共而奔忙

——先施公司（东亚旅馆——1921年马林入住地）

诞生地 寻找中共在上海的红色基因

共产国际代表马林

1921年6月3日，38岁的共产国际秘密特使H.斯内夫利特（Hendricus Sneevliet）化名马林（Maring），乘坐意大利的"阿奎利亚"（Acqulia）号客轮，第一次踏上了上海这块土地。他出生于鹿特丹，1902年加入了荷兰社会民主工党，后来前往荷兰殖民地爪哇进行革命活动，建立了东印度社会民主联盟。一年前，他作为印尼党的代表参加共产国际二大，担任殖民地问题委员会秘书，当选为共产国际执委会委员和民族殖民地委员会书记。他的工作才能和在荷属东印度领导殖民地革命斗争的丰富经验得到了列宁的赏识和器重，并被共产国际委派到中国开展活动。这次出使上海的具体任务，如他自己所说，考察包括中国在内的远东各国的情况，并使之与共产国际建立联系；调查是否可以在中国上海筹建一个共产国际联络东方各国的机构——共产国际远东局。

当年暮春，马林在维也纳申请前往中国时，被奥地利警察以"赤色分子"的罪名逮捕后驱逐出境。4月21日，他便从威尼斯踏上驶向上海的轮船。不料，船尚在途中，荷兰驻东印度总督府一等秘书就已三度致函荷兰驻沪代理总领事，密报马林行踪，并寄去了他的照片。5月30日，荷兰驻沪代理总领事致函上海公共租界工部局，通报H.斯内夫利特等两人正前往上海，务必"密切注意他们的行动"，还同时"通知中国警察界和公共租界捕房"。

1920年6月，马林（后排左三）出席共产国际二大

共产国际特使为创建中共而奔忙

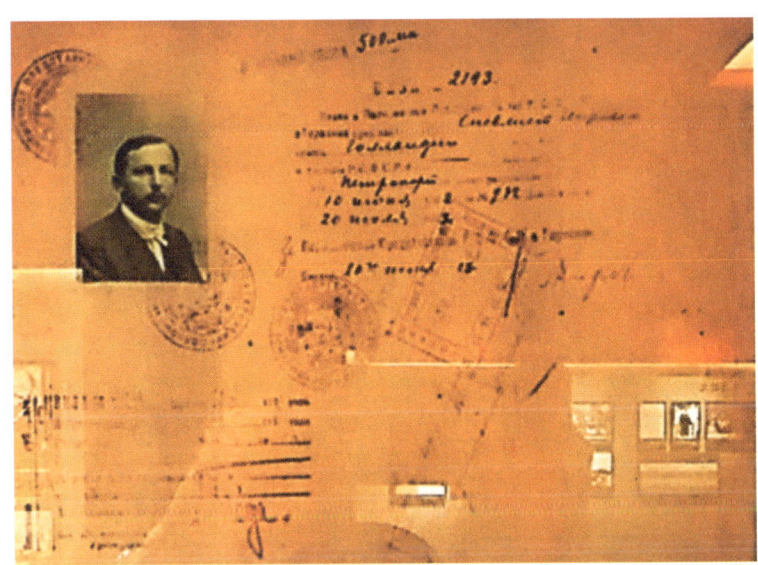
前往中国的护照

刚踏上上海的码头,马林便被密探盯上了。他不顾一切,径直向南京路先施公司楼上西北角的东亚旅馆(Oriental Hotel)走去。早期上海滩有名的新式大旅社只有"三东一品",即大东旅社、东亚旅馆、远东旅社、一品香旅社等四家。马林下榻的房间位于东亚旅馆的3楼或4楼。翌日,马林化名"安德莱森"(Andresen),前往荷兰驻沪总领事馆办理手续,声称自己是日本《东方经济学家》杂志的驻沪记者。

与马林同期到达上海的还有共产国际的尼克尔斯基(Владимир Абрамович Нейман),他们经常约上海共产党早期组织成员在东亚旅馆屋顶花园上会面。但是,他在与李达及李汉俊取得了联系后,第一次见面就谈得不大投机。马林声称自己是共产国际的代表,并毫不客气地要他们提交工作报

途中的马林

位于先施公司的东亚旅馆

告,这让毫无准备的李达感到尴尬,他的要求自然也遭到了拒绝。同时,马林的谈吐中往往鄙视亚洲人的落后,有时也谈到东方社会主义者的幼稚可笑,使人觉得他沾染了一些荷兰人在东印度做殖民地主人的习气。但他同情东方被压迫民族,一次他遇到一个外国人欺侮中国苦力,他竟挺身而出与那个外国人大打出手。不久,马林去了北京,通过维经斯基的关系找到李大钊,提议召开全国代表大会以正式建立中国共产党,他的提议立即得到了支持。李大钊因事难以脱身,便派张国焘陪马林返沪。

据当时法国巡捕致上海荷兰总领事的函件中记载:马林"6月14日离开东方大旅社,到麦根路32号一家公寓住宿"。这就说明马林当时的一举一动都被监视了。当然,马林对自己被监视是有所警觉和提防的。在随后的一个月中,他协助向全国各地及日本的中共早期小组代表发了邀请函。为使各地代表不致因筹措路资而耽误与会,他还拿出自己的活动经费,给每位代表邮寄了100元的路费。

共产国际特使为创建中共而奔忙

马林经常在东亚旅馆屋顶花园
会面上海共产党早期组织成员

尼克尔斯基

旧上海麦根路一带

诞生地 寻找中共在上海的红色基因

麦根路32号所在地周边今貌

马林

共产国际特使为创建中共而奔忙

7月23日晚,他来到了法租界望志路106号(今兴业路76号)李公馆,出席中共一大。会上,马林侃侃而谈,一口气讲了三四个小时,给与会代表留下了深刻印象。毛泽东对他的印象是"精力充沛、富有口才"。包惠僧的印象是"声若洪钟,口若悬河,有纵横捭阖的辩才"。张国焘回忆:"说起话来往往表现出他那议员型的雄辩家的天才。"考虑到大会是在秘密情况下举行的,洋人太招人眼,所以以后数次会议,马林均未参加。

第5次会议结束后,张国焘如约前往麦根路32号(现淮安路32号)旁边有德文学社的公寓,向马林汇报关于党纲和决议的讨论情况。当马林听到党纲中那句"要联合共产国际"时,感到离了谱,于是决定参加下一次会议。7月30日晚上7时许,就在马林将要开口说话之际,一个身着灰布长衫、面孔陌生的中年男子,未经敲门便闯进了会场,一进来便东张西望,随后就匆匆退出了。富于地下斗争经验的马林立即警觉起来,建议立即停止会议。按照马林的布置,出席会议的人员除李汉俊和陈公博以外,立即离开了会场。十几分钟以后,法国巡捕包围了会场,并进入室内搜查盘问,结果扑了一个空。当时如果没有马林的机警,与会者将会被一网打尽。

马林在中共一大会议上发言(剧照)

马林在起草文件

中共成立后,中央机关设在上海,陈独秀总书记一职暂由周佛海代理。马林见这个情况十分着急,提出:"我们的党是无产阶级政党,任务是要马上走上政治舞台,陈独秀不能在广州做官,要请他回来",随即派包惠僧去广州催请。陈独秀回上海后,马林力劝中共接受共产国际的经济援助,陈独秀出于自尊不愿接受,两人之间也时有冲突,马林性格直爽,言谈上对陈独秀没有任何"恭维"的话,还常常在会议上为自己的观点辩护,用一股犟劲与陈独秀进行对决,这使得陈独秀与马林的矛盾越来越尖锐。

1921年10月4日下午,陈独秀在家被捕,按当时的情况他可能要被判七八年的徒刑。马林为了营救陈独秀四处奔

马林在读报

走,他请了一位有名的法国大律师,"花了很多钱,费了很多力,打通了公审公堂的各个关节",最后陈独秀以发表过激言论的"罪名",判罚5 000元而被释放。这让陈独秀对马林十分感激,同时他也感到外援的重要,表示接受参加共产国际的建议。

12月23日,马林由张太雷陪同,亲赴广西桂林拜见孙中山。他在大本营里住了几天,对国民党作了仔细的考察,思考了中国革命的实际情况,深入分析了国共两党的优势与不足。他认为,刚刚成立的中共是新兴的、先进的、朝气蓬勃的,但太小太年轻,无论规模和影响力都远远不够,更谈不上领导革命的任何经验;而孙中山领导的国民党基础好,影响大,尤其是孙中山的革命精神和毅力更是不容忽视。在这里,他找到了自己下一步工作的切入点——国共合作。

马林亲赴广西桂林拜见孙中山

三个月后,马林回到了上海,并把这次南中国之行写成报告,随后北上,把自己关于国共合作的大致设想向苏俄第一位驻华使团团长作了汇报。返回上海后,他立即把自己的这一大胆设想告诉了陈独秀和张国焘等中共领导,建议

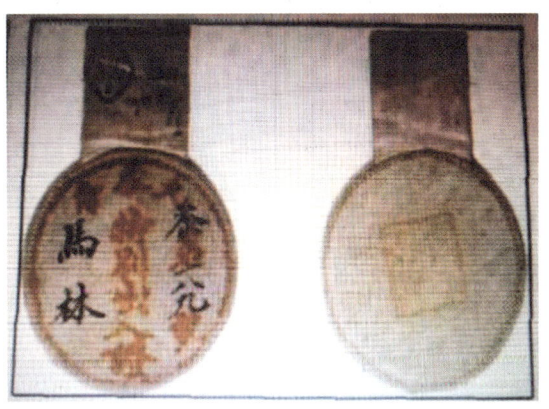

马林进出广州革命大本营的出入证

陈独秀改变中共一大决议中不同任何其他党派建立联系的政策,具体说就是要放弃排斥国民党的态度。可是,马林的建议遭到了中共党内极其激烈的反对,陈独秀坚决不同意国共合作,不同意共产党员以个人身份加入国民党。无奈之下,马林于1922年4月23日乘船离开了上海去莫斯科,向共产国际执委会汇报他提出的关于国共合作的建

马林入住汇山路(今霍山路)一带

议,结果得到了支持。

他将共产国际远东局对中国支部的指示,用打字机打印在他的衬衫上:"根据共产国际主席团7月18日的决定,中国共产党中央委员会在接到通知后,必须立即把地址迁到广州,所有工作都必须在菲力浦(即马林)同志紧密联系下进行。共产国际远东局维经斯基,1922年7月于莫斯科。"为了统一思想,马林一到上海,便在新的居住地汇山路(今霍山路6号)会见了张太雷,建议召开一次中共中央执行委员会全体会议,讨论国共合作问题,并要张太雷将这件衬衫转交给陈独秀。看了印在衬衫上的指示,陈独秀陷入了沉思。中共二大刚刚通过了《中国共产党加入第三国际决议案》,服从共产国际的领导是组织原则,看来现在只能按照文件执行了。随后,张国焘参加远东各民族革命团体和劳动人民代表大会归来,向党内汇报了大会的情形,其中特别谈到列宁对中国革命及国共两党合作问题的关心。至此,大家的认识开始接近。

8月28至30日,中共中央特别会议在杭州西湖举行,除了马林外,中共主要领导人陈独秀、李大钊、张国焘、蔡和森、张太雷、高君宇等六人参加了大会。会议一开始,马林先传达了共产国际的决定,接着便坚持认为只有以共产党员和青年团员个人名义加入国民党组织的方式,才是实现国共合作唯一可行的具体方法。其理由大体是:第一,中国在一个很长时期内,只能有一个民主的和民族的革命,决不能有所谓的社会主义的革命,而且现在无产阶级的力量和其所能起的作用都还很小;第二,孙中山先生的国民党是中国现

共产国际特使为创建中共而奔忙

阶段一个有力量的民主和民族的政党,不能说它是资产阶级的政党,而是一个各阶层革命分子的联盟;第三,孙中山先生可以而且能容许共产党员加入国民党,绝不会同意与中共建立一个平等和平行的联合战线;第四,中共必须学习西欧工会运动中,共产国际所推行的各国共产党员加入社会民主党工会的联合战线的经验,中共

西湖会议上的一番争论(油画 作者:夏葆元)

中共中央特别会议在杭州西湖举行

中共三大会址

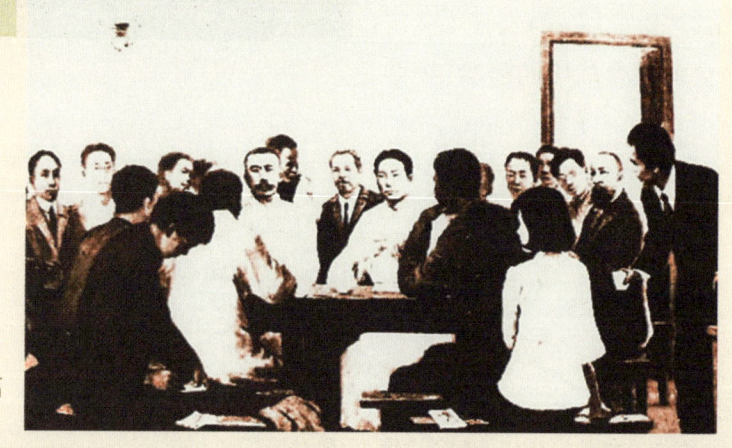

马林（右二）在中共三大作长篇讲话

必须尊重共产国际的意向；第五，共产党员加入国民党既可以谋革命势力的团结，又可以使国民党革命化，尤其可以影响国民党所领导的大量工人群众，将他们从国民党手中夺取过来。

马林滔滔不绝，尽管有着共产国际的"尚方宝剑"，但他的意见还是受到与会者的激烈反对：不能因为国民党内包容了一些非资产阶级的分子，便否认它是资产阶级政党的基本性质；一个共产党员加入国民党以后，会引起许多复杂而不易解决的问题，其结果将有害于革命势力的团结；中共党员加入国民党不能与西欧共产党员加入社会民主党工会相提并论，中共加入国民党无异与资产阶级相融合，会丧失自己的独立性；与国民党建立党外的联合战线是能够做到的，可以推孙中山为联合战线委员会的主席。在会议陷入僵局的情况下,李大钊从中作了劝慰,最后在一种互相谅解的气氛中,通过了陈独秀提出的只有孙中山同意取消打手模和宣誓效忠个人之后,中共党员方可根据党的指示先行加入国民党的决定。至此,马林总算舒了一口气。

西湖会议后,马林与李大钊、陈独秀一起亲赴上海与孙中山沟通。孙中山欣然同意,应允取消打手模等原有入党办法,并依据民主主义精神改组国民党。几天后,中共领导人便由张继介绍,孙中山亲自主盟,正式宣誓加入了国民党。

1923年6月,在广州召开的中共三大会议上,国共合作方案才被最后敲定。至此,马林倡导的把国共合作作为党建立革命统一战线的策略方针终于确立起来了。他认为,在中共一大后南下广西与孙中山建立联系,并提出中共及苏俄与孙中山联合的建议,是他来华的最大收获。

激荡"红色初心"的博文女校

——中共一大代表宿舍旧址

位于白尔路389号的博文女校旧址

1921年,中共正着手筹备召开一大,并选定法租界望志路106号李汉俊家为会址。考虑到来的代表都是重要人物,讲话又都是湖南等外地口音,如果住在旅馆会很不安全。会议筹备处希望找到一处独立的、与李汉俊住宅相近的地方解决代表的吃住问题。这样,相距"李公馆"不远的白尔路389号(今太仓路127号)的私立博文女校就被看中了。

博文女校校长黄绍兰(1892—1947)是个很了不起的人物,她是国学大师章太炎唯一的女弟子,丈夫则是另一国学大师黄侃。她1910年毕业于京师女子师范学堂,任开封女子师范学堂教员,武昌起义爆发后,她即南下武昌,投笔从戎,旋即受黄兴的派遣赴上海,与陈其美取得联系,并在上海组织女子军事团,自任团长;1912年南京临时政府建立后,她就留在南京协助黄兴工作,并提议创建辛亥烈士忠裔院,当任院长。1916年,黄绍兰与黄兴夫人徐宗汉、章太炎夫人汤国黎等在上海创办博文女校,并担任校长。

博文女校诞生后,在富有爱国精神的校长影响下,学校师生积极参与到进步的革命行动中去。因此,一些同她熟识的同志想到了她的女校。这里面还有多重的有利关系,一方面有五四时期

激荡"红色初心"的博文女校

法租界博文女校旧照

王会悟

黄绍兰的丈夫、著名训诂学专家黄侃在北京大学共事的陈独秀及辛亥革命时期一起战斗过的董必武的推荐,当时黄侃任教于武昌高师,董必武通过黄侃致信黄绍兰,称北京大学的一些师生要利用暑假到上海旅游,希望能借博文女校小住。最后商定由李达夫人王会悟出面,晤谈商定租借女校之事较为有利。

王会悟登门拜访了黄绍兰,说明以"北大师生暑期旅行团"的名义向校长租借房子的来意:"各大学都要放暑假了,有几个教授要到上海来,一面玩玩,一面与上海的几个大学教授进行学术交流,可能其中还有女教授,他们想找个安静地方备备课,研究研究。"由于学校正值暑假,黄绍兰欣然同意,并积极为代表们安排住宿及其生活用品。一大代表们入住博文女校校舍楼上,楼下除安排一名厨师兼杂役为大家做饭并把守学校大门外,不放进任何一个外人。这样,博文女校就成了中共一大代表的住宿地。

这是一幢沿马路的两层砖木结构的石库门建筑,坐南朝北,内外两进,前进楼下两间为课堂和会客室;楼上三间为教员宿舍,左右朝北的两间均有阳台,后进上下六间为教

诞生地 寻找中共在上海的红色基因

博文女校正门

激荡"红色初心"的博文女校

室。当"北大师生暑期旅行团"一行风尘仆仆走进由章太炎书写校牌的博文女校时,一切都已准备完毕。会议期间除了张国焘、李达、李汉俊各住别处或自己家中,陈公博携新婚妻子住在大东旅馆外,其他9位代表都住在博文女校。黄绍兰把他们安排在该校当街的一排校舍的楼上:靠东的一间是周佛海和包惠僧住,邓中夏到重庆参加暑假讲习会,路过上海也在这间住了几天。靠西的一间是王尽美、邓恩铭住,毛泽东住在西厢房,董必武、陈潭秋住东厢房。据包惠僧回忆,选定博文女校为代表住宿处后,付了两个月的租金,其实住了20天左右。"当时我们租这个房子是以北京大学暑假旅行团的名义租的。交房租是我与黄绍兰校长接洽的。在暑假中仅有一个学生……很清静。我们住的是楼上靠西的三间前楼。"

1921年7月22日,即最后一位代表陈公博来上海的第二天,在博文女校楼上代表们开过一次碰头会,按包惠僧的说法是"预备会",而陈潭秋说是"开幕式"。包惠僧在他的回忆录中说,"李达也把王会悟带来了,我们在里间开会,她坐在外面的凉台上"。清静的博文女校,为居住其中的代表们提供了思索和讨论的场所。毛泽东在代表住所的一个房间里,经常走走想想,搔首寻思。

代表们在这里聚会、交流、讨论,同时又规划、起草党纲和工作计划,描绘着红色中国的"初心之作"。在长达九天的代表大会期间,除去在望志路106号李汉俊哥哥李书城家举行正式会议及最后一天在嘉兴南湖举行闭幕会,绝大多数时间是在博文女校度过的。这里既是中共一大代表的住宿地,也是中共一大会议的重要组成部分,其意义与历史价值已经彪炳史册。

直到一大结束,黄绍兰都不知道那些住在博文女校的"北大师生暑期旅行团"人员来沪的真正目的。

毛泽东居住的楼上西厢房

董必武居住的楼上东厢房

作始也简的燎原星火在中华大地被点燃

——中共一大会址

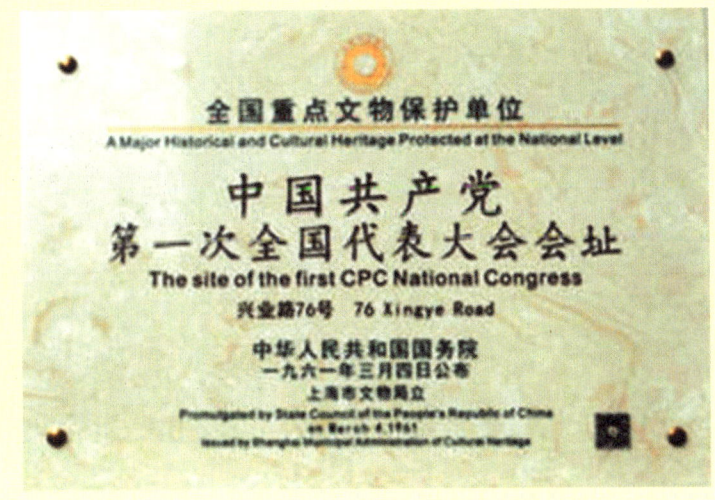

中国共产党的诞生是中国历史上开天辟地的大事变,是被帝国主义和军阀势力统治的黑沉沉的中国大地射进了一缕耀眼的新曙光,它的功勋已载入史册。然而,长时间困扰人们的是,这次会议召开的准确时间及其地点都很难得到确认。

根据以往的历史记载,几乎所有有关回忆都说一大在上海开会的最后一天,受到了法租界巡捕的侵扰,但又都没有记载确切的日期。据陈公博的回忆:"7月31日那天早上,我在睡梦中忽听到一声尖叫……"周佛海也回忆说:"公博当时正带着新婚夫人度蜜月,住大东旅社……哪知他隔壁的房中,当晚发生了一件奸杀案。"这个案件与中共一大可以说没有任何联系,但在时间上却提供了准确的定位。当时,在《申报》的版面上有"大东旅馆发现谋命案"的记载,而发生的时间确系1921年7月31日凌晨。

接下来的推理就顺理成章了。从"情杀案"发生的时间可以证明一大会场受到侵扰是在7月30日,无疑这就是一大在上海最后一次会议的日期。有了这个日期,就可以向前推算:一大在上海开了六次会,每天一次,加上两天起草文件,共计八天,7月30日向前推八天,正好是7月23日;向后推算,一大会场被搜查后,代表们连夜开会商议,第二天转移到嘉

中国共产党的诞生是中国历史上开天辟地的大事变

兴南湖又开了一天会,闭幕当是7月31日。从那桩"情杀案"中推查出了党的诞生日,这是人们事前没有想到的。

翻开上海市档案馆红色珍藏,一张"恒昌福面坊"的老照片又引出了一段六十多年前寻访中共一大会址的故事。

在筹备一大会议期间,对会址的选择成了一大问题。李达夫人王会悟认为,在当年动荡不安的上海,会场不能选在旅馆,并建议在位于上海法租界望志路106号(今兴业路76号)李汉俊那幢最具上海特色的石库门民居中召开。李汉俊的住处实际上是他哥哥李书城的寓所。1908年10月,李书城毕业于日本陆军士官学校后回到广西桂林,与黄兴取得联系,积极追随孙中山先生参与筹备和组织同盟会。辛亥革命期间,他在武昌与黄兴并肩战斗,后又参加孙中山领导的讨袁、护法运动。护法运动失败后,李书城陷入一种苦闷彷徨的境地。这时,他的胞弟李汉俊从日本留学回国,给他带来了十月革命胜利的消息以及救国救民的真理,使他的精神为之一振。从此,他利用自己的声望和居住上海法租界比较安全的条件,为李汉俊提供住处,支持弟弟从事革命活动。王会悟在征得李达同意后,亲自去找李汉俊。李汉俊一听要在他家开会,立刻从椅子上站起来,表示不同意,当时他心里很害怕,两人谈到中午12点,李汉俊仍不同意。几天后,王会悟接连几次去找他,并建议会议上午在他家楼上开,以便更好掩护。楼下家里人来人往,买菜、做饭、洗衣服都可以掩护楼上开会,即使客人来,在楼下接待,楼上开会也不会被发现。最后,李汉俊同意了,中共一大会址终于有了结果。

由于这次会议在白色恐怖下召开,而后又长期处于战争年代,因此一大会址的寻找、确认工作直到新中国成立之后才开始。大上海几经变迁,茫茫人海中何从寻觅

"大东旅社内发现谋命案"报道

李书城

王会悟

当年的会址呢？起初，寻访人员以萧三所著的《毛泽东同志的青少年时代》一书为依据，认为中共一大召开的地点是在上海法租界蒲柏路（今太仓路）的"博爱女子学校"。一番搜寻下来，竟然没有这一名字的学校，原来发现萧三误将"博文女校"写成"博爱女校"了。于是，寻访人员将博文女校的房屋外形拍了一组照片，呈报毛泽东、董必武等参加中共一大会议的成员审定。反馈的信息明确告知，博文女校并非中共一大会址，而是一部分代表寄宿之所。

寻访人员手中剩下的唯一线索，是上海市公安局一位叫周之友（中共党员，原名周幼海）的副科长提供的。他是周佛海的儿子，父子分道扬镳，走上了截然不同的道路。周之友告知寻访人员：其母亲杨淑慧在中共一大召开期间，正与刚从日本东京回国参加会议的周佛海热恋，周佛海曾带杨淑慧去过"李公馆"；另外，周佛海曾写过一本《往矣集》，书中有谈及参加中共一大的情景。抗战胜利后，周佛海因汉奸罪而身败名裂，其著作也被查禁。寻访人员专程去上海图书馆，在一堆封存的旧书中找到了《往矣集》。书中明确提及，中共一大外地代表住的地方是在"贝勒路附近的博文女校"，开会的地方是在"贝勒路李汉俊家"。这里的贝勒路已更名为黄陂南路。这样一来，寻找会址的目标在逐渐缩小。

与此同时，寻访人员找到了杨淑慧，请她协助寻找"李公馆"。在杨淑慧的记忆里，当时李汉俊的房子是新造石库门房子，是李汉俊的哥哥李书城租来居住的，前门对着马路，路边一片荒凉，大门对面是一片菜地。可是，30年时过境迁，"李公馆"是否还如记忆中那般呢？杨淑慧来到黄陂南路附近转了好几天，仔细寻访、回忆、辨认。一天，当她走到黄陂南路与兴业路交叉路口时，似乎找到了一种似曾相识的感觉。经打听她才知道，兴业路就是以前的望志路。兴业路转角处第一幢石库门门牌是100号，向西为102号、104号、106号、108号，在106号挂着"恒昌福面坊"招牌的商店前，杨淑慧凝望许久后说："这很像当年李汉俊的家。"

为了得到进一步的确认，她找到店铺老板董正昌。原来，1924年董老板租下了望志路100号、102号、104号、106号、108号，也就是后来的兴业路70号、72号、74号、76号、78号，并对房子的内外部进行了改造。外墙壁比原来高了，清水墙也变成了混水墙。在谈话

作始也简的燎原星火在中华大地被点燃

1951年时，上海兴业路76号、78号房屋外墙

中，董老板还提到106号、108号两幢房子是一位李先生租住的，他是续租的。李先生把这两幢房子的隔墙打通，变二为一。

这幢房子的后门开在原贝勒路的树德里，现在已经封闭。很显然，董老板口中的"李先生"与李汉俊、李书城兄弟不会是偶然的巧合，加之上海人有喜欢从后门出入的习惯，这也就弄清了为什么当事人只记得贝勒路而不记得望志路的缘故。虽然现今的"李公馆"已经面目全非，但当复原成"李公馆"的模型照片送到北京后，得到了毛泽东和董必武的一致确认。李书城也证实："那时我家住在法租界望志路106号、108号，现在路名和门牌改了，但那两幢房子确实是当时我家的住房。"1951年6月，上海方面终于确认："兴业路76号系当时的会址，此处当时是望志路106号，后门由贝勒路树德里出入。"至此，中国共产党的一大会址终于找到了。

在这幢石库门的底层客堂内，中国共产党召开了具有历史意义的第一次全国代表大会。7月23日，代表们围坐在一张餐桌边，听共产国际代表马林的报告。他讲述了国际形势、共产国际的任务和中国共产党的使命；第二天代表们报告工作。两天的会议气氛平静，没有争论。当第三天开始讨论党的纲领和决议时，会议便有了起伏。大家争论的一个焦点是中国共产党应当有一个什么样的党章。李汉俊认为，当前党最实际的做法是支持孙中山领导的革命，革命成功后，中共可以参加议会竞选，因此他提出党的中央机构只能是个联络机关。他的意见被大多数代表所否定。经过几天的讨论，党纲和决议案已初步形成。

兴业路76号、78号后门

然而,当大会举行第六次会议时,突然从后门闯进一个陌生男子,此人中等身材,穿一身灰布长衫,有一张很精明的脸。一进门,他的眼睛即向屋内环视了一圈。"你找谁?"见有陌生人进来,李汉俊上前发问。"我想找社联的王主席,不知在不在这里?""这里是私人住宅,哪里有社联?哪有什么王主席?"李汉俊在回答之中颇感疑惑。"噢,那我找错了地方,对不起,打扰了。"那人迅即改口,哈哈腰,匆匆退出,不速之客实为法租界巡捕房密探程子卿。他刚退下,马林迅即询问李汉俊刚才是怎么回事。听完李汉俊简要的回答,马林用手掌猛击桌子,大声说道:"此人肯定是包打听!会议应该立即停止,大家赶快离开这里,不然就会有危险。"代表们听马林这一讲,不敢怠慢,除李汉俊和陈公博外,分别从前后门离开了李公馆。马林不愧为久经沙场的职业革命家,他在瞬间就做出了这一正确的判断。原来,刚才来的正是法租界巡捕房的政治探长程子卿,他根据情报,知道有一个早已被跟踪的"外国赤色分子"在那里开会,于是他假装找人,亲自来探一下虚实。果然,十几分钟后,法租界巡捕包围了会场,并进入室内搜查盘问。那个捕房总巡将李汉俊、陈公博隔开来讯问了一番,问那两个外国人是哪一国人,在开什么会。李汉俊、陈公博回答说是外国教授乘暑假来上海开会。总巡见问不出什么名堂,便让几个侦探翻箱倒柜搜了一通,足足折腾了两个小时,没有搜到什么可疑的物证,最后将李、陈两人教训了一顿,才悻悻地离去。所幸这几个侦探在搜时没有注意放在抽屉里的一张共产党组织大纲草案,也

作始也简的燎原星火在中华大地被点燃

▲中共一大会址　　▶中共一大会场

许是那张薄纸被改得一塌糊涂，被当作废纸，否则将会是另一结局了。李达回忆说："当时真危险，假如没有马林的机警，我们就会被一网打尽。"随后，代表们商量改换会议地点，在李达夫人的提议下，会议被安排至浙江嘉兴南湖继续进行。

关于会场暴露、突遭搜查的原因，李达说是因开会时马林说话声音太大，引来了法租界的密探；董必武则认为，马林是荷兰人，早在进入会场前，便引起了法

诞生地 寻找中共在上海的红色基因

密探程子卿（中）

租界的怀疑。其实，真正的原因是马林早已经被法租界当局盯上了，他曾在荷属爪哇从事革命活动而被当局驱逐出境，一些反动势力早已知道马林是一个从事共产主义活动的革命党人，对他的行踪倍加提防。

第二天一早，代表们乘坐快车奔向嘉兴。马林、尼科尔斯基因是外国人，怕引人注目，也没通知他们。李汉俊因是李公馆的主人，正受到密探们的监视，故不便前往嘉兴。而陈公博没去，则是当晚在遭遇捕房巡捕之后回到旅馆，隔壁房间发生情杀案，使他再度受到惊吓。代表在鸳湖旅馆开好房间后，便让旅馆代订了一艘画舫和一桌8元钱的和菜，事先还向旅馆借了两副麻将，以作掩护。湖上游船不多，湖面很是宁静，中共一大最后一次会议就这样开始了。

会议首先通过了党的纲领，一共15条，接着又通过了《中国共产党第一个决议》《中国共产党第一次代表大会的宣言》。

最后一项议程是选举中央领导机构，考虑到当时全国的党员不过五十多人，各地的组织也不健全，所以决定不成立党的中央委员会，只建立中央局，选举用无记名投票

中共一大代表群像（浮雕）

作始也简的燎原星火在中华大地被点燃

代表们在讨论党的纲领和决议（雕塑）

方式进行。陈独秀以其历来的威望，被代表们一致选为总书记；张国焘因主持会议的进行，擅长社会活动，被指定分管组织工作；李达负责会议的筹备工作，又是中国共产党发起组的代理书记，发表过大量介绍马克思主义的文章，被指定分管宣传工作。至此，党的一大胜利闭幕。

中国共产党的第一次全国代表大会正式宣告了党的诞生，从此，在中国出现了一个崭新的、以马克思主义为行动指南的、统一的无产阶级政党。虽然当时中国共产党的成立在社会上没有引起过多的注意，但一个"作始也简"的燎原星火已经在沉沉黑夜的中国大地上被点燃。

嘉兴南湖上的画舫

诞生地 寻找中共在上海的红色基因

一大代表上船后启航（油画　作者：何红舟、黄发祥）

▲ 董必武题词

▶ 南湖船上的表决（油画　作者：孙逊）

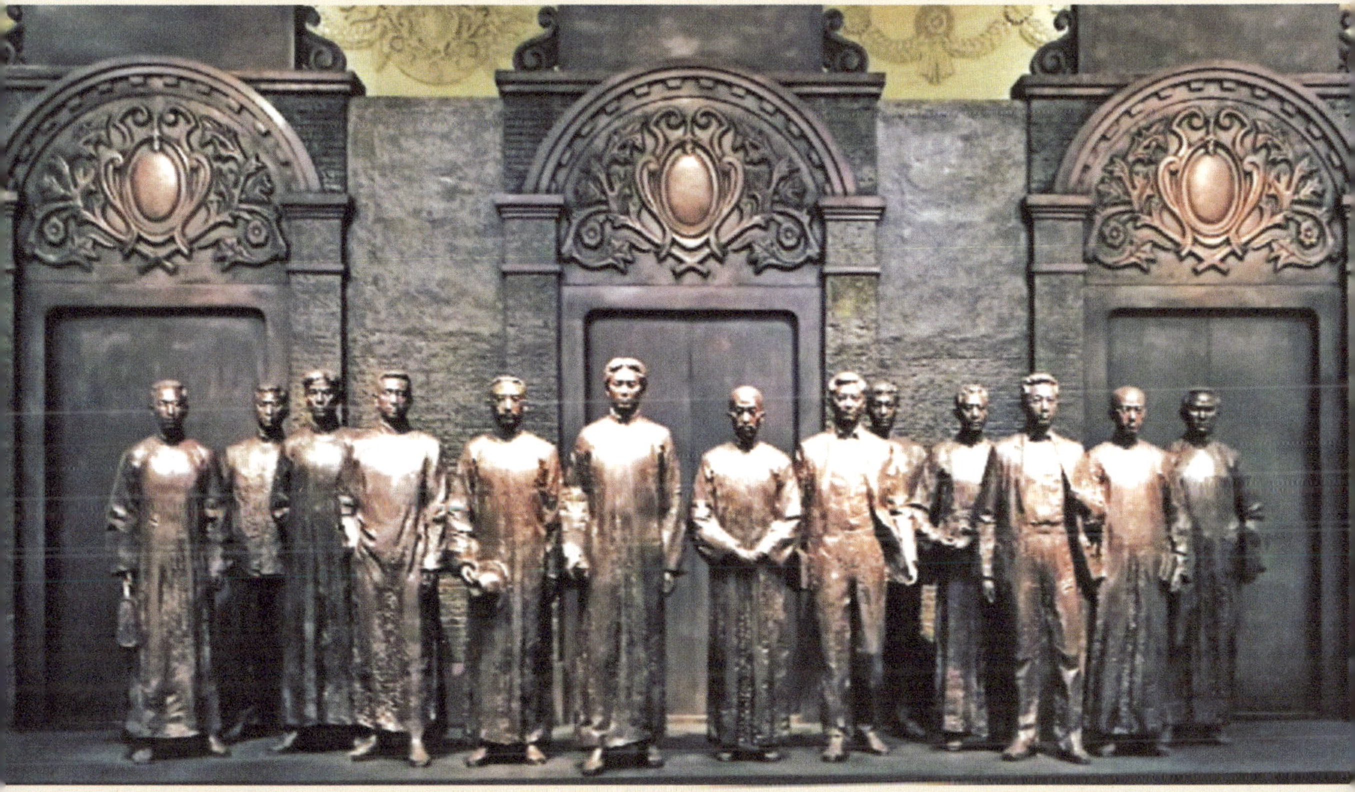

中共一大代表（铜雕）

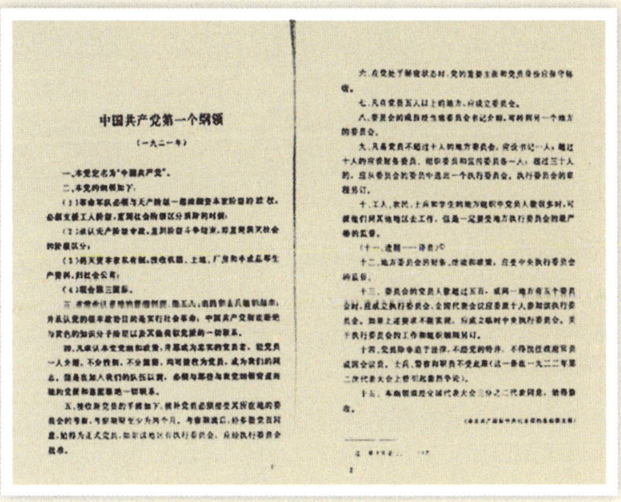

中国共产党第一个纲领

（一九二一年）

一、本党定名为"中国共产党"。

二、本党的纲领如下：

中共一大通过的第一个纲领

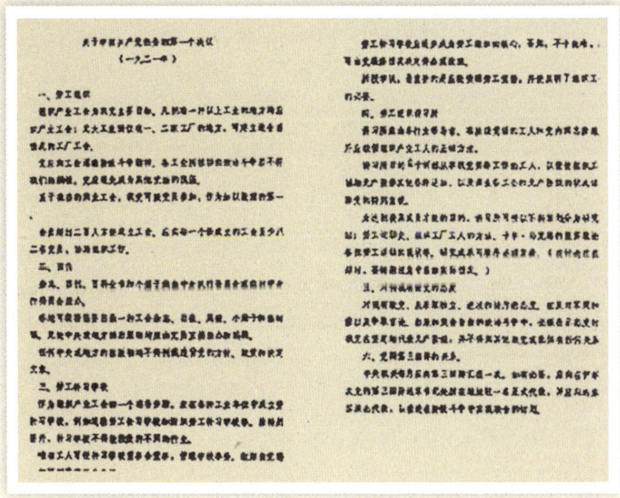

中共一大通过的第一个决议

党的重要会议举办地

中共第一部党章和民主革命纲领的发源地

——中共二大旧址

诞生地 寻找中共在上海的红色基因

1922年7月16日傍晚,一群年轻的共产党人又聚集到上海南成都路辅德里625号(今老成都北路7弄30号)中央局成员李达的寓所,中国共产党第二次全国代表大会将在这里拉开帷幕。李达和王会悟新婚后不久,就从公共租界巡捕刘少归处租借了这里的房子,由环龙路渔阳里2号搬了过来,从各个方面考虑,这里可能是召开二大最合适的场所。

其实,广州也是考虑过的一个地点,当时共产国际代表对广州很感兴趣,而陈独秀与张国焘等人却觉得:"当时广州风云变幻,是个是非之地,政治局势并不明朗。"当然,二大召开时上海的政治环境也十分严峻,中央局选择辅德里作为开会地点颇费心思:当年

南成都路辅德里弄堂口

辅德里弄堂

中共第一部党章和民主革命纲领的发源地

辅德里连排连幢的石库门房屋

辅德里处于公共租界和法租界的交汇处,租界当局不太愿意多管中国人的闲事,而军阀当局又不能公开到租界搜捕抓人,相对来说是个模糊地带;周围石库门房屋连排连幢,使得这一雷同的房屋淹没于深巷之中,不易发现;党创办的平民女校正对着李达家的后门,万一突发情况便于及时撤退到该处隐藏;离李达寓所不远处即是中国劳动组合书记部和社会主义青年团中央机关,这些地方为召开小组会议提供了便利;寓所作为中央局宣传处的通讯点,各地党组织的文件都会寄到此地,来上海办事的同志也是先到这个联络站接洽,为大家所熟知。这样,李达寓所就成了中共二大会址最佳选择。

辅德里625号

诞生地 寻找中共在上海的红色基因

位于南成都路辅德里625号的中共二大会址

　　然而,岁月无情,要找到二大会址并非轻而易举。上海解放后,陈毅市长曾指示有关部门寻找这一会址,这就自然想到了李达夫妇。1951年,担任武汉大学校长的李达在复信中说,他在中共一大后负责中央局宣传工作,从陈独秀的寓所搬到南成都路辅德里625号居住,成立了人民出版社,编辑马克思主义书籍,出版社的社址就是他的寓所。这里还是中央局与各地联络信件往来的地址。寻找人员根据李达、王会悟夫妇的回忆,找到了南成都路辅德里625号(今老成都北路7弄30号),对辅德里的老居民进行访问,又去上海市

中共第一部党章和民主革命纲领的发源地

修缮后的辅德里石库门房屋

中共二大会址纪念馆

档案馆查阅工部局历史档案,核对今昔门牌号码的变更情况。

上海档案馆保存的公共租界工部局英文档案明确表明:南成都路辅德里625号,属联排式石库门旧式里弄建筑,是典型的上海石库门建筑,位于公共租界和法租界的分界线福煦路(今延安中路)和老成都路交汇处。1916年竣工的建筑一组四排,一排八间,中有骑马墙相连,组成了一条完整的弄堂。青砖相间的外墙上,镶嵌着细细的红砖,隔一段距离就有一个路灯,门楣砖刻上是"自然富里""云蒸炼蔚"等字样,而老成都北路辅德里7弄

诞生地 寻找中共在上海的红色基因

30号的门楣上刻的是"腾蛟起凤",出自于唐代诗人王勃的《滕王阁序》,寓意瑞气祥和,欣欣向荣。于是,寻访人员拍了多张照片,寄给了李达、王会悟夫妇,请他们辨认。回复不仅得到了确认,还详细回忆了当年室内的情况,"30号楼下是客堂,有一张方桌和四个椅子,几个凳子。楼上是李达的卧房兼书房"。以后,李达和当年在平民女校读书的钱希均(即毛泽民夫人)都专程来过上海,协助寻访重要的革命旧址,结论当然是肯定的。

这里还是中国共产党第一个秘密出版机构"人民出版社"的社址,也是《共产党》月刊编辑部所在地。多少个日日夜夜,李达就在二楼的卧室兼书房里伏案工作,除注释书稿外,丛书的编辑、校对、付印、发行都由他一人承担。在李达的主持下,《共产党礼拜六》《第三国际议案及宣言》《工钱劳动与资本》《劳农政府之成功与困难》《列宁传》《俄国共产党党纲》等一批书籍纷纷问世。屋里还可以看到有一个灶间,内有一个当年烧饭的灶头,灶头旁堆满了稻草和木柴。在当时北洋军阀的统治下,出版马克思主义经典著作和其他革命理论书籍是非法的,如果有搜查,就得把印刷器材和出版物藏在木柴堆里;如果碰到紧急情况,只能把印刷品投入灶台里烧毁。

《共产党》月刊

20世纪20年代,中共就在这幢楼的前客堂召开了二大。鉴于一大遭到法国巡捕干扰的教训,二大采取了较为严格的保密措施,李达夫人王会悟自告奋勇,抱着刚出生的女儿在门口放哨。

出席大会的有中央局成员、党的地方组织的代表和参加远东各国共产党及民族革命团体第一次代表大会后回国的部分代表,共12名(其中一名代表姓名不详),他们代表全国195名

李达

中共第一部党章和民主革命纲领的发源地

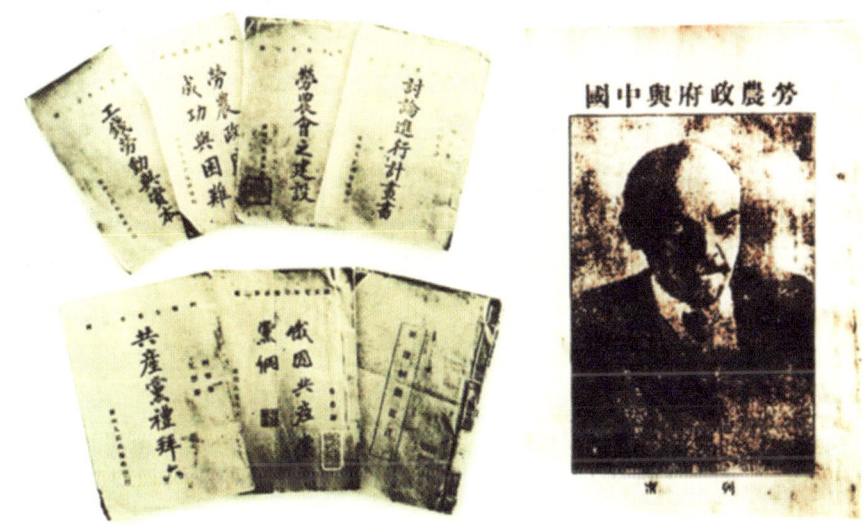

人民出版社出版的部分书籍

党员。这些代表是：中央局成员陈独秀、张国焘、李达，湖南代表蔡和森，上海的杨明斋，北京的罗章龙，山东的王尽美，湖北的许白昊，广东的谭平山，中国劳动组合书记部代表李震瀛，中国社会主义青年团中央局代表施存统等，而预定到会的李大钊和毛泽东都没能如期赶到，使会期展延了几天。毛泽东对此有过一个说明："第二次党代表大会在上海召开，我本想参加，可是忘记了开会的地点，又找不到任何同志，结果没有能出席。"

中共二大第一次会议（油画　作者：俞晓夫）

诞生地 寻找中共在上海的红色基因

这一群中国革命的精英聚集在一起,在昏黄的灯光下畅议中国革命的光明前途。据李达夫人王会悟回忆,当时没有正式布置会场,比较朴素简陋,就是加了几张凳子。两只柳条箱放在窗口,上面铺一块布,当桌子用,"他们持续不断地开,下楼吃饭的时候,也在饭桌上讨论会务"。为了安全起见,会议以小型的分组会为主,尽量减少全体会议的次数,且每次全体会议都更换地点,而小会则安排在党员家里召开。大会总共开了八天,举行了三次全体会议。

陈独秀主持大会,并代表中央局向大会做一年来的工作报告,着重阐述了"党的民主革命的纲领和策略";张国焘报告了出席远东各国共产党及民族革命团体第一次代表大会的经过以及第一次全国劳动大会的情况;团中央代表施存统报告了社会主义青年团第一次全国代表大会召开的经过以及大会通过的决议。大会推举陈独秀、

中共二大会场

中共第一部党章和民主革命纲领的发源地

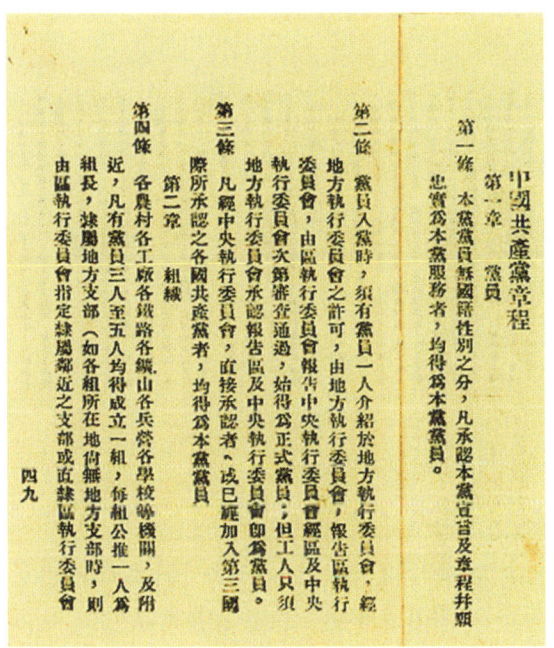

《中国共产党章程》　　　《中国共产党第二次全国大会宣言》

张国焘、蔡和森组成起草委员会，负责起草《中国共产党第二次全国大会宣言》《中国共产党宣言》《中国共产党章程》《关于"民主的联合战线"的决议案》等重要文件。陈独秀花了约两天的时间拿出了初稿，起草委员会在这一基础上又连续开了好几次会议，提出了许多补充和修正的意见。

大会在党的创建史和中国革命史上具有特别的作用和意义，或者说中国共产党的创建是由中共一大和二大共同完成的。中共一大确定了党的名称，建立起全国统一的党组织，明确了党的性质和奋斗目标，但由于受当时思想认识水平的限制，尤其是在白色恐怖环境下，会议开得十分仓促，

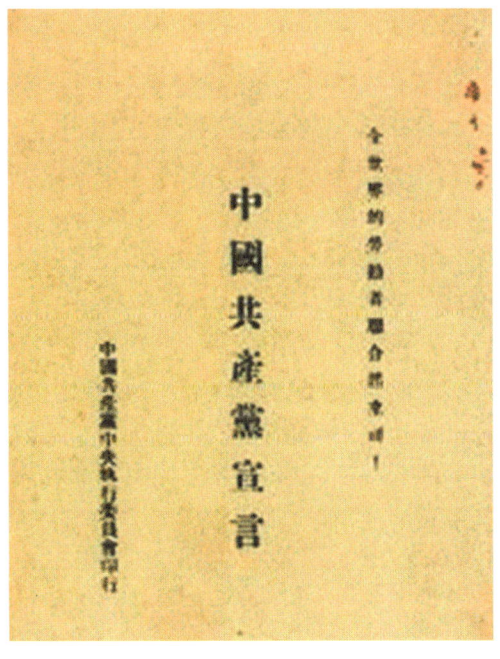

《中国共产党宣言》

诞生地 寻找中共在上海的红色基因

《关于"民主的联合战线"的决议案》

把原定尚需三四天的会期压缩为半天,一些诸如现阶段党的目标任务、国民革命的对象、实现党的最终奋斗目标的途径方式等重大问题以及党章,都来不及深入讨论和作出决议,甚至连宣告党成立的宣言草案,也来不及修改定稿,以至没有发表。可以说,中共一大尚未完成建党的主要工作。这次会议继续完成一大的未竟使命,讨论通过并发表了《中国共产党宣言》,制定了第一个"党章",明确规定了党员条件和入党手续,对党的组织原则、组织机构、党的纪律和制度也都做出具体的规定。特别是在列宁和共产国际的思想指导下,把党的奋斗目标明确为最高纲领和最低纲领;最低纲领明确党成立后近阶段的目标任务是反对帝国主义和封建主义,完成资产阶级民主革命的任务;提出了中国革命分民主革命和社会主义革命两步走的根本战略,迈出了马克思主义与中国革命具体实践相结合的第一步,从而明确了中国革命的方向,找到了共产党人在革命斗争中的目标和任务。

中共二大还提出了中国共产党与其他党派建立"民主的联合战线"的原则和实施计划,明确把以孙中山为代表的国民党定为主要合作对象,同时联合其他党派团体建立民主革命联合战线,从而开始了国民革命时期国共合作、共同推进反帝反封建、实现民主共和伟大事业的历史进程。至于既能与国民党合作,又能在联合战线中保持中共独立性的方式,则没有得到进一步的明确。二大前,马林曾向陈独秀建议,共产党采取加入国民党的方式,与其实现彻底合作。马林的观点遭到了陈独秀的坚决反对。但在列宁和共产国际的启发和推动下,以及考虑到国内形势的变化,陈独秀对国民党的态度发生了转变,向国民党表现出了合作的诚意。虽然中共还没有接受马林"党内合作"的主张,但毕竟在联合国民党的道路上迈出了重要的一步。

中共二大依据《中国共产党章程》的规定,选举产生了中央执行委员会。陈独秀、张国焘、蔡和森、高君宇、邓中夏被选为中央执行委员。陈独秀被选为中央执行委员会委员长,蔡和森、张国焘分别负责党的宣传工作和组织工作。这次会议的成果是令人鼓舞的。在大会结束的7月23日,陈独秀已经忘了这是次秘密的会议,直接从座位上站起来,如同演讲般地高声宣读大会通过的文件。

从树德里到辅德里步行不过20分钟,但这短短的一公里路对当年的中共来说却非同寻常。中共二大开创的多个"第一",反映了中共从一大到二大在指导思想上发生的重大转变,俨然如"拂晓的启明灯"照亮了中国革命前进的道路。

镌刻历史坐标的红色殿堂

—— 中共四大遗址

1924年1月，国民党一大召开，第一次国共合作正式实现。那年成为中共成立后最为繁忙的一年，国民党改组、黄埔军校建立、推动冯玉祥倒戈、部署推动全国的国民运动等一系列工作接踵而来。随着工人运动的逐渐恢复，农民运动日益兴起，全国革命形势迅速升温，形成了以广州为中心的反对帝国主义和封建军阀的革命新局面，国共双方的关系似乎步入了"蜜月期"。

国民党一大会场

国民党一大代表步出会场

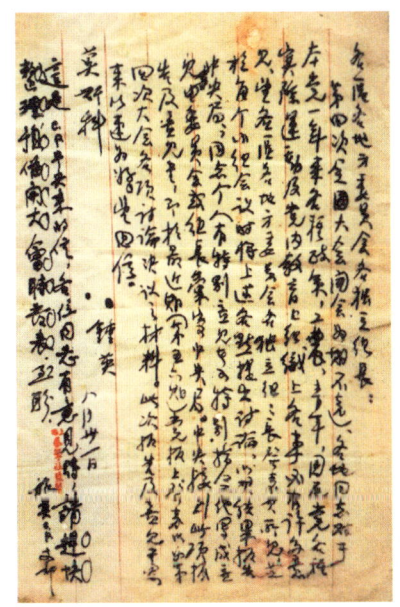 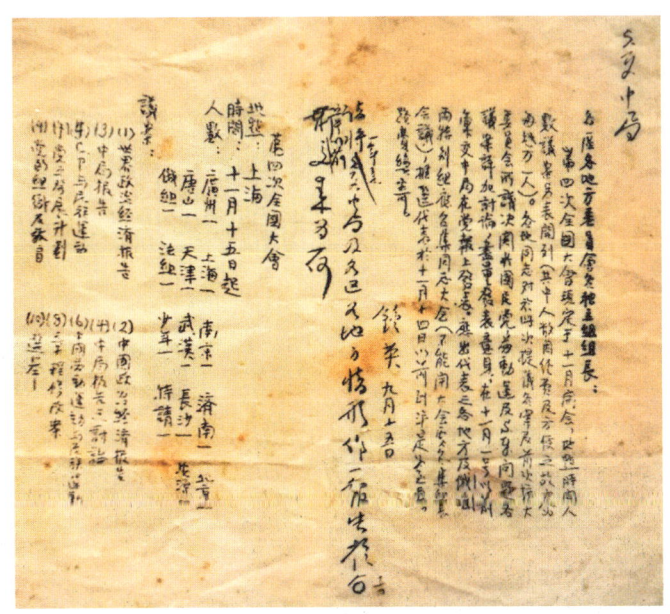

中共中央《关于召开四大致各地党组织的信》　　中共中央《关于召开四大的通知》

1922年7月，中共二大提出"民主的联合战线"的策略，解决了要不要统一战线的问题；1923年6月，三大决议共产党员以个人身份加入国民党，与国民党实行"党内合作"，解决了实行统一战线的具体方式或途径的问题；1924年，国共合作全面展开后，革命统一战线中的矛盾冲突不断显现，国民党排挤共产党人的倾向渐露端倪。因此，提出无产阶级在民主革命中的领导权问题势在必行。

1924年8月31日，中共中央以"钟英"（谐音）的代号发出《关于召开四大致各地党组织的信》，称"第四次全国大会为期不远"。9月15日，"钟英"又向各地方委员会发出《关于召开四大的通知》，明确指出中共四大定于当年11月召开，并将四大将要讨论的问题以及代表推举的细则告知各地组织，要求各地方党组织提交议案。

会议的筹备推迟到了1925年1月，在上海闸北淞沪铁路附近一条弄堂内召开。此次大会是党在大革命时期一次重要的会议，遗憾的是会址毁于1932年一·二八日军的炮火之中，因而要找到这一地方也并非易事。

1981年6月，《人民日报》在一篇文章中曾经提到中共四大的会址为"横浜路6号"；次年，《解放军画报》在刊登四大会址的照片说明中，特意在"上海闸北横浜路6号"后加

诞生地 寻找中共在上海的红色基因

了"四川北路横浜桥边的一座居民住房"的注释。后来,寻访人员发现,20世纪20年代的横浜路其实就是现在虹口区的东横浜路,沿路的6号门牌就是24弄6号的后门。

让寻找工作出现转机的是郑超麟的出现,他在查找中共四大会址的过程中起到了关键性的作用。当年他是中共中央宣传部秘书,由大会秘书长彭述之指定担任每次会议的记录,还担任向导工作,曾多次带领出席会议的同志赶赴会场。作为当事人,郑超麟的回忆具有权威性。他取出上海市地图详查,当了解到《解放军画报》社所指的地

▲郑超麟实地考证中共四大遗址

◀中共四大遗址

镌刻历史坐标的红色殿堂

中共四大会址复原模型

址"横浜路6号"是在河的北面时,即刻予以否定,说"党的'四大'开会的地方,肯定是在河的南岸,不在河的北岸"。"这所房子,当时是委托中央宣传部的干事张伯简同志找来的,找房子地点的要求:不能在租界里,又不能离开租界太远,以便一旦发现问题,就可立即撤退疏散,往租界跑,所以才找到铁路边的这所房子,当时租下来时,房子是空着的。"在《郑超麟回忆录(1919—1937)》和《怀旧集》两本书中,他又有过详细的记载:"房子是背靠铁路,面向北四川路,当年会址北面还有一座印度锡克教堂。""会址是新租来的一幢三层石库门房子,地点在上海去吴淞的铁路旁边,当时是'中国地界',但距越界筑路的北四川路不远,通过川公路可以到北四川路。""会场设在闸北广东街背后铁路边上一幢三层楼的里弄房子,外地来的代表食宿其中;他们睡在三楼,二楼开会,布置成课堂形式,楼下客堂。楼梯口装有拉铃,一有意外,就通知楼上,以便代表们收起文件而拿出英文教科书之类。开了三日或四日会议,未曾发

遗址纪念碑

101

诞生地 寻找中共在上海的红色基因

中共四大纪念馆

中共四大会场（模拟场景）

生什么意外。"根据郑老的回忆,寻访人员经过随后多次的实地勘察和验证,最终确认虹口区东宝兴路254弄28支弄8号处为中共四大遗址,并择址四川北路1468号筹建中共四大纪念馆。

历史的镜头回溯到1924年底。此时,一位学者模样的外国男子来到上海,他就是受俄共(布)派遣的维经斯基(中文名为吴廷康)。他与中国的共产主义者关系十分密切,并被称为"中国通"。4月,他曾来过中国,并参加了5月召开的中共中央执委会扩大会议。他此行的目的就是为了指导中共四大的召开。

维经斯基参与审定了中共四大的基本材料和提纲,并与陈独秀一起主持召开了为期一周的中央全会,确定了四大的中心议题,瞿秋白担任他的翻译。当时摆在大家面前的一个重要问题,即在这场日益高涨的革命浪潮中,共产党人应在国民党的旗帜下为国民革命运动去组织工人、农民,还是应当由共产党直接去组织群众?中国革命的领导权究竟应该由谁来掌控?

为了总结国共合作一年来的经验,加强对革命运动的领导,回答党所面临的许多新问题,中共四大于1925年1月正式举行。寒风呼啸的1月11日午后,大会的向导郑超麟陆续

中共四大会场（油画　作者：赵葆康　谭根雄）

将出席者带入会场。出席代表有20人，其中有表决权的代表14人，他们代表着全国994名党员。陈独秀宣布开会后，维经斯基代表共产国际致贺词。

在三张八仙桌拼接成的会议桌旁，陈独秀做了第三届中央执行委员会的工作报告。大家认真进行了讨论，全面评价了党中央一年多来的工作。这次会议对中国革命的一些基本问题进行了系统的探讨，在党的历史上第一次明确提出无产阶级在民主革命中的领导权和工农联盟的问题。大会指出，中国民主革命是"十月革命后，广大的世界革命之一部分"，它既是"一个资产阶级性的德谟克拉西革命"，又"含有社会革命的种子"。因此，对于这场革命，无产阶级"不是附属资产阶级而参加，乃以自己阶级独立的地位与目的而参加"。民主革命"必须最革命的无产阶级有力的参加，并且取得领导的地位"。大会还强调，中国革命需要"工人农民及城市中小资产阶级普遍的参加"，其中农民是"重要成分"，"天然是工人阶级之同盟者"，无产阶级及其政党如果不发动农民起来斗争，无产阶级的领导地位和中国革命的成功是不可能取得的。此外，大会还提出在"反对国际帝国主义"的同时，既要"反对封建的军阀政治"，又要"反对封建的经济关系"，表明党对反封建的内涵有了进一步认识。大会总结一年来国共合作的经验教训后指出，无产阶级在民族运动中既要反对"左"的倾向，也要反对右的倾向，而右的倾向是党内主要危险。

镌刻历史坐标的红色殿堂

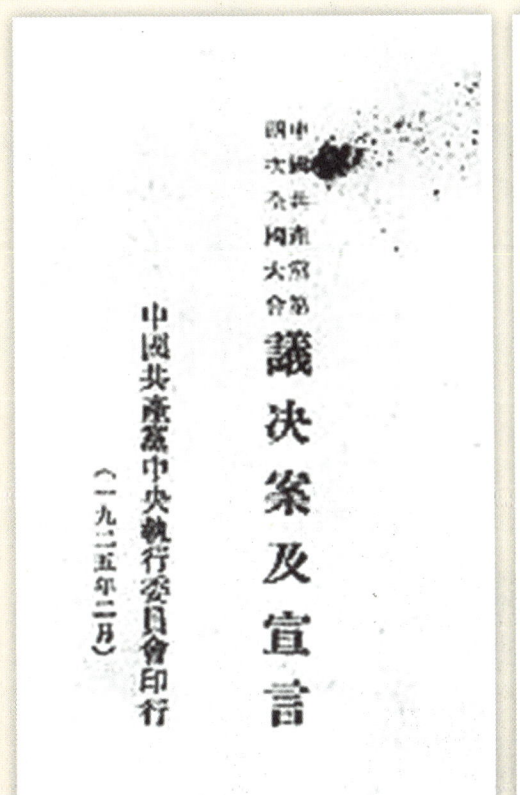 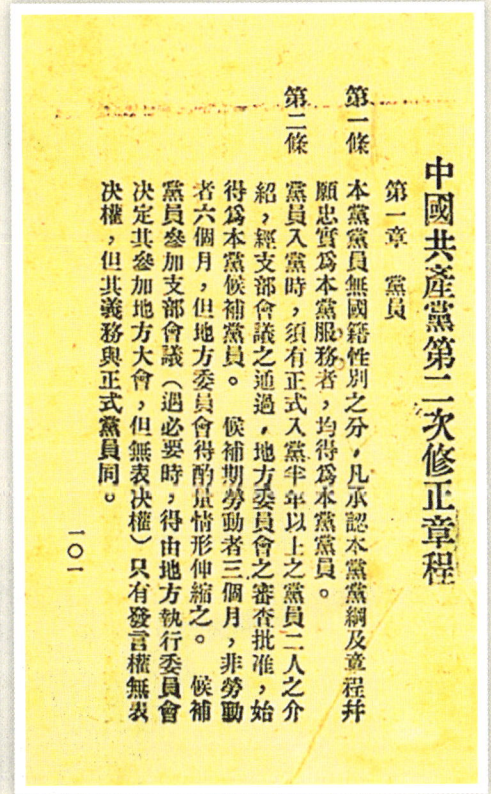

《中国共产党第四次全国大会议决案及宣言》《中国共产党第二次修正章程》

  大会围绕当时的中心工作，通过了《中国共产党第四次全国大会宣言》《中国共产党第二次修正章程》和《对于民族革命运动之议决案》等14个议决案，并在中共历史上第一次将党的基本组织由"组"改为"支部"，并选举陈独秀、彭述之、张国焘、蔡和森、瞿秋白组成新的中央局，党中央最高领导人的称谓也从原先的"委员长"改为"总书记"，党的各级领导干部称"书记"。镌刻多项历史坐标的会议于11天后在这座红色殿堂闭幕。

南洋归国皮货商的公馆成了红色中华的"产房"

——全国苏维埃代表大会中央准备委员会机关遗址

全国苏维埃代表大会中央准备委员会机关遗址

1930年至1931年间,全国苏维埃代表大会中央准备委员会("苏准会")机关曾设于此,负责中华苏维埃共和国各项法令和文件的起草以及召开中华苏维埃第一次全国代表大会的准备工作。

中共上海市委党史研究室
上海市文物局
二〇二一年三月三十一日立

诞生地 寻找中共在上海的红色基因

林育南

中共六大以后，中国革命运动开始出现新的转机，尤其是曾受大革命影响较深的中国南部几个省区，革命形势趋于高涨，在湘、鄂、赣、闽、粤、皖等省有18个区域127县成立了拥有1400多万群众的苏维埃政权；全国红军已扩展到14个军近10万人；农民土地革命不断深入与扩大；全国工人罢工浪潮不断扩大，这为创建苏维埃中央政府奠定了基础。1929年10月26日，共产国际执委会在致中共中央的信中，建议中共集中各大苏区代表、红军代表和各革命团体代表，与中央领导一起共商大计，讨论加强党对苏区工作的领导，努力将武装割据、农村包围城市的全国苏维埃运动推向一个新的高潮。

那年深秋，中华全国总工会执行委员、秘书长林育南化名"赵玉卿"，与假扮成"妻子"的中共党员张文秋来到了上海爱文义路，他们在一幢三层洋房（今北京西路690—

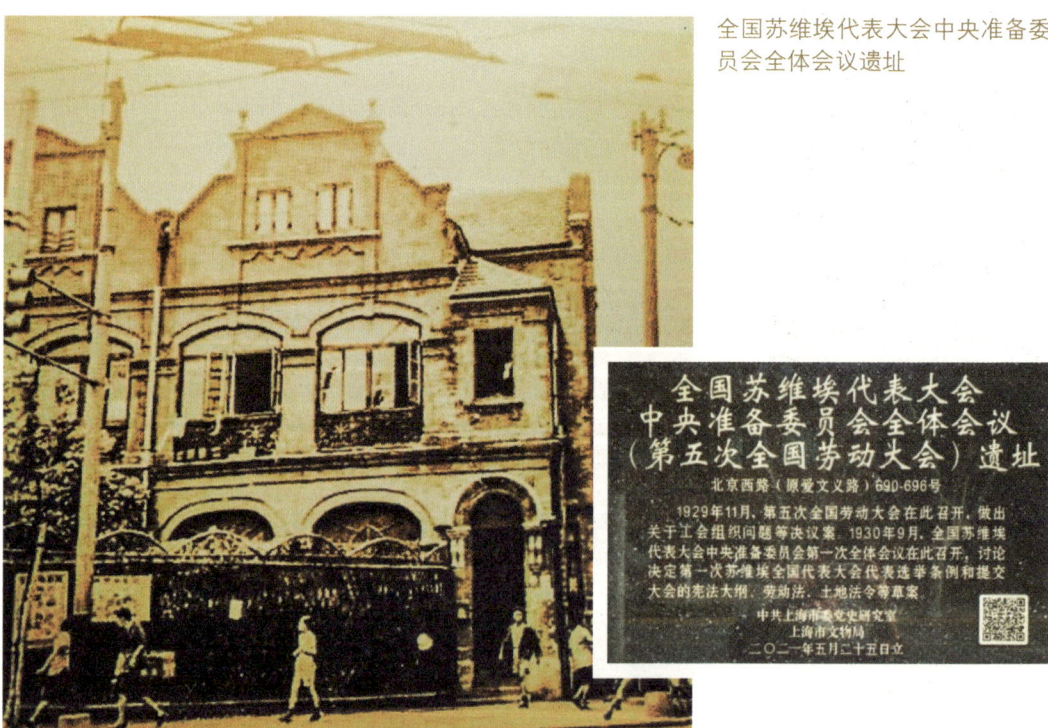

全国苏维埃代表大会中央准备委员会全体会议遗址

南洋归国皮货商的公馆成了红色中华的"产房"

696号)的楼前停住了。经过反复察看,见那座红砖洋房闹中取静,前有院墙和铁门护卫,内有树木遮掩,后有幽径可通,既气派又安全,完全符合隐蔽工作的需要,于是马上以高价租下作为秘密机关。随后,林育南把房屋装饰得像富人的住宅,二楼的豪华卧室里面有高级钢丝床、红丝绒沙发,地铺进口地毯,墙挂名人字画,房顶上还吊着琉璃华灯,好一副富豪气派。底层用于生活起居,陈设着各种日用品和高级家具;楼上两层作为办公、开会的地方,临街的玻璃都装有墨绿色厚窗帘,工作人员有时则扮成厨师和佣人,以应对突发事件。

不久,在林育南的积极筹划下,中华全国总工会在"赵公馆"举行第五次全国劳动大会,会上通过了《第五次全国劳动大会宣言》等,建立苏维埃政权被确认为"中国工人在目前的革命阶段的最根本任务"之一。遵照共产国际的指示,时在上海的中共中央决定于1930年5月20日至

"苏准会"全体会议遗址毗邻建筑今貌

昔日的卡尔登大戏院

23日召开一次"全国苏维埃区域代表大会",讨论正式召开全国苏维埃代表大会事宜。经过紧急磋商,决定险中求安,把如此重要的会议安排到位于公共租界卡尔登大戏院(今长江剧场)后面的一栋四层楼房里(后为黄河路41弄2—8号)举行。

为掩人耳目,卡尔登大戏院后面那座楼房挂出了私立医院的牌子,底层是挂号门诊间,由中央特科成员驻守,二、三楼则有"病房",四楼为会议厅。开会时,各地各界代表以"病人"身份相继"住院";会议结束后,与会者分散住进各个旅馆。另外,楼下还放了许多汽油、酒精桶,以备不测;楼后租了一些汽车停着,万一敌人突然闯进来,就点燃汽油、酒精加以阻扰,使与会人员能从后门迅速撤离。如此出人意料的安排,居然让事先得到"苏代会"将在上海召开的情报、并悬赏50万元侦破的国民党特务机关茫然不知。

会场上挂满了镰刀斧头红旗,一个"真正实现劳动群众自己的政权,使政治的权力握在最大多数工农群众自己手里"的原则,第一次被正式提了出来。大会的宣言明确指出:"现在中国已明显的存在着两个不同的政权组织,两个不同的政治制度:一是豪绅地主买办资产阶级国民党的统治,一是工农兵士劳苦群众的苏维埃政权。这两种政权所代表的这两个不同的阶级的最后决战,将要决定中国解放和工农劳苦群众解放的命运!"这是"苏维埃中国的先声"。最后,会议决定将组建"全国苏维埃代表大会中央准备委员会"(简称"苏准会"),负责在苏区召开的全国苏维埃代表大会的筹备工作。尽管大批特务倾巢出动,租界巡捕房警探四处活动,由于安排得当、守护严密,疯狂的警探们在大会结束后才发现会场的位置。7月下旬,由中共中央、中华全国总工会、共青团中央,以及反

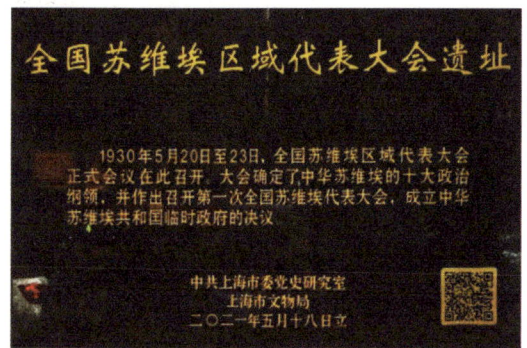

苏准会机关遗址

帝大同盟、左翼作家联盟等重要团体的代表在沪组成了"苏准会"的领导班子,并由林育南兼任"苏准会"秘书长。

会后不久,为了起草中华苏维埃共和国各项法令和文件,准备"一苏大会"召开的具体工作,需要寻找一处秘密活动机关。根据史料的记载,该机关曾选址于静安寺附近,在有关方面的调查下,现已确定为愚园路庆云里31号(今259弄15号)一幢石库门的三层楼房。这里沿街店铺林立,颇显嘈杂,弄外有一家小饭店,还有水果摊、药房和文具店。弄堂门口弧形的石材框楣上有"庆云里"三个浮雕凸字,下面横着一块"幼科徐肖圃医生"的广告牌,弄内种满梧桐树,外门立柱上还有一家信笺纸墨笔庄的广告栏,过街楼朝路口的木窗半掩着,窗下有一个专门修修补补的小摊位。在楼房半圆拱门中间嵌有两个对称的仿罗马柱,进门还有几级台阶,虽非豪门花园,但能租下整幢房屋也非等闲之辈。陌生人走进弄内,时常会晕头转向,即使熟门熟路的人,也不一定会知道31号里还藏着许多通到其他小路和隔壁弄堂的边门暗道。这个地方对于搞地下工作来说,真可谓当得起"机关"二字。

"苏准会"实行机关家庭化,作为早期工人运动和社会主义青年团领导人的林育南,为人精明果断,灵活机敏,遇事沉着冷静,善于应对。他化名李敬塘,以南洋归国皮货商的身份为"一家之主",当时住在这个机关里的除林育南与妻子李莲珍外,还有李平心、胡毓秀夫妻俩,李平心担任秘书,参与"苏准会"文件起草工作;胡毓秀的任务则是掩护机关,对外身份是林育南的"表妹"。装饰一新的"李公馆"尽显富丽堂皇,楼下经常举办生意洽谈、恭贺祝寿一类的公开活动,以作掩护。林育南虽是"皮货商",却时而打扮成衣冠楚楚的学者名流,时而装扮成衣衫褴褛的工人回家,经常让胡毓秀大感意外。有一次,一个蓬头垢面的流浪汉闯进屋直奔洗脸池,待那人

林育南夫妇租下了庆云里31号作为"苏准会"机关(素描)

以搓麻将作为掩护（素描）

洗了把脸回转身来，胡毓秀惊讶地发现竟是林育南。

这个机关也成了当时党中央领导人经常活动的秘密地点。一天，一个头戴礼帽、身穿长衫、裹着围巾、墨镜遮脸的中年男子按照事先约定的暗号，轻轻敲门三下后便敏捷地闪了进来。"参谋长！"胡毓秀一眼就认出是周恩来，便高兴地脱口而出，没想到平时一直西装革履、风度翩翩的参谋长竟会这副打扮。原来，1927年"八一"南昌起义时，是周恩来亲自批准胡毓秀参加起义部队，并在参谋团工作，而周恩来时任参谋长，负责军事指挥。但眼下这是秘密机关，凡事须小心谨慎，所以恩来同志摇摇手，将食指放到嘴边轻轻地嘘了一下："小鬼！这里不好这么叫啊！"

在此期间，"苏准会"加快了宪法大纲和一系列法令草案的起草。林育南领着秘书处一班人积极进行各项筹备工作，出版了《中国苏维埃周报》等刊物和各种小册子，加强对群众的宣传鼓动。与此同时，临时常委会还选调了张文秋、彭砚耕、柔石、冯铿等在这里夜以继日地忙碌。"敬塘，把你的货色拿出来看看"，周恩来走进二楼的一间厢房，对起身迎上前来的林育南说。于是，他立刻从大橱里几件裘皮大衣的夹层里取出了草拟的文件，摊到桌上。随即，一桌人对起草的"一苏大会"文件，包括《中华苏维埃共和国宪法大纲》《土地法》《劳动法》等法令，经济、外交、肃反等政策，以及《联合农民士兵群众的策略》等草案，从内容到形式，从总则到各个条款，逐条把关并提出具体的修改意见。有时，林育南会不厌其烦地把宪法草案逐条地念给大家听，反复地进行讲解，并引起激烈的争论。但意见统一后，林育南便高兴地说："加餐！今天喝点酒！"当然，只是说说助兴而已。除了周恩来，瞿秋白、李维汉、任弼时、恽代英、王稼祥等党中央领导同志也经常来此，对文件的起草提出过许多重要的意见和建议。这些凝聚众人心血的法律文件，其中包含的立法思想、立法原则和立法方法，为即将建立的中华苏维埃共和国制定若干法律，乃至新中国成立后进行各方面的立法立宪工作都产生了重大影响。

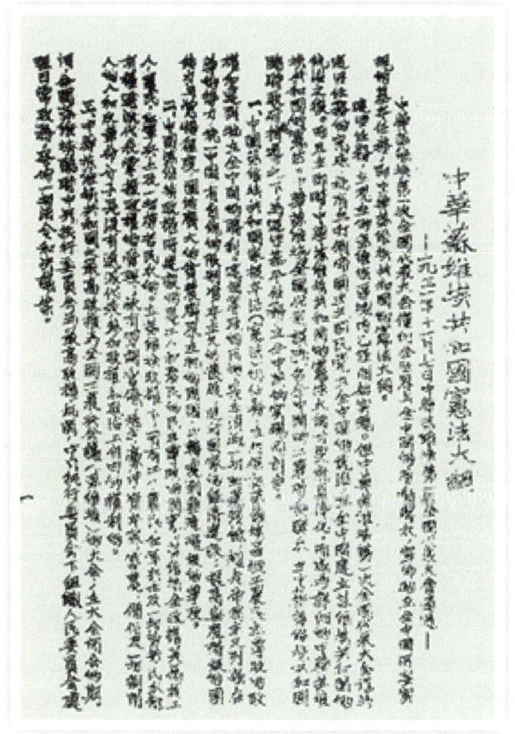
《中华苏维埃共和国宪法大纲》

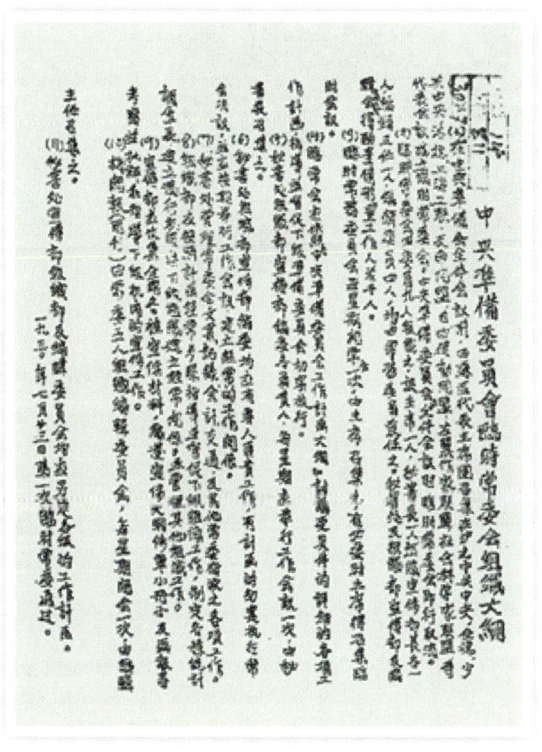
《中央准备委员会临时常委会组织大纲》

1930年12月初,苏准会工作告一段落后,林育南一行受党中央重托,前往中央苏区继续筹备召开第一次苏维埃代表大会。他装扮成一个广告商人,化名李少堂,晓行夜宿,日夜兼程,23日到达浙西重镇衢州。此时蒋介石正纠集10万兵力,第一次"围剿"江西中央苏区,他们在浙赣交界处设立关卡,控制一切交通工具,封锁通往江西的所有道路。林育南走到江山县就再也前进不得,无法进入中央革命根据地,被迫从浙江秘密返回上海。

1931年1月17日,林育南一直没有回到秘密机关。次日凌晨1时多,他的妻子李莲珍敲门把胡毓秀叫醒,神色不安地说:"你'大哥'到现在还没回来,是不是发生什么事了?"胡毓秀顿感不祥,一夜无眠。原来,昨天林育南等7位同志在上海三马路(今汉口路)东方旅社研究反击王明左倾路线事宜,由于叛徒出卖,被闯入的国民党军警及租界巡警悉数逮捕。敌人还在中山旅社、远东饭店等处抓走了苏准会其他工作人员和共产党人。在这紧急关头,大家以最快的速度分头出去报信,以便立刻转移。回到愚园路秘密机关,李莲珍、

诞生地 寻找中共在上海的红色基因

毛泽东当选为主席

胡毓秀一口气跑上三楼,把后窗玻璃上贴的纸条和窗台上的花盆拿掉,以提醒其他同志不要再来秘密机关。那个窗口正对着后门小弄堂,老远就可看到有无危险的警号,随即他们也迅速离开了秘密机关,消失在茫茫的人海之中……

此后,"一苏大会"的筹备工作便转到中央苏区,由苏区中央局负责完成。随着中央苏区第三次反"围剿"胜利结束,毛泽东、朱德和苏区中央局由前线移驻瑞金。1931年11月7日,"一苏大会"在瑞金叶坪村的谢家祠堂隆重开幕。大会历时14天,宣告了中华苏维埃共和国临时中央政府的正式成立,通过了"苏准会"秘密机关起草的中华苏维埃《宪法大纲》等一系列法律法令,选举产生了中华苏维埃共和国中央执行委员会,毛泽东当选为中央执委会主席。一个新型的中华苏维埃共和国喷薄而出,"毛主席"的称呼响遍中央苏区,江西荒僻山坳里预演了18年后新中国的诞生。埃德加·斯诺曾写道,在没有港口、没有码头、没有铁路的山林里

瑞金叶坪村的谢家祠堂

南洋归国皮货商的公馆成了红色中华的"产房"

◀大会主席台

▶中华苏维埃第一次全国代表大会场景

建立起一个共和国,这是建国中的奇迹!而鲜为人知的是,党创建的第一个全国性红色政权的宪法大纲却起草于上海。如今,这条始建于1912年的石库门弄堂已被拆除,湮没在久远历史的烟云里,但曾经的"苏准会"遗址不啻为红色中华的"产房",是又一个值得后人牢记的红色地标。

中华苏维埃共和国中央政府机关报《红色中华》

苏区中央委员摄于第一次全苏大会纪念日
左起:顾作霖、任弼时、朱德、邓发、项英、毛泽东、王稼祥

米夫来华扶植王明上台后引发党内激烈交锋

——中共六届四中全会旧址

六届四中全会在中共党史上影响很大,留苏学生群体在这次会议上进入中央领导层,在中国革命从城市向农村战略转移的关键阶段,开启了长达四年的以王明为代表的"左"倾路线时期。这次会议是在上海武定路修德坊6号(今武定路930弄14号)一栋红砖砌成的三层楼房里召开,这里也曾是赫赫有名的中央特科所在地。

1930年,由于当时主持中央领导工作的李立三对革命形势认识不清,推行"左"倾盲动路线,在全国进行武装暴动,使中国革命遭受很大损失,从而引起共产国际的关注和批评。6月,李立三又擅自将中央政治局会议通过的《新的革命高潮与一省或数省的首先胜利》决议,在没有得到共产国际批准的情况下将其发布,使共产国际更加不满。于是,派瞿秋白、周恩来迅速回国,主持召开中共六届三中全会,纠正"立三路线"的错误。但是,瞿秋白书生意气,不但没有按照苏共党内斗争的模式,对李立三本人残酷斗争、无情打击,将其策略错误升格为危言耸听的路线错误,而是本着与人为善的态度,就错误论错误,一点不夹杂个人的情绪,甚至推己及人地为李立三开脱:"假定'六大'之后,留在中国直接领导的不是立三而是我,那么,在实际上我也会走到这样的错误路线,不过不至于像立三

武定路上的修德坊

李立三　　　　　　　　　周恩来　　　　　　　　　瞿秋白

这样鲁莽,也可以说,不会有立三那样的勇气。"

可是,他的善良换来的却是共产国际的愤怒。在他们看来,李立三不仅犯了策略上的错误,而且是政治上的路线背离,而路线斗争从来都是一场政治的博弈,所以六届三中全会对"立三路线"的批判,犯了所谓"调和主义"的错误,甚至给瞿秋白加上"无原则领导了三中全会","以两面派的态度对待国际"等罪名。这个结论一下,瞿秋白注定要招惹上政治的麻烦。

此时,王明和同为留苏学生的博古(秦邦宪)通过不正当的途径,已先于中央知道国际决议的精神,并立即按照国际决议的口径,修改了《为布尔塞维克化而斗争》的纲领性文件,颠倒黑白,罗织罪名,说瞿秋白"对于立三路线采取了调和、投降态度",而三中全会后又在"实际上继续着立三路线",甚至公开叫嚷:"他不能解决目前革命紧急任务,不能领导全党工作",要将瞿秋白在政治上置于死地。王明欲取而代之,已经有点迫不及待了。与此同时,共产国际大肆吹捧王明等一批留苏学生,称赞他们"知道列宁主义布尔塞维克的理论和实际",是"为国际路线而斗争"的"很好的同志",因为"小团体利益妨碍他们加入领导机关"。于是,米夫登场了。

此人就是王明在苏联留学时的恩师、新任共产国际执行委员会远东局书记。1930年12月下旬,米夫秘密潜来上海,他此行的目的就是要改组中共中央政治局,清除立三路线及其调和路线的主要负责人,扶植王明等由莫斯科回国的"好同志"进入中央领导岗位,以确保中共中央对共产国际的忠诚。抵达上海后,他把工作重点放在反对派代表

诞生地 寻找中共在上海的红色基因

米 夫

人物上海区委书记何孟雄、全国总工会和海员总工会系统徐锡根、陈郁、王克全、罗章龙等人身上,通过远东局分别找他们谈话。他还起草了决议,拟定了以共产国际远东局和中共中央政治局名义提出的中央委员、候补委员、政治局委员候选名单,并提出参加会议人员的名单,让莫斯科回来的一批学生代表列席。而有的中央委员、候补中央委员因被视为持不同意见者,甚至没有被通知到会。米夫还提议凡是参加会议的人均有表决权,这是明显违反党的组织原则的,为操控最后的选票埋下了伏笔。

1931年1月7日,在米夫的直接操纵下,中共中央扩大的六届四中全会以突然袭击的方式在武定路修德坊6号这幢普通的石库门民宅的二楼举行。不少与会代表直至会议宣布开始前仍不知道会议的性质。尽管会议邀请有何孟雄、罗章龙等反对派代表,但由于会议的内容、议程,改组后政治局委员、候补委员及补选的中央委员名单早已内定,特别是远东局和中央政治局有选择地指定了出席会议的代表,从而使得反对派一开始就处于少数地位。

会议开始时,向忠发宣布:"六届四中全会扩大会议是共产国际批准召开的。"这时,到会的许多同志相互对视,知道其中的奥秘。但是,他们还是提出对会议性质的不同意见,指出中央通知上明确说是召开紧急会议,怎么现在突然变成四中扩大会?在双方争论不休的情况下,最后对会议是否合法进行表决,结果王明一边以微弱的多数取胜。接着,王明又抛出一个四中全会决议案,会上又是一阵争吵。罗章龙等人提出,为什么没有经过中央委

中共中央六届四中全会旧址

米夫来华扶植王明上台后引发党内激烈交锋

会同意,把一些不属于参加中央全会的人拉了进来,而该出席的人却被排除在外。有些同志非常气愤,干脆不参加表决,但在远东局的肆意掌控下,最后还是强行通过了那个补充决议。

王 明　　　　博 古

会议集中批判了立三路线和三中全会的"调和路线",而此时李立三在莫斯科,只有瞿秋白成为沽靶子,受到会议的无情批判,一顶顶吓人的帽子向他压来,他欲辩不能,只得默默忍受屈辱,委曲求全。最后会议将李立三、瞿秋白开除出中央政治局,而此前从未参加过国内革命斗争的王明却粉墨登场,成了政治局的一颗新星,并夺得中共实际上的帅旗,成为最大的赢家。罗章龙记述了当时的情景:"座中诸同志不耐,以脚擦地板,会场上一片

位于武定路修德坊6号的会议旧址

会议旧址后门

何孟雄

罗章龙

史文彬

嘘声四起，顿时秩序紊乱。史文彬首先起立，代表今天出席的中委等26人声明选举不合手续，会议应立即停开，宣告会议决裂。于是代表群起集体退席，走出会场。"

会后，何孟雄、罗章龙、史文彬等代表对米夫采取的欺骗手段和高压政策十分气愤，遂于次日召开了"反对四中全会代表团会议"。会议通过了罗章龙主持起草的《力争紧急会议反对四中全会的报告大纲》，郑重声明会议非法、违反党章，应宣布会议所有决议及选举结果无效，强烈要求采纳多数中央委员的意见，重新召开全国紧急会议或中共七大，解决党内分歧。随后又发出《反四中全会代表团告同志书》，指责米夫包办四中全会的行为是污辱了党的光荣历史，旗帜鲜明地与王明一伙进行了坚决的斗争。

米夫感到事情不妙，于是通知反对四中全会的26人在上海静安寺路地区的一所花园洋房里开会，企图将事情压制下来。在这次会上，双方争执不下，没有达成妥协。一位国际代表厉声斥责："我们对于今日会议完全感到失望，这证明你们是有组织、有纲领地来反对四中全会，已经走向反国际反党的道路。你们反对四中全会领导就是反革命，叛徒特务，一律开除中央委员和党籍！"说完之后，米夫等几个外国人就怒气冲冲地离开了会场。这时，中央特科行动科负责人顾顺章随即进入会场，说外面有危险，让大家在会场里再住一夜，并且还将门锁上。这使大家顿生怀疑，立即冲了出去。事实表明，当时会场外根本没有险情，顾顺章无疑是奉命阻止持不同意见者离开会场。这些迹象表明，当时米夫已经有了消灭这些反对派的计划，这对于他来说并不陌生。两年前，瞿秋白之弟瞿景白在莫斯科中山大学学习时，就因为参加了反对校长米夫的学潮而遭暗害，这次会议比四中全会更为严重，它已经显露了杀机。

"花园会议"清除异己的计划未能成功实施,但事态的发展并未画上句号。一个星期以后,当反对派组成的"中共中央非常委员会"举行秘密会议时,阴谋的恐怖已经笼罩在他们的头上。那天,林育南在三马路(今汉口路)222号东方旅社31号房间、何孟雄在天津路275号中山旅社6号房间分两组召开会议,商量解决四中全会错误路线的问题。令人始料未及的是,这次会议的召开细节早已被叛徒泄露给了巡捕房。当林育南、李求实、欧阳立安及"左联"作家胡也频、柔石、殷夫、冯铿等陆续来到东方旅社时,大批英租界工部局巡捕及国民党便衣警察已经包围了整个旅社。大搜捕从下午一直持续到了次日凌晨,包括何孟雄在内,共有36名共产党员及革命者被捕。罗章龙和史文彬当时因故没有到会,因而死里逃生。

位于汉口路上的东方旅社旧址

中共上海及江苏地下党组织在如此关键时刻召开的一次重要干部会议,如果没有内奸的出卖,国民党当局是不可能如此准确及时地采取行动,几乎一天一夜就一网打尽了出席会议的中共党员。令人疑惑的是,这批被捕者并非国民党当局严令缉拿的中共重要领导人,而且这些青年被抓获后,也没有经过严密的审讯以图破获更多的地下党情报,而仅仅关押了21天后就将他们秘密杀害于龙华警备司令部附近的刑场。更为寒心的是,早在搜捕开始前,王明已通过中央特科潜伏人员获知即将发生的危险,却并未出手干预,而当何孟雄等被捕的消息传来时,王明"表情异常冷淡",不仅没有设法营救,甚至表示:"这是何孟雄等反党反中央,搞分裂活动的必然结果,是咎由自取。"共产国际代表竟然主张用暗杀的手段对付何孟雄的智囊罗章龙,表示"用极机密的手段消灭这可恶的反对者"。

可以想象的是,这是苏共党内残酷斗争、无情打击的翻版。中共六届四中全会也以这样的结局,开启了王明"左"倾错误在党中央长达四年的统治。

中外进步力量的一次紧密握手

——远东反战大会旧址

诞生地 寻找中共在上海的红色基因

旧址外的欧式圆柱

1975年,老"左联"成员郑育之从上海到北京,去看望了老领导冯雪峰。身患绝症躺在病床上的冯雪峰,见到从上海来的老战友,欣喜万分。他硬撑着摇晃的身体站起来,用颤抖的手在书架上取出夹在书中的纸条,断断续续地说:"中共中央交给我一项任务,要找到'国际反帝反战远东会议'在上海召开的地址。我重病在身,日夜卧床,其他工作人员又不熟悉上海的道路和方言,所以我心里很焦急。现在见到你,高兴极了,我身上的一副重担,让你来挑了。"

回到上海后,郑育之带着冯雪峰的重托,不顾疲劳,多次来往沪东沪西,在城市面貌大变化的情况下,寻找四十多年前召开的"远东反战大会"地址。她望着霍山路(原汇山路)85号那幢圆拱门窗、青砖外墙饰红砖带、红瓦屋顶、入口上方有三角形山墙的欧洲毗连式三层建

位于霍山路85号的远东反战大会旧址

中外进步力量的 次紧密握手

溥仪在长春伪满执政府会见李顿率领的国际调查团

筑,是那样的熟悉和亲切。经过反复的考证,她最后指认了这幢饱经风霜而变得有点异样的建筑,抚摸着承载过沉甸甸历史的一砖一瓦,老人的思绪回到了那难忘的岁月……

九·一八事变后,中国的民族危机日益严重。以蒋介石为代表的国民党当局在民族危亡之际,仍然顽固地坚持"攘外必先安内"的不抵抗政策,继续"围剿"共产党领导的革命根据地,导致日本帝国主义很快占领了东北三省,并扶植了伪满政权。此后,"国际联盟"组织了一个以英国人李顿为首的调查团,前来中国"调查真相"。但是,调查团成员在东北转了一圈后,便草草收场,还发表了一个歪曲事实真相的报告。这个报告引起了国人极大愤慨,也遭到世界正义人士的猛烈抨击。

与此同时,反法西斯运动在全世界蓬勃发展起来。1932年8月,国际保卫和平组织反帝大同盟,在荷兰阿姆斯特丹召开了"国际反战大会",对日本帝国主义的侵略行径作了强烈谴责。年底,世界反对帝国主义战争委员会决定再派调查团来华,重新调查日本侵略东北的事件,并根据共产国际的倡议,决定在上海召开远东反战大会。

1933年2月,中国民权保障同盟便开始了本次大会在华召开的筹备工作。7月,成立了由宋庆龄、蔡元培等主持的筹

宋庆龄

诞生地 寻找中共在上海的红色基因

冯雪峰

备委员会。毛泽东和朱德先后给同盟及宋庆龄拍来了贺电。宋庆龄担任远东反战大会上海筹备委员会主席,中共江苏省委宣传部长冯雪峰负责具体的会议筹备工作。

原本打算公开举行"远东反战大会",但遭到了国民党当局的极大阻挠,他们疯狂地逮捕共产党人和进步人士,还逮捕了上海反帝大同盟书记楼适夷。随后,会议又设想在租界内召开,但多次交涉的结果不令人满意,英租界和法租界都不愿意在自己的地界内惹事。于是,冯雪峰在僻静的汇山路(今霍山路)85号,租下了刚造好还没有通水、通电的房子。这处房子的附近,据说是公共租界巡捕房侦探头目的寓所,这种既大胆又巧妙安排的理由,对于巡捕房怎么也不会想到,在这样一个自己霸占的地盘竟会有人敢冒险?

为了避免引起当局的注意,需要组成临时家庭。扮演户主角色的,是时任中共沪中区委书记的黄霖,他是曾参加过1927年南昌起义、又在上海搞了三年地下工作的军官,负责这次整个会议的保卫工作。主妇是省委交通员梁文若,一位50多岁的老太太朱姚扮演"婆婆"的角色,一个4岁的小孩作为老人的"孙子",这个懂事的小孩就是彭湃烈士的儿子,别看他小小年纪,一会儿就将这些临时的爸爸、妈妈、叔叔、婶婶搞得清清楚楚。党组织还派了"左联"的周文和郑育之装扮成新婚夫妇,去购置一批面包、罐头、汽水和刀、叉等食品和用具,装在樟木箱内,当嫁妆送往会场,给大会代表食用。为了以防万一,他们还准备了阻击敌人的武器,如一尺多长的铁棍、撒向敌人眼睛的石灰等。楼房的前后门日夜有人轮流看守,听暗号开门,当电工的党员还为之设置了一个警铃系统。在房间的窗台上点燃一支蜡烛,蜡烛灭了就意味着会

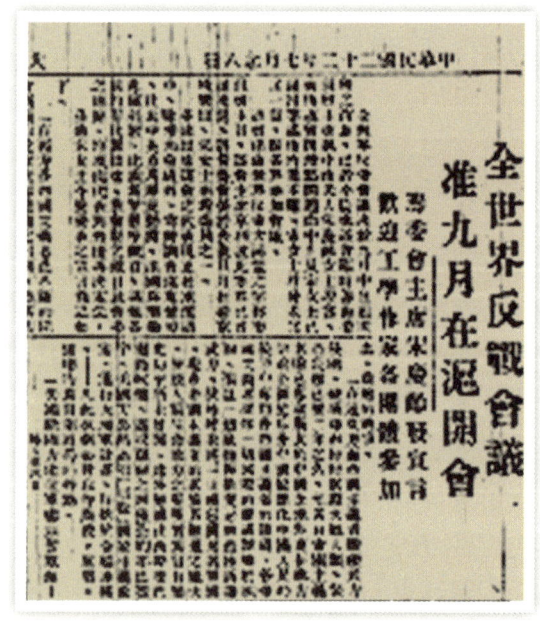

《大美晚报》对远东反战会议作了预告

中外进步力量的一次紧密握手

场内出了问题,外面警戒的秘密交通员应立刻向省委汇报。一切安排妥当后,冯雪峰楼上楼下、屋里屋外认真地检查,并仔细地询问保卫人员每一个细节,唯恐还有什么破绽,要求尽可能地做到万无一失,保障代表们的安全。

7月28日,《大美晚报》报道远东反战会议将于9月在沪举行,同时公布了宋庆龄在当天早晨以筹委会主席身份发表的宣言。8月18日,宋庆龄以不畏艰险的革命魄力,蔑视国民党不许外国代表登陆的禁令,亲临招商局中栈码头,并上船迎接来自欧洲反帝和平战士的到来。代表团一行四人,领队是英国工党议员马莱勋爵,团员有法共机关报《人道报》主编古久列,比利时社会民主人士马尔度和英国人汉密尔顿。巴塞尔因病未能来沪。中共和筹委会组织工人、学生和各界人士在码头举行欢迎仪式,群众高举欢迎国际代表团的横幅,手持小旗,燃放鞭炮,散发宋庆龄发表的《反对帝国主义战争!》声明的传单,宋庆龄还发表了热情洋溢的欢迎词。在群众的护送下,代表团住进了地处外滩的华懋饭店(今和平饭店)。

几天后,鲁迅专程去华懋饭店看望了英国勋爵马莱和法国《人道报》主编古久列。开电梯的工人以衣取人,看到鲁迅穿着布制长袍,竟拒绝用电梯送他上楼。鲁迅只得步行爬楼梯到七楼。等到下楼时,电梯工见到马莱勋爵谦恭地亲自送鲁迅出来,这才大吃一惊,老老实实地送鲁迅下楼。这一遭遇使得鲁迅很有感慨,日后还对日本友人内山谈起这个小插曲。

外国代表在沪码头登陆

诞生地 寻找中共在上海的红色基因

宋庆龄亲临中栈码头迎接参加会议的外国代表

法国代表古久列（右）

英国代表马莱（右）和比利时代表马尔度

　　开会前的一天傍晚，夏衍派人用电影公司接送"电影明星"的专车，去华懋饭店接各位外国代表。车主穿了一套深色西装，吸着雪茄，俨然一副高级华人的气派，直入华懋七楼，然后陪客人下楼，并对他们说："奉孙夫人之命来接你们去开会。"这是事先约定的联系口号。为了避开暗探们的注意力，车主陪着代表下电梯的时候，还用英语高声说："到了上海，总得看看京戏，今晚给你们安排了一台好戏。"出门之后就坐上了明星公司的汽车。上车后，本来应该过白渡桥向东走的，可是司机却先去永安公司一带闹市绕了一圈，看看后面没有人盯梢，然后再掉头向东，高速开往大连湾路。到荆州路附近，已经察觉到

中外进步力量的一次紧密握手

外宾下榻的华懋饭店

鲁迅

有几个骑自行车的纠察队在那儿守卫了。

  1933年9月30日拂晓时分,宋庆龄到达会场。据她记载:"由于我们正处在严密监视之下,我们就必须严守秘密。连我自己都不晓得举行会议的地点在哪里,直到一天早晨的黎明时候,我被带到上海工厂区的一幢阴暗凄凉的房子里。代表们只能一个一个地单独前往,甚至还有一部分人是在深夜里偷偷地到那里去的。当我到达时,每一个人,连外宾在内,都坐在地板上,因为房间里唯一的家具是供秘书用的一张小桌子。我们实际上是在低声耳语之中进行报告和讨论的。"在二楼的一个大房间里,大家都站着或席地而坐,只有宋庆龄和外国代表有"座位",也就是运面包进来的小木箱,喝的开水是派人到外面老虎灶打来的。

诞生地 寻找中共在上海的红色基因

远东反战大会旧址

早餐后,宋庆龄宣布大会开始,首先推举了大会的名誉主席、九人主席团,而后听取马莱关于各国人民反对帝国主义战争的报告。他痛斥了帝国主义侵略和法西斯的猖獗,省委派社联懂好几国文字的吴作先为他做翻译。宋庆龄在会上做了题为《中国的自由与反战斗争》的演说,她尝试用马列主义阶级分析的方法,观察中国和世界局势;论述了帝国主义发动侵略战争的社会、阶级根源;阐明了战争与革命以及她对各种不同性质的战争所抱的态度。她指出,目前的时代标志了一个新的社会制度,即社会主义的诞生,无产阶级革命便成为我们这一时代最迫切的社会需要了。宋庆龄理直气壮地宣布:我们并不是反对一切战争,我们反对帝国主义战争,但是我们拥护武装人民的民族革命战争,因为反动的武力只能以革命的武力来对抗。演说最后号召全体中国人民:"在反对日本和其他帝国主义的斗争中,即在争取中国统一、独立和领土完整的斗争中,团结一致!"并强烈呼吁:"让我们在整个远东,尤其在中国,发动一个强有力的运动,反对帝国主义战争。"宋庆龄的演说,对动员中国人民和世界人民积极投入反对帝国主义战争的

中外进步力量的一次紧密握手

旧址外景

斗争具有重要意义。

接着是各地各界的代表发言,其中有中央苏区、东北抗日义勇军和在上海抗战的十九路军代表,宋庆龄要把中国代表的发言翻译成英文和法文。为了防止暴露,大家都压低了嗓门说话,鼓掌也不能出声,只准做鼓掌的样子。会场里因为人多,非常闷热,古久列和宋庆龄坐在一起,拿着把折扇不时地扇着,扇了一阵,又递给宋庆龄。

经过热烈讨论,会议通过了《反对帝国主义战争、反对法西斯的宣言》《反对白色恐怖抗议书》《反对帝国主义进攻苏联的抗议书》《反对帝国主义和国民党进攻红军的抗议书》等文件。会议还宣布正式

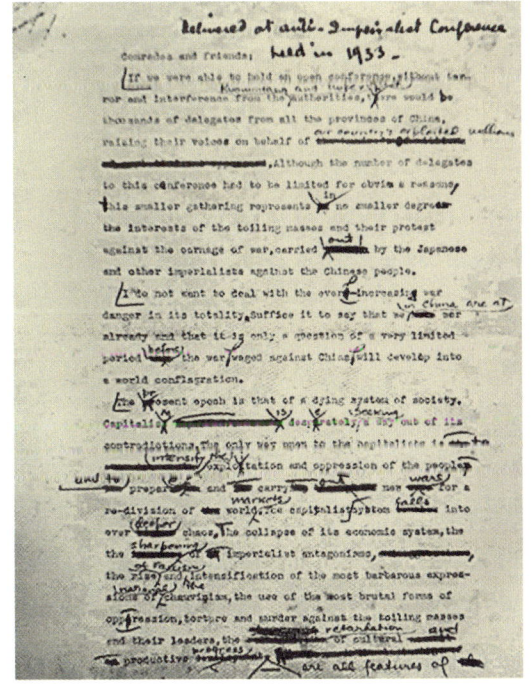

宋庆龄发表的《中国的自由与反战斗争》文稿

诞生地 寻找中共在上海的红色基因

旧址内景

代表在此下楼

成立世界反对帝国主义战争委员会中国分会，选举宋庆龄为主席。这次会议是共产国际实行反法西斯人民统一战线的一次成功尝试，是中国进步力量与世界反战力量一次紧密的握手。文件的发表推动了全国抗日高潮的掀起，使中国的抗日战争汇入到国际反法西斯斗争中去。罗曼·罗兰多次赞扬宋庆龄对国际反法西斯运动、保卫世界和平事业做出的卓越贡献，他以富有诗意的语言，热情洋溢地说："你们以为我们卓越的副主席宋庆龄仅仅是一朵香满全球的鲜艳花朵吗？不！不！她是一头名副其实的力图冲破一切罗网的雄狮。"

会议的全部议程压缩在一天之内完成，直到天黑才结束。散会后，代表们按照事先的规定，从前、后两个门疏散，每个门走两三个人，隔五分钟走一批，一小时后代表们全部撤出了会场，宋庆龄一直等到所有的代表散尽才走。最后两位交通员出门时，还故意与对方说："晚上再来打麻将呵！"然后分头朝两个方向撤走。就连居住在隔壁的公共租界捕房侦探头子也没能发觉，在他的眼皮底下，召开了一个对全世界人民有巨大影响力的秘密会议。

会后，外国记者伊罗生立即在当时颇有影响的《大美晚报》上，发表了这则令帝国主义和国民党惊恐万状的爆炸性新闻，

中外进步力量的一次紧密握手

各地代表们还到处张贴标语、散发传单加以宣传。中华苏维埃共和国临时中央政府机关报《红色中华》,也刊登了"国际反帝反战大会专号",从而在国内外产生了很大的影响,给人民以很大的鼓舞。敌人怎么也没想到,这个似乎要"流产"的大会,竟然以那么大的规模在他们管辖的范围内召开了,这不能不叫他们目瞪口呆,甚至暴跳如雷。

参会人员都疏散了,房间里还亮着未燃尽的蜡烛……

罗曼·罗兰

▲ 为庆祝大会胜利发表的告全体民众书

▶ 会议结束后代表们从前门疏散

中共领导机构所在地

建立革命统一战线的指挥部

——中共三大后中央局机关三曾里遗址

诞生地 寻找中共在上海的红色基因

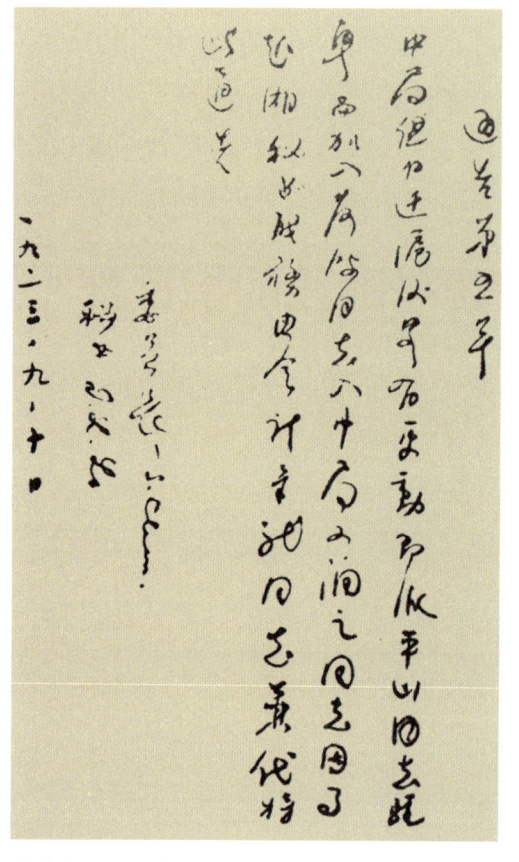

中共中央关于中央机关从广州迁回上海的第5号通告

1923年6月12至20日,中国共产党在广州召开了第三次全国代表大会。这次会议总结了建党以来的工作和"二七"罢工失败的经验教训,决定共产党员以个人名义加入国民党,实行国共合作,建立革命统一战线的策略。会议还选出了陈独秀、蔡和森、毛泽东、罗章龙、谭平山等五名中央领导成员,组成中央局机关,陈独秀为中央局委员长,毛泽东为中央局秘书。中央局原在广州,但由于广州地处华南,当时粤汉铁路尚未全部通车,党中央与分散在各地的地方党组织联系不便。为此,中共中央决定,将中央局迁至产业工人集中、交通便利的上海。

先期抵沪的中央执行委员会委员王荷波,负责寻找办公地点。他发现闸北公兴路与香山路口有个小弄堂,里面只有三个门牌,原住着三户曾姓人家,俗称"三曾里"。此地闹中取静,但靠近北火车站,对外交通联络方便,而且毗邻的宝山路又与公共租界北区挨着,万一发生紧急情况,还可以向租界转移,加上周边有众多的老百姓和商店杂货铺,在这样的环境中开展地下党工作具有隐蔽性。于是,就租下了一幢两厢房的石库门房屋,作为中央局机关秘密办公处。

现在要找到香山路"三曾里"是个难题。直到1970年,上海房管部门查到一张绘于1929年的房屋地形图,图上明确标示三曾里的所在位置。随即,寻访人员找到了时任中共中央执行委员、会计的罗章龙。据罗老回忆,"三曾里"的具体位置在今天闸北临山路象山小区202至204号一带,房屋已在1932年"一·二八"淞沪抗战中被日军炸毁。2011年夏,有关部门在遗址西南侧约百米处的闸北区第三中心小学(永兴路211号)小花园内设置纪念石碑,并在遗址附近的浙江北路118号一幢老式小楼建立"中共三大后中央局机关历史纪念馆"。

1909年建成的北火车站候车大楼

中共三大后中央局机关遗址模型复原

中共三大后中央局机关历史纪念馆

纪念石碑

建立革命统一战线的指挥部

中共三大后,中央局成员毛泽东、蔡和森、罗章龙于1923年7至9月,先后来到上海闸北这幢门口挂着一块"关捐行"牌子的中央局机关。"关捐行"其实是填写英文单据报关的地方,当时,挂上这块牌子起了一种掩护作用。在这里的一年多时间里,陈独秀经常来这里召集会议、讨论工作,使之成为中央高层领导集体决策党内外大事的秘密办公场所。

这段时期的工作重心是贯彻中共三大制定的统一战线方针,促进国共合作,加强党的组织建设,汇集革命力量,从而形成反对帝国主义和封建军阀的革命新局面。毛泽东以中央局秘书身份协助陈独秀处理中央日常工作,筹备中央会议,签发中央文件,负责党内外文书、通信、会议记录,管理党内文件;负责人事调动、党员训练;负责党的

机关门口挂"关捐行"牌作掩护

春申三户楼(国画　作者:奚文渊)

诞生地 寻找中共在上海的红色基因

陈独秀

毛泽东

罗章龙

组织、宣传、统战、青年和妇女工作,宣示中国共产党的政策主张等;负责对团的工作和党的地方工作的指导,还担任了中共中央机关刊物《向导》的编委。经常来三曾里的有王荷波、恽代英,陈独秀虽住在渔阳里,但常来此办公,常常工作至深夜,所以专门为他留了床位,方便留宿。

中央局机关进驻闸北三曾里后,上海的国共合作工作打开了新的局面。党团领导机关根据中央的指示,建立了"国民党改组委员会",毛泽东率先在上海帮助国民党建立区党部、区分部。9月16日,为开辟湖南的国共合作的局面,毛泽东离沪专程去了一趟长沙。1924年1月,毛泽东途经上海去广州出席国民党一大会议,并当选国民党中央候补执行委

中央局成员在"三曾里"开会的场景(油画　作者:刘七一)

建立革命统一战线的指挥部

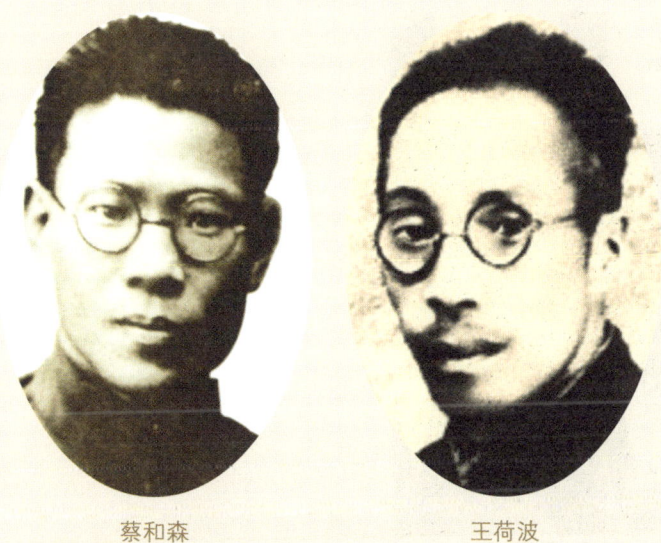

蔡和森　　　　王荷波

国民党上海执行部旧址

员。2月，毛泽东返回上海，仍住闸北"三曾里"，除了继续协助陈独秀处理中央局日常工作外，他还根据中央的决策，参与建立国民党上海执行部，担任秘书处文书科代理主任和组织部秘书，实际上主持了这两个科、部的工作。他几乎每天要从三曾里3号出门，到环龙路44号国民党上海执行部去主持组织部的工作，同时负责协调"共产党和国民党的行动"。

在三曾里的一年多时间里，党中央最高领导制定了一系列推进国共合作，促进党的自身建设，加强国民革命运动等方针的中央文件，如《中国共产党对于时局之主张》《关于国民运动及国民党问题的议决案》等三十多份文件，同时，在党的理论刊物《向导》周刊上发表了二百多篇理论文章。从三曾里发出的大量中央通告和文件，一般署上中央的代号"钟英"，正式发出的中央文件由委员长和秘书联合署名。

1924年2至3月，上海执

诞生地 寻找中共在上海的红色基因

国民党举办的追悼列宁大会

行部召开了四次执行委员会会议,毛泽东出席了全部会议,并参与重大事项的决策。3月9日,他参加了执行部主办的列宁追悼大会,并起草了《追悼列宁逝世通告》等文件。11日,参加执行部委员"谈话会",由他报告上海执行部工作情况。5月5日,是孙中山就任广州政府非常大总统三周年纪念日,上海执行部国共两党工作人员齐集莫利哀路29号孙中山私宅举行了纪念活动,并在其花园中合影留念。毛泽东是这次集会的组织者之一。

毛泽东还十分重视推动革命的青年学生加入国民党,建立新的国民党区党部和区分部。当复旦大学、同济大学、中国公学等几个区分部成立国民党江湾区党部时,毛泽东、罗章龙、恽代英等亲临指导,还常去松江县指导建党建团和建立国民党组织。为了打开青年学生运动的局面,也为了使知识分子能和工人相结合,提高工人群众的革命意识和文化,他们建立了"平民教育运动委员会",组织国民党党员为进步青年在各区各学校建立平民学校而工作。在共产党人的建议下,孙中山决定创办黄埔军校,并由毛泽东具体负责招生工作。据史料记载,黄埔军校第一期学生中通过上海招生点招收的就达一百多人,占当期学生总数的20%,这些人大都成了北伐战争的中坚力量。可以说,从1924年1至6月,是国民党上海执行部"播种子的时期"。

1924年端午节前夕,杨开慧和母亲向振熙携带2岁的岸英以及刚出生不久的岸青,又一次从湖南老家来到毛泽东身边,加上原先入住的蔡和森与夫人向警予以及罗章龙等,足有十几口人。对外他们号称王姓兄弟一家,向警予是户主,所以罗章龙戏称三曾里3号为"三户楼"。这"一大家子"人天天合吃大锅饭,由一名可靠的娘姨负责打理。罗章龙在回忆录中说:"毛泽东和杨开慧带着两个孩子住在这栋房子的前厢房。那时杨开慧身体好,虽然有了孩子比较劳累,但她仍然挤出时间做了很多工作……"这群年轻的革命者约定:不准上餐馆、不看戏和电影、不到外面照相、不在街上游逛,严肃的纪律让这个隐蔽的中央局机关直到搬离也没有暴露。

6月,毛泽东一家因工作需要迁居于租界慕尔鸣路(现茂名北路)的甲秀里。不久,蔡和森、向警予以及罗章龙也先后搬离。然而,这幢房子所承载的革命统一战线指挥部的内涵已载入史册。

杨开慧

向警予

中央局机关大门场景还原

"农民运动大王"在经远里留下最后的足迹

——中共中央军委机关旧址

诞生地 寻找中共在上海的红色基因

新闸路经远里旧照

从成都北路的"中国劳动组合书记部"出发,沿着新闸路往西走到大田路口,在新闸路613弄12号(原新闸路经远里1015号),便能看到一排新修缮的旧式石库门建筑,它就是中共中央军委机关所在地之一,是周恩来、彭湃、杨殷等革命志士战斗过的地方,"农民运动大王"彭湃等烈士在此留下最后的足迹。眼前是充满年代感的门楣及清水青砖和红砖,还原了天井、客堂间、后天井、灶间、前楼、亭子间以及晒台等结构。"中共中央军委在上海(1925—1933)史料陈列展"中的一段段文字、一幅幅图片、一件件实物,把人们的思绪带回到了风云激荡的年代……

1925年7月下旬至8月中旬,共产国际给中共中央两次发出关于加强军事领导斗争的指示:中国共产党"中央委员会和大的地方委员会应当组建以这些委员会执行机构中最有威望的成员为首的特别军事部"。1925年8月21日,俄共(布)中央政治局中国委员会通过决议,再次要求中

中共中央军委机关旧址

"农民运动大王"在经远里留下最后的足迹

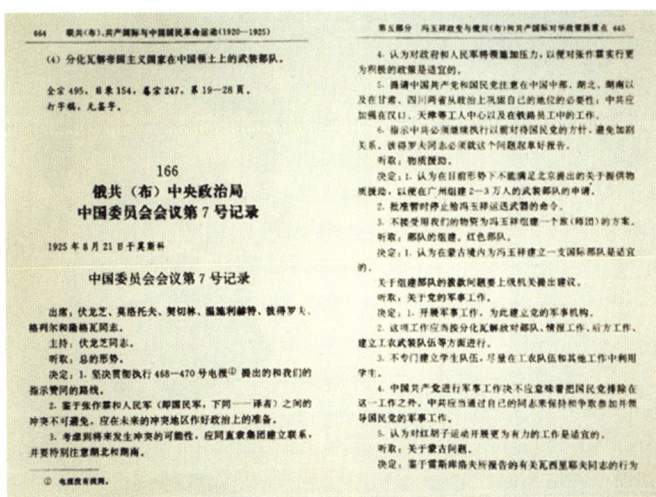

《俄共(布)中央政治局中国委员会会议第7号记录(1925年8月21日)》

新闸路经远里

共"开展军事工作"并"为此建立党的军事机构"。在这一背景下,党中央过去派往苏联红军学校学习军事的王一飞、聂荣臻、叶挺、熊雄、范易、李林、杨善集、张善铭、纪德甫、颜昌颐、钟汝梅、奚佐尧等26人于8月下旬从苏联被召集回国。9月3日,他们受到中共中央局总书记陈独秀的接见。之后,叶挺、聂荣臻去了南方,另有部分人到了中共北方区委以及冯玉祥部,由于王一飞建议在党中央设立军事领导机构,王一飞、颜昌颐被留下来,在上海筹建中央军事运动委员会(12月改为军事部),共产国际也派赫梅廖夫为中共中央军事部顾问。聂荣臻在回忆录中称:"这是我们党中央最早的军委。因为当时广东区委已成立了军事部,我们的党员从事军事工作的越来越多,中央需要有个专门机构掌握这方面的情况,再加上王一飞同志建议成立军委,陈独秀接受了这个意见。"

1926年2月,中共中央军事部在上海正式成立,张

新闸路经远里1015号

诞生地 寻找中共在上海的红色基因

中央军委机关内景

王一飞

周恩来

国焘兼任部长,成员还有任弼时、王一飞,王一飞为军事部秘书。军事部在当时的主要任务是:"通过担任各级政治工作的共产党员,加强国民革命军的政治工作,以扩大我党的影响,在旧军队中培养新生力量,派人到军队中作政治宣传。"同年12月,周恩来调任中共中央组织部秘书并兼中央军委委员,不久又兼任军委书记。1927年,蒋介石发动"4.12"反革命政变后,王一飞不遗余力地协助周恩来主抓党的军事工作,在白色恐怖下进行艰苦卓绝、英勇壮烈的斗争,先后召开了一系列重要会议,下发重要文件,探索解决建军原则、制度等重大问题。对武装工农、举行起义、创建人民军队、指导红军建设等一系列问题进行了艰辛曲折的探索,为人民军队的后续发展壮大积累了宝贵的经验,打下了重要基础。军事部成立后,还制定了具体的行动计划与方案,不仅在上海建起了2000人的战斗队,积极筹款购买枪支弹药,在西门路西城里173号(今自忠路381号)等多处开办了军事训练班,

"农民运动大王"在经远里留下最后的足迹

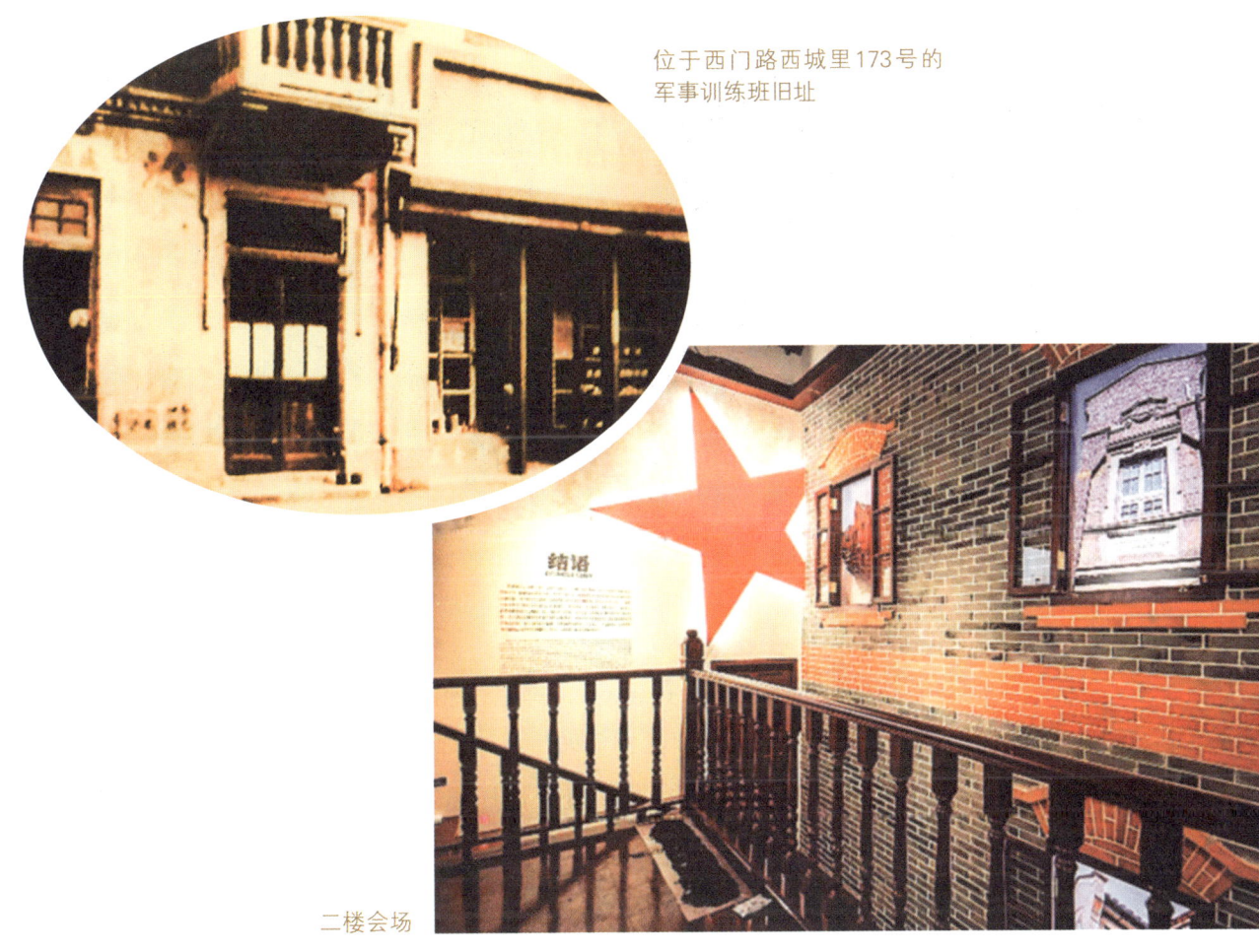

位于西门路西城里173号的军事训练班旧址

二楼会场

同时派人到孙传芳的军队去做调查研究,并建立起全市统一的指挥系统。

1928年11月中旬,中共中央政治局委员、中央农委书记兼江苏省委军委书记彭湃偕妻子许冰奉命离开粤东抵达上海。次年年初,身为中央军事部秘书的白鑫和妻子租赁了经远里1015号二楼居住,从此这里便成为彭湃经常秘密召集会议的地方,也成了中央军委的一个重要秘密联络点。8月24日上午,中共中央政治局常委、中央军事部部长杨殷,中央农委书记彭湃,中央军委委员颜昌颐和江苏省军委委员邢士贞等同志在楼房内召开联席会议,讨论江苏省委和军委的工作。会议通知按惯例由白鑫负责。下午三时多,杨殷、彭湃、颜昌颐、邢士贞和上海工人纠察队副总指挥张际春陆续来到会场,主持会议的杨殷首先告诉大家说,周恩来和陈赓也将来参加会议。

会议在进行着。他们谁也没有料到的是,白鑫因一个亲戚早年战败逃跑被彭湃枪毙而

诞生地 寻找中共在上海的红色基因

　　杨　殷　　　　　　彭　湃　　　　　　颜昌颐　　　　　　邢士贞

怀恨在心。做了彭湃的秘书后,他马上秘密叛变投敌,意欲一举破坏中央军委组织。他把此次会议的时间、地点、参加人员等,向国民党上海市特别党部执行委员兼情报处处长、市公安局特派员范争波做了报告,市公安局再与英租界工部局巡捕房密谋,由巡捕房全力缉捕。

　　下午四时许,载着租界巡捕的五辆红皮铁甲汽车在公安局包探的配合下,呼啸着开到了经远里。在各路口分兵布置把守后,几个巡捕堵住了1015号的后门,大批荷枪实弹的武装巡捕、军警破门而入。由于这是一次突然的袭击,彭湃和杨殷、颜昌颐、邢士贞、张际春等无法逃避和抗拒。白鑫夫妇当时也在场,但巡捕不予理睬,只是在他们卧室床下搜出《红旗》《布尔塞维克》等杂志和中央的一些通告。彭湃等旋即被分别推进铁甲汽车,驶离经远里。这个场景正被因临时有事晚到的周恩来和陈赓看见,他俩知道情况有变,急忙调向,从而躲过了这场劫难。十来分钟后,铁甲汽车驶进了新闸路巡捕房,彭湃等均被上脚镣,关进了看守室。

　　当晚,周恩来就召开紧急会议研究营救方案,决定在敌人押送途中武装狙击囚车。那天,周恩来亲临现场指挥,但由于枪支准备不周,耽误了时机,营救未能成功。

　　由于叛徒指认,彭湃等同志的身份已暴露,因此决定开展公开的斗争,他们在法庭上慷慨陈词,痛斥反动派的罪行。铿锵有力的话语,说得敌人瞠目结舌,如坐针毡。28日,彭湃等被押解到国民党淞沪警备司令部。尽管身受种种酷刑,他们依然坚贞不屈。在生命的最后关头,他将个人生死置之度外,想的是党的事业,是一起被捕的其他同志的安全,他与杨殷联名给"冠生暨家中老小"("家"指党中央,"冠生"即周恩来)写下了一份

"农民运动大王"在经远里留下最后的足迹

武装巡捕逮捕了军委四位同志（油画）

秘密报告。这份只有短短100多字的诀别信，字字重如千钧，"我们在此精神很好，兄弟们不要因弟等牺牲而伤心，望保重身体为要"，表现了共产党人视死如归的浩然正气，并要求设法营救没有暴露身份的同志，还嘱咐自己的爱人"要为党努力"，短短数语表达了彭湃等同志的崇高品质，表现了共产党人对真理的信仰和对党的忠诚。1929年8月30

杨殷、彭湃、颜昌颐、邢士贞四位烈士铜像

杨殷、彭湃等遇难前数日给党组织的报告

彭湃、杨殷写给党中央的最后一封信　　　柯麟医生

"农民运动大王"在经远里留下最后的足迹

日,彭湃与杨殷、颜昌颐和邢士贞等四位同志神态自若地唱着《国际歌》,高呼"中国红军万岁!""中国共产党万岁!"等口号,从容地走向刑场,英勇就义。得知彭湃等人牺牲的消息后,中共中央立即发布《告人民书》,沉痛哀悼烈士,并专门设立彭杨军事政治学校,以志纪念。

白鑫叛变后,就被国民党秘密地保护起来。他知道自己罪大恶极,也知道"打狗队"的厉害,两个月来窝藏到霞飞路(今淮海中路)和合坊43号的范争波公馆,惶惶不可终日,出行还要带上一大堆保镖。狡猾的白鑫还佯装自己离开上海,在报纸上大肆渲染自己离开上海的消息,但是经过中央特科的侦察发现,他并没有离开上海,而是得了疟疾,估计那几天会上附近的柯麟诊所去看病。但是,白鑫却不知道柯麟是中央特科人员,就在白鑫到诊所的时候,

霞飞路和合坊旧址

柯麟感觉是个好机会。但就在报信之际,机警的白鑫带着保镖逃跑了。犹如惊弓之鸟的白鑫,此后再也不敢公然出门,并乞求主子让他出国去意大利。

中央特科获悉白鑫逃跑的计划之后,就展开了周密的部署。受周恩来的委派,中央特科陈赓等人负责叛徒的处决。11月11日晚上,法国梧桐树的落叶在凌厉的西北风中飞旋跌伏,几辆国民党的黑色小轿车停在了和合坊范争波公馆门前。先是仆人给白鑫装好了行李,然后他带着保镖小心翼翼地四周探望。就在白鑫等人快走到一辆小轿车旁时,围观的人群中口哨声尖厉地响起,同时跳出几个壮汉,手枪向着范争波等人开火。白鑫吓得魂飞魄散,知道这暗杀是冲他来的,急忙转身向范争波公馆里狂奔,一位"打狗队"队员手起枪响,子弹准确地射进了白鑫的头部,叛徒终于得到了应有的下场。

这段战斗历程仅仅是中央军委在上海八年历史中的一个缩影,彰显了"风雨经远里,军史丰碑地"的英勇气概和斗争精神。

弄堂里发出"红色强音"

——中共中央宣传部遗址

中共四大后，党员和党组织数量大幅增加，党领导的工农运动迅猛发展，出现了新的革命高潮。为了适应革命形势发展的需要，中共中央宣传部的任务也更加繁重。

1925年9月，中共中央宣传部机关搬到上海虹口福生路（今罗浮路）的一条弄堂里。翌年4月，又迁至繁华的北四川路一条宽敞的弄堂——安慎坊（今四川北路1649弄）32号的彭述之寓所继续办公。那时，中共中央宣传部由彭述之、蔡和森、瞿秋白三人负责，彭述之、沈雁冰、郑超麟等均在此办公，编辑中共中央机关刊物《向导》和《新青年》丛书。

当年的中央宣传部秘书郑超麟回忆："我于1924年7月下旬离开莫斯科，经过海参崴，坐船回国。9月下旬到达上海，担任中央宣传部秘书兼《向导》周报的编辑。当年中央宣传部设在虹口安慎坊，一条宽敞的弄堂，设机关的那栋房子也是中央宣传部主任彭述之的寓所。"1982年6月，他与黄玠然、张纪恩一起寻访并指认了当年的办公旧址。

位于罗浮路一带的中共中央宣传部遗址

弄堂里发出"红色强音"

位于北四川路安慎坊32号的中共中央宣传部遗址

这是一幢坐北朝南的两层楼砖木结构里弄房屋，附带一个过街楼，后面通宝兴路。房子有前门，没有后门，只是在过街楼下有一个边门。郑超麟说，当年彭述之、黄玠然、羊牧之和自己均在这里居住过，大家经常从宝兴路进弄，由边门进出，不常走前门。在这幢楼里，彭述之、陈碧兰夫妇俩曾住在前楼。过街楼当年设为办公室，前间是《向导》的编辑办公室，后间放些图书资料，把以前买的经济杂志和莫斯科带来的俄文书，摆了好几个书架。黄玠然在后间工作和居住，后来又在这条弄堂的最后第二家租借过一个亭子间，作为他个人的宿舍，直至1927年2月中旬，黄玠然和羊牧之离沪去武汉。另外，当时还曾在这条弄堂的中间部位（今33—42号之间），也租过一间房子，先是王一飞，后来是李立三住过。后来，沈雁冰也被调来做情报科主任，每日来办公几个钟头。

上海工人第三次武装起义前后，陈独秀不仅是中共中央总书记，也是起义最高决策机构和指挥机关——中央特别委员会的主要负责人。当时，中央特别委员会就设在安慎坊

诞生地 寻找中共在上海的红色基因

《向导》和《新青年》丛书曾在此编辑　　　　　陈独秀雕塑

中央宣传部机关里，陈独秀寓居于郑超麟让出的三楼亭子间，坐镇指挥，并在这里召集会议，商讨工作。在前后大约一个月的时间里，特委会共召开了31次会议，起义中一切重大问题都要拿到特委会上集体讨论，然后作出决定并分工贯彻执行。作为特委会的主要负责人，陈独秀总共出席了30次特委会会议，而且到会必发言。他的发言内容主要集中在三个方面：将总同盟罢工、武装起义和召开市民代表会议三者紧密结合；争夺市民代表大会的领导权；把握火候，确定起义日期等。他还在此召开过中央局会议，听取周恩来、罗亦农、赵世炎等人的汇报。起义爆发后，他在这里与前线总指挥周恩来、恒丰里上海区委机关保持着紧密的联系。

郑超麟曾在其回忆录中写道："这日夜里，我来往于中央宣传部和施高塔路（今山阴路）恒丰里之间，那时陈独秀住在中央宣传部，恒丰里则是区委一个机关，传递前方战斗消息的。我们整夜听着闸北传来的疏疏密密的枪声，有几个时候枪声密得同爆竹一般，恒丰里把重要的消息派人送宣传部，陈独秀有时也有指示。我也传递过几次字条。"

郑超麟还回忆起在这个过街楼里发生过的两件事：一是，当年顾顺章搞杭州暴动成功后来到上海，周恩来曾建议陈独秀接见他一次，陈独秀接受了这个意见，并于某一天晚上在这个过街楼上与顾顺章会面；二是1927年4月，汪精卫和陈独秀在蒋介石发动"四一二"反革命政变前夕，就国共两党关系联合发表过一个宣言。

弄堂里发出"红色强音"

上海工人纠察队在市内游行

施高塔路恒丰里

在上海工人第三次武装起义取得胜利、苏州和南京方面也被北伐军攻下后，蒋介石来到了上海，白崇禧做了卫戍司令，他们仇视共产党的意向一天比一天明显起来。一天夜里，周恩来跑到宣传部来找居住在这里的陈独秀，一见面便说："三点水（即汪精卫）来了，我今天得到俄国同志通知后第一个去看他，此时别人还不知道。他站在我们方面。"对于汪精卫的回国，共产国际和中共曾寄予厚望，表示欢迎他回武汉主持大计，周恩来也主张直接送他到汉口去，不让他在上海同蒋介石及其他的国民党要员见面，陈独秀赞成这个意见。

一天，陈独秀去看了汪精卫，汪精卫告诉他，已经同蒋介石见了面，在座的还有吴稚晖及其他的人。吴稚晖为促使汪反共，在两次蒋汪会谈中，极力要求汪精卫留沪，制裁中共。汪精卫在会谈之中，对中共多有袒护，表示"总理工农政策不可嬗变"。辩论到最高潮时，吴稚晖十分激动，竟向汪精卫下跪，求其改变态度，留沪领导，但汪精卫并不为之所动。最后，他与陈独秀商定，以两党领袖的身份发表一个联合宣言。

回到宣传部后，当天夜里陈独秀在三楼亭子间奋笔疾书，那就是汪精卫、陈独秀共同署名的《国共两党领袖联合宣言（告两党同志书）》，用以表明"总工会纠察队并无进攻龙华之意"，"国民党绝无有驱逐友党摧残工会之事"，并强调了国共合作的必要性。次日，周恩来从汪精卫那儿拿回来的稿子上，汪的名字签在后面，前面留了许多空白，意思是让陈的名字签在前面。但陈独秀拿起笔来，把他的名字仍旧签在汪的后面。宣言发表时，陈独秀风趣地说："大报上好久没有登载我的文字了。"

吴稚晖看到《联合宣言》之后，气得暴跳如雷，破口大骂汪精卫"降共"，甘当"共产党的尾巴"，还挖苦汪精卫说："陈独秀是共产党的党魁，是他们的家长，他在共产党内的领袖身份是无可怀疑，但我们国民党内是否有一个党魁或家长呢？现在有人以国民党党魁自居，恐怕也不见得

《汪精卫、陈独秀联合宣言》

罢!"蒋介石日记对此也有所记述:"汪兆铭与陈独秀联合宣言,吴敬恒见此大怒,面斥兆铭为附逆分子。"蒋介石拉拢汪精卫未果,决定单干,"清党"行动按计划实施。

其后,中共中央由沪迁汉,汪精卫也前往武汉。不久,陈延年、李立三和聂荣臻又从汉口抵达上海,到宣传部办公处让人找罗亦农和赵世炎,并命令尚留上海的中央工作人员即刻离沪去汉口报到。于是,这个过街楼上的图书资料,全部运送至武汉,中共中央宣传部办公处从1926年春至1927年4月在此办公的历史即将翻页。此后,这幢房子就改作中央交通处机关,周恩来在党中央迁武汉后,也曾在这里居住过,留下了艰苦岁月中难以抹去的记忆。

中共中央在此发出"红色强音"

陈延年在恒丰里被捕后惨遭杀害

——1927年中共江苏省委旧址

诞生地 寻找中共在上海的红色基因

施高塔路恒丰里弄堂口

陈独秀的长子、当年的江苏省委书记陈延年,是在中共江苏省委机关被捕的,但是省委机关在哪里呢?康生说,在"北四川路底四达里104号";黄钢说,是在"恒丰里104号"。正当多方争执不下时,人们偶然发现了一张《民国日报》,那是1927年7月7日第3张第1版上刊登的一条消息,即《总司令电奖获共党要犯》,并公布了26军所呈之电报,描述了当时的情景:

"6月26日在平望街荥阳里41号亭子间壁上贴有'某某等每日下午2时至4时在此相候'等字样,故特派谍报员一名与本处职员一名,同匿于该处另室,以俟共产党员来接洽,一一捕捉之。至一时许先后来两人,皆被捕获,一名朱盘生,一名姚振,即姚连生,据供为共产党各机关专送信件,最大机关在北四川路下去华界史高德路(即施高塔路)恒丰里104号,于是即由本处职员三名和谍报员等同往该处。计有共产党员六人,正在楼上围坐会议,当本部职员等冲入,该犯等即欲他遁,于是双方扭打,以致筋疲力尽,头破血流,衣服等亦均为之撕破。结果被逃两人,捕获四人,即朱立先、张楚鉴、陈友生(即陈延年)、吴福民(即黄竞西),即至就近警察署同署员及警士

陈延年在恒丰里被捕后惨遭杀害

位于施高塔路恒丰里104号的1927年中共江苏省委旧址

数名,将该犯四人先送警署,再解至本处。"署名为"国民革命军第26军政治训练处"。此消息离被捕时间不到一个月,当为可信,而且得到了一些老同志的实地勘察,证实1927年中共江苏省委的旧址为:施高塔路恒丰里104号(今山阴路69弄90号)。

这是一栋建造于1905年的砖木结构三层石库门新式里弄住宅,红砖砌的清水墙,两扇黑漆的大门,石库门上有拱形水泥制门楣,三楼有小阳台。室内底层作会客室,二楼作会议室,三楼为地下交通员住处。在白色恐怖时期的上海,这里曾经是领导江苏和上海地区革命运动的心脏。

1922年6月,陈延年与赵世炎、周恩来等一起创建旅欧

陈延年

诞生地 寻找中共在上海的红色基因

1925年陈延年（右二）与中共广东区委部分成员

反革命政变中大批革命者惨遭杀害

革命志士面临屠杀

共产主义组织——中国少年共产党，并担任宣传部长。同年秋，加入法国共产党，不久转为中共党员。1924年回国后，被党中央派赴广州，先后任社会主义青年团中央驻粤特派员、中共广东区委秘书兼组织部长。不久，又任命陈延年接替周恩来任中共广东区委书记。

1927年3月，他奉命离开广州前往上海，途经武汉，参加了党的五大筹备工作。回上海途中，在南京得知发生了"四一二"反革命政变，他毫不畏惧，连夜赶到上海。面对大批革命者的牺牲和血泊，他与周恩来、赵世炎、罗亦农、李立三等联名发出《迅速出师讨伐蒋介石》的电文。可惜党中央由于各种复杂原因，在北伐与东征问题上犹豫不决，未能接受电文的意见，丧失了挽救革命的时机。"四一二"反革命政变后，陈延年立即转入地下，着力于浙江、江苏和上海地下党组织的发展工作，领导广大干部和党员重整旗鼓，再燃革命烽火。4月22日，他送走罗亦农、李立三去武汉参加五大以后，就接替罗亦农任上海区委（江浙区委）书记，并

陈延年在恒丰里被捕后惨遭杀害

在五大被选为中央委员,后为政治局委员。正当他在腥风血雨中致力于革命力量的恢复与发展时,自己却大难临头。

6月26日上午9时许,施高塔路恒丰里104号住宅里,上海中共党组织主要领导同志正在三楼举行秘密会议。会上传达了五大决议,宣布撤销上海区委(江浙区委),分别组建江苏省委和浙江省委,王若飞传达了中央的有关任命,决定陈延年任江苏省委书记。这时,突然有人急报,有一个联络点的交通员被捕后供出许多重要机关,需要紧急转移。说时迟那时快,王若飞立即宣布散会,各自转移。

下午二时许,特务闯进省委机关进行搜查,留守机关的赵世炎夫人来不及把放在窗台上作为暗号的花盆拿下。本

王若飞

陈延年

1927年中共江苏省委旧址

来陈延年已安全撤离,但他为销毁文件,下午又与省委组织部长郭伯和等人回到恒丰里。他们先在暗处观察周围动静,见花盆仍放在窗台上,以为平安无事,便信步走上楼去。这时,潜藏在屋内的特务冲了上来,当即抓住了留守的省委秘书长韩步先。陈延年和郭伯和见形势不妙,便举起木凳和特务搏斗。由于寡不敌众,陈延年的头被打破,牙齿也被打落,鲜血直淌。不到半小时,整幢楼就被大批军警包围,特务一拥而上,抓捕了陈延年、郭伯和、黄竞西、韩步先等四人,随即将他们押往闸北区警察局。

吴凯声律师

穿着简朴,皮肤黝黑的陈延年被捕入狱时化名"陈友生",自称是帮忙的"茶房",身份并未暴露。党内知道了他被捕的消息,积极组织营救。王若飞寄信给陈延年在法勤工俭学时的好友刘方岳,请求他尽力搭救陈延年。刘方岳与王若飞是同乡又是同学,两人感情深厚。当时刘在贵州名绅王从素开设于四马路(今福州路)的德胜棉花店当经理。他来到位于上海哈同公寓二楼的律师事务所,找到当时在公共租界和华人地区律师界声望很高的律师吴凯声。吴凯声是第一个能在会审公廨出庭辩护的中国籍律师,巡捕房、警察局、法院这些地方全兜得转,也能在各种场合进行斡旋,而且吴凯声与陈延年也有一面之缘。出于对革命者的同情和民族大义,吴凯声慨然允诺,一口同意接办此案。同时,党组织也汇来万元银洋巨款,作为活动经费。

郑毓秀大律师

当天,吴凯声立即出动了自己律师事务所的全体人员,到上海各巡捕房、警察局去探摸情况。结果,有人在闸北区警察局的预审档案中,看到了一份记录:"一自称陈友生者,皮肤粗黑,身穿短衣,裤脚扎有草绳,很像是干粗活的人,彼云是房东家烧饭师傅,警察局抓错人了。"吴凯声综合各方面汇集来的材料,确认这人便是陈延年,并断定其尚未暴露身份。然而,在案情记录中,他发现录有陈延年被军警包围时拿起桌椅搏斗,击伤过两军警,而军警也因陈"凶狠",表示要给其吃点苦头,以此泄恨。因此,吴凯声告诉刘方岳,估计一时还放不了人,并说又向军警塞了点钱,让其安心等待。

吴凯声知道这是件急案,急案当速办,如果时间拖长,露出马脚,将危及陈延年的生命。为此,他委托郑毓秀大律师直接去向闸北区警察局长疏通关节放人。郑毓秀与闸北区警察局长是广东同乡,这个局长对她十分钦佩,所以吴凯声认为她出面讲句话有分量,定可成事。

吴凯声一边从内部进行营救,一边在外界制造舆论。当年,国民党上海警备司令叫杨虎;国民党市党部秘书长叫陈群,上海一时成了"虎群世界",笼罩着一片白色恐怖。然而,吴凯声无所畏惧,为了从侧面起到些推助作用,他在各种交际场合有意放出话去,说国民党要得民心,必须释放无辜被捕的人。但是没有料到的事终于发生了。吴凯声的赤诚相助,周密筹谋,辛苦奔走和刘方岳的努力,后来都因吴稚晖的出卖而前功尽弃。

原来,在刘、吴全力策划营救陈延年的同时,另外一条营救渠道也在秘密地进行。陈延年被捕后,与陈独秀有世交的党内文化界人士、上海亚东图书馆经理汪孟邹心急如焚。这时,恰逢胡适从东京来上海,亚东曾替他出版过《胡适文存》一书,为此胡适一直想答谢汪。汪孟邹就借了这点关系,上门去恳求胡适设法营救陈延年出狱,胡适满口答应了。陈延年被捕后,国民党军警不认得他,陈本人也未暴露过身份,遗憾的是汪不知就里,恳托胡适营救时,说了陈延年的真姓大名,于是坏了大事。胡适想,蒋介石的红人吴稚晖是陈延年的老熟人,数年前曾帮助陈

汪孟邹

胡　适

诞生地 寻找中共在上海的红色基因

国民党淞沪警备司令部

看守所囚房

延年、陈乔年兄弟赴法留学,随即当夜写了封信给他,请其相助。

不料,殊不知此时的吴稚晖已是铁心反共的国民党右派核心人物。见信后,他记起陈独秀曾笔不留情,骂自己为老狗;延年、乔年兄弟俩在法国时也已脱离自己倡导的无政府主义而笃信马克思主义,加上"四一二"政变前后他们的反蒋态度,这种政治上的裂痕使老奸巨猾的他哪有雅量考虑故旧。吴稚晖暗暗自喜,思忖再三后,给上海国民党警备司令杨虎写信:"今日闻尊处捕获陈独秀之子延年……不觉称快。"延年"发生额下,厥壮极陋,……恃智肆恶,过于其父百倍"。

杨虎见信后,喜出望外,他没有想到陈独秀的儿子、上海共产党的头号负责人陈延年已被抓获。蒋介石获悉逮捕陈延年的消息后,致电国民党26军政治部,指示须"切实讯明为要"。

身份暴露后的陈延年受到软诱和重刑,但他不改其口,顽强反抗,面对叛徒韩步先的

陈延年在恒丰里被捕后惨遭杀害

指认,他仍浩气凛然,坚持了共产党员的崇高气节。7月4日,即被捕后的第九天晚上,敌人将他秘密押赴龙华刑场。面对敌人的屠刀,他昂首挺胸,视死如归。刽子手按他下跪,他傲然而立,毫不理会,大声说道:"革命者只有站着死,绝不下跪!"众刀斧手再强行按他下跪,他又一跃而起,使得刽子手们恼羞成怒,以乱刀残忍地将他砍死。但是,血肉飞溅的陈延年久久挺立不倒,浩然之气永贯长虹。

陈延年牺牲后,蒋介石下令不准收尸。次日,《申报》刊登出了一封吴稚晖给杨虎的信,编者拟的题目是《铲除共党巨憝》,信中称:"先生真天人,如此之巨憝就逮,佩贺之至。"汪孟邹见报,如五雷轰顶,瘫倒在椅子上。胡适见到报纸,也对吴稚晖深为不满。

当吴凯声读到《申报》上登载的吴稚晖给杨虎的信后,甚为惊诧,知道事情不妙,立即约同郑毓秀驱车去闸北警察局,他想作最后的努力,以

陈延年烈士铜像

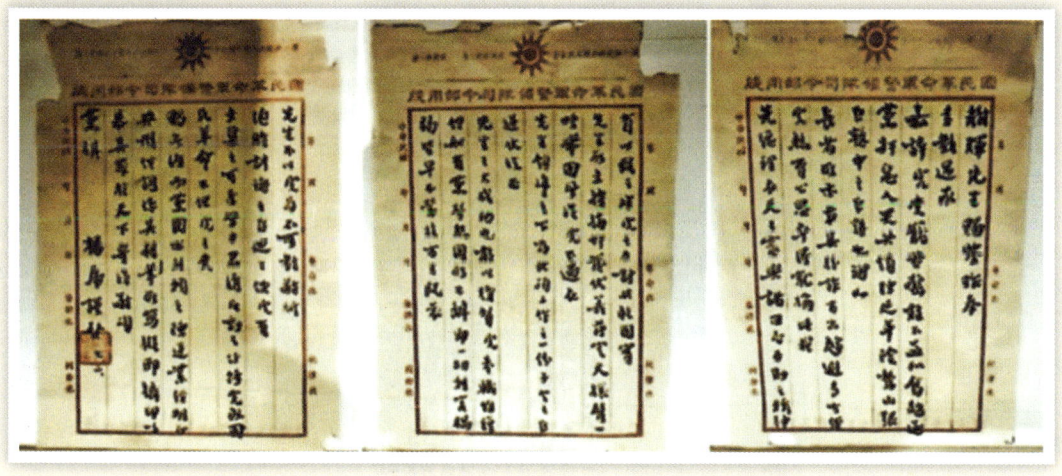

杨虎就逮捕与杀害陈延年一事写给吴稚晖的表功信

诞生地 寻找中共在上海的红色基因

非常手段采取紧急措施,借郑与该局局长的乡谊关系,利用其友情,再许以巨金,立刻带走"烧饭师傅",然后让其一飞了之。不料,两人扑了个空,"烧饭师傅"已被先一步押解到淞沪警备司令部处死了。

陈延年被捕后,赵世炎代理江苏省委书记。不久,由于韩步先的出卖,江苏省委机关又遭到破坏,赵世炎等十余人同时被捕。那日黄昏,风雨交加,中西探捕合围了在北四川路志安坊190号(今多伦路189号)的赵世炎住所,当时赵世炎正外出未归。赵世炎妻子夏之栩

赵世炎

位于多伦路189号的赵世炎旧居

陈延年在恒丰里被捕后惨遭杀害

和岳母夏娘娘万分焦急,当夏娘娘从窗口望见赵世炎正向家里走来时,不顾敌人的阻止,将窗台上用作信号的花盆推了下去。由于风雨太大,花盆的响声没有引起赵世炎的注意。在大雨中匆忙疾走的赵世炎,既没有看到花盆落下,也没有听到花盆破碎的声音,仍是朝家里走去,一进门就被探捕包围。赵世炎乘敌探正忙于翻箱倒柜寻找证据的一瞬间,低声将中共江苏省委常委、宣传部长王若飞的住址告诉了夏之栩,要她尽快设法向党组织报告……7月19日,他被杀害于枫林桥畔。

陈乔年

以后,中共江苏省委书记由邓中夏、王若飞等接任。1928年2月16日,省委组织部长陈乔年在英租界北成都路刺绣女校秘密召开各区组织部长联席会议时,由于原浦东区委秘书唐瑞林的叛变告密,又被租界巡捕突然包围,陈乔年和郑复他、许白昊等负责干部11人全部被捕,不久在龙华牺牲。

共产党人是杀不完、斩不尽的,他们擦干身上的血迹,掩埋好战友的尸体,又投入了战斗……

陈乔年烈士铜像

罗亦农在望德里被叛徒出卖

——中共中央联络点遗址

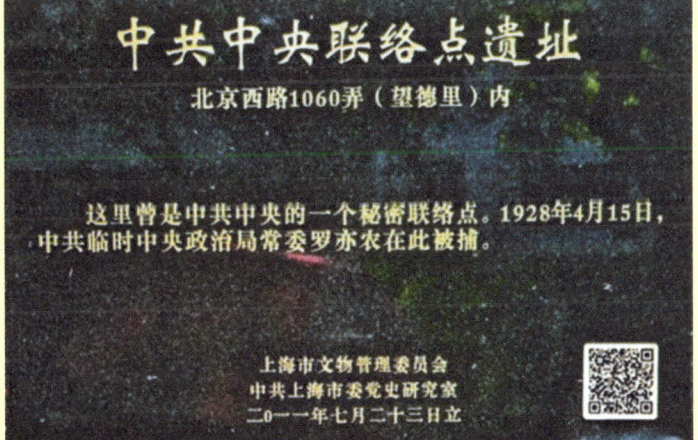

诞生地 寻找中共在上海的红色基因

爱文义路望德里1239号半（今静安区北京西路1060弄内，原地建银发大厦）是一幢典型的两层旧式石库门房屋，位于进弄后的第三家，有前、后门出入，弄堂也有多个利于转移的出口，所以成了昔日党的秘密机关设置的理想地点。1927年，武汉被白色恐怖笼罩，中共中央机关陆续迁回上海，这里成了中共中央秘密联络点，党的一些重要领导同志来这里商议工作，外地党组织要联络中央也会潜入这个秘密据点。

时任中共中央临时政治局常委兼组织局主任的罗亦农来到上海后，便在民厚北里面临静安寺的一幢两楼两底的房子落脚。不料，在搬运中他发现一只装着文件的箱子失踪了，于是紧张起来。中央特科的顾顺章派人在附近马路上监视，结果也没找到可疑的人。最后，罗亦农还是决定把东西搬走，放弃这个新租的房子，而去新闸路麦特赫

中共中央联络点旧址

罗亦农在望德里被叛徒出卖

罗亦农（中）、柯庆施（右）和周伯棣合影

罗亦农为列宁守灵时佩戴的纪念章

罗亦农

司脱路（今泰兴路）口租了一套带有厢房的"大公馆"。陈乔年夫妇当时就住在楼上厢房，他的秘书何家兴和老婆贺稚华住在楼下。1928年春，罗亦农离开了那里，带了简单铺盖搬到了愚园路亨昌里《布尔塞维克》杂志编辑部居住，白天去爱文义路秘密联络点楼上办公、接待来往人员。

罗亦农原名"善扬"，后易名"亦农"，是为表明既要服务工人，亦要服务农民的决心。他17岁只身来沪，阅读《新青年》，拜访陈独秀，试图为农民"寻找一条出路"。他到莫斯科求学，留俄期间参加中共，成为旅俄东方大学支部最高领导人。1925年回国后任中共江浙区委书记，1927年参与领导上海工人三次武装起义，同年任中共中央组织局主任。

在莫斯科学习的任弼时（左一）、罗亦农（左二）等合影

1928年4月中旬，有两个外省代表要与中央接头。14日晚，李维汉来到愚园路亨昌里罗亦农的住处报告了这件事，随后商量决定：第二天，罗亦农去爱文义路望德里秘密联络点接待山东省委代表；李维汉去哈同花园南边的南成都路机关，与另一个省的代表接头。4月15日上午10时，罗亦农到机关后，何家兴夫妇即叫奶妈给站立在戈登路（今江宁路）爱文义路（今北京西路）口的华捕通风报信。罗亦农与邓小平谈完工作，继续等待山东省委的同志前来会谈。邓小平刚离开后门，租界巡捕便从前门闯了进来，英国捕头洛克带领中、外探捕数人，包围了机关。洛克用德语和贺稚华交谈以后，当场捕走了罗亦农。在场的其他人员均未被捕，放置在抽屉中的党的文件也未被抄。这是中央机关迁至上海以后遭到的第一次重大破坏。次日，许多中外报纸都刊登了罗亦农被捕的消息。国民党当局欣喜若狂，认为"首要已擒，共祸可熄"。

次日晚上，李维汉到罗亦农的住处汇报接头的情况，在那里等了很久，但罗亦农始终没有出现。不久，传来了他被捕的消息。为了查明罗亦农被捕的真相，中央特科组织

罗亦农在望德里被叛徒出卖

愚园路亨昌里罗亦农住处

罗亦农牺牲前最后的居留地

了专门的力量对这件事进行调查。杨登瀛是陈赓部署在巡捕房里一条重要的内线，杨登瀛又与巡捕房的劳伯森关系密切。一天，劳伯森对杨登瀛说他们抓到了一条"大鱼"。在杨登瀛的再三询问之下，劳伯森说出了实情，原来是一对中国夫妇前来告密，说他们可以提供一份中共在上海的十几处机关名单，但是要帮助他们离开上海，并且提供五万美金的赏金。劳伯森说得很轻松，然而杨登瀛却听得胆战心惊。劳伯森还说出这个女人姓贺，说话带四川口音，长得很漂亮，能说一口流利的德语。经过慎重的排查，最终证实她就是何家

罗亦农被逮捕（剧照）

兴的老婆贺稚华。

何家兴夫妇都曾留学莫斯科东方大学，回国后，分配在中共中央秘密联络点看守机关。他们两人都在罗亦农身边做秘书工作，了解很多机密，但迷恋资产阶级生活方式，素来贪图享受，频繁出入茶楼酒肆、舞厅剧院，而当时工作人员每人每月生活费只有20元，根本满足不了他们挥霍的需要。为此，罗亦农曾多次对他们的肆意挥霍及不遵守党的秘密工作纪律提出过严肃批评，引起了他们的忌恨。于是，他们不惜出卖党和同志，与英捕房搭上了关系。经过密商，英捕房答应以一笔钱和一张出国护照为代价，换取他们出卖的重要情报。为了取信于捕房，他们第一个便出卖了罗亦农。

杨登瀛

罗亦农一被捕，周恩来就与中央特科制定方案。起先打算以四万元的巨款，买通敌人，以钱赎人。后来考虑到由于叛徒告密，罗亦农的身份业已暴露，公开营救很少有成功的希望，因此决定动用武力解决，等罗亦农由英租界工部局捕房解往龙华时，在路上设伏劫救。当时，安排买口棺材，伪装送葬，在棺材里暗藏枪支，让罗亦农妻子披麻戴孝，作为死者的家属，随伪装送葬队伍的工人，走在棺材后面，等到囚车经过时，猝不及防地从棺材中取出武器，把罗亦农抢下来。

为了探听罗亦农引渡的时间，顾顺章让罗亦农的妻子李文宜去找何家兴夫妇，因罗亦农被捕时，何家兴的老婆曾用德语和洛克打过交道，还送给他一只钻戒，有点交情。李文宜到旅馆等了好几个钟头，贺稚华才从外面回来。她穿着一件天蓝色的长袖丝绒布拉吉，披着一条粉红色的纱披肩，打扮得格外妖艳。当她了解到李文宜贸然来访的意图后，双肩一耸，两手一摊，表示"人家不会告诉我们"，随后又眉飞色舞地表功说，幸亏靠她才保护了来接头的山东省委代表和党的文件。结果，这样一来反倒使敌人警觉起来，

罗亦农妻子李文宜

罗亦农在望德里被叛徒出卖

从而加速了罗亦农的引渡,营救计划也就这样落空了。

作为一个革命者,罗亦农早就将生死置之度外了。被捕前,他多次向大家讲述过上海工人第一次武装起义后牺牲的码头工人领袖、共产党员陶静轩的英雄事迹。他说:"共产党员就应该这样去死,死得有骨气。"1927年11月初,中央决定把罗亦农从武汉调到上海党中央工作,回沪前夕,他写信给当时在长沙工作的王一飞说:"今日我动身去沪,吉凶未卜,但君命急召,加以此次之行程关系甚大",因而决定"冒险而去"。为了完成党交给的任务,他不顾敌人悬赏通缉他的危险,毅然回到上海,不幸遭敌逮捕。

1928年4月21日,敌人终于下毒手了。临刑之前,罗亦农视死如归,写了首绝命诗:"慷慨登车去,相期一节全。残躯何足惜,大敌正当前。"他还用暗语给党中央写了一封信,交给狱中的同志,勉励在外同志继续奋斗。在给妻子的遗书中写道:"学我之所学,以慰我。"充分表现了一个革命者对人民解放事业的赤胆忠心和对后来者的殷切期望。下午2时,监狱的铁门打开了,罗亦农神态自若,毫无惧色,安详地跨出牢门,走向刑场。据记者报道,临刑前,他"身穿直贡呢马褂,灰色哔叽长袍,衣冠甚为整齐","态度仍极从容"。

罗亦农的遇难,激起了大家对叛徒何家兴夫妇的无比愤恨;同时,由于这一对叛徒掌握了党的大量机密,对党组织的安全造成了严重威胁。因此,当时在党中央工作的李维汉

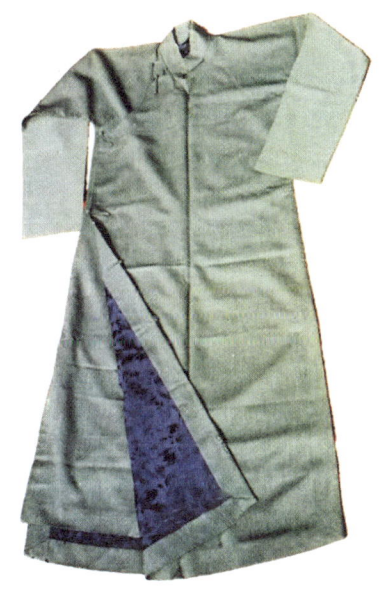

罗亦农穿过的马褂、长袍

和邓小平共同商定了严惩叛徒的决策。

据李维汉说:"当时,我们已经通过内线知道是何家兴夫妇告的密,但表面装作不知道。以后,我和小平共同做出决定,要把他们干掉。我在党中央秘书处楼上和我们的特科接了头,作了布置。为了使叛徒相信我们对他们没有产生怀疑,就派人告诉他们,新闸路(即戈登路机关)不能住了,要他们搬个地方,搬家前先到南京路一个客栈里去暂住几天。当时南京路有许多大铺子,有的两个大铺子中间有个小号子,进门就是楼梯,楼上接通两个楼。特科找了个这样的客栈,要他们先搬去住,我并约了他们在那儿相见。见面前,特科作了周密布置,楼上、街上都派了人,进行监视和掩护;万一出事我可以悄悄从后面走掉。在事先约定的时间,我到那里和他们见了面。见面后说了些应付的话。我说:'你们受惊了,原来的地方不能住了,还是另外找个房子住,躲避一下。'我又给了他们一些钱,要他们搬家后把地址告诉某某同志。他们见我亲自去见面,就相信了组织上并没有怀疑他们,因此,搬家后很快把地址通知了某同志,其实这个同志就是特科的。"

特科在得知何家兴夫妇已居住法租界蒲石路178号二楼的地址后,迅速采取了行动。4月25日,即罗亦农牺牲后的第四天清晨,陈赓亲自带领"红队",闯入何家兴夫妇借住的房子,由一人把守后门,三人登楼。同时以办喜事为由,于住房外面燃起震耳的鞭炮声。陈赓和红队队员以迅雷不及掩耳之势,冲进何家兴夫妇住的房间。何家兴从梦中惊醒,知道事情不妙,向外逃跑,陈赓举枪"砰"的一声,叛徒应声倒地。贺稚华额上也被击中一枪,打瞎了一只右眼,她吓得浑身发抖,连滚带爬钻入床下。红队队员以为已经将其击毙,其实她只受了重伤。此刻,旅馆外面的鞭炮声仍然响着,掩护这支镇压叛徒的轻骑顺利地离开了现场。

一身正气的罗亦农

罗亦农被害，是党的重大损失，引起全党的震惊、痛惜和哀悼，中共中央在《布尔塞维克》杂志上发表《悼罗亦农同志》的文章，表示："亦农同志被害了，中国无产阶级失去了一位最热烈的领袖，中国共产党失去了一位最英勇的战士"，高度评价了罗亦农的革命精神。罗亦农牺牲以后，李文宜在阴雨绵绵的龙华附近，看到"一堆黄土新坟，坟头上栽了一把青草"，这是党组织派人去安葬的……

邓小平坐镇柏德里"中央办公厅"

——中共中央政治局联络点遗址

中共中央政治局联络点遗址
石门一路336弄（柏德里）9号

1927年9月下旬，中共中央机关陆续迁回上海，这里是最早建立的中共中央政治局联络点之一。周恩来和邓小平几乎每天到这里办公。中央各部和各地党组织常派人前来请示工作。

上海市文物管理委员会
中共上海市委党史研究室
二〇一一年七月二十三日立

诞生地 寻找中共在上海的红色基因

位于同孚路柏德里的中央政治局联络点遗址

黄玠然(中)、张纪恩(左)、沈忆琴在遗址门口合影

1927年7月15日,汪精卫等控制的武汉国民党中央召开"分共"会议,决定同中共决裂。至此,第一次国共合作全面破裂,大革命最终失败。在此险恶局势下,中共中央决定将领导机关迁至上海。7月下旬,中央派何叔衡等到上海筹备迁沪事宜,并指示江苏省委为中央机关寻找和租赁房屋。不久,选定同孚路柏德里700号(今石门一路336弄9号,因市政建设拆除)为最早建立的中共中央政治局联络点之一。

1982年5月,曾在上海党中央机关从事秘书工作的黄玠然和张纪恩寻访了这一遗址。这是一幢极为普通的石库门里弄住宅,红色的外墙,黑色的木门,门两侧有立柱,上有竖线条的柱头,窗两侧有倒梯形垂花。当年楼下是客堂,办公室在客堂楼上,客堂后面的楼梯可通二楼。上楼后,要穿过东厢房才能转入客堂楼,不像现在上二楼后,既有门可通东厢房,又有门可进客堂楼。当时,为保证机关的安全,党的各级机关都以商店、住户、写字间等形式出现,驻机关人员的公开身份必须与周边环境相适应。这里作为居民住宅,以房东和房客身份居住在此的有彭述之夫妇、黄玠然夫人杨庆兰(后曾化名金莲)、陈赓夫人王根英以及管理这个机关的留法学生白载昆等。寻访人员走到此弄另一出口的吴江路,即原来的斜桥弄,看到弄堂口还保留着"柏德里"的字样,就拍板:"就是这里!"

邓小平坐镇柏德里"中央办公厅"

这里是负责处理党中央日常事务的一个重要机关,大家都亲切地称它为"中央办公厅"。1927年底,邓小平被任命为中共中央组织局秘书,那时,他与中央政治局常委、军事部长、组织部长周恩来几乎每天都要到柏德里700号的客堂楼上办公。中央各部和各地区的同志经常到此请示工作;中央机关刊物《布尔塞维克》的稿件,也都由中央秘书处派人送到这里,经领导审定,再通过内部交通转给毛泽民主管的印刷厂发行。周恩来在这里及时听取汇报和解决问题,邓小平则夜以继日地在此忙碌,积极协助周恩来开展工作。凡属机关事务性的问题由邓小平直接处理,政策性的问题由周恩来亲自解决,重大问题交由中央政治局会议讨论决定。据当时担任《布尔塞维克》编辑的黄玠然回忆:"我当时在党刊工作,也是去请示工作,在那里头一次见到恩来和小平同志。他们非常忙,请示工作的人很多,有时还要排队在外面等。邓小平和周恩来他们两人是不可分的,处理工作是相互配合,密不可分。我感觉邓小平说话不多,处理问题很果断,对同志的态度很诚恳,大家对他印象很好。"

从1928年夏开始,中共中央秘书处机关从原来西摩路一个弄堂里,搬到了青海路善庆坊(今青海路19弄)21号和小沙渡路遵义里(今西康路24弄)11号,它们均系石库门房屋(原建筑现已不存)。

据张纪恩回忆,小沙渡路遵义里是油印处所在地,负责将中央文件用药水密印在字画、手绢、线装书等的背面,由交通员传递出去;青海路善庆坊是中央刊物《每日宣传要点》的写作和印发地,恽代英负责具体工作。这两地还是邓颖超任书记的中央直

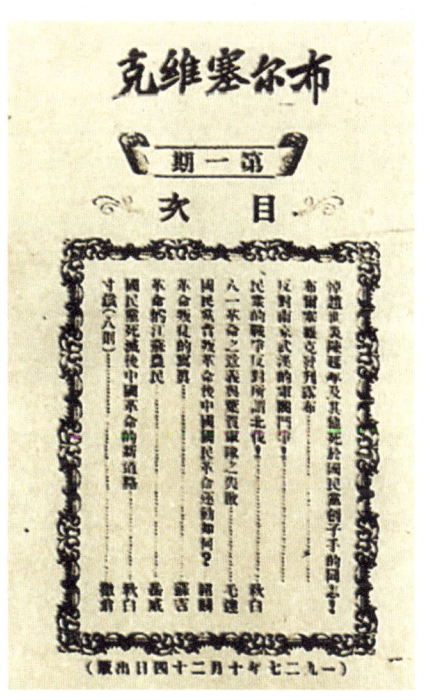

《中央关于建立秘密工作的通告》

《布尔塞维克》第一期目次

属支部活动地,周恩来、彭湃等中央领导都曾到遵义里参加过组织生活。善庆坊也开过两次中央直属支部的干事会。

这时,邓小平作为中共中央事务秘书长,要管秘书处下设的文书、内交、外交、财务、翻译等五个科的工作,对秘书处进行直接的领导。文书科负责收发保管文件、刻蜡板、油印、缮写、药水密写等工作,中央的文件和会议记录,一式三份,分别保管和处理,还设有中央负责同志看文件的地方;内交科的主要工作是把文件送到中央各单位,有时还要送一些紧急通知和情报,任务相当艰巨,于是让各单位一些负责人的夫人来做。她们把文件藏在菜篮子里、棉被或热水瓶里,或放在点心、布匹、小孩儿身上,遇到内容多的文件,有时就把一本书

中共中央组织局秘书邓小平

青海路善庆坊21号的中央秘书处铭牌

小沙渡路遵义里11号的中央秘书处铭牌

邓小平坐镇柏德里"中央办公厅"

青海路善庆坊21号的中央秘书处

小沙渡路遵义里11号的中央秘书处

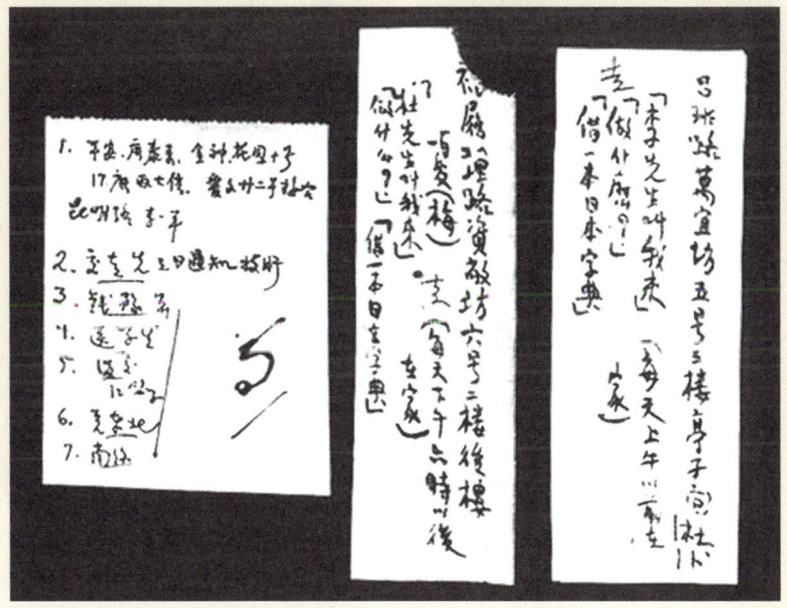
党组织对接关系用的部分暗语条

拆开,写在书的背面,或者干脆写在交通员的衬衫上。女同志细心、沉着,容易骗过敌人,遇到突然情况时能察言观色、机智应变、处惊不乱,一般都能出色地完成任务;外交科负责上海中央与各地方组织的联系,主要分为南方、北方和长江三条路线,各地都设有名义上为旅馆和商店的交通站,并挑选一些机警、勇敢、干练,善于随机应变与敌周旋的同志担任交通员。会计科就是被称为"熊老板"的熊瑾玎一人负责管理党的经费,政治局决定后由熊老板去发送;翻译科编制在秘书处,但实际由中央政治局直接领导。秘书处的任务虽然极其繁重,但年轻的邓小平善于统一调度、合理安排,始终保证机关在险恶环境里的正常运转。他还去各个秘密机关,接待来自各地的交通员。但他出行非常谨慎,注意伪装,在租界闹市,就穿绸缎袍子加马褂;到平民聚居地区,就穿工人服装,以免被特务盯上。

即便这样小心谨慎,邓小平在上海的近两年中还是多次遇险,其中有两次真可以说是只差分秒之间。

年轻时的邓小平

一次是由于何家兴、贺稚华夫妇出卖罗亦农的叛变所引起的。1928年4月15日,在上海爱文义路望德里1239号半(今北京西路1060弄内),邓小平前去与当时担任中共中央临时政治局常委的罗亦农接头。办完事后,他刚从后门离开,巡捕就从前门闯了进来,逮捕了罗亦农。邓小平出门后,看见前门一名扮成鞋匠的特科人员向他悄悄打了个手势,他就知道罗亦农出事了,立刻快步离开。从邓小平离开,到罗亦农被捕,前后只差了一分钟的时间。

还有一次是在邓小平自己的住处。当时,邓小平和结发妻子张锡瑗与周恩来、邓颖超夫妇住在一起。后来,巡捕发现了周恩来的住处,前来搜查。由于当时特科事先得到了情报,并及时通知了周恩来,因此住在这里的同志们都安全地撤退了。邓小平当时恰好不在家,没有接到通知。当邓小平正要敲门进屋时,巡捕还在屋内搜查。幸亏搜查的人中有一名特科的内线,他故意答应了一声要来开门。机警的邓小平一听门内的声音不对,立刻转身就走,没有出事故。直到半年后,他们连那个弄堂也不敢经过。多年后,邓小平还常常提到这两次危险的经历:"这是我遇到的最大的两次危险。那个时候很危险啊!半分钟都差不得!"诚如他所说,当时大家都是把头缠在裤腰带上干革命的。

邓小平坐镇柏德里"中央办公厅"期间,这里既是中央领导发号施令、指导全国工作的指挥所,又是协助中央指挥战斗的作战部和兼管党的财务的后勤部。无论是中央下传的指示精神,还是各地、各部门向中央的请示报告,都要经过秘书处这个通道。1929年7月,受中央委派,邓小平离开上海奔赴广西工作,然而往日的地下斗争岁月却永镌史册。

天蟾舞台隔壁的"福兴字号"土布商行

——中共中央政治局机关旧址(1928—1931年)

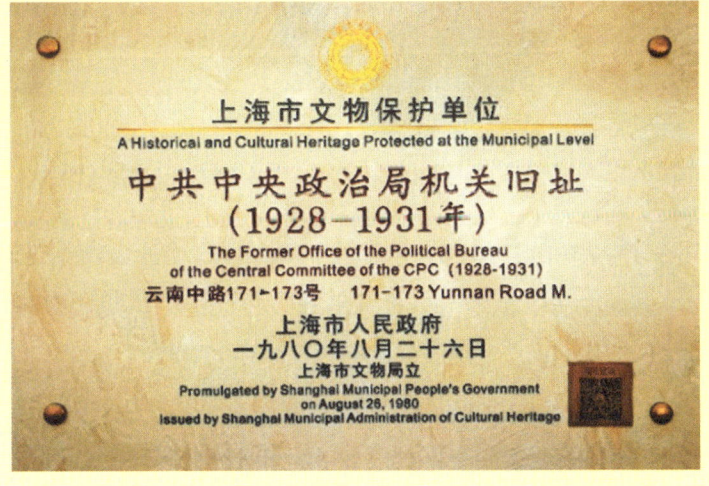

大革命失败以后，中国革命处于低潮，中共中央被迫转入地下，并从武汉迁移到上海。当时，中央选派了熊瑾玎前往上海的租界，恢复中共中央政治局机关开会办公的场所。他参加过湖南的新民学会，也参加过五四运动，还担任过著名的湖南自修大学的教务主任，1927年大革命失败后加入中共，随即在上海的中共中央机关当会计，负责财务和经费，并以商人身份为掩护，于1928年4月在天蟾舞台附近租借了三大间房屋，开设经营土布的"福兴字号"，以此掩护中共中央政治局机关。商号没有老板娘，久而久之会使人产生怀疑，为了便于掩护，周恩来调来一个19岁的湖南女党员朱端绶当"熊老板"的老板娘，配合熊瑾玎工作。朱端绶是熊瑾玎的同乡，又是他在长沙女子师范教书时的学生，在汉口时曾一道照顾过生病的徐特立先生，其纯洁、机敏和干练给熊瑾玎留下非常深刻的印象。经周恩来促成，两人成为革命夫妻。然而，这个"福兴字号"的土布商行现在何处呢？

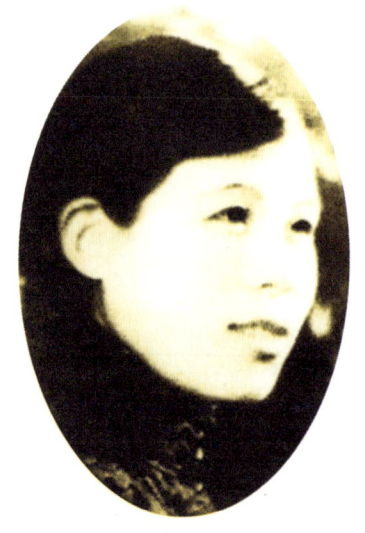
朱端绶

熊瑾玎

1979年10月，一封老同志的来信转到了上海市文物保管委员会，信中告知的正是"中共第六届中央政治局机关旧址"的大致线索："这处旧址的房东是生黎医院的医生周生赉，旧址即在《生黎医院》楼上。"

按照来信提供的信息，首先需要找到这个生黎医院。由于时间相隔半个世纪，房屋住户屡有变动，这给寻访带来了困难。好在年份比较明确，且写明"生黎医院"，寻访人员就

天蟾舞台隔壁的"福兴字号"土布商行

天蟾舞台隔壁的中共中央政治局机关旧址

天蟾舞台附近热闹街景

查阅了当年的工商业和行商名录的历史资料,在1931年出版的《上海商业名录》中看到一段记录:"生黎医院,地址:云南路447号,院长:周生赉。"这个材料的发现,证明这个老同志提供的线索是有价值的。可是在天蟾舞台附近的云南中路上,门牌号最大的是373号,并无447号。经打听,知道该处门牌号码已几经改动,原来的云南路447号,即今云南中路171—173号,就在天蟾舞台的南隔壁,此处是坐西朝东的街面房屋。这样,需要找到生黎医院的院长周生赉,才能使线索得到进一步的明确。寻访人员通过各种关系,找到了早已退休、住在南市区学前街年近八旬的周老。他清晰地回忆起当时这段经历:"我在27岁时,就来到上海,在天蟾舞台隔壁447号开设生黎医院,底下是门诊部,楼上是住家。上楼可由后弄堂进出,走水泥楼梯上下。后来,我把二层楼面租给一个姓熊的商人。此人自称是由湖南来上海办货的,常看到他在屋里打算盘做账,人非常客气……"随后,他又来

天蟾舞台

熊瑾玎、朱端绶夫妇以"商人"身份为掩护

到了云南中路现场勘查，并确认了生黎医院的原址。虽然店面早已改观，面目全非，但原结构未曾变动。

为了得到更详实的证据，重要的是找到关键的当事人，那就是当年自始至终住在这个中央机关里的熊瑾玎夫妇俩。可惜的是，当时熊老已经去世，而他的夫人朱端绶却能回忆起一幕幕掩护革命活动生动而又难忘的情景。那年，她与熊瑾玎婚后不久，就搬进了生黎医院二楼，熊瑾玎以商人身份为掩护，在室内挂了一块"福兴字号"的招牌，经营土布生意，自称"老板"，她自己也被同志们亲热地称呼为"老板娘"。朱端绶还主动取出《熊瑾玎自传初稿》，上面记录了熊老革命斗争的一生，其中有关旧址的部分也记述得清清楚楚：

"1928年4月，由于湖北省委的机关，大半已被破坏，我即转到上海，与李维汉、龚饮冰、黄文容等同志接上了头，当即分配我担任中央会计，并建立中央政治局开会办公的机关，还要准备发信、收信的地址等秘密工作。我首先就以商人的面貌出现去找寻适当的房子，在四马路跑马厅口（今福州路人民广场口），看有一个房子，正在天蟾舞台后面，可由一个很肮脏的小巷子出进。全部楼面三大间，正可供政治局开会办公之用。楼下二房

天蟾舞台隔壁的"福兴字号"土布商行

东是个西医名医周生黎,开设了一个私人医院——叫生黎医院。我们住了三、四年之久,来的人总在二三十之多,真是安然无事。只因中央政治局委员徐锡根、顾顺章先后被捕叛变,这个机关才立即搬迁了。"

至此,历史总算得到了还原。1927年,武汉发生"七一五"反革命事变后,中共中央被迫再次迁回上海,中共地下党员熊瑾玎以商人的身份租下公共租界云南路447号(今云南中路171至173号)生黎医院二楼的三个房间,设立中央政治局机关。这一排普通民居的底楼为生黎医院,紧靠熙熙攘攘的上海四马路(今福州路),隔壁是至今存留的天蟾舞台,从舞台西侧的一座楼梯可直接进入二楼房间,对面有座妓院,是公共租界灯红酒绿的混杂之地。

中共中央政治局机关旧址

熊瑾玎担任六大后中共中央的第一任总会计,夫人朱端绶担负抄写和传送中央文件的任务,在房间二楼挂出"福兴"商号的招牌,以经营纱布生意为幌子,便于掩护人员进出。熊瑾玎担任中央会计,平时他以商人身份,为筹集经费和建立联络点,主持开设了酒店、钱庄,还同毛泽民经营了"集成印刷厂",同钱之光经营了一个织绸厂,同曹子建经营了一个小洋货店,还加入一间大型布店为股东。这些经营收入都用作党的活动经费。

"福兴字号"土布商行"老板"熊瑾玎(左)

1928至1931年,这里一直是中央政治局开会的地方,中共中央军委书记兼组织部部长周恩来常化了装、留起大胡子来"商行"办公,中共中央军委还在此召开过重要会议。其他中央领导人如彭湃、任弼时、瞿秋白、李立三、邓中夏、邓小平、李维汉及邓颖超等经常在这里开会研究工作,大家均执行严密的工作纪律,称夫妇二人为"老板"和"老板娘"。有时常委会开会,由于人少可以在一间屋子里开,而政治局扩大会议人多,就需要把两间屋子拼起来开。当时,正是"城市中心论"对中国革命影响最大的一个时期,中央虽然确立了土地革命和武装反抗国民党的总方针,但是在策略上仍把发动城市武装起义作为重点,而对农村游击战和根据地重视不够。一次,李立三在会上竭力主张党应该先取得一省数省的胜利,邓小平站起来反对,说:"国民党有几百万军队,我们刚刚组织起来,没有武装,土枪土炮的怎么打得赢?"

周恩来　　　　　邓小平

六大后,23岁的邓小平担任中共中央秘书长,主管文书、机要、交通、财务等工作,曾在上海的中共中央政治局秘书处(今青海路19弄21号、西康路24弄11号)办公,他常来生黎医院二楼布置党中央的日常工作,房内靠西放有一张小桌子,就是他经常做会议记录的地方。由于大革命失败以后,上海处于白色恐怖的笼罩之中,中共中央机关隐藏分散在好几个地方,比如设在浙江路(今浙江中路112号2楼)的中央军委联络点,也是周恩来、邓小平等中央领导经常出入办公的地方。中央负责同志互不知道他人的住处,居住点和姓名也要经常变换。

位于浙江中路112号的中央军委联络点

作为中央秘书长的邓小平不仅掌握着所有的重要地址,而且经常来往于各个秘密机关之间,稍有不慎就有生命危险,甚至危及中央机关和各级组织。为了做职业掩护,他当过古董店老板,也当过杂货店老板,出行尽量不引人注目。他对上海的大街小巷相当熟悉,尤其是秘密机关所在的那些四通八达的弄堂。

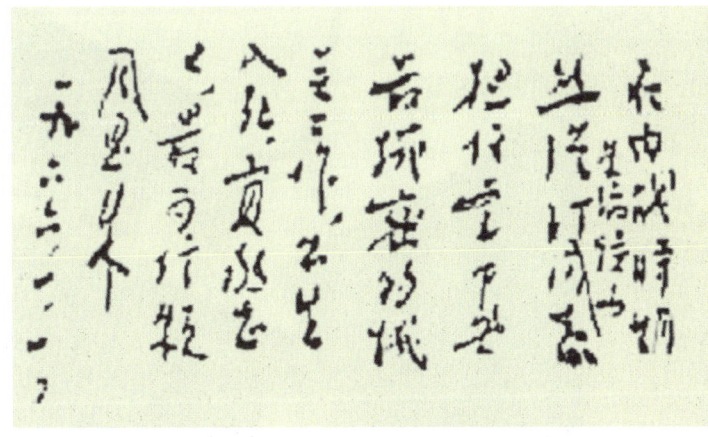

周恩来给熊瑾玎的手书

这个高度机密的中央枢纽机构在极为险恶的环境中存在竟然达3年之久,直到1931年4月中共中央政治局候补委员顾顺章被捕叛变,周恩来才采取果断措施,将这个秘密机关迁往他处。据房东回忆,搬迁后的第三天特务机关就派人前来搜捕了。随着时间的流逝,这些老建筑虽变化万千,却依然镌刻着往日的峥嵘岁月。

1946年熊瑾玎夫妇在中共中央政治局机关旧址留影

中共中央政治局机关旧址今貌

去丽云坊找党员自己的"娘家"

——中共中央组织部遗址

中共中央组织部遗址

成都北路741弄（丽云坊）54号

这里是1928年至1931年中共中央组织部办公地，恽代英、陈潭秋等先后在这里居住，组织部部长周恩来在此办公。

上海市文物管理委员会
中共上海市委党史研究室
二〇一一年七月二十三日立

诞生地 寻找中共在上海的红色基因

在静安雕塑公园的东南角,沿成都北路丛集着一排绿化墙,这里有一条朝西的小道,往里信步走十来米,便会发现在公园的中央有一块青褐色的石碑,上面镌刻着"中共中央组织部遗址"几个金光闪闪的大字,碑上标明这里是1928至1931年中共中央组织部办公地,地址为北成都路丽云坊(今成都北路741弄)54号。1982年,旧址经当年在组织部机关工作过的黄玠然等寻访,最终确认。原建筑因市政建设拆除,所在地块被改建为静安雕塑公园。

1923年,党的三大召开时,全国党员从一大时的五十余名增至四百余名,地方组织也随之增多,当时中央执行委员会就已颁布《组织法》,并于1924年5月中共中央执行委员会扩大会议上决定设立中央组织部。次年,中共四大通过的组织问题决议进一步明确,"组织问题为吾党生存和发展之一个最重要的问题"。1927年,随着国民党右派背叛大革命,屠杀共产党人,各地党组织遭到严重破坏,原设在武汉的党中央机关迁回上海。1928年7月20日召开的中共中央政治局会议正式任命周恩来为中央组织部部长,并配备一位秘书和几位组织干事,总共不到十人,秘书主持组织部日常

遗址公园和铭牌

去丽云坊找党员自己的"娘家"

北成都路丽云坊

位于北成都路丽云坊54号的中共中央组织部遗址

工作,先后由余泽鸿、恽代英、陈潭秋、何成湘担任。不久后,丽云坊54号一幢两层石库门房屋便成了中共中央组织部办公地点。

这里地处公共租界,周围又是大片的民居,因而显得相对安全一些。曾担任组织部干事的黄玠然和夫人杨庆兰(时任交通员)作为房东,其他人都是房客,同志之间以房东和房客对外相称。那时,黄玠然夫妇住前楼,余泽鸿、恽代英、陈潭秋、何成湘等相继寓居楼下。后楼就是周恩来办公的地方。由于他是国民党反动派追捕的重要对象,而认识他的人又多,特别是黄埔军校学生和国民党上层都认识他,这就增加了他在外面活动的困难,不能不在时间上作审慎的考虑。他每天早晚同秘书碰头,早晨是五六点钟,晚上是十点之后,甚至半夜两点钟,且严格限制自己外出的时间,尽量少走大街,多穿小弄堂,不搭乘电车、不去公共场所。为了地下工作的需要,通常他还化装成上海滩的富商,而且留起了长须,故被人称为"胡公"。西安事变发生后,周恩来到西安与张学良见面时还留着长胡子,同蒋介石谈判那天,张学良忽然发现周恩来的长胡子没有了,便惊奇地问:"周将军,前几天见你有胡子,今日怎么不见了?"周恩来高兴地说:"我们胜利了!"自然,这已是后话了。

诞生地 寻找中共在上海的红色基因

时任组织部部长的周恩来

当年,周恩来几乎每天清晨或深夜都会到组织部机关办公,听取秘书汇报和处理工作。有些与党组织失去联系的同志会来上海寻找中央,有些从国外返回的同志通常也是先抵沪向中央报到,周恩来再忙也会挤出时间亲自找他们谈话,耐心听取汇报,询问各地阶级关系的实际状况,并从实际出发提出工作方针和方法,尽力帮他们恢复组织关系和解决各种困难。同时,他对中央苏区来的文件非常注意,经常会督促秘书,凡是苏区来的信件首先抄出来,尽快送给他看,他总是首先把苏区问题提交中央讨论。1928年11月,毛泽东代表井冈山前委在给中央的报告中提出:"党代表伤亡太多,除自办训练班训练补充外,希望中央和两省委派可充党代表的同志至少三十人来。"周恩来阅后

恽代英 　　陈潭秋 　　何成湘

余泽鸿 　　黄玠然

即刻做出批示,由中央军事部和组织部派出30名工人出身的党员前去支援。他对苏区的重视还表现在物资方面的支援。当时,他亲自指导设立了很多店铺,如文具店、百货店、药店、布匹店和电器、机械等店铺,利用这些店铺输送苏区所需要的物资,这些店铺又是交通联络站。周恩来经常叮嘱组织部的同志,党的政治路线确定之后,党的组织工作和宣传工作犹如鸟的两翼、车的两轮,没有干部就没有革命事业,关心爱护干部就是关心革命事业,要热情对待各地来的同志。

主持干部训练班的恽代英

为了应对当时斗争的各种复杂情况,周恩来在这里主持制定了各项秘密工作制度,如保管文件的干部须将干部资料和工作记录用俄文字母编成密码式的文件档案,便于保存和查询;在白色恐怖下恢复和健全党的组织,必须贯彻职业化、群众化、社会化的原则;发展党员要重视质量,"要有一人能得一人之用"等。时任机要员的恽代英夫人沈葆英曾回忆,那时为了防止意外情况的发生,无论抄写信件还是登记往来电报,他们都必须用"药水笔"写,让写好的材料在白纸上不留痕迹。因情报交换的需要,她有时须化装成服装艳丽的少奶奶,有时又扮成衣着朴素的家庭妇女,把周恩来交代的文件送到指定的地点。

1928年秋,很多在莫斯科学习的干部陆续应召回国。由于他们长期在国外学习,对国内的实际情况不很熟悉。为了使这些同志能尽快了解国内情况,明确当前的工作任务,党中央根据周恩来的建议,决定在上海开纳路一幢约建于1932年、以英商"汪记洋行"大班开纳命名的开纳公寓(今武定西路1375号武定公寓)顶楼,秘密举办干部训练班。谁来主持这一工作?周恩来首先想到的就是那位平日里总穿着一件灰布长衫,脚蹬青布鞋,剃着爱国头的恽代英。说起恽代英,茅盾曾在《记Y君》(即恽代英)一文中,对他的形象有过描绘:"曾经有人说过一句笑话:灰布大衫就是Y君的商标。五四时代在武昌听过Y君第一次演讲的青年们,后来在上海某大学的讲坛上又看到Y君时,首先感到亲切的,便是这件灰布大衫。这一件朴素的衣服已经成为他整个人格的一部分,这从不变换的服装又象征了他对革命事业的始终如一的坚贞和苦干。"

接受任务后的恽代英,立即投入了紧张的工作,很快就将训练班在一所医院的"病

位于武定西路1375号的中共中央组织部干训班旧址

房"里开办了起来。训练的内容包括军事、组织、宣传、工运、农运等课目。他亲自给训练班的学员上课,介绍大革命失败后白色恐怖的形势和地下工作的种种情况,讲解党的当前任务以及红区、白区党的艰苦斗争情况。他还经常请周恩来、李立三、关向应等中央领导同志来训练班作形势和任务的报告。只要恽代英有请,周恩来哪怕再忙也一定会到。一次,周恩来跟恽代英开玩笑:"你聘我当教授,可别忘了给我开薪水啊!""先记账,先记账!"恽代英乐呵呵地说,"待革命胜利了,由人民银行给你总付。""哈哈!"周恩来与恽代英都会心地大笑起来。

由恽代英主持的干部培训工作取得了很好的效果,不仅增强了回国干部观察、研究中国问题的兴趣,提高了他们的理论水平,还增加了他们实际工作的经验和能力,使受训干部能够适应各种特殊的工作环境,从而使一批批政工、军事人才被"紧急输血"到白区和苏区,领导全国各地党组织走上了迅速恢复和发展之路。据统计,到1930年3月,红军已发展到13个军,6.2万人,三万支枪,建立了15个根据地;党领导的游击战争扩展到12个省,几百个县,革命的星星之火以燎原之势在中国大地上熊熊燃烧起来。

1930年5月6日下午,恽代英一身工人装束,去杨树浦韬明路英国人开的怡和纱厂(今杨树浦路670号上海第五毛纺厂)进行党的秘密活动,在门口等人时,突然遇到"抄靶子"(即搜查行人)。由于他视力很弱,又未戴眼镜,等发现情况时已经来不及躲避。巡捕从他身上搜出了一些传单及一般文件,便以此为据,将其押到巡捕房进行审讯。他虽被打得鼻青脸肿,遍体鳞伤,但坚不吐实,自称"王作霖",是从武昌来上海做生意的买卖人。巡捕无奈,将他引渡给国民党上海市警察局,最后以"携带传单,企图煽动集会"的罪名,判处他五年徒刑。先后将他关押在苏州陆军监狱和南京国民党军人监狱。

恽代英被捕之初,中央特科打入淞沪警备司令部的人,便向老闸巡捕房探长尤阿根"打招呼",说恽代英是自己的"表兄",请给个情面。8月中旬,刚从苏联回国抵沪的周恩来得悉此消息后,万分焦急,决定不惜任何代价救出恽代英。中央特科采取了两种办案:一是花钱收买敌方人员;二是利用法院的关系,江苏省高等法院有一个法官是中央特科的地下关系,中央特科情报科科长陈赓,通过这个法官的辩护,使恽代英的减刑成为可能。

位于杨树浦韬明路的怡和纱厂

诞生地 寻找中共在上海的红色基因

恽代英不幸遭被捕（素描）

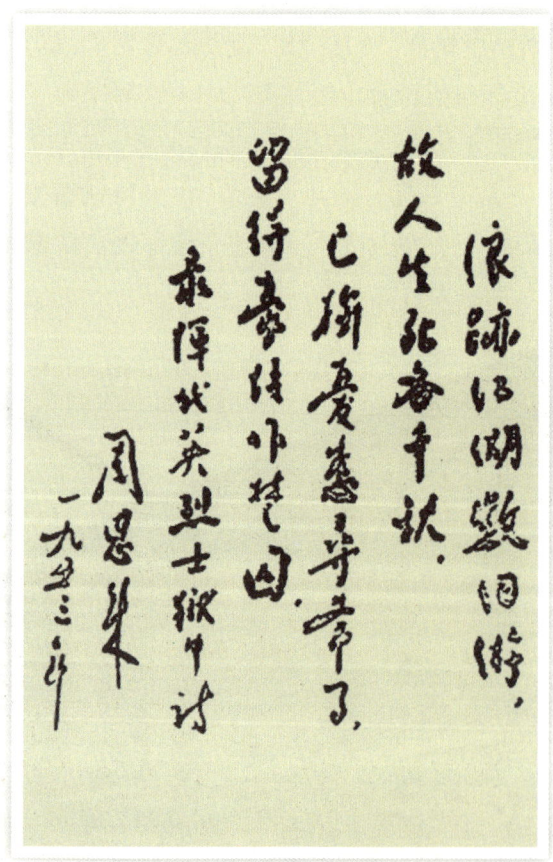

周恩来手书的恽代英《狱中诗》

在中央特科的努力下，恽代英的所谓徒刑，由五年减为几个月，到1931年5月份即可取保获释。在营救恽代英的同时，中央特科让恽代英的学生黄静纹以亲属名义去苏州探望恽代英，向其暗示组织上正在设法营救。稍后，周恩来又让中央特科总务科科长洪扬生去苏州给恽代英送路费，并嘱其出狱后要乘船或步行去上海，千万不要坐火车，以免途中遇到麻烦。

然而，正当周恩来等中央领导组织营救恽代英出狱时，时任中央特科负责人的顾顺章叛变革命出卖了他。蒋介石急令国民党军法司司长王震南劝降。在关押恽代英的牢房，王震南从黑皮包中抽出一张照片说："先生，你认识他吗？"恽代英用眼睛扫了一下，这是他在黄埔军校任教官时的照片，没有作声。王震南冷笑道："先生，你不必装聋作哑了。顾顺章和我们合作，你不就是大名鼎鼎的恽代英嘛！"恽代英明白自己的身份已经暴露，便轻蔑而自豪地说："我就是恽代英！"蒋介石派了不少国民党大员前来劝降恽代英："你是本党中央委员，中国青年的领袖，黄埔军校的总政治教官，后来又是军校的实际负责人，为党国培养了大批军事政治人才，现在的军政官员中，大都是你的学生，你回本党工作，蒋校长绝不会亏待你，你的同事和学生会尊敬你,何乐而不为?"恽代英只回答了一句话:"我生来就是苦命,享不了清福!"当年的同事一个个来当说客,结果都碰了钉子,只好悻悻然离去。王震南问:"你坚持这样做,难道不考虑后果么?"恽代英笑道:"你说的是什么后果?杀头?共产党员随时做好了准备!"敌人劝降失败后,蒋介石下令"就地处决"。

回到监牢,恽代英在黑暗的光线下,写就了著名的《狱中诗》:"浪迹江湖忆旧游,故人生死各千秋。已摒忧患寻常事,留得豪情作楚囚。"这首七绝,催人回想起他为革命事业奔走于大江南北的一幕幕:从参加五四运动到加入中国共产党;从领导青年运动到担任黄埔军校政治总教官;从五卅运动到投入南昌、广州起义;从主编《中国青年》到组织部干部训练班的授课……记录了他投身救国救民革命洪流的"旧游",表现了一个共产党人对革命事业的坚定信念和大无畏的英雄气概。1931年4月29日中午,恽代英在监狱的菜地里身中数弹后牺牲,年仅36岁。

由于中央苏区一再的召唤,加上顾顺章叛变后所处的恶劣环境,周恩来不得不于1931年底离开了上海及其他主持下的中央组织部……

上海郊县农民运动指挥所

—— 中共淞浦特委办公地点旧址

杭果人　　　　　严朴　　　　　陈云

林钧　　　　　　顾桂龙

为了反抗国民党反动派"四一二"反革命的血腥镇压，中共中央在汉口举行了紧急的八七会议。中共江苏省委为了贯彻"土地革命和武装反抗国民党反动派屠杀政策"的总方针，制定了一系列发动农民群众、迅速组织农民武装暴动的计划，并派了150名特派员到农村去加强领导。此刻，陈云正从领导上海工人运动的战线奉调到上海郊县开展农民运动。

1928年1月，陈云领导的青浦小蒸、枫泾暴动震撼了江浙沪一带。4月，嘉定也发生了以"抗租、抗债、抗粮、抗捐、抗税"为斗争口号的农民暴动。这些风起云涌的农民暴动，有力地配合了全国的土地革命,鼓舞了人民群众反抗国民党统治的斗志。但是当时全国毕竟处于敌强我弱的革命低潮,许多地方的农民暴动最终都遭到了失败。

为了组织农民秋收斗争,加强对农村党组织的建设和日常斗争的领导,江苏省委决定在全省范围内建立包括中共淞浦特委在内的六个特委。省委规定:"中共淞浦特委的工作区域所辖松江、金山、青浦、南汇、川沙、奉贤、嘉定、太仓、宝山、上海、嘉兴、崇明等县。"10月,中共淞浦特委在松江县新浜乡钱家草村(今大方村)顾桂龙家正式成立。陈云回忆道:"淞浦特委是在小蒸暴动失败后,于1928年秋到顾桂龙家成立的(就在陆龙飞家一带)。当时包括无锡暴动失败的人联合在一起成立了淞浦特委。特委书记是杭果人,委员有严达人(严朴)、林钧、我、顾桂龙。我当时是组织部长。"

特委书记杭果人是广州农民运动讲习所第6期学员,结业以后分配到江苏,担任江苏省农民运动特派员;特委委员严朴是江苏无锡大户人家的三少爷,他用全部家产支持革命,在无锡暴动中任农民委员会委员长;特委组织部长陈云曾担任青浦县委书记后又负责松江、金山、青浦三个县党的工作,是小蒸、枫泾暴动的领导人;特委宣传部长林钧是川沙县最早的共产党员,时任浦东县委书记;特委委员顾桂龙曾担任松江枫泾区委委员,是土生土长的农民干部。

淞浦特委直属江苏省委农委领导,1928年下半年,省委农委的领导人是何孟雄。1929年1月,中共中央调中央政治局委员、中央农委书记彭湃来沪担任江苏省委军委书记。同年8至9月,江苏省委军委与农委分开设立,陈云担任农委书记,直到1930年9月,陈云都担任或兼任领导农村工作的省委外县工作委员会书记。所以,淞浦特委工作时期,陈云一直是分工负责上海郊县工作的省委领导人。为了筹建特委,陈云曾经把自己身上的马甲典当换了七块钱,作为特委的第一笔经费。

中共淞浦特委机关最先设在上海同孚路、长浜路(今石门一路、延安中路)口一家烟纸店的楼上,后来又搬迁到长浜路(今延安中路)1013弄2

中共淞浦特委办公地点(延安中路)旧址

诞生地 寻找中共在上海的红色基因

中共淞浦特委机关旧址

山海关路旧貌

号和山海关路育麟里285号(今山海关路387弄5号,现按原址移地重建于雕塑公园内的山海关路339号)。山海关路育麟里是一幢砖木结构、坐北朝南、一楼一底的老式石库门里弄住宅建筑,红瓦双坡顶,红砖清水墙,木制矩形门窗,双开间一厢房,底层和二层比较宽敞,三层系阁楼,旋转式木扶梯,内部装饰略带西洋风格,是1928年10月至1930年初中共淞浦特委的办公地点。为了掩护机关在此办公,特委在此专门设立了一所私立学校,门口挂着"正德小学"的招牌。石库门住宅内,客堂间为教室,前楼为教师办公室,也是机关的秘密办公地方。特委干部扮成教师在这里出入,有时为了交换情报不被怀疑,甚至假扮成夫妻作为掩护,以应付巡捕房密探的纠缠。

除了淞浦特委本身以外,这里成了江苏省委甚至党中央负责同志晤会或开会的

山海关路育麟里285号

上海郊县农民运动指挥所

挂着"正德小学"招牌的特委机关

正德小学教室

重要据点,也成了许多党的秘密工作者和被反动当局通缉的革命志士的藏匿之地。那时,后楼和灶披间供在无锡失败后来沪避难的同志住宿,如无锡县巨款悬赏通缉的暴动领导人严朴等同志就经常来此。另外,王明、秦邦宪、何孟雄、陈独秀、康生以及刘晓等也都曾来过此地。考虑到这一带晚间较冷静,有时会议开到深夜,进出人员会引人注意,所以经常有人冒着凛冽寒风在附近徘徊,侦察有无异常情况,以便及时通知。有一次,夜深人静,会议却仍在进行,负责警戒的同志担心被敌探发觉,所以写了首诗送进会议室,大意是"小巷人家少,长街夜色凉;毋忘星散走,挡道有豺狼",以此提请大家警觉。

机关秘密办公处

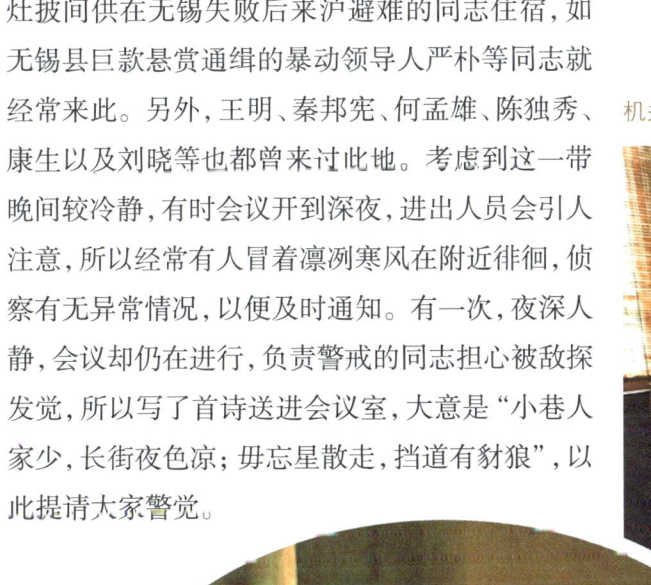

灶披间

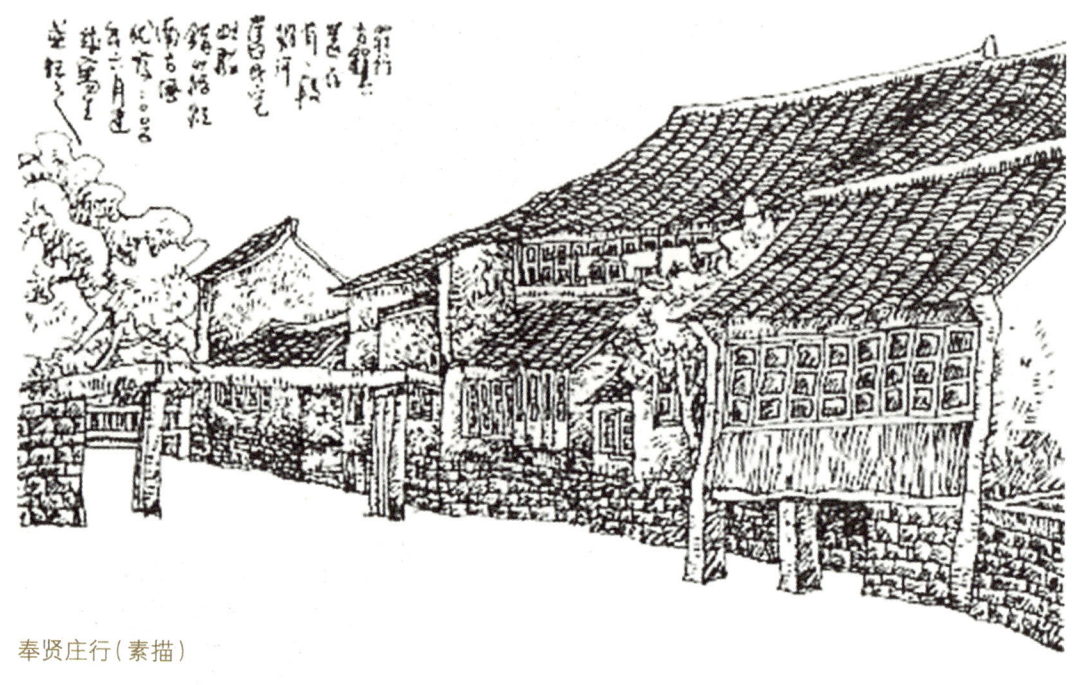

奉贤庄行（素描）

关于奉贤农民暴动的报道

中共淞浦特委管辖了十个郊县，领导了一百三十多个支部，一千七百多名党员。杭果人、陈云等淞浦特委从这里出发，深入农村，开展调研、发展党员、帮助建立党的组织；同时，向广大农民宣传革命道理，教育大家组织起来，同地主、土豪斗，开展抗租斗争。他们发现当时农民生活在水深火热之中，春荒时农民只能以野菜、麦糠果腹，不少人被迫外出乞讨，再加上地租、债务、捐税的威逼，农民实在活不下去了。于是，在中共淞浦特委和县委的领导下，先后发动和领导了两场具有历史意义的武装暴动，即奉贤庄行暴动和浦南（金山）新街暴动。

1929年1月21日晚，奉贤庄行百余农民脖颈上佩戴红布条标记，分三路突然向庄行镇发起进攻。首先打响的是进攻国民党公安支局的战斗，接着又解除了商团和公安分队的武装,迅速占领了庄行镇,共缴获枪支三十多支。下半夜,暴动队伍撤出庄行镇,杭果人、陈云等回市区,另一部分人留在当地坚持斗争。留下坚持斗争的中共党员和暴动骨干先后遭到当局迫害,有的壮烈牺牲。半个月后,庄行暴动的消息传到了金山,党内和农民协会群众情绪空前高涨,并于2月6日晚组织了"新街暴动"(今金山区金山工业区内),农民暴动队员二百余人汇集于朱行新街五坟庙,向新街镇进发。暴动队攻打了恶霸地主的宅院,没收其财物,烧毁大量的田契账册,并张贴布告列数其罪状。不久,农民武装又先后处决了几个民愤极大的土豪和水警。在两次暴动中,淞浦特委培养和造就了一批农民运动骨干。

1929年入春,陈云重返青浦县练塘镇,在党员胡秉钺家秘密主持召开了青浦县党员代表大会,传达了江苏省委关于建立中共青浦县委的决定。从1928年冬至1929年冬的一年时间内,松江、金山、青浦、南汇、川沙、奉贤等各县中的中共县委相继建立或得到恢复。就连1927年农民暴动后党的力量遭到重大损失而暂停活动的嘉定、崇明两县也重建了县委。除嘉定外,上述七县的党员数达一千余人,七县的党支

庄行暴动烈士纪念碑

诞生地 寻找中共在上海的红色基因

新街暴动旧址

新街暴动纪念碑

上海郊县农民运动指挥所

中共青浦县委书记陈云

中共青浦县委第一次党员代表会议旧址

部为129个,其中农民支部121个,为配合全国的土地革命以及农民运动的发展,撒下了革命的种子,奠定了革命的基础。

1930年10月,中共江苏省委决定撤销淞浦特委,杭果人、陈云、林钧、严朴都被调出特委,淞浦特委所属各县委由江苏省委直接领导。中共淞浦特委的历史虽然简短,但它作为上海郊县农民运动指挥所的光辉历程将永留史册。

上海郊县农民运动指挥所

古董店突然不见常来光顾的外国"客商"

——中共中央与共产国际代表联络点遗址

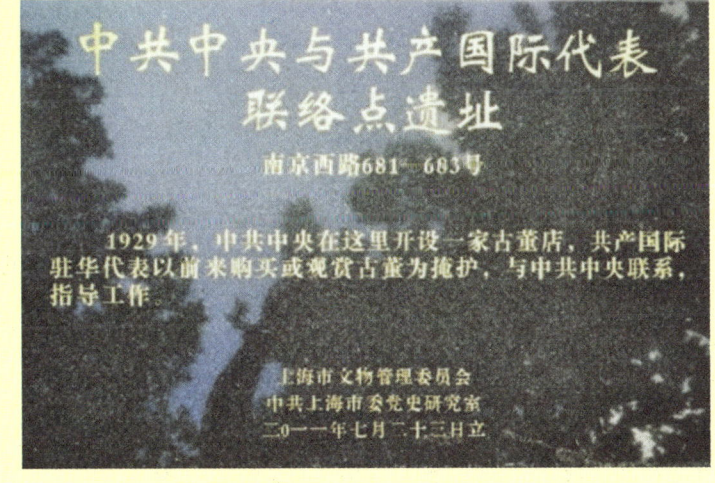

诞生地 寻找中共在上海的红色基因

在中共创建、大革命和土地革命战争时期，共产国际曾先后派出多名代表来华指导中国革命的发展。1922年，中共二大决定参加共产国际，并作为它的一个支部。而原设在海参崴的共产国际远东局，在1929年"中东路事件"后，为加强远东地区的情报工作，进一步支持东方各国共产党的革命活动，也迁来上海，并派遣得力人员来中国了解情况，探讨建立秘密联络站。

共产国际之所以选择上海为远东局的落脚点，是因为上海租界林立，中国政府无权管辖，外国侨民在这里可享有种种特权，所以20世纪30年代的上海，各国情报人员云集。共产国际远东局的情报官员牛兰夫妇正是在这种背景下受命来华，任共产国际远东局秘书，实际上牛兰（Hilaire Noulens）是这个秘密机构的主要负责人，他在上海

联络点遗址铭牌

位于静安寺路681至683号的联络点遗址

古董店突然不见常来光顾的外国"客商"

如今联络点遗址在这片花卉之中

还有一个公开职务,就是担任"泛太平洋产业同盟秘书处"的秘书,这个同盟实际上是国际红色工会远东分会。牛兰手下有九名特工人员,夫人汪德利曾是他最重要的助手。为安全起见,特工经验丰富的牛兰准备了比利时、瑞士等多国护照,并用数个假名登记了八个信箱,七个电报号,租用了十个住所和两个办公室,还频繁更换联络地点,尽可能避免与中共联络人员的直接接触。

为了与共产国际驻华代表联络,中央认为开设古玩商店做掩护是个好主意。由于共产国际代表都是外国人,行动惹人注目,同时考虑到外国人喜欢买中国的古董,若以欣赏或购买古董的方式前来接触,不太容易引起怀疑。于是,1929年中共中央决定在位于静安寺路(今南京西路)681

古董店"老板"朱锦棠

227

诞生地 寻找中共在上海的红色基因

假冒古董店的联络站

至683号开设一家古董店,作为与共产国际代表的联络点。

这里原是一处两开间上下二层的沿街门面房,店堂并不深,楼上楼下都是摆设古董的柜台。受周恩来派遣,原上海赤色救济分会党团书记朱锦棠来当古董店的"老板"。他将中共中央或共产国际的文件、指示藏在指定的古董里,同共产国际代表接洽,以此为掩护,保持着与共产国际的密切联系。据统计,1929年5至12月,通过中共中央秘书处外交科送给共产国际的中央文件多达570余件;1930年8月至1931年6月这十个月时间里,中共平均每个月都可收到由共产国际下属"大都会贸易公司"转交的2.5万美元的援助经费。

牛兰夫妇

牛兰夫妇及其领导的共产国际远东局在来上海后,取得了很大的成绩,不仅与中共中央特科进行了密切的联系与合作,多次完成了重要的任务,而且与东南亚各国共产党建立了正常的联系。1931年初,还在香港建立了共产国际远东局的分支机构——"南方局",负责人是印度支那共产党领导人阮爱国(即胡志明)。此外,牛兰还与日本、朝鲜的共产党进行着有效的联系,定期向他们提供活动经费。正当共产国际远东局在上海积极有效地开展工作时,不幸的事情还是发生了。

1931年4月24日,中央特科主要负责人顾顺章在护送张国焘等去鄂豫皖苏区,后途经汉口返回时被捕叛变。他竟以供出中共中央在上海各重要机构的秘密地点与中共各重要领导人的住地向敌人邀功。顾顺章还向敌人提供了有关中共与共产国际活动的大量情报,其中包括牛兰夫妇在华的活动情况。他招供说,共产国际在上海有一个"洋人俱乐部"即联络站,只知道其负责人叫牛兰,绰号为"牛轧糖",但弄不清楚其真实国籍与具体身份,他有一个妻子,非常厉害,名字不详。当牛兰获悉顾顺章叛变的消息后,立即通知共产国际上海联络站的三名苏联特工携带机密文件,以最快的速度离开上海,而他自己则留在上海静观事态的发展。

无独有偶,6月1日,新加坡英国殖民当局逮捕了一个叫约瑟夫的共产国际信使,并从他随身携带的文件中查到了一个中国的电报地址和邮政信箱号码:"205号,海伦诺尔,中国上海。"新加坡英国殖民当局立即将这一情报通告了上海租界的英国殖民当局。警务处密探经过周密寻查监视后发现,上海四川路(今四川北路)235号一幢三层小楼的4室和南京路(今南京东路)49号中央商场(Central Arcade)C字30号房间两处十分可疑,前一处系牛兰的寓所之一,后一处则是"泛太平洋产业同盟秘书处"驻上海办事处,于是英国警方马上将嫌疑犯锁定于牛兰一家。

牛兰夫妇居住的四川路一带旧景

诞生地 寻找中共在上海的红色基因

1931年6月15日上午,早已准备多时的英国巡捕冲进了四川路235号那栋欧式洋楼,在男主人身上,他们搜出了一本名为"牛兰"的德国护照。几分钟后,他们又在另一个房间里搜出了十几本不同姓名和国籍的护照。一个人居然会持有多国护照,这个细节证实了巡捕房之前的猜测。在这栋小楼里,巡捕们并没有发现任何一份重要文件,但是他们从牛兰身上搜出三串、共二十七把钥匙。

在南京路49号C字30号房间,巡捕用牛兰的钥匙打开了一个小房间和三个紧锁的保险柜,里面有六百多份文件,所有的内容都与共产国际远东局有关,其中最重要的76份文件中,有共产国际对远东地区与东南亚各国共产党的指示,还有远东局向共产国际总部的报告。在房间书桌上,巡捕们发现了一张用法文写的字条:"我今天下午两时半再来。"显然,这是另外一个人留给牛兰"接头"用的。巡捕们带走了牛兰和文件,留下一部分人守候。

下午两点半,果然有人自行用钥匙打开房门,藏在屋里等候多时的巡捕们看到一个金发碧眼、手提皮包的女人走进来,便立即掏出手枪一拥而上。来人正是牛兰夫人汪得利

位于南京路49号中央商场的"泛太平洋产业同盟秘书处"驻沪办旧址

古董店突然不见常来光顾的外国"客商"

位于愚园路的宏业花园

曾。在她的皮包里,巡捕搜出了一张收据,得知她在当时上海西郊的愚园路宏业花园74号还有一个住处。顺藤摸瓜,在愚园路的住所里,巡捕们又发现了牛兰夫妇在上海的另一重要住处——赫德路66号,并在那里搜出了许多上海各银行的存折,存款总数高达4.7万美元。这笔巨款原本是共产国际通过远东局提供给远东与东南亚各国共产党及红色工会组织的活动经费,如今落到了英国巡捕房的手里。

牛兰夫妇被捕后,拒绝回答警方的任何提问。警方试图从他们所持的护照入手,以查明他们的身份。当时的比利时驻沪领事否认牛兰及其家人比利时护照的真实性;瑞士驻沪领事则对牛兰夫妇的瑞士籍不置可否,因当时上海外籍人士中持有几国护照和不同姓名的外国人并不罕见。查护照没有得逞,警方转而试图从牛兰一家人所操的语言上打开缺口,但是很快他们又失望了。牛兰夫人不仅谙熟俄语,还精通法、德、英、意语,就连他们年仅4岁的孩子也只会说德语,警方试图证明他们是苏联人的阴谋再次失败。

看来可以松一口气,但接下来不幸的事情又发生了。6月22日,中共中央总书记向忠发在上海被逮捕,此人被捕后旋即叛变,并在供词中提到:"共产国际驻上海之东方部负责人,前为米夫,现已回国。现由波兰人负责。该波兰人自称为比国人,现因事被关押在英租界捕房……"得到这一重要情报后,国民党情报机关与租界巡捕房联系,很快确认了牛兰夫妇的真实身份,并要求"引渡",企图一举破获中共上层机关,切断其与共产国际的联系。8月14日,牛兰一家被大批全副武装的宪兵押往南京。

牛兰夫妇的被捕以及他们真实身份的暴露,给共产国际在远东的活动造成了重大损失,共产国际在中国的组织系统几乎全部瘫痪。同时,中共与共产国际远东局的联系也完全中断,古董店突然不见常来光顾的外国"客商"。牛兰案成为当时震惊中外的重大政治事件,国际反动势力称之为"赤色间谍"、"共产国际阴谋"、"苏联扩张",并乘机兴风作浪,迫害各国共产党人。

为尽快营救牛兰夫妇,共产国际、苏军总参谋部指示位于武康路333号的"R.佐尔格秘密情报站"与中共地下党组织"中央特科"的潘汉年密切配合,制定周详计划,完成秘密救援任务。R.佐尔格(Richard Sorge)很快与被关在死牢里的牛兰夫妇取得了联系,并随时用电台向莫斯科中央总部报告营救工作的进展情况。他要求组织送两万美元过来,用以贿赂南京腐败的军官和法官。接到情报后,组织上立刻派了两位德国秘密交通员,携款前往上海。其中一位O.布劳恩(Otto Braun)就是后来在中央苏区根据地指挥红军作战的大人物李德。结果,对腐化的中国法官进行了贿赂,使牛兰夫妇免除了死刑。

R.佐尔格

李德

南京国民政府在将牛兰夫妇投入监狱后,竟拖延多日不予正式司法审判,反而在监狱中对牛兰夫妇百般折磨。牛兰夫妇曾先后多次绝食以示抗议,当绝食进入第九天,中央特科负责人潘汉年按计划在上海公共租界汉口路老半斋菜馆,以请客为名,邀集了上海文化界著名人士柳亚子、田汉、郑振铎、郁达夫等人,商讨动员与组织文化界知名人士联名致电南京政府营救牛兰夫妇。结果,由柳亚子、鲁迅、陈望道、郁达夫、茅盾、丁玲等36名文化界名人联合签名，致电南京国民政府行政院长汪精卫、司法院长居正、司法行政部长罗文干，要求立即释放牛兰夫妇。为了防止牛兰夫妇被暗害，潘汉年还安排中央特科情报人员冒着极大风险，通过同乡关系，与负责牛兰案的国民党"中统"总干事张冲取得联系，并付出三万元酬金，索取了一张牛兰亲笔写的字条，从而证实牛兰夫妇还被国民党政府关押着，这在必要时可以作为有力证据在法庭上公布。

与此同时，国际进步组织与进步人士也积极采取行动，他们纷纷致电宋庆龄，把营救牛兰的希望寄托在刚从海外归国的宋庆龄身上。其中有美国作家德莱塞、劳动妇女领袖蔡特金、法国著名作家罗曼·罗兰、苏联著名作家高尔基、美国哲学家杜威等人。

宋庆龄不负众望，全力以赴投入到营救牛兰夫妇的运动中。1931年8月，她和A.爱因斯坦、C.蔡特金、高尔基、A.史沫特莱等国际知名人士发起成立了"国际营救牛兰委员会"，使营救牛兰的行动演变为一场世界性的运动。她还以个人名义

R.佐尔格秘密情报站旧址

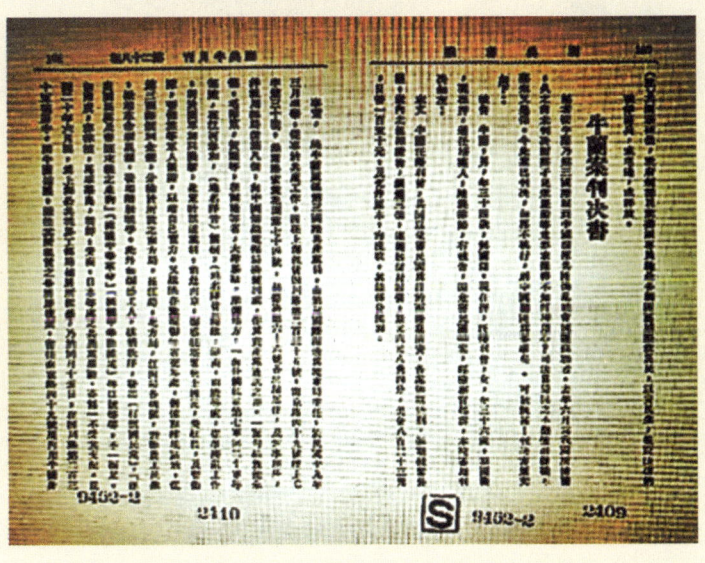

国民党《剿共半月刊》刊载的《牛兰案判决书》

老半斋菜馆

潘汉年夫妇

发表声明,向南京国民政府提出抗议,要求释放牛兰夫妇。接着,她通过经济学家陈翰笙,与牛兰夫妇的外籍律师取得联系,协商为牛兰夫妇进行法庭辩护及营救之法;她又指派美籍进步人士马海德,以医生名义去南京监狱为牛兰夫妇治病,并设法将牛兰夫妇的儿子吉米送往苏联。

外国名流的抗议电报,R.佐尔格与潘汉年的秘密计划,都没有达到营救牛兰的目的。最后,宋庆龄只能亲自出面同蒋介石本人谈判,要求南京政府释放牛兰夫妇,作为交换的条件,苏联当局答应遣送蒋经国回国。当年前往苏联留学的蒋经国,这时已成了苏联手中的人质,显然,只有苏联最高层才能做出这种交换高级人质的决定,才能出动宋庆龄这样高级的谈判代表。可以说,宋庆龄从未为自己的事情利用过她同蒋的家庭关系,但为了营救牛兰夫妇,她毫不犹豫地这样做了。但宋庆龄同蒋的谈判并没有取得什么明显的效果,蒋介石拒绝了宋庆龄的交换条件。1931年12月16日,他在日记中记述:"苏俄共产党东方部长,其罪状已甚彰明。孙夫人欲强余释放而以经国遣归相诱。余

宋庆龄

宁使经国投荒，或任苏俄残杀，而决不愿以害国之罪犯以换亲儿……"这显示了他反共立场与性格中倔强的一面。不过，他也担心拒绝宋庆龄的条件会导致苏方加害于蒋经国，因此私下也积极进行与苏联恢复邦交的谈判，争取通过外交途径让蒋经国尽早回国。

1932年7月，在华的美国著名女记者A.史沫特莱邀集宋庆龄、杨杏佛、鲁迅、蔡元培等中国著名人士以及在沪的美国进步记者E.斯诺等共32人，组成"牛兰夫妇上海营救委员会"，由宋庆龄任主席，A.史沫特莱任书记，在上海四川路216号302号房间设立办事处。该会始终不遗余力对牛兰夫妇进行各种方式的声援与营救。1933年4月，宋庆龄曾亲率"中国民权保障同盟"代表团赴南京，与国民政府交涉，并亲自到江苏第一监狱看望牛兰夫妇，把世界人民的关怀之意转达给他们。

1937年8月27日，日本侵略军炮轰南京时，牛兰夫妇趁乱逃出监狱，来到上海躲藏起来。由于按情报人员的纪律不能寻求苏联驻华公开机构的帮助，他们只得在没有身份证明、缺少生活来源的情况下，通过宋庆龄的资助和关照，坚持了近两年的时间。直到1939年，他们最终将一封救援信辗转万里送到共产国际总书记季米特洛夫的手中，才得以顺利返回苏联。

人是走了，然而古董店里一直讲述着关于"牛兰夫妇"的故事……

美国女记者A.史沫特莱

惊心动魄的"一号机密"保卫战

——中共中央文库遗址

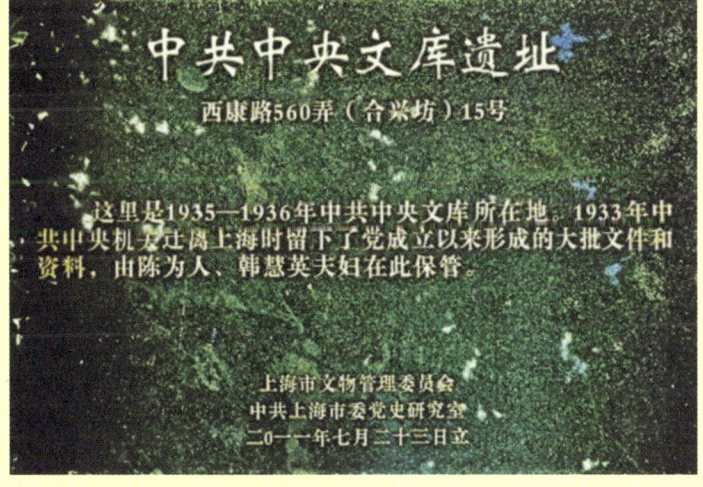

诞生地 寻找中共在上海的红色基因

1930年春,随着各地党组织的发展,中共中央各部门的文件往来不断增加,其中不少涉及党的最高机密。4月19日,中共中央规定,由于环境险恶,各机关不宜保存文件,"不需要的文件,必须随时送到保管处保存",并于夏秋之交筹建了中共中央阅文处(后也称"中央文库")。这里几乎集中了中共六大以前所有的重要材料,其中包括:历次代表大会形成的文件和会议记录;有1928到1930年中央政治局会议记录;有中央各项决议、决定、纲领、宣言及通电、通告;有中央给共产国际的报告;有苏区文件和红军军事文件;有中央出版的党内报刊;有毛泽东、周恩来等领导人的

▲ 文余里弄口

▶ 位于戈登路1141号的中共中央阅文处

◀ 一群具有忠诚与奉献精神的革命者(雕塑)

惊心动魄的"一号机密"保卫战

手稿;还有彭湃、恽代英等革命烈士就义前给党组织的报告和遗嘱、遗墨等,完整地反映了中共的革命活动和历史面貌,弥足珍贵。当时,中共中央阅文处设于上海戈登路1141弄恒吉里(今江宁路673弄文余里)10号,系一幢两楼两底的石库门房屋,它既是中央文件、资料库房和中央领导查阅文件的场所,也是中央政治局一个秘密碰头地点。

中央文库的第一位保管人是中央秘书处文书科的科长张唯一,他办事沉稳,老成持重,在党内获得了"张老太爷"的"尊称"。一年后,中共中央阅文处已收集了二十余箱两万多份文件和资料。为保管好这批珍档,周恩来提出区别不同情况整理和保存文件的意见,并委托瞿秋白起草一个条例。瞿秋白欣然从命,拟定《文件处置办法》,除了将文件分成

张唯一

周恩来的批示:"试办下,看可否便当。"

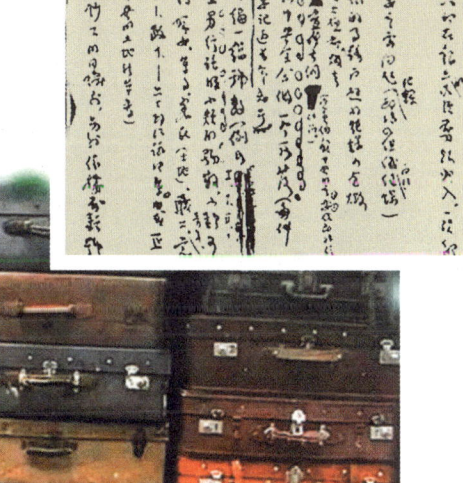

藏有两万多份文件和资料的二十余个箱子

四大类(即中央文件、地方文件、苏区文件、红军文件),还对如何分类、整理、编目、保存作出规定,并建议:"如可能,当然最理想的是每种两份,一份存阅(备调阅,即归还),一份入库,备交将来(我们天下)之党史委员会。"周恩来在该文上作了批示:"试办下,看可否便当。"

不久,中央特科主要负责人顾顺章在汉口被捕和叛变,使"中央文库"陷入了危机。所幸的是,周恩来接到钱壮飞派人从南京送来的紧急情报后,迅速派人通知张唯一:"立即

陈为人

韩慧英

法租界霞飞路

位于雷米路文安坊6号的上海中央局秘书处

携带文件全部转移。"张唯一雇用了两辆黄包车,连夜将二十余箱文件分几次运往法租界恺自迩路(今金陵中路)自家一幢独立的小楼,借此躲过一劫。

1932年12月的一个夜晚,行将赴中央苏区的周恩来,突然来到上海静安寺明月坊陈为人的住处,对这位不久前调到上海的中共满洲省委书记安排了建立秘密文库工作。正式接手文库后,陈为人将隐蔽在"张老太爷"家的文件,秘密搬运至明月坊自己的家。那是一栋独门的三层小楼房:第一层卧室兼客厅,第二层为卧室,第三层改为一个小阁楼,靠里墙二尺做了一堵木板墙,两墙当中存放文件。迫于环境险恶,几年内陈为人夫妇不知搬了多少次家,有一次竟然搬到法租界霞飞路(今淮海路)一位白俄老妇人的楼上。那个老太太的儿子是个租界巡捕,成天张牙舞爪地满街乱抓共产党,却不知他家楼上就是中共的"一号机密"。

1935年2月,位于上海雷米路(今永康路)141弄文安坊6号的地下联络点遭国民党特务破坏,张唯一被捕。两天后,不明情况的韩慧英按原计划前去接头时,也被守候在那里的特务逮捕。为防万一,"中央文库"被紧急搬迁至小沙渡路合兴坊(今西康路560弄)15号一幢二层的独立小楼,户主陈为人伪装成一位出手阔绰的"木材行老板",而私底下他已用完了仅有的资金,即使大人与孩子不吃不喝,那每月30银元

位于小沙渡路合兴坊15号的中央文库旧址

陈为人雇佣黄包车转移文件(素描)

诞生地 寻找中共在上海的红色基因

"木材行老板"陈为人

经陈为人整理的文献档案

的租金从何而来？白色恐怖之下的上海，陈为人难以获得可靠的援助。他想方设法，争取可能的扶持，甚至通过关系向鲁迅先生求援。最后，他走投无路，只能求助于在乡下教书的妻妹韩慧如。韩慧如的出现，使陈为人和"中央文库"获得一线生机，暂时脱离了绝境。她不但担负起照顾三个孩子的责任，让陈为人得以专注于文档的整理，还拿出了随身带来的300银元积攒，支撑着一家人的开销。可是，这笔钱交房租已是捉襟见肘，很快又不得不靠典当度日。到最后，陈为人把二楼上的家具几乎变卖一空，甚至铁皮罐头之类零星杂物都卖光了，可一楼的摆设仍维持着一个老板面子上的"荣华富贵"。

在如此危险的环境里，陈为人每天深夜都要躲进密闭的屋子，在昏黄的灯光下，细心整理几十箱材料。他将密写在各种小说、报纸上的文件与信函抄录下来，把原来写在厚纸上的文件转抄到薄纸上，把大字改成小字，剪下文件四边的空白。这样，文库的存放能够尽量减小体积，进而缩小目标，避免敌人的耳目，便于保管和转移。严酷的环境，夜以继日的工作，彻底摧毁了陈为人的健康。党组织派人接管了"中央文库"的重担，并且把陈为人送进医院，但他却不愿意消耗党组织宝贵的资金而设法逃避治疗，以致最后倒在维护党

惊心动魄的"一号机密"保卫战

的最高机密的岗位上。

接替陈为人管理任务的是中央特科上海情报系统负责人徐强、李云夫妇,但鉴于对外联络频繁,他们不能直接保管文库,这个机密任务便交给了长期从事地下党工作的周天宝。他有个得天独厚的"护身符",即他的姨父是招商局大员,在大上海也算得上一位头面人物。当时法租界顺昌里整条弄堂二十多栋楼房都是他的私产。周天宝的姨妈独自住在顺昌里7号一座带花园天井的楼房,文库资料就存放在姨妈家的二楼。在外人看来,周天宝是个仰仗姨父权势的"小开",殊不知那位姨父的权势,掩护的却是中共的"一号机密"。

徐 强　　　　　周天宝　　　　　吴成方

缪谷稔　　　　　郑文道　　　　　陈来生

诞生地 寻找中共在上海的红色基因

库藏档案被运往英租界康脑脱路

可是天有不测风云，中央文库在顺昌里安然存放两年后，一场大火连带着烧毁了楼房的一角，周天宝紧急抢救出存放文件的箱子，赶紧转移。在此后的一段时间里，中央文库经历了相对密集的迁址，反复辗转于上海租界的花园洋房、富裕人家的石库门建筑，乃至赤贫学徒工的亭子间，一度还回到过小沙渡路合兴坊15号。1940年秋，文库交由负责情报工作的吴成方领导，老地下工作者缪谷稔接任文库保管人。于是，二万余件库藏档案被当作"私人衣物"，运往英租界康脑脱路（今康定路）生生里一幢独门小楼亭子间暂存，不久又被缪谷稔运到新闸路金家巷嘉运坊1839号自己的家中。他们在艰苦卓绝的条件下，用共产党人的一腔热血，贴身守护着党的最高机密。

1942年夏天的一个晚上，吴成方急匆匆地赶到缪谷稔家，带来了一个十万火急的消息：他们之间的交通员郑文道被日本宪兵队抓去了。郑文道被捕后，从押运他的囚车上跳车自杀未果，抢救过来后被直接送到了日本宪兵队。为了严守党的机密，他趁敌不备，毅然跳楼自杀，付出了生命的代价。

新闸路一带　　　　　　　　　　陈来生开了一家"向荣面坊"作掩护

不久后,呕心沥血保护文库的缪谷稔也病倒了,中央文库交给了第五任,也是最后一任保管人陈来生。他虽然年轻,但在几年的地下工作中,表现出了可靠的党性和足够的机智勇敢。当下,陈来生要考虑的是,如何在层层盘查和封锁的租界里,把两万多件、二十多箱文件从缪谷稔家安全地运到住在新闸路944弄庚庆里过街楼的妻弟家中。如果整体搬运,风险太大,于是他想出了用"小鱼钻网眼"的办法。

他动员了自己的父亲和弟妹,全家一齐上阵,选择敌人的防范漏洞来偷运文件。一家人扮作走街串巷"跑单帮"的小商贩,用竹篮、面粉袋等简陋工具暗藏文件,每人每次只带几份,毫不惹眼。他们跟着那些真正的小商贩,从不为人知的小路、小弄堂里七拐八折,越过敌人一道道封锁线,绕过一个又一个明岗暗哨,居然没有一次被盘查。这样,经过了一个多月蚂蚁搬家式的转运,在敌人眼皮底下,将所有文件安全转移到新库址。他还在弄堂口摆了个炒货摊,夜间两个弟弟就睡在阁楼上,寸步不离文库。这种日子只过了两个多月,党组织便注意到那里弄堂口太多的闲杂人员,难以确保万无一失。

诞生地 寻找中共在上海的红色基因

位于成都北路972弄3号的文库旧址

刘少文

1944年11月间,陈来生向岳父借钱,租下了成都北路972弄3号的西厢房。他从吴成方的木器行弄来木板,将这间厢房拦腰切断隔成上下两层,上层旧墙的30厘米以外用厚木板钉成四壁夹墙,夹墙外糊了一层旧报纸,似真墙一样,里面存放一百余包文件。为了防止虫蛀鼠咬,每包文件内还放上干烟叶和樟脑粉等,然后再用木板堵上夹墙两头。上层剩余空间用作陈来生夫妻的卧室,下层架起柜台锅灶,以"向荣面坊"老板的身份,为中央文库披上了毫无破绽的伪装。

抗战胜利后,周恩来率中共代表团赴南京,国共开始新一轮的谈判。谈判间隙,周恩来牵挂着藏于上海多年的中央文库。他派代表团成员、曾任中共中央南方局秘书长的刘少文亲自抵沪,转运中央文库。接到指令,陈来生打开了中央文库的夹壁墙,刘少文在两只航空皮箱中装入了五千余份档案文件,并以中国共产党谈判代表团团员的特殊身份,乘坐国民党专机转道西安,把四分之一的中央文库送到了延安。不久,国共谈判破裂,中央文库的转移计划只得暂时停止。陈来生仍旧按照原样,将中央文库封存于夹壁墙之中。

1949年9月初,陈来生亲自押着一辆胶轮车,将全部档案送到中共上海市委组织部,由市委转交华东局办公厅。上海市委组织部当即开具证明:"兹收到陈来生

惊心动魄的"一号机密"保卫战

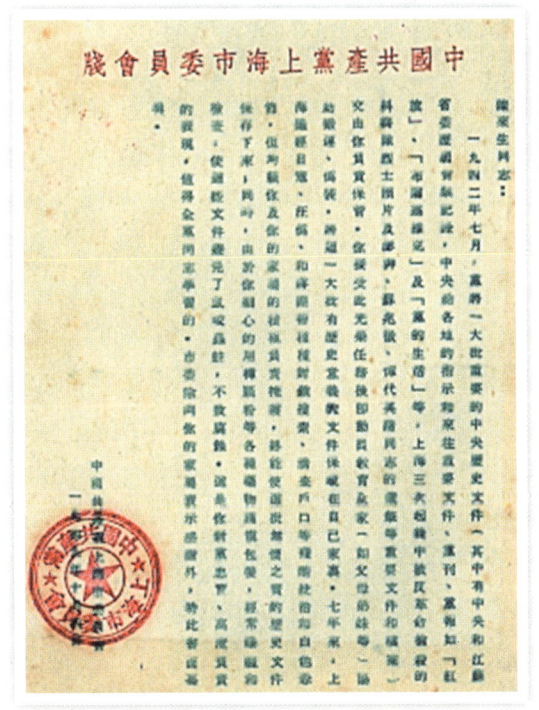

上海市委组织部开具的证明

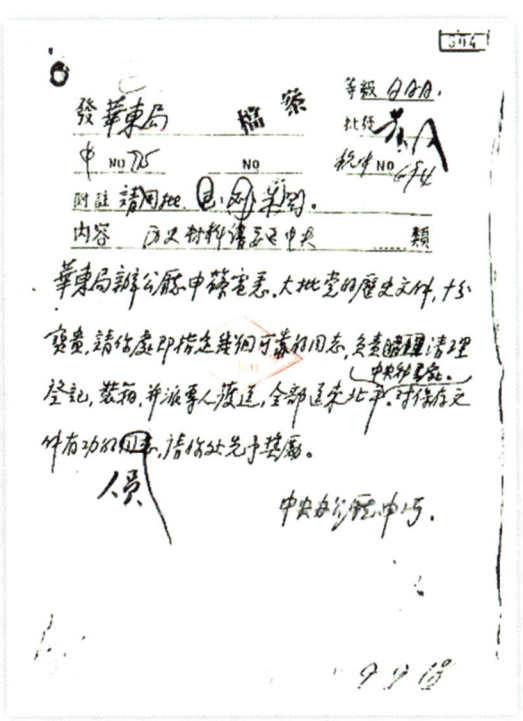

毛泽东等中央领导在《历史材料请妥送中央》上的批示

同志自1942年7月起所负责保管的从我党诞生时起至抗战时止的各种文件、资料,计104包,共16箱""未受到霉烂、虫蛀、鼠咬等半点的损伤"。

9月18日,华东局办公厅收到毛泽东、刘少奇、周恩来、朱德批阅签发的电报:"大批党的历史文件,十分宝贵,请你处即指定几个可靠的同志,负责清理登记,装箱,并派专人护送,全部送来北平中央秘书处,对保存文件有功的人员,请你处先予奖励。"电报中"有功的人员"原是"有功的同志",毛泽东亲笔做了修改,意即对保护中央文库有功的同志、朋友、家属,都应该表彰和奖励。

中央文库自1927年在上海诞生起,先后由张唯一、陈为人、周天宝、缪谷稔和陈来生等地下党员保管。在长达22年的动荡岁月和战火硝烟中,这批没有纸边的文件在十里洋场的大上海不停转移,在反动势力的眼皮底下秘密隐匿,这是共产党人忠于使命的接力,是生命和鲜血的守护。如今,这批涵盖了中共早期的"一号机密"完好无损地收藏于中央档案馆,无言地诉说着那段充满了血与火、奋斗与牺牲的峥嵘岁月。

连结上海滩与根据地的"特殊桥梁"

——八路军驻沪办事处旧址

诞生地 寻找中共在上海的红色基因

潘汉年

在市中心区域的延安中路与大沽路之间,有一栋坐北朝南、砖木结构、红砖外墙、平瓦屋面的二楼二底普通房屋。20世纪30年代,这里曾经是八路军驻沪办事处(简称"八办")的所在地,它在扩大中共政治影响、促进抗日民族统一战线的形成和动员全民投入救亡运动中,发挥过非凡的作用。

1936年10月,潘汉年带着双重身份从陕北南下上海,他既是中共中央同国民党谈判联络的全权代表,又是中共驻上海办事处主任,主要任务就是在国民党内部,特别是民主党派人士中间开展上层统战工作。走马上任后,他随即前往法租界莫利爱路29号(今为香山路7号孙中山故居)的宋庆龄寓所,拜访了这位被尊称为国母的女中

潘汉年在孙中山故居拜访了宋庆龄

豪杰。一见宋庆龄,潘汉年当即呈交了《中国共产党致中国国民党书》以及毛泽东写给她的亲笔信:"兹派潘汉年同志前来面申具体组织统一战线之意见,并与先生商酌公开活动之办法。"对于毛泽东的主张,宋庆龄表示完全的拥护,并且把毛的嘱托当作自己义不容辞的任务,她不仅帮助联络各方人士,"西安事变"之际还亲自安排潘汉年赴南京与宋子文、宋美龄会谈,成了潘汉年白区工作的有力支持者。

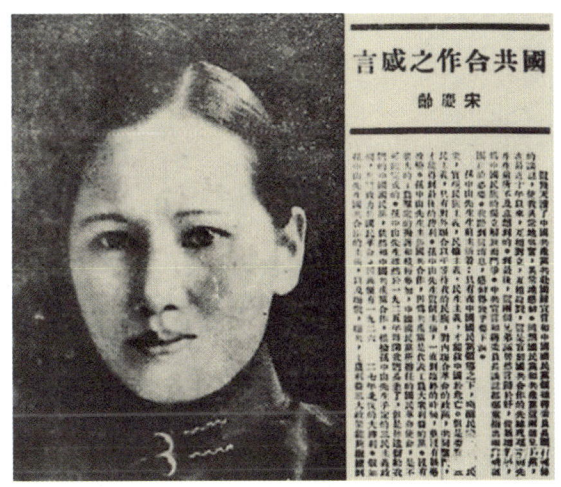

宋庆龄发义拥护共产党抗日统一战线主张

1937年8月13日,日本侵略者发动了对上海的大规模进攻,战火燃烧到了南京政府统治的心脏地区。蒋介石终于发现中日之间的全面战争难以避免,迫切需要红军开赴抗日前线共同作战。于是,拖延了长达一年半之久的国共两党谈判终于有了急转直下的改变:8月22日,南京政府发布了改编中国工农红军为国民革命军第八路军(9月改称第十八集团军)的命令。9月22日,国民党中央通讯社公布了《中共中央为公布国共合作宣言》,同时,蒋介石发表谈话,在事实上承认了中国共产党的合法地位,至此,第二次国共合作正式形成。

为适应上海对敌斗争的需要,原中共驻上海办事处旋即改为八路军驻沪办事处,进行公开的对外活动。这时,办事处机关也从爱文义路(北京西路)移至福煦路多福里(今延安中路504弄)21号。李克农出任"八办"主任,这里对外便称为"李公馆"。不久,他被调往南京办事处工作,由潘汉年接任"八办"主任,刘少文任秘书长。当时,多福里21号楼内以普通的家庭形式布置,底楼东厢房用作会客室,二楼厢房是李克农、赵瑛夫妇的卧室,他们离开后由刘少文居住,二楼的后楼是电报发报员兼译电员朱志良的宿舍。各个房间内都放置家具和摆设,在楼梯转角处的墙上还挂有一架电话机。

第八路军和第十八集团军臂章

诞生地 寻找中共在上海的红色基因

位于福煦路多福里21号的八路军驻沪办事处旧址

李克农

办事处设立后的首要任务,是要救出八个月前因呼吁停止内战,联共抗日,积极推进抗日救亡活动而被国民党当局秘密逮捕的救国会"七君子"。潘汉年经常与宋庆龄保持联系,并亲自到苏州监狱去"探狱",看望沈钧儒、章乃器、邹韬奋、李公朴、沙千里、史良、王造时等七位领袖,代表中共中央向他们表示慰问,并与他们的家属和律师磋商营救办法。可笑的是,在苏州法院审问时,法官居然拿出潘汉年传递的那封毛泽东写给章乃器等四人的信,作为"救国会"勾结共产党的证据,而那次组织声势浩大的悼念鲁迅的活动,又成了"救国会""破坏"治安秩序、攻击当局的"罪行"。经潘汉年多方奔走,据理力争,"救国有罪"的"七君子"的冤屈总算得以洗清。被释放后,潘汉年又同连结上海滩与根据地的"特殊桥梁"

八路军驻沪办事处外景

办事处秘书长刘少文一起看望了沈钧儒，沈老感激不已，代表"七君子"向潘汉年表示："我们和你们之间是心心相印的关系。"中国共产党与这些著名爱国人士、社会贤达肝胆相照，潘汉年又敬长尊贤，善于统战，使得救国会的这些精英人物进一步了解了中共和红军的政治主张。此后，他们更加活跃于抗日救亡运动的第一线，为推动国共合作抗日新局面的形成，做出了重要贡献。

抗战初期，上海幸存下来的正式党员不过数十人，他们都是久经考验的坚定的

"七君子"出狱后在爱国老人马相伯家中合影

诞生地 寻找中共在上海的红色基因

"全国各界救国联合会"在上海成立

共产主义战士,不少人长期被关押在国民党的监狱里。"八办"通过各种渠道,掌握了他们的情况后,经与国民党谈判交涉,使大多数被关押的同志获释。许多同志出狱后,首先找到八路军驻沪办事处,经过"八办"的审查,一部分转给刘晓,使上海地下党的力量大为增强;还有一些同志则被送去延安等地领导革命斗争。如潘汉年的堂兄潘梓年就是他通过与张冲的交涉,由张的秘书作保被释放的。后在周恩来的说服下,潘梓年放弃了到革命根据地去的要求,与章汉夫等负责创办中共在国统区的机关报《新华日报》,并担任了该报的社长。

办事处曾经印过大量革命刊物,宣传抗日救国的道理。为了扩大抗日宣传,还出版了机关刊物《内地通讯》,专门报道延安新华社关于解放区和八路军、新四军坚决抗日的消息和情况。刊物开始油印,在海格路志庆坊(今华山路1857弄)19号唐振材家进行,同时另租志庆坊17号灶坡间作为油印工作的场所。在唐振材家以及同孚连结上海滩与根据地的"特殊桥梁"

"八办"出版的《文献》

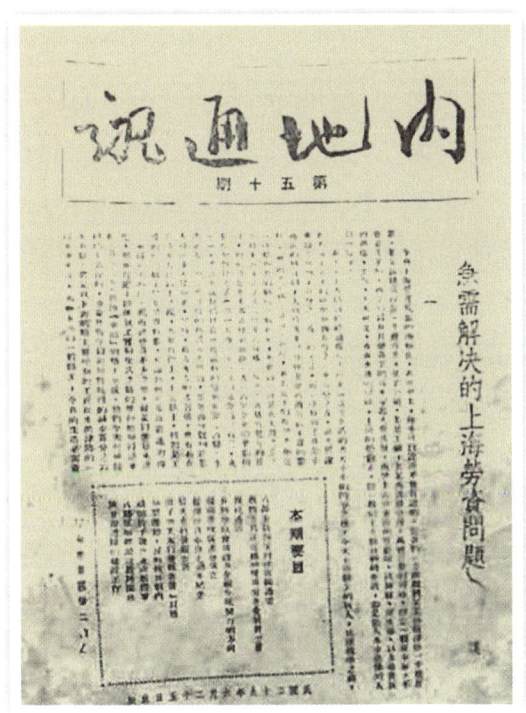

"八办"出版的《内地通讯》

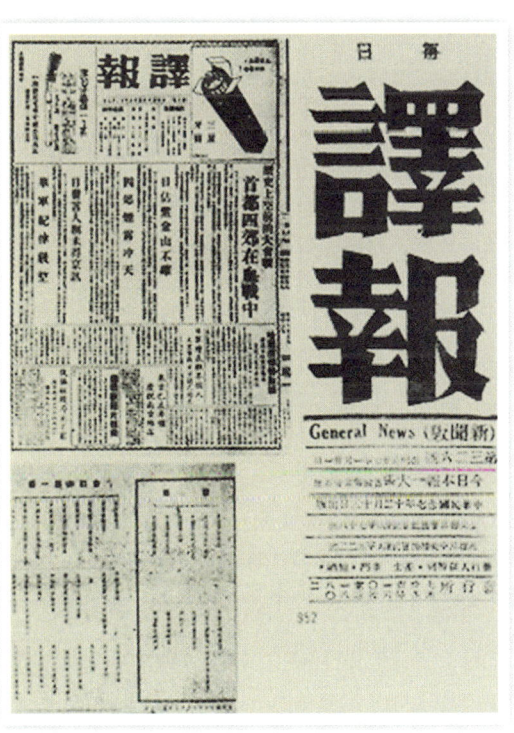

"八办"出版的《译报》

路同孚里（今石门一路227弄）中还设立了备用电台。《内地通讯》后来发行量增加，改为铅印，同福制版所设在望志路（今兴业路）189号，有三四个工人，后来又搬到菜市路（今顺昌路）一带。同时，办事处还办了两个刊物，一是《民族公论》，由王任叔主编，登载党中央在延安公开发表的社论和重要文章；一是《文献》，由阿英主编，专门刊登党中央文件和中央领导同志的讲话、报告等内容。此外，还与江苏省委共同出版了《译报》，刊登国内外的消息，主编为夏衍。

上海文化界救亡协会（简称"文协"）成立后，根据周恩来的指示，潘汉年即通过该会宣传部长、中共党员汪光焕向国民党上海市党部提出出版《救亡日报》一事。在对方坚持国共合作后，潘汉年就此事与国民党CC系骨干、国民

《救亡日报》

党上海市社会局局长潘公展进行了具体的磋商。为了保证《救亡日报》既能公开合法地出版，又不被国民党所控制，潘汉年在与潘公展见面之前，着重考虑了该报的人事安排，他与夏衍等商量后，决定由郭沫若出任社长，夏衍任总编辑，并将这一打算向郭沫若交了底。

8月上旬，潘汉年约了郭沫若、夏衍一同前往浦东大楼潘公展的办公室。鉴于国共合作抗日是大势所趋，因而双方见面后，潘公展想先发制人，便主动提出请郭沫若担任《救亡日报》社社长。看来这一选择也是众望所归之事。接着，他提出既然是国共合作办报，就应该有两位总编辑，两位编辑部主任，经费由双方负责，并提出了国民党方面的具体人选。潘汉年知道潘公展的用意，为了避免报社的领导权为国民党所掌握，便提出既然双方都已推举郭沫若任社长，那么有关报社的其他工作人员，应由社长决定。潘汉年这一意见

连结上海滩与根据地的"特殊桥梁"

宋庆龄前往香港码头察看支援抗战物资装运情况

合情合理,潘公展只好表示同意。由于报社大部分编辑、记者都是郭沫若和夏衍以及"文协"宣传部根据潘汉年的意图协商选定的,这就从事实上打破了潘公展意欲通过合作办报的途径左右《救亡日报》的企图,使报纸的领导权掌握在共产党人手中,这样,《救亡日报》也就成了中共首次在国统区获得的一个公开合法的宣传阵地,成了一个具有广泛统一战线性质的舆论喉舌。

当时,"八办"不仅通过宋庆龄、何香凝等人的帮助,向上海各界募集了大批物资,支援八路军,甚至把工作做到了上海青帮头子杜月笙那里。抗战后,杜月笙出任国民党上海市各界抗敌后援会主席团成员兼筹募委员会主席。1937年10月28日,潘汉年以"八办"主任的名义,致函杜月笙,说明八路军"开入晋北,血战经月,已迭予日寇重创",但因为"经费限制,防毒装备缺乏","渴望后方同胞捐助防毒面具"。杜月笙接信后的第二天,立即召开抗敌后援会主席团会议,讨论捐赠防毒面具一事。会上,有人提出不同意见,杜月笙力排众议:"大家都是中国人,既然是共同抗日,何必再分彼此?难

诞生地 寻找中共在上海的红色基因

位于淡水路264号的八路军驻沪办事处旧址

道说他们打死的小日本就不算数？"会议最后决议，同意将价值1.6万元的1 000具刚从荷兰进口的防毒面具捐赠给八路军将士使用。

早在上海沦陷之前，"八办"就已根据中共中央的指示，开始全面安排上层民主人士的安全撤退。宋庆龄、何香凝、沈钧儒、沙千里、胡子婴等著名爱国人士的安全撤退，都是"八办"一手经办的。当时目标最大的是沈钧儒和邹韬奋，还有就是从日本回来的郭沫若，日本人和汉奸会对他们下毒手。所以，刘少文立刻查了一下《新闻报》上到香港的客轮班期，为了安全考虑，觉得法国邮船公司三万吨的豪华客轮"皇后号"比较适当，于是潘汉年立刻决定让韬奋、沫若和他们的陪同人员乘这艘轮船先走。接着，"八办"又安排了沙千里、胡子婴等人的撤退，并让夏衍领导的《救亡日报》先遣队陪郭沫若去香港。随后，潘汉年又收到毛泽东、周恩来有关催促宋庆龄速离上海去香港的电文，并立即通过地下党员李云向宋庆龄作了转达。12月23日,宋庆龄在新西兰友人路易·艾黎的陪同下,乘坐德国邮船离开上海前往香港。在郭沫若、沈钧儒、邹韬奋、宋庆龄、何香凝等人相继撤离"孤岛"之后,潘汉年才松了一口气。

当大家对"八办"的前途担忧时,潘汉年笑了:"当然办不下去了,不过我们可以名亡实存,今后由少文负责。"1937年11月间,办事处主任由刘少文接任,办公地址迁至附近的萨坡赛路192号(今淡水路264号),活动转入半公开或秘密的状态,在上海滩与抗日根据地之间又架起了"特殊桥梁"。1939年底,新四军执行向东作战方针,相继开辟了江南和苏北抗日根据地,"八办"完成了自己的历史使命,奉命撤销。

为抗日根据地"雪中送炭"

——新四军驻上海办事处旧址

诞生地 寻找中共在上海的红色基因

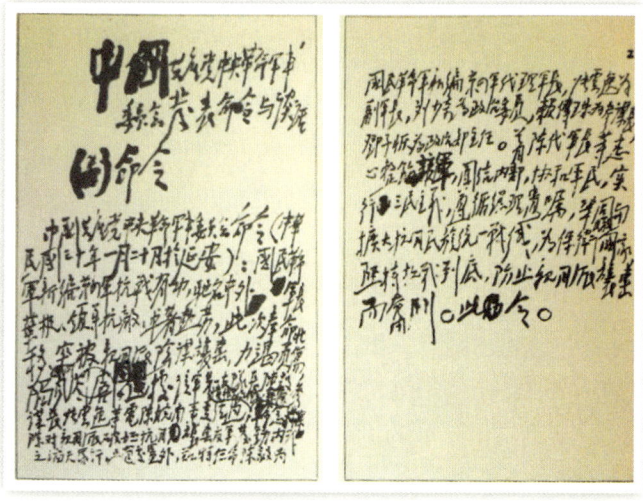

毛泽东起草的命令手稿

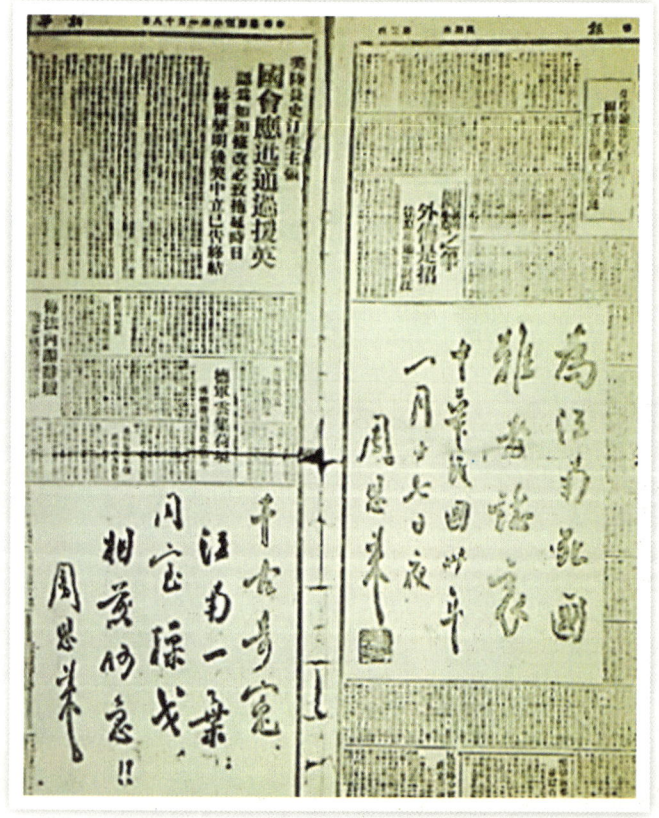

周恩来在《重庆日报》发表的题词

1941年1月初，皖南新四军军部九千余人，奉国民政府军事委员会的命令北移，在安徽泾县茂林地区遭到国民党军队八万余人包围袭击。蒋介石不仅背信弃义，制造了震惊中外的"皖南事变"，并诬陷新四军"叛变"，宣告取消新四军番号。1月18日，周恩来在《重庆日报》发表题词，抗议国民党当局制造"皖南事变"。两天后，为了击退国民党发动的这次反共浪潮，中共中央军委为"皖南事变"发表命令和谈话，决定重建新四军军部，毛泽东起草了命令手稿。不久，新四军新的军部和中共中央华中局在苏北盐城成立，并开始筹建新四军苏北根据地与上海的地下交通线。

3月，新四军军部派中共东南局青委委员杨斌出任新四军驻上海办事处主任，主要负责输送各类人员去苏北和采购根据地所需的物资，江苏省委为此专门抽调了荣健生、张达平、徐盼秋、王建中、鲁平、罗扬、李子明、蔡平等三十多名工作人员去办事处报到。当时，上海办事处没有一个固定的办公地方，也不可能有什么机关构架，前期曾设于巨籁达路（今巨鹿路）251号，张达平租的一幢坐南朝北沿街三层房屋的亭子间，后门弄堂称圣达里，通向圣母院路（今瑞金一路），这里成了杨斌、荣健生、张达平研究工作，以及徐盼秋、杨秉超和

为抗日根据地"雪中送炭"

途经茂林镇的新四军

张达平交接输送人员关系的地方。一年后,李子明、蔡平夫妇从小沙渡路迁至甘司东路兴顺里(今嘉善路140弄)15号一间老式石库门房屋的二楼统厢房居住,办事处也就设在了他们的新居。

另外,办事处在上海建立了三个固定的秘密联络站,一处设在爱多亚路(今延安东路)沪光电影院(英文名为:ASTOR)附近,由党员刘燧章开的一家名叫益星商店里(今延安东路653号);一处是在吕班路(今重庆南路)震旦大学(今交大医学院)附近,由一名党员开的烟杂店里;第三处是在福煦路(今延安中路)上的华北煤业公司。前两个站都是杨斌亲自掌握,为华中局、苏中区党委和杨斌作特殊联系用。江苏省委和上海办事处杨斌之间的直接联系人是省委组织部长王尧山和刘峰。

在中共上海地下组织帮助下,新四军驻上海办事处开

杨 斌

新四军臂章

诞生地 寻找中共在上海的红色基因

位于嘉善路140弄15号的新四军驻上海办事处

在沪光电影院附近设联络站

在震旦大学附近设联络站

辟护送人员的交通线有两条：一条是淮南线，经扬州、仪征、六合等地进入根据地；另一条是苏中线，经扬州、靖江、南通等地进入根据地。然后，由上述两地的交通联络站根据不同的对象和当地斗争环境，分别护送人员去华中局、抗大五分校，或由苏中区党委组织部分配工作。

从1941年春至翌年秋，交通员陆续安全护送近1700人，其中有从皖南突围的曾山、李一氓、余立金、钱俊瑞、薛暮桥等，从大后方转移的孙冶方、贺绿汀、邹韬奋、范长江等，以及大批奔赴根据地的文化教育

为抗日根据地"雪中送炭"

界著名人士，如蒋天佐、许幸之、林淡秋、金人、艾寒松、黄源、戴平万、韦悫、林德良、阿英（钱杏邨）、张宗麟、林和海、天然、葛鑫、池宁等，还把之江、大夏等大学的一批教授和学生护送到根据地，创办起了江淮大学。另外，还先后两次护送国际友人去苏北根据地，一次是1941年3月，奥地利大夫罗生特扮作传教士，在交通负责人荣健生的保护下，顺利到达新四军军部；另一次是同年5月，波兰作家、记者汉斯·希伯和夫人秋迪扮作医生，由交通员鲁平负责护送，

以移民垦荒的名义将青壮年转送到内地参加新四军

江苏省委还配备一名党员学生充当翻译，伴同汉斯·希伯夫妇一直到盐城军部。汉斯·希伯在三个月中进行广泛的社会调查，撰写了《重访新四军根据地》等多篇文章，热情讴歌了新四军的抗日战斗业绩和军民鱼水关系。除此之外，还曾掩护苏中区党委书记陈丕显和新四军干部刘炎、邓六金、汤光恢、李坚贞、曾子平等来沪治病，为根据地购置了电台设备、教学用具、无缝钢管、医疗器械、药品，并把搜集到的情报资料分别剪辑成册，送往根据地。

地下交通护送人员去根据地，一般是办事处的同志把被护送人员名单以及与他们联络的时间、地点、暗语、暗号告诉交通员。当时因工作条件险恶，向交通人员布置任务几乎全部是在马路上或戏院、图书馆、饮食店等公共场所进行，然后交通员按时与被护送人员接上关系，将乘船的日期、船次、上船和登岸的注意事项交待清楚，尤其从上海到根据地要经过哪些敌伪据点，以及如何进行身份化装以应付日伪检查，都必须做好预先的准备。当时，上海和苏北南通、海门、如皋、靖江等地，每天都有早夜班客轮往返，交通员带人一般乘夜班客轮，次日清晨到达苏北港口。在护送途中，交通员不顾个人安危，长途跋涉，历尽艰辛，有时要冒着大雪暴风，一天要走70里路程，有时还要顽强地忍受疾病的折磨或遭日军毒打，或被敌人逮捕坐牢，受尽各种酷刑，甚至献出自己宝贵的生命。

波兰作家、记者汉斯·希伯

诞生地 寻找中共在上海的红色基因

为了反"清乡"斗争的胜利,粟裕师长亲自布置张渭清去上海建立秘密兵站,制造500门迫击炮等军需物资。于是,张渭清通过上海红帮关系先在长兴岛上开了一家宝丰鱼行,当上了"小老板",兵站就在宝丰鱼行扎下了根。在上海地下党协助下,

向苏北根据地进发(剧照)

采购到了一批无缝钢管和机床等材料,并设法买通伪海防大队长,搞到了一张出口证。又假装走私贩子,买通日本"电讯株式会社"的朝鲜籍驾驶员,搞到敌海军部的政治给养车和伪海防团的哨船,还买通了伪海关关员,默许晚上"偷关"。张渭清让另一位地下交通员雇了一只"接鲜船"到吴淞口接货。通过几道关口,终于将这批重要的军用物资由"接鲜船"运送到了新四军苏中根据地,胜利完成了任务。同时,上海地下党对新四军急需的报务、印刷、印钞、军工、医务等方面的技术力量,也都积极进行支援。如通过上海"职协"举办无线电收发培训班,为新四军机要部门培养了近百名专门人才。

1942年,为了便于向新四军运输各种物资,新四军军部决定在上海开设以代客运货为掩护的报关行。是年7月,军部派冯铭铨到上海负责物资采购运输工作,并任命其为新四军上海办事处副主任。冯铭铨利用上海的社会关系,在北京路国华大楼(今北京东路342号)开设海昌商行,以经营土产为掩护。一次,杨斌去"报关行"时,不知该行已遭破坏,被特务扣押盘问,幸好他事先有所准备,辩称自己是南洋华侨,是大资本家的儿子,身患肺病后,在上海治疗养病,这次是来托"报关行"购买西药的。特务对杨斌搜身,并未发现可疑的证据,就将其身带的手表、钱钞和"良民

在北京路国华大楼开设海昌商行

证"扣下,要杨斌第二天到大世界对面的茶馆去一下。

那天外面下着大雨,杨斌已意识到敌人不会轻易放过他,必有特务暗中跟踪和监视。他回到公寓后,正好隔壁有人在请客办宴会,于是,他趁隔壁深夜散席时,身穿雨衣,把头一蒙,混在宾客中出了门,甩掉了尾巴。他一回到李子明家,马上剪掉头发进行化装,改穿一身中山装,用李子明母亲的身份证(李杨氏)改为"李杨明",并调换照片,盖了一个假的印章,由李子明陪同先到苏州,然后设法买到一张身份证。杨斌要李子明赶快回到上海,通知江苏省委组织部长王尧山切断一切联系,他自己则在交通人员的掩护下,到了淮南根据地。后来,他曾担任苏中区党委秘工部部长,解放战争中,他调任华中十个地委副书记兼城工部部长,又潜入上海等城市继续负责地下交通战线工作。

鉴于上海办事处输送人员任务的基本完成,"报关行"又被日本特务机关所破坏,加上当时根据地处于被频繁残酷"扫荡""清乡"的态势,上海地下党决定贯彻中央隐蔽精干、积蓄力量的方针,1942年底撤销了新四军驻上海办事处,只留下李子明、蔡平夫妇。他们以宛平路宛平新村12号为据点,以三代人的家庭、美亚织绸厂工程师和丝绸公司经理的身份为掩护,成为苏中区党委秘密工作部留守人员,利用原来的基础继续坚持战斗。

新四军驻上海办事处凭借上海这块抗日武装的孕育之地、根据地特需资源的供给之地、地下交通和情报的转运之地,为抗日根据地输送了大量的人才、物资、情报,真可谓"雪中送炭",从而为抗日战争的伟大胜利奠定了基础。

新四军继续挺进华中敌后开展游击战争

中国共产党代表团驻沪办事处纪念馆(周公馆)

雾海中一盏不灭的明灯

——中国共产党代表团驻沪办事处旧址

诞生地 寻找中共在上海的红色基因

在上海市区中南部有一条幽静狭窄的小路，虽修建于百余年前，几经更名，却依然韵味十足，芳迹可循。法国梧桐树丛掩映着栋栋别致的洋房，透过稀疏的竹篱笆，能看见院落内花木环抱、藤萝满墙的西班牙式小楼和绿草茵茵的精致花园。此楼朱漆大门的右角上端横钉着一块木牌，上刻"周公馆"三个字，下面的英文标明：GEN. CHOW EN-LAI'S RESIDENCE，译成中文是"周恩来将军寓邸"，即1946年设立的中共代表团驻沪办事处旧址。

小楼窗扉

大门

雾海中一盏不灭的明灯

　　这幢建于20世纪20年代的一底三层花园洋房,经历了100年的风风雨雨,先后被法国商人、日本占领军、国民党中央专员、"民主同盟"、普通市民居住过。而1946年5月至1947年3月的近一年时间中,中共代表团驻沪办事处的租用,给这幢小楼增添了异样的光彩。周恩来、董必武等老一辈革命家在这幢楼内的斗争生活经历,使它焕发出永久的魅力。

周恩来将军寓邸外景

诞生地 寻找中共在上海的红色基因

周恩来在"周公馆"

周公馆入口

"周公馆"铭牌

1945年8月抗日战争胜利后，人民要求和平、反对内战的愿望日益迫切。中国共产党顺应民意，高举起和平民主团结的旗帜。毛泽东在周恩来等陪同下，亲自赴重庆与国民党进行和平谈判，签订《双十协定》《停战协定》，并召开由各党派出席的政治协商会议，通过了有利于中国人民的各项决议。从客观上说，这一谈判说明蒋介石不得不承认了中共的政治地位，承认了中国共产党所领导的解放区的存在。

1946年5月，国民党政府还都南京，周恩来率中共代表团在南京梅园新村设立了办事处。考虑到上海是全国最大的工商业城市，各党派领导人及许多知名人士均居住于此，为便于工作，有必要在沪设立一个公开的办事机构，于是派陆定一等去上海负责筹设。早在2月，周恩来就致函国民政府行政院院长宋子文，"请拨敌伪房屋为中共代表团驻沪办事处之用"。6月13日，宋以极机密电致上海市市长吴国桢"希予婉却"。于是，我党通过乔冠华夫人龚澎女士妹妹的关系，了解到马斯南路107号（今思南路73号）这幢沿马路洋房的主人是国民党大员黄天霞，他去南京后，闲置的寓所正有意出租，于是以六根金条的代价租了下来。在办事处所需房屋被拖，而原定在沪出《新华日报》又不成的情况下，此房便改为中共代表团驻沪办事处所用,但不准挂牌。6月18日,董必武来沪得知后当场拍板:"不让设立办事处,就称周公馆,是周恩来将军的公馆。"之后,由于办事处增人,又向加拿大老头租下了同一条路上的117号(今83号)作宿舍。

不久,淞沪警备司令部稽查处和上海市警察局政治科加强了对周公馆的监视,他们明"以保甲事务为借口,时与该处接触,借以探询内详",暗则"长期密派警员驻守,监视其活动,跟踪内中主要人员,以查其活动范围",并窃听电话。同时,警备司令部和中统局同在西对面98号(今70号)妇孺医院内设立监视点,晃动着的人影装着在洗脸,凭借镜子的反射,窥视着周公馆的一切。在马路的对面,突然又出现个从不见有人光顾的皮鞋修理摊,一些装作拉黄包车的"车夫"总停在门口候客,卖香烟的小贩、剃头挑子也在门前摇来晃去。面对国民党的监视,办事处的同志加强了警惕,会在朝北房间的窗台放上一盆花,凡是要进周公馆前,必先看一下花盆是否在,然后再决定是否揿门铃进去。

中共代表团驻沪办事处被国民党特务阻禁的情景

周公馆设立后,周恩来、邓颖超、董必武、李维汉、陆定一、乔冠华等中共代表团成员先后来沪开展工作,一方面以记者招待会的形式向社会阐述中共和平民主的各项主张,揭露国民党假和谈真内战、假民主真独裁的本质;另一方面通过拜会郭沫若、张澜、沈钧儒、许广平等民主人士,向他们介绍国共谈判情况,交换对时局的看法,建立了广泛的统一战线。

"周公馆"二楼朝南的会客室,是当年周恩来经常召开记者招待会的场所。1946年7月18日下午3时,"周公馆"请来了百余名中外记者,包括美国著名记者路易斯·斯特朗。周恩来西装革履,年轻英俊,浓眉下那双目光锐利的眼睛此时显得格外的愤慨。他报告了三件事:一、蒋介石破坏政协决议和停战协定,向中共解放区发动一系列进攻;二、黄河堵口复堤及救济问题;三、李公朴、闻一多遭暗杀事件。他说,民主人士的名字都在陈立夫先生的手上,更不要说我们共产党人了。黑名单上列有的许多民主人士,将遭逮捕、凶打、绑架和暗杀,而我们来谈判就是准备着的。过去在重庆准备了八年,今后再准备八年吧。周恩来的讲话,由章文晋当场译成英文,次日各报报道,社会反响强烈。据说,每次开记者招待

诞生地 寻找中共在上海的红色基因

7月18日,周恩来在周公馆举行中外记者招待会

周恩来回答记者的提问

会时,整个客堂间都被挤得水泄不通,一些来晚了的记者不得不坐到餐厅去,费力捕捉周恩来的声音。于是,周恩来就会走到会客厅与餐厅之间的门廊,以便让两头的记者都能听清楚。每次说到激动之处,周恩来会直接用英语向在场的外国记者分析形势。

在沪期间,周恩来还与各民主党派领导人和爱国民主人士广泛接触,经常请郭沫若、许广平、马叙伦、马寅初等来"周公馆"出席座谈会,共商国是。会上,周恩来表明:中共代表团将要撤回延安,但不论南京还是上海,我们是一定要回来的。席间,郭沫若激动万分,即席赋诗,赠予周恩来,诗为:"疾风知劲草,岁寒见后凋。根节构盘错,梁木庶可遭。驾言期骏骥,岂畏路迢遥?临岐何所赠,陈言当宝刀!"

由于我党做了大量的统战工作,民主人士对中共和平、民主、统一的主张,表示积极拥护,即使在十分危急的情况下,他们也不顾个人安危与中共代表团取得联系。1947年3月初,办事处被国民党军警包围期间,民主人士黄炎培还转托他的学生、一个包围周公馆的要人转递一封慰问信,表示对中共代表团的期望和信任。一次,马寅初和柳亚子两位老先生先后来到办事处,要求看望董必武,国民党军警阻拦不让进去。马寅初先生气愤地说:"蒋介石把我关了那么长时间,无非是再把我关起来,我不怕这一套,今天非进去不可!"柳亚子先生还当面质问国民党军警:"我是国民党的中央监察委员,你们有什么资格限制我的行动?"他们不顾个人安危,不顾国民党军警的阻拦,

董必武在"周公馆"

雾海中一盏不灭的明灯

昂首步入办事处,会见了董必武和办事处的工作人员,给中共代表团驻沪办事处的工作人员以极大的支持。

然而国民党违反协定,挑起内战,加剧法西斯专制统治的局势,使国共两党走政协路线成为不可能。1947年2月,国民党政府彻底关闭和谈大门,派警察包围了周公馆。国民党淞沪警备司令部宣铁吾署名的快邮送到,内容是:"查该党拒绝和平谈判,制造内乱,复在本市煽动风潮,集组织暴动。本部为确保治安,兹通知该党在沪人员,限于3月5日前全部撤退。所有撤退人员及其眷属,限于3月3日前开具名单送部核办。"同时,在办事处四周,布满了大批军警,重重包围,还蛮横地占领底层传达室,控制电话,把一楼楼梯口的电话线切断,搜去了两台长波收音机"代为保管"。中外记者闻讯来访,亦被军警严加盘诘,拦阻于门外。面对突然袭击,钱之光立即提出强烈抗议。董必武外出归来后,看到形势的危急,强压住内心的怒火,从容地要求大家不能把党的任何一点机密落到敌人手里,同时要想尽一切办法对外界公布这里的情况。他又去国民党警备司令部找宣铁吾,一见宣铁吾,董必武就气愤地用手杖敲着地板说:"我们中共代表团是你们政府请来谈判的,你为什么下令包围我们,剥夺我们的人身自由?"宣铁吾无言对答,只好支支吾吾地搪塞。最后,董必武严正指出:"在此期间,代表团成员的人身安全,你要负绝对责任。"讲毕,愤然离去。

周公馆的使命延续虽然不到一年,但它已成为旧中国人民心中的一盏指路明灯和一座民主堡垒,给渴望光明的人们带来希望和信心,在中国现代史上留下了不凡的一页。

"周公馆"的座驾

会客厅

周恩来的办公室兼卧室

在国统区开辟人民革命的"第二条战线"

——中共中央上海局机关旧址

上海市文物保护单位
Monument under the Protection
of Shanghai Municipality

中共中央上海局机关旧址
The Site of Former Office of Shanghai Bureau
of CPC Central Committee

上海市人民政府
一九九二年六月一日公布
上海市人民政府立

诞生地 寻找中共在上海的红色基因

江苏路、愚园路口兆丰世贸大厦、水务大厦的深处,隐匿着一栋20世纪30年代建造的宁静小楼。这是一幢砖木结构、坐北朝南的新式里弄住宅,高三层半,俗称"假四层"。楼前的院子里有一棵高大的枇杷树,至今已有近百年的历史。这里的门牌号显示为长宁区江苏路永乐村(今江苏路389弄)21号,屋后有门通外面,便于紧急疏散。经考证,此地便是解放战争时期中共中央上海局机关旧址。

1945年9月,永乐邨21号的小楼迎来了一对特殊的夫妇,丈夫方行的对外身份是关勒铭金笔厂的股东,夫人王辛南和党外人士林俊卿合开中华医药化验所作为掩护,而他们的真实身份都是中共上海地下党员。按照上级指示,以王辛南的名义租下了这幢三层楼房,作为地下党的活动据点。1947年1月,中共中央发出《关于调整蒋管区党组织的指示》,决定成立上海分局,由刘晓、钱瑛、张明(又名刘少文)等在上海分局负责党的秘密工作。同年5月,中共中央再次决定,将上海分局改为中共中

位于江苏路永乐村21号的中共中央上海局机关旧址

央上海局,由刘晓、刘长胜、钱瑛、刘少文四人组成,刘晓任书记,刘长胜任副书记。上海局作为解放战争期间党中央派驻上海,管辖长江流域、西南各省及平津一部分党的组织与工作,必要时指导香港分局的秘密领导机关。自此,这栋小楼作为上海局领导研究工作、交流情报、召开秘密会议的场所而步入历史舞台。

方行、王辛南夫妇

位于永乐邨弄堂底的21号,周围隐蔽僻静。一楼为老人和孩子日常活动的客堂间和饭厅;二楼为方行、王辛南夫妇的起居室及会客厅,斑驳的地板、泛黄的照片、生锈的老式电扇、早已停摆的座钟、楼梯走道的复古电话、枯黄的藤椅和沙发垫,一件件都记录着昔日地下斗争的时光;时任上海局文化工商统战委员会书记、之后又兼任上海局外县工作委员会书记的张执一、王曦夫妇住在三楼,那儿也是领导成员开会、研究工作的地方;四楼平时放些杂物,1946年4月冯文彬由延安来上海时,在四楼住了约三个月,后来钱瑛从南京调来上海工作,也

刘 晓

刘长胜

钱 瑛

刘少文

诞生地 寻找中共在上海的红色基因

室内的书桌

二楼会客厅

住在四楼。经常在这里开会的有刘晓、刘长胜、钱瑛、刘少文,还有张执一、张承宗,每次开会时桌上总放有麻将或扑克牌作掩护,方行、王辛南则在楼下"望风",散会后再负责把"客人"送走,楼顶还装有绳梯用于紧急逃生。因为他们心里都明白,隔壁竟然住着一位国民党的要员。刘长胜再三嘱咐方行、王辛南夫妇,努力掩护好张执一全家,既须保全这里作为高层领导开会的机密场所,两家人的日常生活也交付王辛南照应。

1948年8月,国民党借口重新分发身份证而进行户口大检查,要求每位居民在家守候并核对照片。这项针对中共地下组织的清查计划,无疑对永乐邨构成巨大的威胁。经研究决定,刘晓等五人以上海资本家去杭州名刹做佛事为名进行临时转移,由王辛南在永乐邨应对检查。他们请佛教界著名居士赵朴初备函,由方行陪同前往杭州拜访净慈寺方丈。方丈得知五位是来"打水陆"的,分外殷勤,安排他们住在了深院独立小屋。一行人住了约一个星期,得到王辛南的上海来信,知道户口大检查风头已过,大家才分头返回,成功避开了这一危机。

中共中央上海局在上海还有多个秘密联络点,包括愚园路愚谷村(今愚园路361弄)121号。这是一所双幢三层洋房,三面临街有门可进出。底层是以王辛南与党外人士林

在国统区开辟人民革命的"第一条战线"

中共中央上海局机关愚谷村121号旧址

俊卿医生名义开办的"中华医药化验所",对外营业以作掩护。方行、王辛南夫妇曾居住在此处,上海局电台的译电工作也在这里进行。刘晓、刘长胜、钱瑛、刘少文来开会时,手里常常拿些糕点、玩具之类的礼物,装成客人的样子,会议结束便由三个门相继离去。

上海局领导经常会去碰头,交换情报的地方还有:

马立斯新村一带

上海局机关马立斯新村旧址

位于愚园路81号的刘长胜故居旧址

马立斯新村（今重庆北路216弄52号），这处房产原为美国海军所有，1947年春经上海局指示，由党的老交通员熊志华租下。还有就是新闸路来安坊（今新闸路1576弄5号），一幢二层的楼房，住着地下党员周绮林与她的母亲。原来上海地下党准备在此设立电台，后因周围环境不利发报，电台一直没有启用。刘晓、刘长胜、刘少文不定期在这里碰面，

中共上海地下组织部分负责人与工作人员合影

在国统区开辟人民革命的"第二条战线"

张执一、沙文汉、张承宗也时而前来参与讨论或汇报工作。有时,他们会去愚园路81号二楼的刘长胜家分析敌我斗争的形势。而当年上海局的电台则设在打浦桥新新街新新南里(今瑞金路409弄)315号的阁楼上,报务员为秦鸿钧。他曾去苏联学习电报,回国后在上海建立秘密电台,负责与中共中央华东局通报。后来,由于叛徒的出卖,被国民党反动派逮捕,受尽酷刑,但始终没有泄露党的秘密。

革命志士们在这些地方运筹帷幄,展开了艰苦卓绝的地下工作,卓有成效地领导了轰轰烈烈的争取和平、民主,反对内战、独裁的爱国民主运动,形成配合人民解放军正面战场的第二条战线。

上海解放战役被陈毅喻为"瓷器店里打老鼠",为了不破坏城市基建,更好地领导策反工作,"上海局"成立了以张执一为书记的策反工作委员会,一方面争取挽留部分爱国的国民党当局官员、工商、科技、文教界知名人士,专家、学者,这些人士对专制腐败的国民党当局深感绝望,但对中国共产党的方针、政策了解不多,心存疑虑。上海地下党有关同志通过上门拜访和个别交谈,参加上层人士的聚餐会等,向他们阐明党的各项政策,力劝他们为新中国建设做贡献。国民党上海市政府工务局局长赵祖康经亲友引荐,与地下党取得了联系,向我党提供了《市郊大桥地址图》、浙赣铁路方面的有关资料、上海市政府动态等。在代理上海市长的几天中,按照我党的指示,与各方面联络,对保持社会秩序稳定,主动配合军管会进行移交发挥了很好的作用。

另一方面,策反委员会派专人分别与国民党陆、海、空军及主要政府机构的中上层爱国人士建立联系,取得

张执一

中共中央上海局机关内楼梯

"重庆号"巡洋舰

贾亦斌（前右）与嘉兴预备干部团同仁

他们的信任，为我党提供大量军事情报，或在适当的时机率部起义。国民党海军部办公厅主任金声等分别利用各自职务之便，获取了国民党海军行动计划和作战部署等机密情报，为我军制定渡江战役、上海战役作战方案提供了可靠的依据。

经策反委员会有计划有步骤地周密策划，自1949年2月起，国民党军队内部爆发了一连串起义。2月25日，被策反的重庆号巡洋舰舰长邓兆祥亲自领航，为不被驻在青岛的美国海军基地发现，将军舰顺利驶向山东解放区的烟台港外海，成功地举行了"重庆号"起义；南京国防部预备干部局少将局长贾亦斌，原是蒋经国信得过的一位军官，但他反对内战，特别反对蒋政府家族的腐败贪污行为，对这样的政府失去信心。经上海局地下党的策反工作，他决意与蒋经国分道扬镳。4月7日，他率四千多名军人在嘉兴起义，对摇摇欲坠的国民政府造成重大打击；4月15日，国民党空军伞兵第三团在团长、中共地下党员刘农畯率领下，共二千五百多名官兵乘坐中字102号坦克登陆舰，在连云港登陆起义，这无疑是在"重庆号"起义、嘉兴起义后给国民党军在战力和士气上的又一次重大打击；最后还策反了淞沪警备司令部副司令兼51军军长刘昌义，为上海的解放及顺利接管城市立下了汗马功劳。其时，

"重庆号"起义人员抵解放区时合影

在国统区开辟人民革命的"第二条战线"

中字102号坦克登陆舰

伞兵三团起义成功后的合影

人民解放军百万大军正饮马长江，逼近上海，国民党军纷纷倒戈、釜底抽薪，让蒋家皇朝惶惶不可终日。

中共中央上海局这一最大的"红色秘密机关"，不仅在国统区开辟了人民革命的"第二条战线"，配合了解放战争的正面战场，而且在两年的活动中自身也从未暴露。据说，当年家中两名佣人虽然与两家老小在一起生活多年，却对房屋主人从事的工作毫无所知。直到上海解放，当他们看到住在这里的"先生""小姐""太太"个个穿上了解放军军装，他们才恍然大悟……

诞生地【下】

寻找中共在上海的红色基因

徐觉哉 著

上海科学技术文献出版社

政治家革命活动居住地

黄浦江畔留下闪光的足迹

——李大钊的七次上海之行

诞生地 寻找中共在上海的红色基因

"南陈北李,相约建党"是中共党史上的一段佳话。然而,身处北京的中共主要领导人李大钊却在上海创建中共及其以后的活动中,发挥了重大的影响。他曾七度来沪的经历,在黄浦江畔留下了闪光的足迹。

1916年1月底,为了声援讨伐窃国大盗袁世凯的云南"护国军",李大钊首次由日本横滨搭乘法轮抵达上海。几年前,他从天津北洋法政专门学校毕业后,考入早稻田大学政治经济科深造,但国内政局的风云变幻,让他坐立不安。当轮船劈波斩浪朝向东海之滨驶去,李大钊倚扶着船舷,远眺波涛翻滚的大海,心潮澎湃,欣然赋诗《太平洋舟中咏感》。诗中写道:"逆贼稽征讨,机势今已熟。……相期吾少年,匡时宜努力。男儿尚雄飞,机失不可得。"其救国图强的踌躇满志可见一斑。

在沪期间,他顾不得游览申江名胜,更无闲情逸致游逛于十里洋场,而是四处奔走,为声讨袁世凯窃国复辟而大声疾呼。从他抵沪后写给远在东京的挚友霍侣白的一

1914年,青年李大钊在东京留影

李大钊与早稻田大学师生合影(前排左起第三人为李大钊)

李大钊由日本横滨搭乘法轮抵达上海

首诗中,略能体会其当时的心境。"一轮舟共一轮月,万里人怀万里愁。正是黯然回首处,春申江上独登楼。"字里行间浸润着一个爱国青年忧国忧民的情怀。翌年,他撰写的《哭沈汉卿君》一文提及:"吾去岁首,即往上海一次,兼周而归东京。"

首次上海之行令李大钊的心情难以平静,"益感再造中国之不可缓"。然而,正当李大钊在上海积极联络讨袁之事时,早稻田大学竟以"长期欠席"为由,将他除名。李大钊作为留日学生总会的骨干成员,其激烈抨击日本帝国主义的言行自然不会为校方所宽容,因此,李大钊被开除学籍,"欠席"不过是个借口。李大钊索性就此中断学业,全力投身于反对袁世凯独裁卖国的活动之中。

1916年5月中旬,他第二次由东瀛返沪,先居住在同乡、中华民国内务总长孙洪伊家,其间几度与天津北洋法政专门学校的好友白坚武会面。《白坚武日记》记述:李大

青年李大钊

李大钊暂住处"泰安里"

李大钊（国画）

钊"不日来沪"；5月19日，白坚武从南京抵沪，立即去泰安里（不详）李大钊暂住处"与守常叙谈"。当时，李大钊仍时刻筹划着反袁大计，在寄给东京友人的信中说："传闻袁氏备战甚急，此则雌雄之决仍非出于一战不可也。"6月6日，袁世凯在全国人民的唾骂声中一命呜呼。消息传来，李大钊欣喜至极。一个月后，他应邀北上，为宣传民主主义思想，走马上任北京的《晨钟报》主编。

1917年6月，张勋借"调停"大总统黎元洪与国务总理段祺瑞之间的府院之争为名，率五千"辫子军"闯进北京，撵走黎元洪，拥立溥仪为皇，上演了一场复辟封建帝制的闹剧。一时间，黄龙旗取代了五色旗，前清的王公贵族、遗老遗少们拖着真真假假的大辫子招摇过市。就在张勋复辟的当日，李大钊怀着愤怒，"仓皇南下，侨寓沪上"。

与前两次来沪时的心情有所不同，第三次来沪的李大钊大部分时间都在思索、总结过去革命失败的经验与教训。他散步江头，百感交集，回顾辛亥革命以来自己思想的变化，痛感过去革命的"流产胎殇"，苦苦探求再造中华的新途径。眼前发生的张勋复辟，冯国璋、段祺瑞夺权，孙中山通电北伐等事件，尤其是俄国十月革命的爆发，使得正处惆怅之中的李大钊为之觉醒。他从苏俄革命的成功范例中，看到了中华民族争取独立、实现富强的曙光，"好比在沉沉深夜中得一个小小的明星,照见新人生的路"。他连续发表文章,热情讴歌十月革命,并大胆预言:"试看将来的环球,必是赤旗的世界。"军阀政治的黑暗,民国宪政的危机,使李大钊逐渐否定了他原来的立宪自由的信念。在上海的李大钊,思想日趋激进,此时写下的《此日》一文,一改他以往一直崇尚英国温和立宪主义模式的观点,表达了一种鲜明激进的革命倾向。在另一篇关于《暴力与政治》的文章中,他进一步为革命而辩护,并且批判了自己以往一直服膺梁启超提出的"革命不能产生良政治"的理论,他说:"革命固不能产出良政治,而恶政之结果则必召革命。"此次,他在上海居住了四个多月,其间还两度前往南京会晤好友白坚武,并在白的引荐下,同江苏督军李纯会

李大钊使用过的英文打字机

面多次,洽谈如何瓦解段祺瑞的武力问题。从发表的三篇文章看,表明上海是李大钊产生革命思想的重要地方。

1922年8月,李大钊离京去杭州参加中共第二届中央执行委员会的特别会议(即西湖会议)。在转赴杭州之前,李大钊第四次抵沪,专程来到法租界环龙路老渔阳里

陈独秀

李大钊

香山路7号的孙中山寓所

孙中山在寓所会见李大钊（油画　作者：杨顺泰）

（今南昌路100弄）2号，同陈独秀讨论关于与国民党合作建立民主联合战线的问题。他在申城寄给胡适的信中提到：自己正与陈独秀"商结合'民主的联合战线'"，"弟明日与仲甫赴杭一游，一二日即回沪去洛返京"。信中的"赴杭一游"，即指出席"西湖会议"。

9月初，一位戴着金丝边眼镜的先生叩响了莫利哀路29号（今香山路7号）孙中山寓所的大门。守门人问明来者身份后，进屋回禀孙中山。闻听是李大钊一行来访，中山先生喜出望外，赶紧命人将贵客请至书房茗谈。原来，西湖会议做出了中共少数负责人以个人身份加入国民党，同时劝说全体党员加入国民党的决议，标志着中共在同国民党的合作形式上发生了重大转变，即由"党外联合"转变为"党内合作"。西湖会议闭幕后，李大钊受中共中央的委托折回申城，在林伯渠的陪同下，登门拜访孙中山。

两人虽初次晤面，却神交久远。护法战争的失败，使孙中山意识到帝国主义列强和封建军阀都不足挂齿，而俄国十月革命一声炮响，使他对社会主义的兴趣愈发浓厚。五四运动期间，他不仅关注《每周评论》的言论，还派戴季陶、沈玄庐创办《建设》和《星期评论》,共同致力于新文化运动,因而早已对李大钊这位新文化运动巨子、布尔什维主义积极宣传者有相见恨晚的感觉。

彼此照面后,略微寒暄几句便切入正题,就如何振兴中国之问题展开热烈探讨。李大钊对历史和哲学的独到见解,以及对世界潮流和国家建设的精辟分析,都为孙中山所折服。当论及孙中山的"建国方略"时,两人竟长谈数小时,以至到了吃饭的钟点都欲罢不能。后来李大钊记述了这次历史性的会见:"钊曾亲赴上海,与孙中山先生讨论振兴国民党以振兴中国之问题。曾忆有一次中山先生与我等畅谈此问题亘数小时间……"后来每当提起这段往事,宋庆龄仍记忆犹新:"中山先生特别钦佩和尊敬李大钊,我们总是欢迎他到我们家来。"

李大钊的儒雅风度与广博学识令孙中山对其赏识有加。在孙中山的心目中,李大钊已是帮助他改组国民党的不二人选。经过几次接触后,他遂直截了当地提出希望李大钊加入国民党的想法。李大钊直言相告:"我是第三国际党员,是不能脱离第三国际的。"孙中山听后,微笑着摆了摆手说道:"这不打紧,你尽管一面做第三国际的党员,一面加入本党帮助我。"见中山先生如此恳切,加之中共中央在西湖会议上已有相应的规定,李大钊便欣然应允。当即由张继为介绍人,孙中山亲自主盟,吸收李大钊为国民党党员。随后,陈独秀、张太雷、蔡和森、张国焘等也相继加入,令宋庆龄大感不解。孙中山回答夫人,这些人是自己真正的革命同志,能依靠他们明确的思想和无畏的勇气。通过这一番交流,李大钊与孙中山建立了真挚的革命友谊,孙中山在国民党改组事务上也更加倚重于李大钊。

9月3日,李大钊还应上海社会主义青年团的邀请,去位于陆家浜路914号(今918号)的"中华职业学校",为纪念"国际少年日"发表演讲。这是中国教育先驱黄炎培先生于1918年创办的中国近现代史上第一所用"职业学校"命名的历史名校。李大钊在演讲中,着重宣传了中共反帝、反封建的民主革命纲领,勉励青年要注重政治,做社会革命好先锋,并号召大

孙中山寓所的会客室

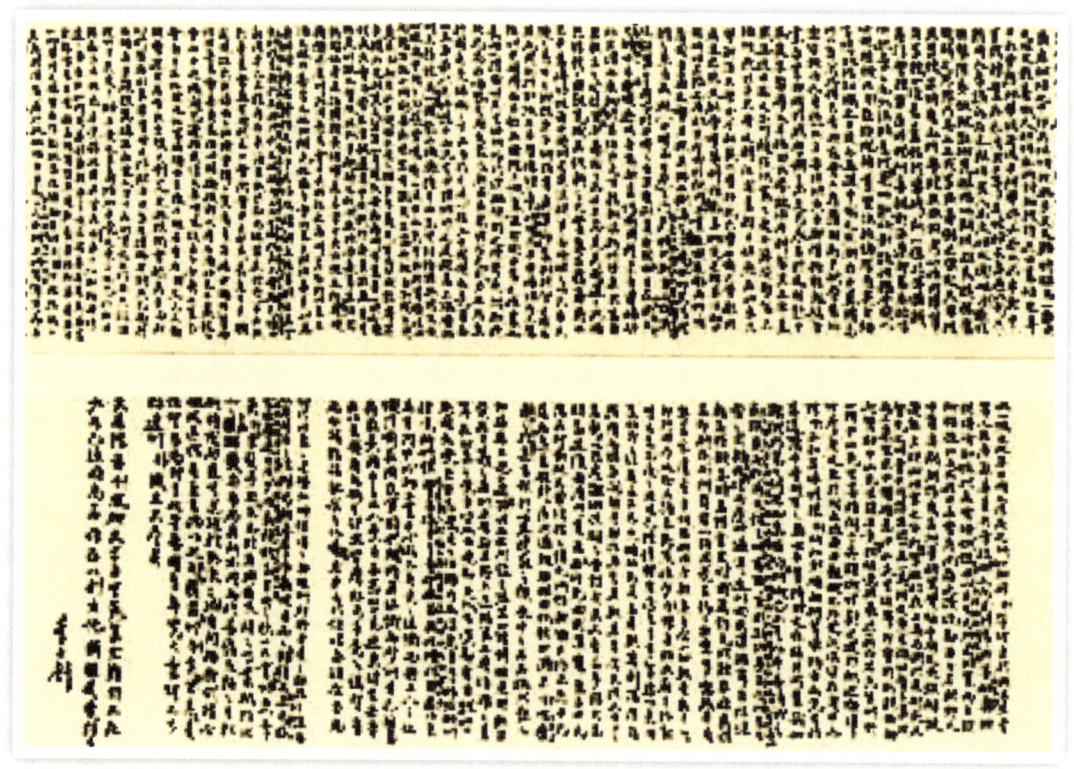

李大钊自述亲赴上海与孙中山讨论改组国民党

家团结起来,进行反帝反封建的革命斗争。

　　1923年"二七"惨案后,为免遭军阀吴佩孚的迫害,正在武汉讲学的李大钊第五次来到上海避难,仍住孙洪伊家,张国焘还曾到孙宅看望过李大钊。但孙与直系军阀关系密切,李大钊担心长居于孙府会引起外界的无端猜忌,所以仅住了几天就搬到别处去了。3月5日,上海《时事新报》登载《北大旅沪的同学会启事》,其中李大钊的地址是"法租界环龙路44号张春木转",法租界环龙路44号(今南昌路180号),乃国民党上海事务所。当时,李大钊即便身处危难境遇,仍不忘促成国共合作,特意为中共中央机关刊物《向导》周报撰写了《普遍全国的国民党》。这是一篇帮助孙中山领导国民党进行改组的重要文章,既强调了通过革新国民党来发挥其作用,又批评了该党以往没有看重群众运动力量的问题。

　　4月15日,坐落于闸北西宝兴路青云路一条"青云里"(今青云路323号)弄堂的上海大学迎来了一位贵客。此人身着长衫,鼻梁上架着一副金丝边眼镜,两撇八字胡既浓又

中华职业学校校舍

密,炯炯目光之中透着睿智与坚毅,他正是李大钊。这次上海停留期间,他除了去复旦大学演讲《史学与哲学》外,去往最多的还是上海大学,这与他曾参与创建上大、向于右任推荐邓中夏和瞿秋白到校任教不无关系。作为上大的常客,他曾先后三次为上大师生演讲,从《演化与进步》鼓励年轻人确立马克思主义历史观,并以此为指导,"快快乐乐地创造未来的黄金时代";到《社会主义释疑》阐析社会主义的本质属性,强调"社会主义是使生产成为有计划的增殖,为极公平的分配——能够使我们人人都能安逸享福";再及《史学要论》解释历史唯物主义的方法论。李大钊的讲演总是那样深入浅出,字字句句有力地回击了当时社会上所弥漫的反社会主义思潮,受到学生的欢迎。他不仅是一位教书育人的园

李大钊(雕塑)

 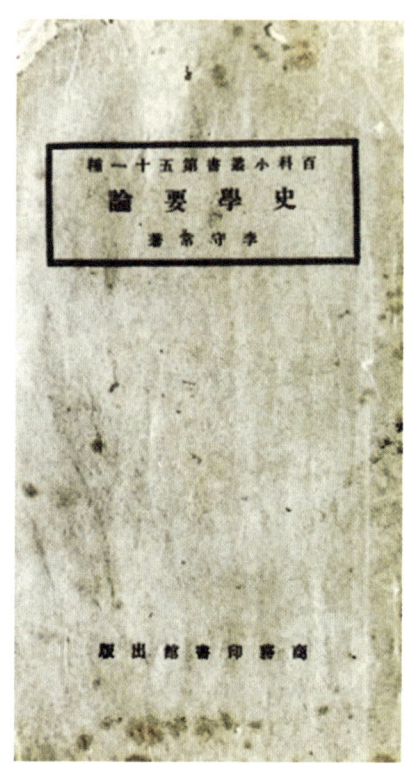

上海大学旧址　　　　　　　　　《史学要论》一书封面

丁,更是一位信仰和传播马克思主义的斗士。《民国日报》副刊《觉悟》已将他的演说内容整理刊登出来,扩大了它的社会影响。没过多久,他接到北京友人的来信,告知他在京不会有被捕的危险,于是悄然回到了燕京园。

1923年10月25日,北大注册部贴出布告称:"李大钊先生因事请假两星期,所授功课假满时补授。"当北大学子看到这张告示之时,李大钊已经坐在开往上海的列车里。几天前,孙中山致电国民党上海执行部,令其密电北京,邀请李大钊赴沪会商国民党改组事宜。李大钊欣然应约,第六次踏上申城的大地。他先参加了中共第三届第一次中央全会,检查自中共三大以来各项决议的执行情况,着重讨论了国民革命运动、工人运动及宣传教育工作等,后又出席了廖仲恺在国民党上海事务所主持的商讨改组的会议,为推动第一次国共合作积极开展工作。不久,他离开了上海。

1924年1月7日,李大钊和张国焘等人乘坐特别快车南下,参加即将在广州开幕的国民党第一次全国代表大会。在北京支部六个代表名额中,李大钊是孙中山亲自指定的代表,其他五位则由选举产生。赴穗途中,李、张二人在沪稍作停留,参加中共中央会议,参与讨论并确定共产党人在国民党"一大"上应采取的态度。会上,李大钊报告了国民党组织在北方发展的经过,并称北京的中共同志之间团结一致,在对待与国民党合作问题上不存在任何分歧。主持会议的陈独秀听后甚是欣慰,随即提议由李大钊、张国焘会同已在广州的谭平山、瞿秋白等组织一个指导小组,用以协调出席国民党"一大"中共党员的行动,李大钊为该小组的负责人。

中央会议结束后,李大钊等继续行程,为建立革命统一战线、实现国共合作,搭乘火车直奔羊城。列车驶离上海北火车站后,缓缓加速,喧嚣的不夜城渐行渐远。透过车窗,李大钊朝着这座留下他青春岁月与革命历程印记的城市瞥去了最后一眼……

走向马克思主义的转折点

——1920年毛泽东寓所旧址

1920年6月7日，毛泽东曾从上海给在北京的黎锦熙发过一封信，信中透露了这样一条消息："京别以来，25天才到上海，寓哈同路民厚南里29号。"据说，这是毛泽东来上海进行革命活动最早的寓所。那么它在哪里呢？哈同路就是现在的铜仁路，但在它的西侧没有民厚南里，而只有一个叫"慈厚南里"的老弄堂。寻访人员向慈厚南里周围的老居民打听后得知：此处原是哈同房产，1914年建成后就叫"民厚南里"。于是，寻访人员找来了哈同的干儿子罗友兰，证实军阀徐世昌、曹锟封哈同妻子为慈惠夫人、慈淑夫人后，哈同所有的房产都改成了慈字当头，"民厚南里"便改名为"慈厚南里"。

1920年的毛泽东

当时的调查小组走访了有关部门，从档案资料中找到《工部局公报》和一些房屋门牌编号档案及一张1934年上海商务全图，查明民厚南里29号就是现在的安义路63号。这幢沿街的砖木结构两层楼房当时成了庵堂，好在外貌并无太大的变动。后来，又听说民厚南里不少住户门上尚存有过去哈同的门牌。为进一步证实，寻访人员将63号门牌撬开，果然发现里面有一块隐约可见的门牌编号为29号。

1920年5月5日，毛泽东是第三次来上海了。记得第一次来上海的日子是1919年3月14日、17日、31日，那时他、萧三和寰球中国学生会会长朱少屏、华法教育会会计吴玉章，去杨树浦轮船码头为赴法者送别。第二次赴上海是1919年12月中旬，他从武汉绕道上海为赴法勤工俭学的蔡和森、向警予、蔡畅、蔡母葛健豪等送行，由于蔡和森等启程时间推迟，不能久待，即离上海去北京。这次来上海，毛泽东的内心世界更加丰富，需要做的事情也更多了。

这次来上海两个月中，毛泽东一直住在哈同路民厚南里29号（今安义路63号）。这是一幢两层楼砖木结构的房子，大门为普通的排门，底层前半部是店堂，后半部右侧为灶间，左侧为小天井。店堂与灶间之间是楼梯。沿着倾

黎锦熙

走向马克思主义的转折点

1920年毛泽东寓所旧址

安义路63号外景

前楼正房

诞生地 寻找中共在上海的红色基因

安义路63号正门

故居内景

斜角度颇大的楼梯往二楼走,就来到了毛泽东曾经居住过的地方。前楼是宽敞明亮的正房,房外有一个小阳台,后楼为一个小亭子间,上有晒台,有尖头木栅栏与邻居相隔。

据新民学会李思安回忆,这个房子是她出面租赁的,用来作为湖南新民学会会员到上海活动时的住处。当时,毛泽东和随同来沪的15岁的张文亮住在前楼正房,房内有两张单人木板床,毛泽东就睡在靠北的落地长窗旁的板床上。床头有一张方形茶几,上面堆满了《申报》《新闻报》《长沙大公报》《新青年》《天问》《湖南》等各种报刊。小阳台上放置一张藤睡椅,毛泽东常坐在上面看书,思考着改造中国的道路。在给北京的黎锦熙老师亲笔信中,他谈及了南下见闻和自己追求革命的决心,说他准备浏览在沪"新出的报、杂志、丛书及各种译本,寻获东方及世界学术思想之大纲要目"。

不久,李思安也搬了进来,住在灶间。楼下店堂不住人,供吃饭和会客、开会之用。靠近楼梯的地方,有一圆形柴炭风炉,炭篓放在楼梯底下。所有家具,都是东租西借凑合起来的。他们的生活十分简朴和清苦。为了省钱,同住的几个人轮流做饭,每天用炭烧小行灶,放少量的油和盐,吃蚕豆煮米饭和青菜豆腐汤。为了维持生活费用,他们还帮人洗衣服。毛泽东在给友人的信中诉说自己工读生活的困境:"因为接送（衣服）要搭电车，洗衣服所得的钱又转耗在车费上了。"

在这里居住期间，毛泽东以"驱张"代表团成员的身份，发起成立"湖南改造促成会"倡议，并在《时事新报》《申报》上发表过多篇文章。他草拟了《湖南人民的自决》，在驱张运动中应运而生的《天问》周刊第23号上发表，提出"社会的腐朽，民族的颓败，非有绝大努力，给他个连根拔起，不足以言摧陷廓清"。随后又在《申报》发表了他起草的《湖南改造促成会发起宣言》。虽然张敬尧被驱出湖南只是时间问题，可他终究没有走，还得再烧一把火；他还得与旅沪新民学会会员、湘籍名绅商量，张敬尧被驱出后的湖南将向何处去？

《天问》周刊第23号封面

著名的私家花园——半淞园

5月8日,他又召集留在上海和准备去法国勤工俭学的新民学会会员,在位于黄浦江边码头附近的著名私家园林,召开一次"半淞园会议"。园内有听潮楼、留月台、鉴影亭、迎帆阁、江上草堂、群芳圃、又一村、水风亭等景点,长廊曲折环水。毛泽东等人入园后先是驾舟游湖,后又登山望远,然后选择一个有石凳石桌的亭子,详尽地讨论了新民学会的任务、活动原则、入会手续等问题。会议认为,学会应采取"潜在务实、不务虚荣、不出风头"的作风,吸收新会员要具备"纯洁、诚恳、奋斗、服从真理"四项条件。休息时,饱览园林景色的12人,在霏霏细雨中合影留念。翌日,毛泽东又和随同来沪的张文亮一起到洋泾浜法国码头,与陈赞周、萧三等六位赴法勤工俭学的新民学会青年握手告别。

毛泽东在上海另一个经常活动的内容是拜访名人。他拜访过著名湘绅章士钊,还在他那里得到所筹两万银元助学款,因而也就有了四十多年后"还债"的故事;他在民厚里一家商店的前楼,邂逅过《少年中国》月刊主编左舜生,随后又在民厚北里小菜场边摆过一回龙门阵。不过,在将近两个月的时间里,毛泽东拜访最多的恰恰是住在环龙路老渔阳里2号(今南昌路100弄2号)的陈独秀。毛泽东对这位比他大十多岁的风云人物十分崇敬,认为:"冲决一切现象之网罗,发展其理想之世界,行之以身,著之以书,以真理为归,真理所在,毫不旁顾,前之谭嗣同,今之陈独秀。其人若魄力雄大,诚非今日俗学所可比拟。"

章士钊

左舜生

陈独秀

走向马克思主义的转折点

毛泽东曾多次与陈独秀讨论马克思主义问题（国画）

在这所普通的石库门公寓里，毛泽东经常与陈独秀促膝长谈，相见恨晚。当时，陈独秀已将全国闻名的《新青年》编辑部从北京迁到上海，并在此筹建上海共产党早期组织，酝酿建立中国共产党。陈独秀关注湖南，器重毛泽东。1920年1月5日，他在《欢迎湖南人底精神》一文中写道："湖南人底精神是什么？'若道中华国果亡，除非湖南人尽死。'无论杨度为人如何，却不能以人废言。湖南人这种奋斗精神，却不是杨度说大话，确实可以拿历史证明的。"他从《湘江评论》、"驱张"运动和与毛泽东的交谈中，已经感触到湖南人的奋斗精神，已在毛泽东这样"可敬可爱的青年身上复活

位于环龙路老渔阳里2号的陈独秀寓所

1920年6月,毛泽东告别了这所旧居

了"。他热情讴歌:"我们欢迎湖南人的精神,是欢迎他们的奋斗精神,欢迎他们造的桥,比王船山、曾国藩、罗泽南、黄克强、蔡松坡所造的还要雄大精深得多。"正是有了这种思想基础,毛泽东与陈独秀的沟通和交流也就非常顺畅和融洽了。

毛泽东多次与其商讨"改造湖南联盟"的计划,陈独秀则把建党计划和盘托出,还委托给毛泽东一个重要任务,即回湖南组建该地区的共产党组织。为了便于毛泽东在湖南开展建党工作,陈独秀经常把上海的情况告诉他。在回湖南告别时,陈独秀再次肯定他们的计划如能实现,也是建党的最好准备,并把湖南列入了自己的组党计划。后来毛泽东曾对斯诺回忆过这些谈话:在上海陈独秀"对我的影响也许超过其他任何人","陈独秀谈他自己的信仰的那些话,在我一生中可能是关键性的这个时期,对我产生了深刻的印象","到了1920年夏天,在理论上,而且在某种程度的行动上,我已成为一个马克思主义者了,而且从此我也认为自己是一个马克思主义者了"。在1945年的延安,毛泽东说,是陈独秀最早告诉他"世界上有马克思主义"。

毛泽东寓所旧址纪念馆

1920年6月,张敬尧逃离湖南,毛泽东也于7月返回湖南长沙。正是在这所旧居里,毛泽东的思想发生了重大的变化,最终选定了自己的人生之路,促成了他由激进的民主主义者向马克思主义者的转变。他后来告诉斯诺:"我一旦接受了马克思主义是对历史的正确解释以后,我对马克思主义的信仰就从来没有动摇过。"

逆境中不屈奋斗的革命志士

——邓中夏旧居

诞生地 寻找中共在上海的红色基因

邓中夏

1923年"二七"惨案后,曾领导长辛店铁路工人、开滦煤矿工人、京汉铁路工人大罢工的工运领袖邓中夏,从北京秘密来到上海。为了对付军阀的通缉,他改名为邓安石,住进了宝山路宝山里(今宝山路403弄,原建筑毁于1932年"一·二八"事变)92号。这是一幢两层石库门楼房,楼上为李立三居住,邓中夏住在底层,室内布置得非常简陋,仅有一张床,一个写字台,几把椅子。他就在这样极其简陋的环境下,忘我地工作。

同年4月,经李大钊介绍,邓中夏应上海大学校长于右任之聘,担任了该校校务长,负责主持学校的行政工作。邓中夏制定了学校发展规划,草拟了上海大学章程,并着手学校的扩充、改组等工作。学校对课程设置进行了改革,增加社会学系,聘请了瞿秋白、恽代英、张太雷、蔡和森、萧楚女、蒋光慈、任弼时等任教,同时积极贯彻中共的统一战线政策,团结各阶层人士。邓中夏锐意进取,大胆

位于宝山路宝山里92号的邓中夏旧居

上海大学西摩路旧址(油画　作者：李醉)

改革，从而使上海大学面貌为之一新，各地进步青年慕名而来，入学人数一下子激增至三百余人。

1924年2月，上海大学迁到了当时的公共租界西摩路132号的新校舍(今陕西北路342号南阳路口绿地，原楼已拆)，邓中夏也离开了宝山里旧居。到了下半年，整个职工运动开始由消沉局面转为复兴阶段，为了迎接这个新高潮，邓中夏离开了上海大学，专心致力于工人运动。他与李立三等在上海小沙渡槟榔路锦绣里3号(今安远路62弄178—180号)开办工人夜校，去槟榔路德昌里(今安远路278—280号)的沪西工友俱乐部指导工作，发展一批工人骨干入党，领导了上海日本纱厂二月大罢工。5月，在第二次全国劳动大会上，邓中夏当选为中华全国总工会秘书长兼宣传部长，并由中共中央任命为全总党团

诞生地 寻找中共在上海的红色基因

沪西工人半日学校旧址

沪西工友俱乐部旧址（绘画）

邓中夏在省港大罢工期间向工人群众演讲

书记。五卅运动爆发，他远赴香港，参与领导省港工人大罢工。

1927年，邓中夏到武汉参加中共五大，被选为中央委员。在"八七"会议上，当选为中共中央政治局候补委员。8月中旬回沪，任中共江苏省委书记，组建、恢复被国民党当局破坏的党组织和工农运动。1928年4月，邓中夏怀着激动的心情来到了向往已久的世界革命中心莫斯科。在那里，他先后出席了中共六大和共产国际六大，并被选为赤色职工国际中央执行局委员、中共六届中央候补委员。会议结束后，他作为中华全国总工会驻赤色职工国际代表，与瞿秋白等六位同志组成中共驻共产国际代表团，留在莫斯科，负责协调共产国际对中共的指导。

莫斯科中山大学是共产国际为培养中国革命干部而创办的一所学校。在共产国际东方部负责人、中山大学校长米夫一手扶植下，王明宗派集团控制着中山大学党支部，引起了中山大学广大中国学生的愤怒。中共代表团团长瞿秋白派邓中夏等前往中山大学进行调查。在调查处理中，邓中夏察觉到米夫培植王明宗派集团夺取中共领导权的野心,于是向共产国际提出撤换米夫中山大学校长职务的建议。1929年秋,米夫、王明等人利用苏共"清党"之机,把大批反对过他们的中山大学学生诬为参加"第二条路线联盟"的反党分子,而把瞿秋白、邓中夏等人说成他们背后的支持者,犯了反共产国际的机会主义"罪行",这一指控得到了苏共中央和共产国际的支持。不久,邓中夏等人奉党中央命令,相继离职回国。

1930年8月,邓中夏从苏联回到上海后,由中央派往湘鄂西担任特委书记、红二军政委兼前敌委员会书记。他于9月到达洪湖苏区后,与贺龙、周逸群一道,呕心沥血地领导军民进行艰苦卓绝的武装斗争,为巩固和发展湘鄂西根据地,做了大量有益的工作,取得了显著的成绩。其间,他还撰写了反映中国早期工人运动的第一部历史著作《中国职工运动简史》。但是,对邓中夏怀恨在心的王明一伙,却打着"反立三路线"的幌子,对邓中夏抓住不放,蓄意进行报复。不久,他被撤职了。

次年12月的一天清晨,在一名交通员的带领下,邓中夏满腹辛酸地离开了他英勇奋斗了一年多的洪湖苏区,登上了一只去上海的小船,准备接受中央的最后处理。到达上海后,等待他的是更不公平的待遇。开始的一段日子里,王明控制下的中央既不对他作出审查结论,又不安排他任何工作,甚至停发基本生活费。李瑛得知情况

莫斯科中山大学

《中国职工运动简史》书影

邓中夏与家人的合影

后，便向组织申请与丈夫住在一起，以照顾他的生活。最后，组织上虽同意了她的要求，却把她调离出情报机关，安排到一个日本纱厂做群众工作。他们夫妇居住在一间十分简陋的房子里，靠着李瑛挣得的一点微薄工资来维持连稀饭都吃不饱的困苦生活，身患疟疾的邓中夏，顿时陷入了极其艰难的境地。

邓中夏不忍心让妻子一个人肩负生活的重担，便主动担负起琐碎的家务。就是在这样一贫如洗、含冤受屈的日子里，他丝毫也没有动摇对革命事业的坚定信念，更没有流露半点消极悲观的情绪。他密切关注着革命形势的发展，为红军打了胜仗兴奋得夜不能寐；他时刻关心着那些遭受王明错误路线打击连饭都吃不上的同志，为把他们带回家吃顿饭，当掉了所有像样一点的衣服。他还全力支持李瑛做好革命工作，鼓励她勇敢地面对各种困难和痛苦。

在邓中夏的一再请求下，党中央将他分配到沪东区委宣传部工作。区委书记思想极"左"，处处以革命派自居，而把邓中夏作为机会主义者对待，先是安排他刻钢板，后来又要他编印《前锋》小报。从此，沪东区委宣传部的那间小屋里，每天一早，就有一个头发长长的人趴在桌子上，拿着一支铁笔，在蜡纸上吃力地刻着，直到天黑才离去。谁都难以想象，他就是当年省港大罢工中叱咤风云的人物。

对于组织上分配的这份与自己才能、声望极不相称的工作，邓中夏毫无怨言，真正做到了以党的利益、革命的利益为第一生命，无论是刻钢板还是办报纸，他都一丝不苟，干得相当出色。一次，莫斯科学习时的一位同学帅孟奇，听说区委有一个很会写文章的干部，就按照事先约好的联络暗号前去拜见，见面时不禁大吃一惊，原来站在她面前

逆境中的邓中夏

法大马路西新桥一带

的竟是党内的高级干部,怎么却在一个基层组织干杂事?邓中夏看出了她的困惑,连忙笑着说:"共产党员嘛,哪里需要就到哪里去。"

1932年10月的一天,邓中夏化装成商人,穿着长袍马褂,来到位于法大马路(今金陵东路)西新桥附近互济总会宣传部秘书长郑绍文的家。他临危受命,被中央指派重建互济会。他不顾过去在上海长年公开活动容易暴露的危险,化名后到处奔走,甚至公开出面召集会议演讲,联系各界支持革命的人士,很快打开了工作局面,除了积极与赤色国际互济总会取得联系,争取国际援助外,还为狱中难友聘请律师营救、争取社会力量的支持而四处奔波。

1933年5月11日上午8时，被国民党劝降后叛变的共青团沪西区委书记刘宏，看到互济总会援救部长林素琴在小沙渡槟榔路（今安远路）口，坐上一辆人力车，当即他就实行跟踪。人力车停在法租界环龙路骏德里（今南昌路594弄，已拆）37号，林素琴下了车，看看四周没人，转身上了楼，刘宏记下了这个地址。在以后的三四天内，刘宏从早到晚就守在那儿，观察她进出行踪之规律，一旦确认林素琴的住址后，立即上报了上海市公安局。

5月15日晚，邓中夏离开法租界麦琪路（今乌鲁木齐中路）光华理发店的住处，到环龙路骏德里37号二楼亭子间去找林素琴研究和布置工作。林素琴在互济会内被称呼为"阿大"，她母亲曾向邓中夏说过，阿大不宜做跑来跑去的工作，因为她的特征太明显，首先她是斜眼睛，眼中还有白点，看不远；另外她还很爱打扮，常穿一件紫红的旗袍，衣衩开得很高，容易引起别人的注意。但是邓中夏出于阶级同情，还是将援救部长的重要职务交给了她。

邓中夏刚到林素琴住处后不久，就有一批法租界巡捕房巡捕和暗探闯了进来，将邓中夏和林素琴逮捕，并在屋内搜出了大量的革命传单和书籍，以及互济会费用收据账单等。敌人立即将邓中夏和林素琴带回捕房，第二天即解送江苏高等法院第三分院进行审判。

狱中的邓中夏

敌人本来是搜捕林素琴的，没想到意外捕到了邓中夏。当时敌人并不知道他的真实身份，邓中夏也一口咬定自己叫"施义"，在湖南当教员，这次是来上海访友的。他托人带了封信给互济会的律师史良，信中说："我因冤枉被捕，请史良律师速来巡捕房和我见面。"具名施义。史良接信后，立即去嵩山路巡捕房（今淮海中路235号），并用三个大洋支走了巡捕。邓中夏对她说："我担任重要工作，请设法营救。"虽然他没有说出自己的身份，但以十分信任的态度相托，使史良十分感动。她当即问邓中夏，可有什么证据落在敌人手里？邓中夏回答说没有，只是走错了房屋，才被错捕的。史良听后说："这个案子我接了，你在法庭传讯时务必什么都不要承认。"邓中夏点了点头。

逆境中不屈奋斗的革命志士

嵩山路巡捕房旧址

邓中夏被捕后，互济会立即展开了多方面的营救活动，除了请唐豪等名律师为他辩护外，还将这一消息报告给了中国民权保障同盟主席宋庆龄，请她设法营救。宋庆龄不负重托，约史良到自己家里，和她商量如何营救邓中夏，特别是不能让国民政府将他引渡到南京去。史良深感责任重大，于是请了自己的老师董康一起承办此案。他们分析后认为，当前最重要的是，不能让国民党把人弄走。

5月16日开庭时，上海市公安局派人来要求把"施义"引渡过去，由他们处理。由于史良事先做了捕房律师顾守熙的工作，结果法庭作出对施义"不准移提"的裁定，却没顾及到林素琴而把她移交了出去。没想到这个裁定给"施义案"留下了祸根。

史良律师

为了营救邓中夏出狱,党组织花费了大量的人力和财力。就在法院考虑释放施义外出治病时,林素琴叛变了。在国民党特务机关"中央党部调查科"机要科长顾建中的威逼利诱下,她不但承认了自己的身份,同时供出施义就是中共中央委员邓中夏,还供出去年被捕的李瑛就是邓中夏的妻子。

为了劝降邓中夏,敌人用高官厚禄来收买他,邓中夏嗤之以鼻;敌人派了曾任中共驻共产国际代表、后叛变革命的余飞来离间他,说:"你是共产党的老前辈,现在却受莫斯科回来的那些小辈欺压,连我们都为你感到不平。"邓中夏轻蔑地回答:"这是我们党内的事,你有什么权力过问?一个患深度杨梅大疮的人,有什么资格嘲笑偶尔伤风感冒的人?"国民党不甘心,又派了一个所谓"理论家"来劝降,邓中夏对他说:"假如你们认为自己是有理的,中共与邓中夏是有罪的,那么,就请你们在南京举行一次公开的审判,量你们的蒋委员长第一个就不敢这样做。"

敌人正式提审邓中夏,可是不到半个小时,邓中夏就回号子了。大家诧异地问道:"怎么这样快就结束了?"他说:"问过了,我学给你们听听吧。"他笑了笑,装着法官的腔调表演起来:"你叫什么名字?""邓中夏,又叫施义。""你是共产党员吗?""不错,是共产党员。""你在党支部里干什么?""中央委员、中国工农红军第二军团政委。""还干过什么?""够了!够枪毙了,还问什么?""贺龙红军中和你同事的还有哪些人?""你明明知道我不会讲,何必问我?"邓中夏哈哈一笑,就这样五问五答,法官看再也问不出什么来,便不问了。敌人又用皮鞭、老虎凳、通红的烙铁……而这些酷刑只能伤害他的躯体,却动摇不了他的信仰,动摇不了他那颗为党、为人民的赤胆忠心。

他在狱中曾写下了这样的话:"一个人不怕短命而死,只怕死得不是时候,不是地方。中国人很重视死,有重于泰山,有轻于鸿毛。为了个人升官发财而活,那样苟且偷生的活,也可以叫做虽生犹死,

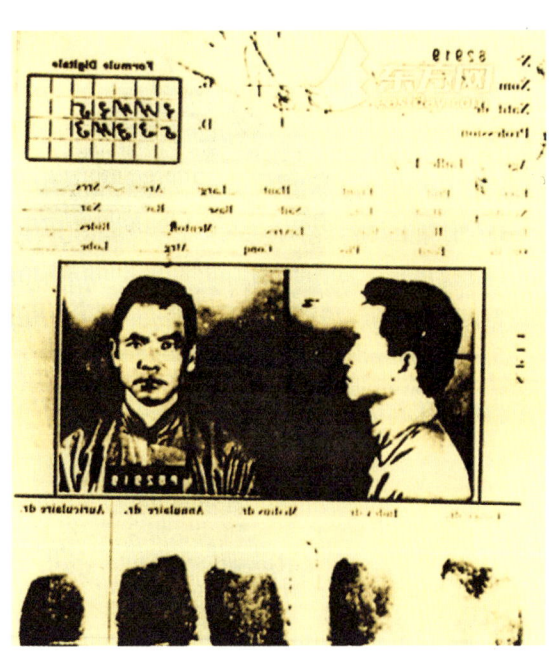

贴有邓中夏头像的巡捕房"政治犯登记表"

逆境中不屈奋斗的革命志士

热血酬壮志（宣传画）

真比鸿毛还轻。一个人能为了最大多数中国民众的利益，为了勤劳大众的利益而死，这是虽死犹生，比泰山还重。人只有一生一死，要死得有意义，死得有价值。"在即将告别人生的时刻，他给党中央留了一封信，信中深情地写道："同志们，我快要到雨花台去了，你们继续努力奋斗吧！最后胜利终究是我们的！"

1933年9月21日黎明，邓中夏拖着沉重的铁镣，挺起胸膛，喊着口号，迈着坚定的步伐，一步一步地走向刑场。临刑前，宪兵问："你还有话说吗？"邓中夏回答："对你们当兵的人，我有一句话说，请你们睡到半夜三更时好好想一想，杀死了为工农谋福利的人，对你们自己有什么好处？"

罪恶的枪声响了，中共早期的卓越领导人、中国工人运动的杰出领袖、优秀的共产主义战士邓中夏倒在雨花台上，年仅39岁。正是：慷慨赴死易，从容就义难。热血酬壮志，三春草木寒。

上海茂名路毛泽东旧居陈列馆

国民党上海执行部里的共产党人

——上海茂名路毛泽东旧居

上海市文物保护单位
A Historical and Cultural Heritage Protected at the Municipal Level

上海茂名路毛泽东旧居
The former residence of Mao Zedong on Maoming Road
茂名北路120弄7号   No.7, Lane 120, Maoming Road N.

上海市人民政府
一九七七年十二月七日公布
上海市文物局立
Promulgated by Shanghai Municipal People's Government
on December 7, 1977
Issued by Shanghai Municipal Administration of Cultural Heritage

诞生地 寻找中共在上海的红色基因

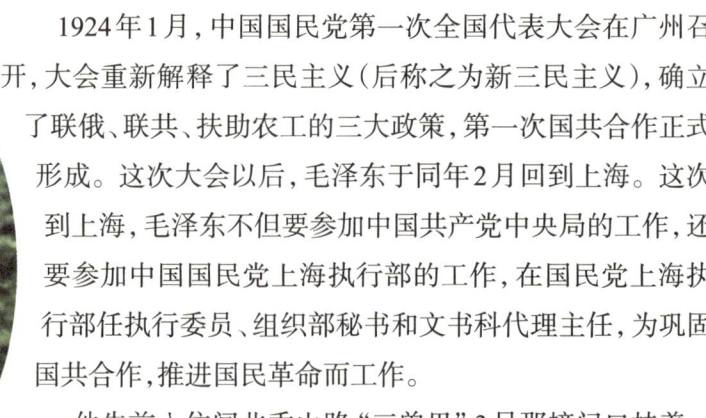

1924年的毛泽东

1924年1月,中国国民党第一次全国代表大会在广州召开,大会重新解释了三民主义(后称之为新三民主义),确立了联俄、联共、扶助农工的三大政策,第一次国共合作正式形成。这次大会以后,毛泽东于同年2月回到上海。这次到上海,毛泽东不但要参加中国共产党中央局的工作,还要参加中国国民党上海执行部的工作,在国民党上海执行部任执行委员、组织部秘书和文书科代理主任,为巩固国共合作,推进国民革命而工作。

他先前入住闸北香山路"三曾里"3号那幢门口挂着一块"关捐行"牌子的中央局机关。1924年端午节前夕,杨开慧和母亲向振熙携带2岁的岸英以及刚出生不久的岸青来到毛泽东身边,这就促使他们搬到租界内离国民党上海执行部较近的慕尔鸣路甲秀里318号(今茂名北路120弄7号)居住。

甲秀里

慕尔鸣路旧照

甲秀里318号旧址

  这里是有一百多年历史的老式石库门建筑。穿过弄堂里青砖铺就的"弹硌路",映入眼帘的是清水墙上装有的黑漆大门、金色铜环,西式的百叶窗和精细的砖雕,恍如步入繁华都市的上海人家。甲秀里的房屋一般都是二楼二底、砖木结构、坐南朝北的老式里弄建筑。楼下有前后厢房及一间客堂,前厢房是毛泽东与杨开慧的卧房兼书房,毛泽东经常在这里伏案疾书,直至深夜,而杨开慧则在一边帮他誊写文书。后厢房是杨开慧的母亲、向警予的姑妈向振熙的卧房。由于毛泽东、杨开慧工作繁忙,他们年幼的两个孩子平时就由

诞生地 寻找中共在上海的红色基因

毛泽东、杨开慧在甲秀里的家

前厢房安置的毛泽东书桌

毛泽东一家用餐和会客的客堂间

向振熙照顾。客堂放着八仙桌和几张方凳,是毛泽东一家吃饭和会客的地方。

　　杨开慧和孩子们的到来,对日夜为建立、巩固国共合作统一战线而奔忙的毛泽东来说,是一生中难得的温馨时刻。2岁的毛岸英含饴膝下,杨开慧抱着还在襁褓中的毛岸青,其乐融融,共享天伦。杨开慧又像在清水塘时那样,一面照顾毛泽东的生活,一面做党的工作,还去工人夜校讲课,从事工运和妇女工作。由于岸青太小,少不得哭闹,杨开慧经常是手抄文稿,脚踩摇篮,口里还低低地哼着催眠曲。每当看到这种动人的母子情,毛泽东心里总是暗暗自责,这些年他为革命整日奔波,很少顾及妻儿老小,让妻子承担了繁重

其乐融融的一家子（雕塑）　　　　杨开慧与孩子们唯一的合影

的家庭担子。1937年初，毛泽东在延安与斯诺夫人海伦·斯诺的谈话中称：这段日子是他一生中"最安定、最富有家庭生活气息的日子"。

甲秀里318号搬来的那位年轻"外省人"经常早出晚归，然而邻居们并不知道他的真实身份。其实，他就是前不久当选为国民党中央候补执行委员的毛泽东。他每天要去一公里以外的法租界环龙路44号（今南昌路180号）国民党上海执行部办公。中共中央十分重视统一战线和国共合作的工作，派中央局成员中的三人毛泽东、罗章龙、王荷波到上海执行部工作。恽代英、邓中夏、向警予、沈泽民、罗章龙等在执行部各部与国民党人合作共事。他们以执行部为阵地，积极争取国民党进步势力的支持，坚决反击国民党右派的破坏，成为中共在国民党上海执行部的核心人物。

在国民党一大前，国民党组织松懈涣散，不少党员只是挂名。在孙中山主持下，国民党改组，旧党员必须实行登记，规定服从国民党一大决议和党的纪律方可为党员。毛泽东负责上海地区的登记工作。一天,一个人冲到执行部楼上,碰巧胡汉民、汪精卫两人都在,纷纷上前向此人打招呼,但此人拍着桌子说:"我从同盟会开始,革命几十年还要填表?年纪轻轻的共产党人倒来问我们的履历!"原来此人便是国民党元老谢持。虽然胡、汪两人连连解释此事是孙先生决定的,但谢持连拍桌子,勃然大怒,拂袖而去。毛泽东一方面坚持原则,不来登记就丧失国民党党籍;另一方面主动派人送表上门,要秘书好好解释一下,对所填内容可以放宽,最后谢持还是填了表。他一填表,党员重新登记的工作就顺利多了。

国共两党的革命理念原本不同,随着国共合作的展开,共产党人对国民党政治资源的挤占,激增了国民党元老的政治危机感。国民党中央监委张继、谢持在收集一番"证据"后,前往广州,向孙中山和国民党中执委提出《弹劾共产党案》,上海执行部的政治环境随之恶化,各地的国民党右派分子跟着效仿,掀起了一股反共逆流。毛泽东7月辞去组织部秘书职务,推荐曾受教于胡汉民、叶楚伧的张廷灏接替,自己专任文书科工作。7月21日,由陈独秀、毛泽东联名签发的中共中央第15号通告,首次指出国民党右派对共

国民党上海执行部成员在孙中山寓所合影,后排左二为毛泽东

国民党上海执行部里的共产党人

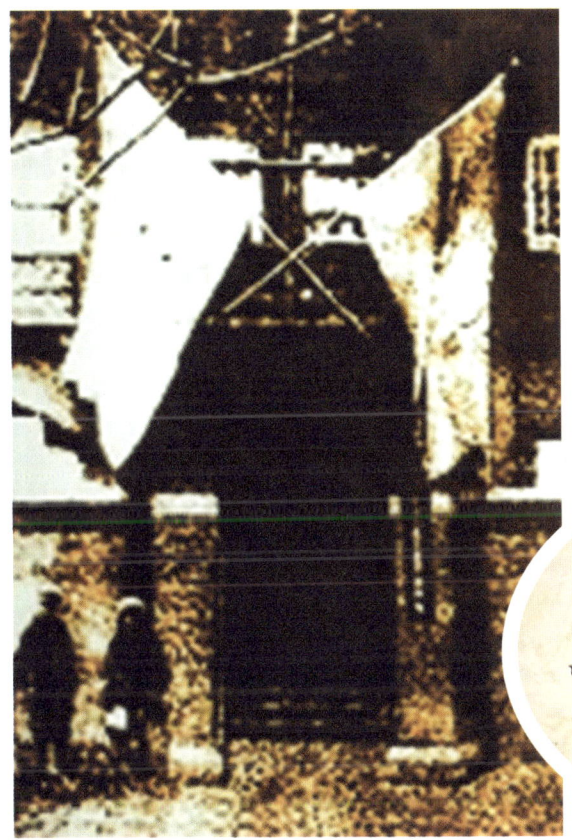

环龙路44号国民党上海执行部旧址

产党或明或暗地攻击排挤日甚一日,告诫共产党员既要对国民党右派积极斗争,又要维护国共合作的大局。

8月1日,在叶楚伧的策划下,一些国民党右派在上海南方大学召开代表会议,讨论所谓"处置共产分子问题",激发左、右两派冲突。次日,右派分子又纠众闯入上海执行部,要叶楚伧致电国民党中央"排除共党分子",并公然施暴殴打时为共产党人的邵力子。当时具有重要地位的国民党法租界区党部进行选举时,右派也因控制未成,企图进行破坏。毛泽东教育党团员和国民党左派须加强警惕,并由王荷波组织纠察队保卫会场,阻止流氓打手混入,保证了选举得以顺利进行。这些事件发生后,毛泽东与恽代英、施存统、邓中夏等联名于8月11日上书孙中山,控告叶楚伧"党纪扫地,若无制裁,何以励众。再,楚伧主持不力,迹近纵容,并乞明察。"这份重要的历史文献,真实记录了国民党右派反对第一次国共合作的情形以及毛泽东等人的从容应对,显示了共产党人在国共合作统一战线中的原则立场。

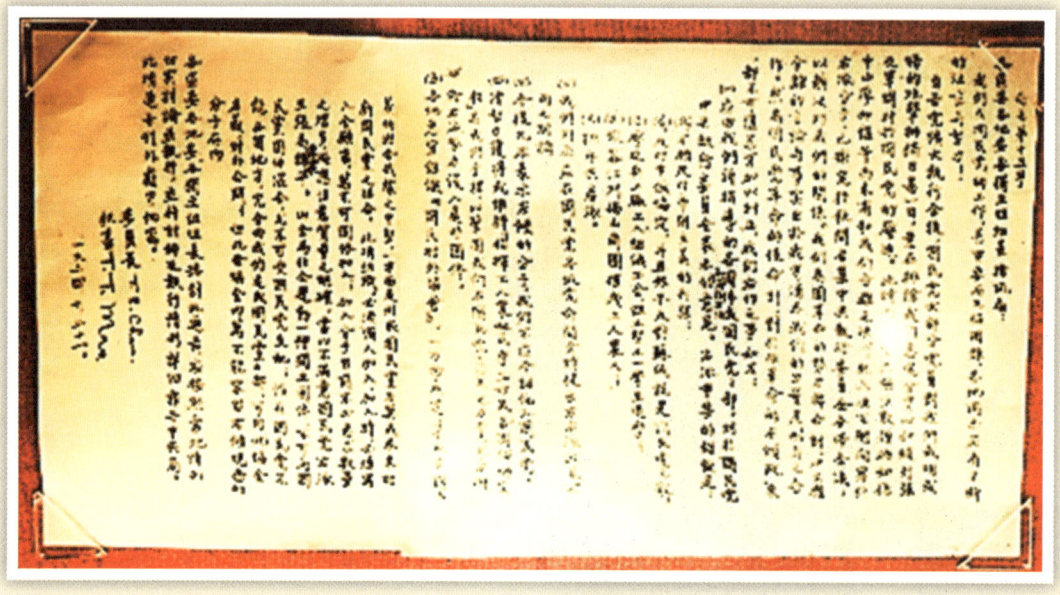

陈独秀和毛泽东签发的《中央通告15号》文件

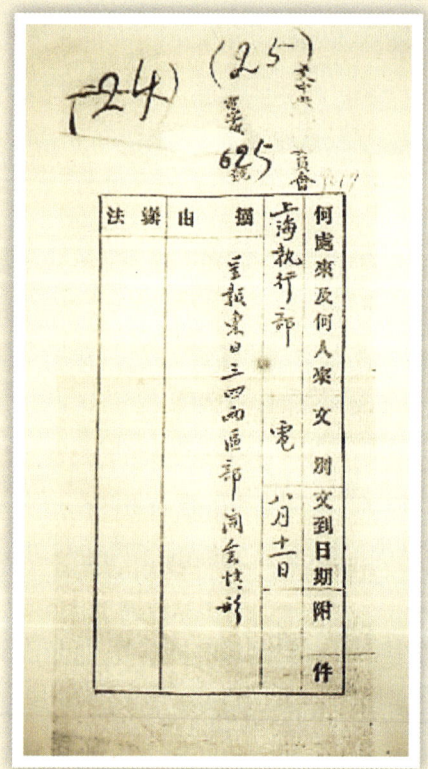

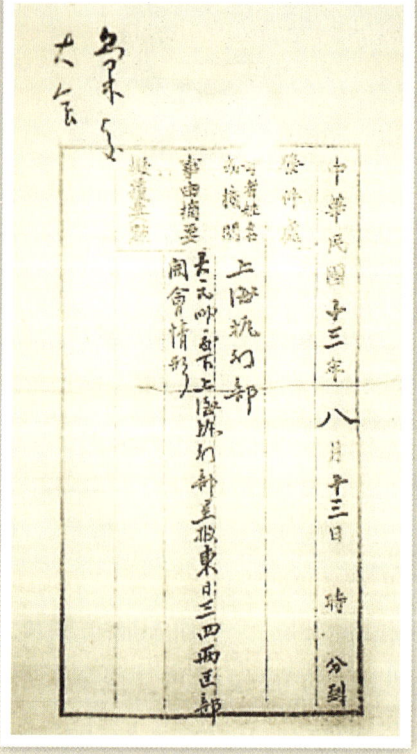

毛泽东等人于8月11日致孙中山的一份编号为9107的电文

由于右派的干扰破坏，使执行部乏人负责，工作几陷于停滞，经费也无着落。数月来，在经济极为困难的情况下，毛泽东等一些共产党人也从未放弃工作。趁孙中山北上途经上海之机，11月中旬毛泽东、恽代英等执行部14人联名致函孙中山，反映执行部面临的困境："上海执行部自8月起经费即未能照发，近来内部更无负责之人，一切事务几乎停滞，职员等薪金积压四月之久，拮据困苦不可言知。务乞总理迅派负责专员进行部务，并设法筹款，清理欠薪，实为公便。"此函以"索薪"为由，揭露国民党右派阻挠工作，实为毛泽东在上海执行部的最后抗争，体现了共产党人拥护孙中山的三民主义，坚持国共合作、反对分裂的严正立场和光明磊落的情怀。

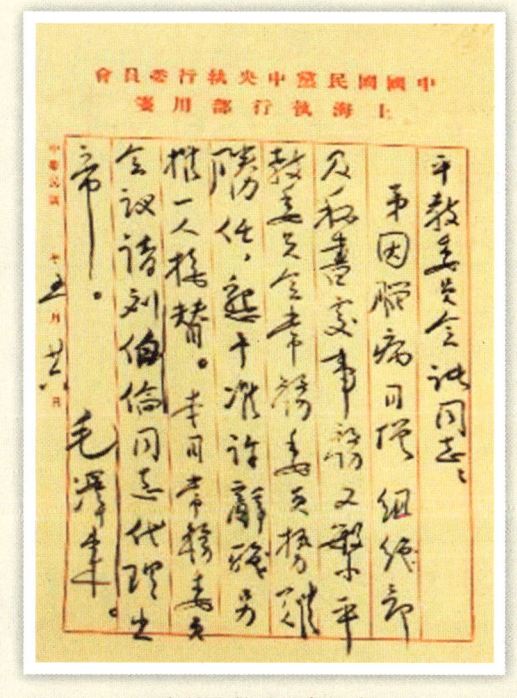

毛泽东给平教委员会的辞职书

由于国共合作中的诸多复杂问题与日益严重的神经衰弱症，那年年底，积劳成疾的毛泽东提出辞呈，并离开了上海甲秀里的旧居，一别就是多年。在对斯诺的忆述里，毛泽东说："那年冬天我回到湖南休养——我在上海生了病。"

从江南水乡练塘走出的"共和国掌柜"
——陈云故居

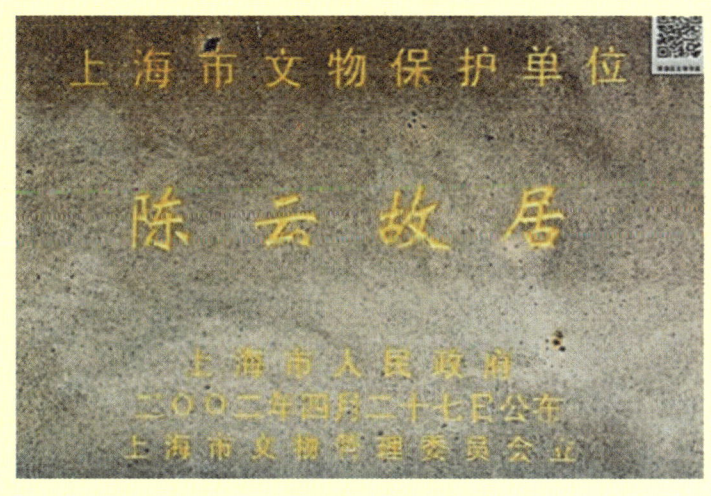

诞生地 寻找中共在上海的红色基因

江苏省青浦县的章练塘镇（今上海市青浦区练塘镇），是市郊西南角著名的江南水乡古镇，有一千多年的人文历史，具有深厚的文化底蕴。然而在这片土地的血脉中，还流淌着红色的基因。在近代革命史上，涌现出了陈云、吴志喜等革命志士，留下了许多红色的遗迹。

在练塘镇朝真桥附近，粉墙黛瓦、青柳拂桥、安详静谧，这里有一片老式的江南民居，其中一间坐南朝北、砖木覆瓦结构，沿街部分为店铺，穿过天井，后面是简陋的二层小楼，这就是现在仍保留在下塘街95号原址的陈云故居，也是陈云当年栖居舅父的家，楼上为陈云舅父母所居，楼下为陈云居住过的房间。

1905年6月13日，陈云出生在一个贫苦农家。2岁丧父，4岁丧母，与年长他八岁的姐姐陈星，一起由外祖母带着来到舅父廖文光家生活。六年后，

陈 云

位于青浦区练塘镇的陈云故居

从江南水乡练塘走出的"共和国掌柜"

陈云外祖母过世,廖文光依嘱立陈云为嗣子,并改名为廖陈云。以后,陈云与舅父母一起生活,全家依靠经营裁缝店艰难度日。

旧宅的西侧是钱家櫓行和拥有三五千亩地的大地主兼商业资本家吴开先家的四进院落,东侧是叶家祖屋、畅园书场、长春园书场和一条与市河相通的混堂浜,隔河对岸是一家典当店。由于江南地区商业发达、船只往来便利,小小练塘镇上不但冒出了新式学校、电灯泡厂,也涌现了大批的商人墨客。

天井后面简陋的二层小屋

章练塘镇朝真桥附近的房屋

旧宅内景

陈云自幼性格文静,举止端庄,时常帮助家里劈柴烧火、料理店务。虽然从小家境贫寒,但天资聪颖,用心打量着经营上的往来,从中学到了不少商务知识。闲暇时,他还会跟着舅父去离家只有三十多米的长春园书场听评弹,在艺人的娓娓道白和丝弦弹唱中度过艰辛时光。

由于生意清淡,廖文光在1911年后决定放弃裁缝生意,在铺面开个小酒馆,到晚上卖些小菜、点心,供生意人和听评弹的顾客夜宵,这可成了陈云了解世情的一个窗口。每当他帮着料理杂务时,经常能通过客人的闲谈,知晓外界的动向。不久,陈云得到了舅父母的关爱,被送入镇上私塾接受启蒙教育。后来,又乘舟北上到青浦县城乙种商业学校学习珠算和记账,但一个月后就因贫辍学。所幸酒店的常客中,有一位客人便是"章练塘公立颜安国民小学校"的第一任校长杜衡伯。他看到瘦弱的陈云在灶前烧火,就和他攀谈起来。当发现这个少年谈吐流利、记忆力强后,校长立刻与廖文光商量,免费保荐陈云入颜安小学高小部读书。

颜安小学前身为创办于光绪十五年(1889)的颜安书院,"颜安"是取"颜回安贫乐道"的寓意。为适应时代需要,学校废读经,加珠算、手工科目,定"勤诚"二字为校训,因而使"颜安"闻名遐迩,四乡学子负笈来学,成绩斐然,桃李芬芳,人才辈出。在这里,陈云遇到了改变他一生命运的恩师张行恭。1919年"五四运动"爆发,少年陈云在校内带头发起组织救国储金会,参加童子军、救

陈云听评弹的长春园书场

从江南水乡练塘走出的"共和国掌柜"

陈云就读的颜安小学

陈云在颜安小学读书的教室

陈云在张老师带领下离开家乡去上海（铜塑）

国十人团以及宣传队，在练塘镇街头、明因寺、泖口、小蒸等地张贴标语、宣讲国耻、表演短剧、抵制日货，声援五四爱国运动。通过此次洗礼，陈云开始懂得更多的革命道理。然而这年夏天，小学毕业后的陈云又因家贫，"株守在家"，没法继续升学。张老师怜才之心绵绵，却无力在经济上资助陈云，于是他托自己在上海商务印书馆工作的二弟张子宏谋了一份差事。1919年12月，只有15岁的陈云在张行恭的带领下，离开家乡练塘，搭乘一叶小舟，经松江到达上海，开始在商务印书馆当学徒。从此，翻开了他人生中新的一页。

通过多年参与领导商务印书馆职工罢工，以及先后经过三次上海工人武装起义的洗礼，陈云加入了中国共产党，政治上显得更加成熟。党的八七会议后，中共江苏省委（负责江苏、上海及安徽部分地区党务，机关设于今山阴路69弄90号）制定《江苏农民运动工

《作计划》,派出不少干部从事农民运动。时任中共上海沪中区委委员的陈云,接受党组织的委派,毅然返回故乡青浦,发动和组织农民运动。

他来到了中共青浦黄渡特支书记夏采曦的家,随即在那里举行青浦东乡党员会议,传达八七会议和中共江苏省委指示精神,决定通过搞农民暴动,推翻国民党新军阀的反动统治。会上,大家着重分析和讨论了在青浦组织秋收暴动的有利条件和斗争策略。陈云指出,青浦西乡的小蒸,紧靠沪杭铁路一侧,与松江、金山农民斗争连成一片,就能切断沪杭铁路,支援浙江及浦东地区的秋收暴动,还可配合上海的工人运动。

在黄渡夏采曦家传达八七会议精神

陆铨生故居

吴志喜故居

吴志喜　　　　　　陆铨生　　　　　　陆龙飞　　　　　　顾柱龙

不久,陈云去了练塘镇东风街93弄11号的吴志喜家,还跑到三官桥路86弄的陆铨生家,与这两位在青浦小蒸进行革命活动的中共党员取得了联系,后来陆家就成为革命者的集会场所。他们在此恢复农民协会,建立青浦第一个农村支部,建立中共青浦县委,组织农民军准备暴动。在陈云、吴志喜和陆铨生等人的发动下,小蒸地区很快组成了一支近三十人的农民革命军,由时任青浦县委书记的陈云兼任政委,吴志喜任农民军总指挥,陆龙飞担任副总指挥。

1927年冬秋收刚结束,练塘地区的催租局一次次地发出催租限单,但无人上门交租。小蒸镇大地主汪倾千、胡祖文等勾结了水警,派了一支枪船,有水警八人,一个巡长,驳壳枪两支、步枪六支,在三官塘桥堍摆起收租账台,向农民逼租。1928年1月2日夜,陈云、吴志喜在小蒸召开了中共支部大会,决定把这条催租船干掉。

陈云在武装暴动中使用的望远镜

次日凌晨,由于消息泄露,催租船悄悄向练塘方向逃跑,陈云和吴志喜等决定立即率领农民军在小蒸西北的殷庄头埋伏阻击枪船,枪船进入伏击地段后,农民军即向枪船射

农民革命军使用过的长刀

小蒸农民武装暴动指挥部旧址

击。因敌人火力猛烈,农民军即向塘南转移,与枫泾地区的农民军会合。

大地主汪倾千、胡祖文等人并不甘心失败,让警察到农会骨干家里搜查,还扬言要"杀他几个"农民军。面对这种情况,党组织决定必须要为民除害。1月5日傍晚,吴志喜带领一支农民军队伍,从西河山浜出发,越过沪杭铁路直奔小蒸。晚10时农民军首先包围了地主汪倾千的宅院,砸开大门冲入,一枪击毙了汪倾千,其兄汪士君作恶多端,也被搜出处决。之后,农民军又镇压了地保胡祖文。这就是著名的小蒸农民武装暴动。

小蒸农民武装暴动后,陈云在草场浜一个茶馆前召开数百名农会会员参加的大会,发表了慷慨激昂的演讲。会后,他与袁世钊、陆龙飞、顾桂龙等人部署了攻打枫泾的计划,并决定从铲除一批恶霸开始。一天,农民军三十多人在塘南一

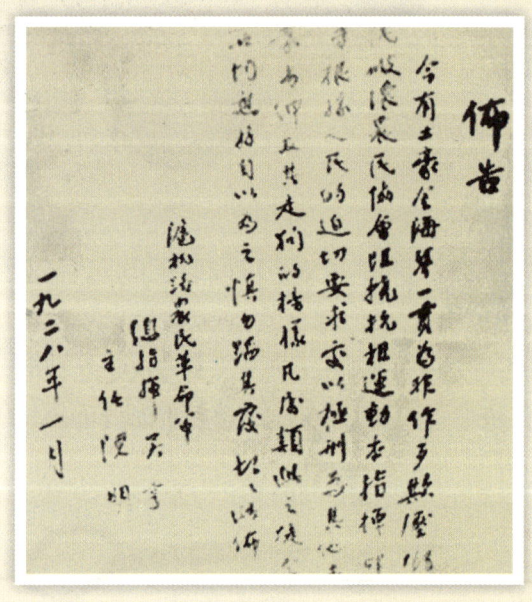

镇压地主恶霸汪倾千等四人后张贴的布告

带村镇,镇压了七名土豪劣绅,焚烧其田单、契据、债券,沿途还张贴署名"中国共产党松江第一独立支队"的布告,公开宣传"共产党是农工阶级的党""主张耕者有其田""要杀尽土豪劣绅"等主张。由于农民军纪律严明,当时的《申报》报道称:"其行动并不劫钱物,每至一家辄逼令献出单契付之一炬。"

枫泾镇上的大地主和自卫团获悉农民军将发起进攻后,惶惶不可终日,急向松江、嘉兴等地的国民党军队求援。那日凌晨,大雾弥漫,数倍于农民军的国民党军队

枫泾农民暴动指挥部旧址——大方庵

趁大雾迷漫偷袭松江区新浜镇赵王村大方禅院内的枫泾暴动指挥所。吴志喜得到报信后,立即鸣枪示警,并和副指挥陆龙飞一起掩护农民军撤退,子弹告罄,就用砖块掷向冲上来的敌人,终因寡不敌众,不幸被捕。袁世钊等听到枪声,马上带领农民军向西南方向撤退,突出了重围。

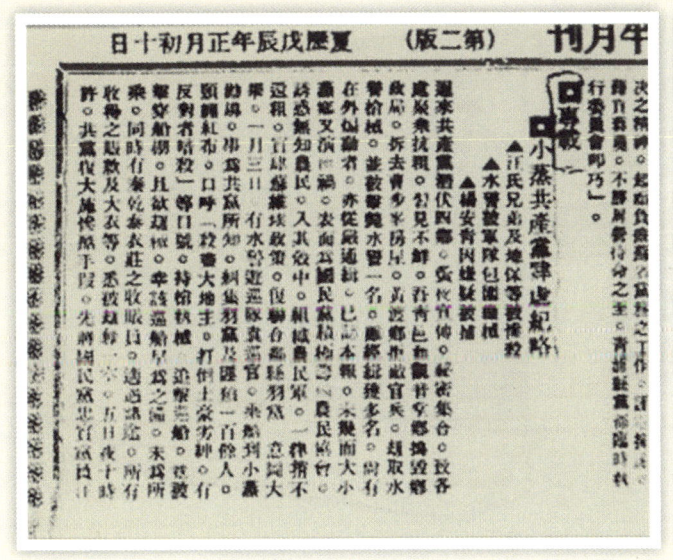
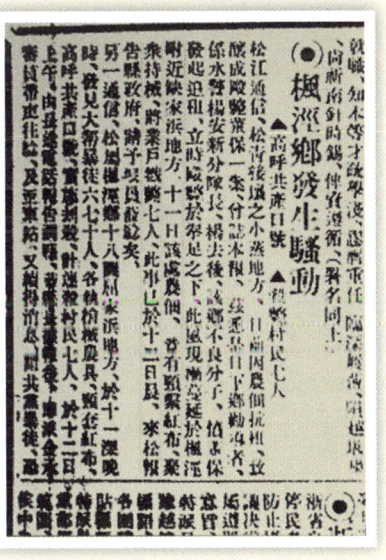

当时各界报纸对小蒸、枫泾地区农民武装暴动进行的报道

枫泾农民暴动指挥部旧址内景

陈云铜像

陈云故居

从江南水乡练塘走出的"共和国掌柜"

陈云得知吴志喜、陆龙飞被捕,前往松江争取设法营救,并通过关系送信给他们。吴志喜、陆龙飞从狱中回信说:"我们的命大概不能保了,牺牲我们两人是不要紧的,你们的工作是更重要的,在生死关头,还是以革命力量为重。"陈云、王若飞虽多次营救,最后都未成功。此后,根据党组织的指示,一部分骨干撤到上海,转入地下斗争;一部分骨干仍坚守于青浦、松江,继续与敌人作斗争。

中共党内的"铁算盘"

来到上海的陈云,发起过农民运动,参加过上海工人三次武装起义,领导过中央特科,从事过中央组织工作。随着解放战争的节节胜利,这位从江南水乡练塘走出的革命志士又转向经济领域,主持中央财经工作,打胜了上海的"银元之战""棉纱之战""粮食之战",被人们称为"共和国掌柜"。位于朱枫公路3516号的"陈云纪念馆"里,那些泛黄的照片和珍贵的实物,留下了他青少年时代生活和投身革命的足迹,记载着他与这片养育自己的土地一个个永勿相忘的历史时刻。

陈云纪念馆

隐秘的藏身之地被"启用"

——周恩来在沪早期革命活动旧址

诞生地 寻找中共在上海的红色基因

周恩来（素描）

虹口北四川路永安里（今四川北路1953弄）44号，是一座中西合璧式的石库门三层楼寓所，与当年有诸多文化名人居住的多伦路相连。这里的住房户户毗连，联排朝南而居，外墙立面有古典英国式和西班牙式风格的装饰。永安里的先期居住者以永安公司职员为主，后来逐渐混杂，但居住者大都是殷实人家。1925年永安里刚建成时，来自江苏淮安的一个大家族——周家，便买下这幢房子准备给儿子结婚用。当家人是周恩霪和蔡庆荣夫妇及其二岁幼子周尔鎏，先后在此同住的有周恩霪的父母亲周贻康夫妇，以及周贻康的堂弟周贻能夫妇。周贻康和周贻能是分属周氏家族中的二房和七房堂兄弟，所以周尔鎏称周贻能为七爷爷。七爷爷周贻能有个儿子，就是日后举世闻名的周恩来。

北四川路永安里弄堂口

位于北四川路永安里44号的周恩来早期革命活动旧址

隐秘的藏身之地被"启用"

　　周恩来和堂弟周恩霔一家关系不同寻常，1924年从欧洲回国到上海从事职业革命工作后，他首先就去找周恩霔，随后彼此来往密切。周恩来早就有意在上海寻找最可信赖的亲属寓所，以备遇到危机时刻紧急"启用"。

　　那是1924年12月的一个晚上，周恩来与刚从莫斯科东方大学留学回国的黄平一起，来到黄浦路20号的苏联驻上海总领事馆。领馆地处外滩著名的外白渡桥畔，是一栋融合了巴洛克式和德国复兴时期风格和元素的建筑，漂亮却饱经沧桑，1916年竣工后开馆，随后因十月革命爆发而关闭，两个月前因苏联和中国宣布建交而得以重见天日。此时，共产国际代表维经斯基正第四次来华指导工作，而他最想见的就是面前这两位年轻人。黄平，这位只有七个月中共党龄的年轻人，以其出色的英文水平，曾经担任1924年5月到莫斯科出席共产国际第五次代表大会的中共代表李大钊和刘清扬的翻译。会议期间黄平陪李大钊漫步列宁格勒，陪刘清扬拜会列宁夫人克鲁普斯卡娅。正是因为有这份耀眼的简历，才令维经斯基百忙之中有兴趣看一眼这位年轻人。为了保密起见，维经斯基与他没有谈多少话，但得知黄平从莫斯科回国途中没有领到路费，马上慷慨地给了他100元。

外白渡桥畔的苏联驻上海总领事馆（右）

诞生地 寻找中共在上海的红色基因

位于黄浦路20号的苏联驻上海总领事馆旧址

站在黄平边上的那位26岁的年轻人,就是一个月前出任广州黄埔军校政治部主任的周恩来,他是维经斯基点名要见的中共领导人。当天上午,周恩来在距离总领事馆不到两公里的虹口四川北路横浜桥北堍,主持了一场有关中共的军事报告。陈独秀和顾顺章特别介绍黄平去列席这个会议,他也就有幸在这个会议上见到了周恩来。拿到100元经费的黄平颇为意外地发现,作为黄埔军校政治部主任的周恩来"手头钱紧",就主动分给周恩来50元,但他没有想到的是,这位受惠者竟是中国政治舞台上将要升起的一颗耀眼明星。

1926年12月,周恩来奉党中央之命秘密离开广州,至上海任中共中央军委书记。来到上海后,他住在东鸭绿路(今周家嘴

位于周家嘴路628号的周恩来旧居

348

628号）一处民宅内。1927年2月第二次武装起义时，周恩来参加了起义的部分准备工作，以熟悉情况。为准备第三次武装起义，中央成立了特别委员会，并委派曾经参加两次东征、有军事工作经验的周恩来担任特军委负责人和武装起义总指挥，负责军事工作。

第三次武装起义时的周恩来

上海工人第三次武装起义的胜利，打击了帝国主义和军阀的反动统治，使上海重新回到了人民的手中。1927年4月12日凌晨，蒋介石以共进会流氓打头阵，周凤岐的26军武装相配合，突然向共产党人举起了屠刀。周凤岐调斯烈的第2师秘密包围了上海总工会机关和工人纠察队总指挥部，企图把工人纠察队和共产党人一网打尽。可是26军中也不乏正义感的官兵，军政治部主任赵舒多年来追随孙中山革命，对周凤岐追随蒋介石反共十分不满。第2师师长斯烈跟随党代表，受到一定的革命影响，对周凤岐的命令也阳奉阴违。就在第2师发动进攻前的紧急时刻，师长斯烈派人到商务印书馆送信给周恩来，邀请他到第2师司令部谈判。周恩来虽然预感到形势危急，但认为可以利用和争取他，于

蒋介石发动"四一二"反革命政变

1903年的礼查饭店

是就应邀前往。结果,赵舒与斯烈商量过后,决定立即护送周恩来脱离闸北这块危险的地方。

4月14日下午,周恩来被迫转移到上海吴淞附近徐家宅一处工人住家的小阁楼上继续工作。这里远离市区,偏僻荒凉,巷子狭小,房屋破旧,附近居住的大多数是吴淞机器厂的工人,是一处很适合的秘密据点。不过,当时形势很紧急,根据党组织的决定,周恩来不能在徐家宅逗留太长时间。5月上旬,他和从广州赶来的邓颖超,旋即入住苏联驻上海总领事馆马路正对面、黄浦路15号的礼查饭店(Richards Hotel,今浦江饭店)311房间。这是上海开埠以来第一家最豪华的西商饭店,也是中国及远东最著名的饭店之一,1846年为一位名叫礼查(Richards)的外国人投资新建。礼查饭店是一家高级饭店,当时住的几乎全是外国人和高等华人,这使得他们进出也需要充阔佬,周恩来穿得西装革履,邓颖超身穿旗袍,脚上穿高跟鞋,冒充阔太太。他们在礼查饭店足足住了两个多月,不能出门,靠地下党组织派人联系,真把他们憋得慌。

1927年5月下旬的一个晚上,乔装后的周恩来在一位地下交通员的陪同下,悄悄地来到距离礼查饭店一公里之外的黄浦江公平路码头,登上了一艘西行武汉的英国轮船。周恩来躲在那艘轮船的三等舱位,两天没有出来,同船有中共武装人员随行保护。据说过芜湖时最为紧张,周恩来直到九江境内才换上便装,走出舱房到甲板上透透气。几天后,周恩来终于抵达武汉。两个月后的8月1日,由他担任前敌委员会书记的南昌起义爆发了!

隐秘的藏身之地被"启用"

位于黄浦路15号的礼查饭店

周恩来、邓颖超夫妇

礼查饭店内景

同年11月,南昌起义失败后,周恩来辗转从香港回到上海,参与中共中央的工作。1928年,正在《布尔塞维克》编辑部工作的黄玠然受命在离永安里44号周家不远的135号建立中共中央联络处,由黄玠然夫妇与其父母居住于此,掩护机关。同年秋天,黄玠然调任中央秘书处,搬离此处,周恩来安排中央秘书处文件阅览处负责人张纪恩和张越霞以夫妻名义在此居住。中央领导同志在这里阅览处理文件,周恩来、罗登贤、李维汉等也经常到这里开会、商量工作。

1931年5月,周恩来和上海地下党又面临了一场灭顶之灾。一天深更半夜,永安里44号门口,一阵急促的叫门声划破宁静的夜晚。一位身着长袍、头戴礼帽、商人打扮的30岁

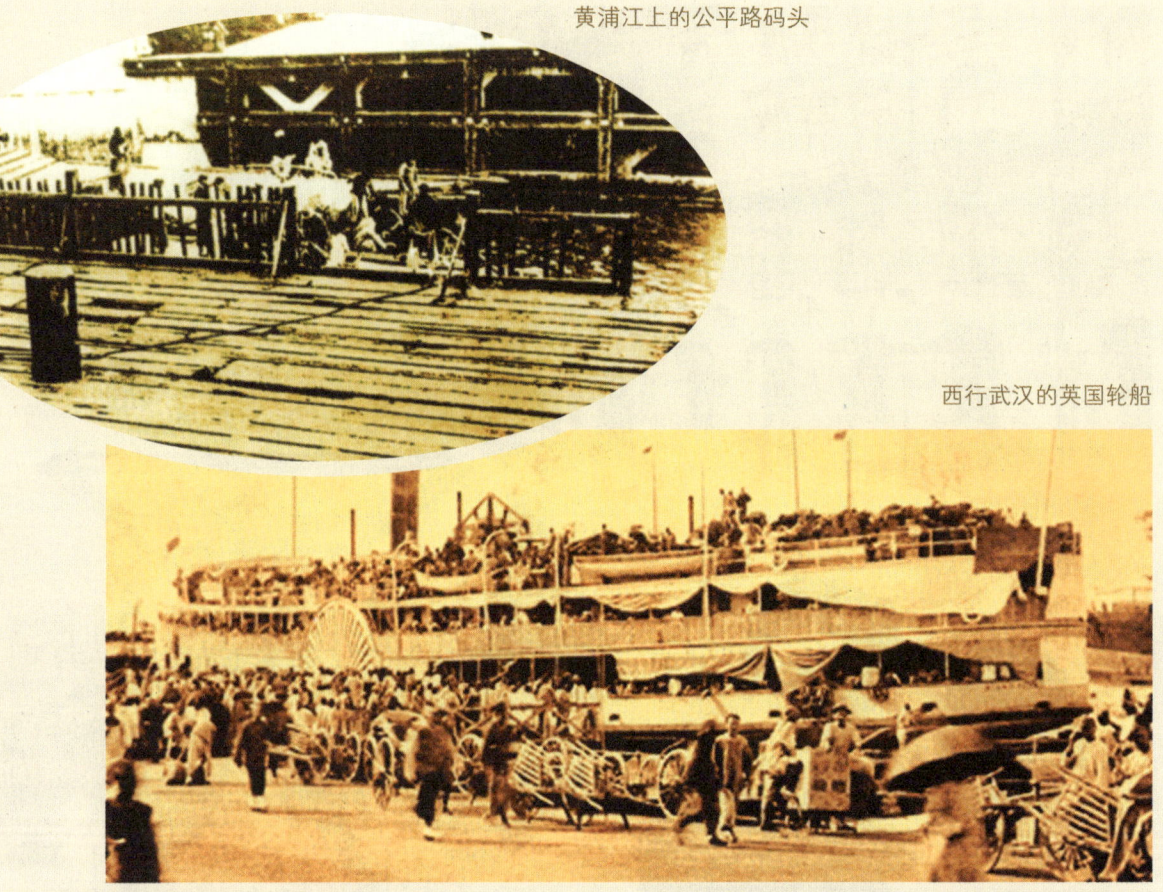

黄浦江上的公平路码头

西行武汉的英国轮船

左右男子和一位身着旗袍的女子,侧身进门,转身迅速把大门掩紧。敲门的男女正是周恩来和邓颖超,他们来不及与七爷爷(周恩来父亲)事先通报,便悄悄地来到了这里。

周恩来夫妇在这里住下后才告诉家人,由于党内负责保卫工作的顾顺章叛变,他们夫妇及时销毁了文件,转移了党中央各位领导和工作人员,随后来到这里隐蔽。留宿期间,他们减少外出活动,还用留声机放京剧唱片给老人们欣赏,陪同尔鎏这个两岁多小朋友随意嬉耍,避人耳目。有时,周恩来还穿上围裙亲自下厨,烹饪淮扬菜请大家品尝,度过了一段少有的清闲日子。周恩来在追忆这段往事时说,当时的情景是"休戚相关、生死共同、内紧外松、其乐融融"。邓颖超还对周尔鎏补充道:"当时在家中面对的是粗通文墨的上岁数的二妈,年轻的二弟和弟媳也缺乏生活经验,还有你这个在地上学着爬行、寸步维艰的婴儿,我们当然只能是内紧外松、处危不惊,否则造成不必要

隐秘的藏身之地被"启用"

位于永安里135号的中共中央联络处

的惊慌必影响大局。"

　　一个月后,中共中央总书记向忠发擅自外出过夜后被捕,周恩来获悉并查实向忠发叛变后迅速隐蔽,同中共中央其他领导人停止联系,同时开始准备撤离上海。11月,国民党以顾顺章的名义在上海各报连载登出悬赏缉拿周恩来的紧急启事,但他们始终找不到周恩来的踪迹,不得已又使出惯用伎俩造谣诬陷,用"伍豪"的名义在上海各报登出"伍豪等243人脱离共党"的假启事。

　　敌人没有想到的是,在两个多月前的一个晚上,在黄平的陪同下,周恩来身穿对襟中式短上衣和裤子,一副广东熟练工打扮,在暮色掩护下,悄悄来到上海南外滩的十六铺码头,在一位绰号叫"小广东"的地下交通员的掩护下,坐一艘怡和洋行的外国轮船,满怀惆怅地结束了在此长达四年的白区地下工作,去了香港,随后再辗转广东和福建,终于抵达中央苏区首府

隐蔽的藏身之地被"启用"

上海南外滩的十六铺码头

瑞金。不过,估计周恩来自己也没有想到,五年零四个月后,他又回到了这片曾经战斗生活过的地方!

1937年3月底,身为中共中央主要负责人之一的周恩来抵达上海,直到同年"七七"事变后抗战全面爆发,这短暂的四个月中,他利用与国民党进行谈判的四次路经上海的机会,运筹帷幄,指挥正在重建的上海地下党,广泛开展抗日统一战线,动员社会各界迎接即将到来的全面抗战。

逗留上海期间,周恩来下榻北四川路上的新亚酒店(今天潼路422号的新亚大酒店)。它是上海最早由中国人自己集资、设计、兴建和管理的大型综合饭店,在东南亚一带享有盛誉。周恩来曾经三次在这里秘密会见上海地下党负责人,向上海地下党了解情况,沟通消息,布置任务。有一次周恩来在贵州路166号的中国大饭店秘密约见刘晓,为了安全起见,刘晓夫人张毅亲自在饭店门口放哨。

同年7月,周恩来就在其下榻的新亚酒店,通过潘汉年的安排,秘密会见了此时寓居上海的叶挺。作为南昌起义前敌总指挥、广州起义军事总指挥,叶挺有着辉煌的昨天。广州起义失败后,叶挺被迫出国脱党,在柏林开饭店度日。1928年周恩来路过那里,曾

隐秘的藏身之地被"启用"

位于北四川路上的新亚酒店旧址

经面见叶挺，对他进行了友好的劝导和批评。1936年5月，潘汉年约见正隐居香港的叶挺，通报了中共的最新主张，要求他继续为党工作。这次香港的见面，为一年后周恩来和他在上海的联手，奠定了坚实的基础。

此刻，两位九年没有见面的老战友自然有着千言万语。周恩来希望叶挺出面参加南方红军游击队的改编工作，并示意叶挺尽快联系其保定军校的校友、国民党第三战区前敌总指挥陈诚，以及张发奎等国民党军政高层，促进此事的尽快落实。随后，叶挺向正在上海逗留的陈诚提议，由他主持改编中共的南方游击队，还提议改编后的部队番号为"国民革命军新编第四军"，以发扬光大北伐时期由他主

上海地下党负责人刘晓

诞生地 寻找中共在上海的红色基因

位于贵州路166号的中国大饭店

叶 挺

持的"老四军"的优良传统和威名。出于叶挺在国民党中的特殊地位和影响力,以及考虑到叶挺毕竟此时不是共产党人,蒋介石认为这是一个出任新四军军长的合适人选,10月,新四军宣告成立。从此中共在南方八省的游击队汇成一支新的抗日铁流,在党的领导下,与北方的八路军交相辉映,像一把锋利的钢刀,插在敌人的胸膛上。

在戴笠写给蒋介石的情报中,有一份直接显示1937年"七七"事变前夜,国民党特务在新亚酒店跟踪周恩来的绝密情报,内称:"对杨(指杨虎城)、周(指周恩来)行动已严密布置监视矣。周寓北四川路新亚酒店,该店常有日人寄寓,殊觉不妥。闻张冲同志已赴牯岭谒钧座,请示见周地点与日期,周似在沪候命也。查周到沪后外出尚少,其在活动者系潘汉年。"有趣的是,周恩来曾风趣地告诉战犯沈醉,他清楚地知道,当时酒店住房的左右和对面房间都有人在监视他,连服务人员中也有特务充当的。可是他每天都与在上海的同志见面、交谈、互换情报。他经常在黑洞洞的电影院中与地下党同志见面交流，特务只好站在电影院大门口，他们看到出来的是周恩来，而不会看到先期已经分头离开的上海地下党的同志。可见，在1937年3月至7月短短的四个月中，周恩来在上海活动频繁，做了大量耐心细致有效的工作，而在戴笠的情报中，却称"查周到沪后外出尚少"，读来让人不禁一笑。

周恩来在沪早期的奋斗足迹，是其革命生涯的重要组成部分。这里留下了他这段时间一些难忘的镜头：苏联驻上海总领事馆夜晤维经斯基的激动；指挥上海工人第三次武装起义的坚定；礼查饭店日夜聆听浦江涛声的煎熬；永安里隐秘藏身之地被启用的无奈；外滩十六铺码头深夜撤离的局促；新亚酒店和国民党特务大捉迷藏的快感……这一幕幕，展示了这位无产阶级革命家、政治家、军事家、外交家与上海这座城市的不解之缘。

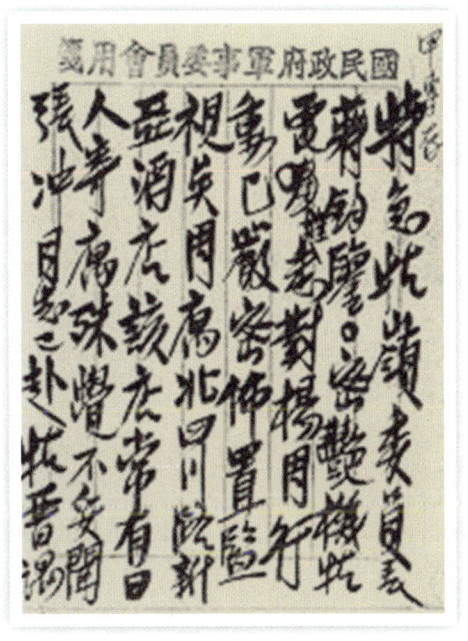

戴笠监视周恩来的绝密情报原件

呕心沥血的工会运动领导者

——刘少奇旧居

诞生地 寻找中共在上海的红色基因

刘少奇

刘少奇从青年时代起就在上海积极从事革命活动,以后他又多次来到这座城市,留下了许多值得后人纪念的光辉足迹和不朽遗址。

1920年6月,时年22岁的刘少奇从河北保定育德中学留法高等工艺预备班毕业。在该校求学时,他阅读了一些马克思主义的理论书籍,对他的思想产生了很大的影响。那年8月,当他返回湖南长沙之际,看到长沙《大公报》刊登的一则关于赴俄勤工俭学的消息后非常兴奋,而且听说船山学社社长贺民范也正在介绍一些青年人去苏俄学习,于是就萌发了留俄的想法。不久,他与贺民范等人频繁交谈有关俄国十月社会主义革命的重大问题。同年10月,经贺民范介绍,刘少奇加入了中国社会主义青年团,又经长沙俄罗斯研究会的推荐前来上海,进入外国语学社留俄预备班学习。

设在霞飞路渔阳里(今淮海中路567弄)6号的"外国语学社"校舍,系一幢两楼两底的典型石库门房屋。刘少奇入学后,了解到该建筑物虽然外观平凡,其实很不寻常:在上海共产党早期组织正式成立前夕,经共产国际代表维经斯基的筹划,这里便办起由杨明斋主持的中俄通讯社;没隔多久,此处又被作为上海社会主义青年团机关。在此公开创办外语学社的目的,是为了输送有志青年赴俄学习,培养造就革命人才。刘少奇到上海后,

上海外国语学社旧址

白尔路(今太仓路)一带

菜市路(今顺昌路)一带

先后住宿在白尔路（今太仓路）和外国语学社楼上的厢房。随着人数的增加，原有宿舍越来越拥挤，刘少奇主动与刚来上海的任弼时、萧劲光等人在附近另觅住处，结果在菜市路（今顺昌路）找到了一间石库门房屋的亭子间。

青年刘少奇充满着革命热情和求知欲望，他每天清晨徒步到外国语学社听老师们讲授俄文，晚上则独自在宿舍内复习功课，阅读各种马克思主义的理论书刊，沉思中国革命的许多问题。他几乎没有个人的爱好，从不闲聊天，也不随便上街，抽空便阅读《新青年》杂志、上海《民国日报》"觉悟"副刊、《时事新报》"学灯"副刊等，还借助词典为中俄通讯社翻译、校对文稿，配合由陈独秀、

年轻时的刘少奇

李汉俊创办的《劳动界》周刊做收发、缮写、校对等工作。1921年初，经上海共产党早期组织推荐和杨明斋的介绍，刘少奇、任弼时、萧劲光等二十多人，分三批登上了开往海参崴的邮轮，前往莫斯科东方劳动者共产主义大学学习。同年冬天，刘少奇等人由中国社会主义青年团团员转为中共党员，并担任东方大学中共旅莫支部的支部委员。

1922年春，在党组织的安排下，刘少奇带领一部分留俄同学回国来到上海，参加全国工人运动的总机关——中国劳动组合书记部的工作，寓居于虹江路宝源里的一幢弄堂房子里。在这里，他与别的工作人员轮流去工人补习学校上课，引导、启发工人们组织起来成立工会。还担任了书记部机关报《劳动周刊》的编辑工作。他经常穿着工人服装，到罢工的工人群众中间去进行宣传和鼓动，还去南成都路辅德里632号A（今老成都北路7弄42、44号）的平民女校担任理论教员，经常给青年妇女作演讲，讲的内容相当丰富，深入浅出，通俗易懂。他向学生汇报自己赴俄国学习的感受和十月革命的情况，阐述世界革命的形势。课后，还常常和大家促膝谈心，询问她们的出身经历和生活情况，启发她们把争取个人自由、争取妇女解放与中华民族的解放事业结合起来。当时，在位于大沽路356、357号（今大沽路400、402号）的团中央临时机关内，组织了"马克思

诞生地 寻找中共在上海的红色基因

莫斯科东方大学旧址

主义研究会",上海的一些党员、团员和进步青年常在那里开展马克思主义的理论研究活动。刘少奇也曾经到那里去指导大家的学习和研究,耐心地向大家解释各种难懂的理论问题。

中国劳动组合书记部旧址

团中央临时机关旧址

平民女校旧址

呕心沥血的工会运动领导者

1922年7月,中共在上海召开第二次全国代表大会。会后不久,毛泽东、李立三在安源领导路矿工人大罢工。毛泽东请求党中央调派一名得力干部加强这次罢工斗争的领导力量,于是中共中央执行委员会委员长陈独秀接见了刘少奇,派他去领导工作,临行前还请他把中共二大通过的文件转交给由毛泽东等人领导的中共湘区委员会。

1925年,中国工人运动蓬勃发展。5月30日,英国巡捕在南京路屠杀集会群众,制造了五卅惨案,一场以上海为中心的反帝爱国运动迅猛爆发。中共中央为了加强对上海工人罢工斗争的领导,电令刚赴青岛领导日本纱厂工人罢工斗争的刘少奇迅速返回上海,因为上海的情况更加紧急,一

五卅运动时的刘少奇

场空前规模的群众性反帝斗争的怒潮已经拉开序幕。5月31日晚,上海总工会在闸北宝山路宝山里(今宝山路403弄,原建筑于1932年"一·二八"事变中被日本侵略者炸毁)2号公开挂牌成立。李立三任委员长、刘少奇任总务科主任(相当于秘书长);7月6日,中华全国总工会上海办事处又在宝通路顺泰里(今乐善里)30号正式成立,刘少奇为总负责人、李立三为组织部长、林育南为秘书长。这片始建于1920年的老式石库门建筑群,虽然历经战火,许多建筑已经不存,但从砖瓦之间依旧能看出当年的模样。从此,刘少奇兼顾起两个机构

位于宝山路宝山里2号的上海总工会旧址

位于宝通路顺泰里30号的全国总工会上海办事处旧址

诞生地 寻找中共在上海的红色基因

《上海总工会日刊》刊载了刘少奇在五卅运动中抱病工作的事迹

工会运动领导者刘少奇

的工作,经常匆匆奔波于宝山里和顺泰里之间,与李立三共同组织和领导全市工人同盟大罢工。

在五卅大罢工期间,全市二十万工人罢工后被切绝了一切工资来源,工人的生活将无法维持,这严重影响着罢工斗争能否持久广泛地开展下去。为了解决这个棘手的问题,刘少奇义不容辞地担负起募捐救济罢工的领导工作。他经常深入工人家中访贫问苦,亲自给参加罢工的工人发放救济金。当时敌人伪造总工会募捐账册和收据,假冒总工会的名义到处招摇撞骗,威胁社会各界人士限期捐款,并污蔑总工会中饱募捐款项。为了揭穿敌人的阴谋,刘少奇特别邀请社会上很有声望的会计师核对总工会的募捐账目,并将总工会收到的捐款和各项支出等账目,公布于《上海总工会日刊》,用铁的事实来揭穿敌人的阴谋,从而使上海总工会在全市工人和各界民众中间树立起良好的声誉,使各界民众更加同情和支持全市工人的罢工斗争,把许多捐款纷纷寄送给上海总工会。

上海总工会在五卅运动中的重大影响和作用,激起了帝国主义和军阀走狗的恐慌和愤恨。9月18日,军阀政府调动大批军警查封总工会,又下令通缉李立三和刘少奇等人。此时,刘少奇不幸身患肺病,但仍坚持抱病工作,夜以继日地奔走在工人群众中间,组织安排各基层工会的工作。直至11月五卅运动的浪潮过去以后,他才抱病离开上海,回长沙休养。由于蒋介石和汪精卫相继背叛革命,轰轰烈烈的中国大革命惨遭失败,全国各地到处于腥风血雨之中。为了挽救革命,坚持斗争,刘少奇不畏艰险,从1929年起,曾三度前来白色恐

呕心沥血的工会运动领导者

昔日华德路高郎桥一带

怖笼罩下的上海，积极从事工人运动和党的地下革命活动。

1930年春末，刘少奇从哈尔滨调到上海，来到沪东工厂区从事工运工作。他住在杨浦区西南部华德路（今长阳路）高郎桥一家豆腐店楼上一个简陋狭小的小亭子间里。当时，他的肺病还没有康复，不时吐血，中央每月发给他20元的津贴，妻子何宝珍每月8元，

昔日北京路惠民里一带五金店

生活条件十分艰苦。但刘少奇把全部精力都扑到工运工作中。同年夏天,党中央派刘少奇去莫斯科参加职工国际第五次代表大会,后来他被选为职工国际执行局委员,并留在职工国际工作。

1931年秋,刘少奇又从莫斯科回到上海。此时,他已当选为中共中央政治局候补委员,并担任中共临时中央职工部部长兼全国总工会党团书记,居住在北京路一条建于1900年的惠民里(今北京东路528号)五金店楼上。

这段时期,王明"左"倾冒险主义错误在党内占据统治地位。他们不顾极其危险的客观环境,坚持冒险主义的公开活动,组织工人到市中心公开散发传单,高呼口号,举行飞行集会,使许多工人骨干和罢工领导人暴露目标,惨遭国民党军警的逮捕和残杀,导致上海工人运动屡遭失败。

为了正确引导工人群众投入实际革命斗争,刘少奇在上海召开的中央职工部工作会议上,反对王明一伙这种极端冒险的做法,引起了王明追随者的关注。不久,刘少奇又以"仲篪"的笔名,写了《关于工运意见》一信给中共临时中央,对工人斗争的形势和任务提出了不

北京路惠民里刘少奇旧居外景

位于北京路惠民里的刘少奇旧居

同的意见。看到这封信后，王明一伙更加警觉刘少奇推行"错误"的工运路线。尔后，中共中央派人与他作了两次谈话，并在党的会议上宣布他在职工运动中犯了右倾机会主义的错误。

后来，刘少奇在《工运指南》和《红旗日报》等刊物上，有针对性地发表了一系列文章，正确估计了群众斗争的形势，提出了转变白区群众工作的方针和策略，并尖锐地指出：我们党内领导机关的同志总是把共产国际的决议当作"圣经"来念，"他们不会估计到实际的具体的特殊的环境"。他还明确主张利用公开合法的斗争形式和敌人内部的矛盾，去争取群众和同盟者，积蓄革命力量，等待时机，准备同敌人进行最后的决斗。然而，他的正确理论和策略却遭到王明一伙的粗暴攻击，而且还撤销了他中央职工部部长的职务。

由于中共临时中央推行"左倾"机会主义路线，使白区工作遭到重大损失，结果党中央自己在上海也难以立足。1932年冬，刘少奇告别妻子何宝珍，离开了这座具有光荣革命传统的城市，带着遗憾前往江西瑞金中央革命根据地……

撤退到革命根据地的刘少奇

东照里见证左翼文坛的一段友情

——瞿秋白寓所旧址

诞生地 寻找中共在上海的红色基因

瞿秋白

1931年1月,中共六届四中全会在上海召开,以王明为首的"左"倾路线登场,瞿秋白等被排斥于中央领导机关之外。随后,他因肺病发作,被批准留在上海养病。瞿秋白对前来探望的冯雪峰说:"现在我离开了政治舞台,可以从事我热爱的文艺了。"顷刻得到的回答是:"鲁迅先生和我们都很盼望你回到文艺战线来。"

5月,因上海的中央机关遭到敌人的破坏,瞿秋白暂时避居在茅盾家里。这时,他虽然没有和鲁迅见过面,但对鲁迅却非常了解,尤其对鲁迅写的文章十分赞赏。一天,冯雪峰把刚出版的左联机关刊物《前哨》第1期送给茅盾,恰好瞿秋白夫妇在场。当瞿秋白读到《前哨》中所载鲁迅写的《中国无产阶级革命文学和前驱的血》一文时,高兴地说:"写得好,究竟是鲁迅!"当鲁迅最初从冯雪峰口里获悉瞿秋白正从事文学著译并愿意了解和参加左联活动的时候,鲁迅怕错过机会似的急忙说:"我们抓住他!要他从原文多翻译这类作品,以他的俄文和中文,确是最适宜的了。"接着又平静地说,"马克思主义的文艺理论,能够译

拉摩斯公寓

得精确流畅,现在是最要紧的了。"后来,经冯雪峰的介绍,瞿秋白化名林复,到爱好文学并同情革命的谢旦如在上海紫霞路68号的家中避难,从此开始了他和鲁迅的相识与交往。

瞿秋白和鲁迅的第一次见面是在1932年夏天。那天早饭后,瞿秋白由冯雪峰陪同,去拉摩斯公寓三楼拜访鲁迅。两人一见如故,从日常生活、淞沪战争、文学界近况等谈起,从上午一直谈到子夜降临。鲁迅对这一位稀客,款待之如久别重逢有许多话要说的老朋友,又如毫无隔阂的亲人骨肉一样,真是至亲相见,不须拘礼的样子。许广平对他们初次会面的情景作了这样的描述:"瞿秋白先生就是在这样环境之下,经过F先生的介绍,有一人到寓所来玩了一整天,彼此一见如故,十分投机,因为都在离群索居,都是饱学健谈者,所以畅叙积愫,大至天下国家,小至私人生活,是尽情地倾诉,毫没有芥蒂的,除了三位几十年相处的老友之外,鲁迅先生要算和瞿先生最意气相投的了。""有谁看到过从外面携回几尾鱼儿,忽然放到水池中见了水的洋洋得意之状吗?那情形就仿佛相似。"瞿秋白虽然身体不好,不能喝酒,但为了庆贺这次会面,他破例小饮,彼此倾心交谈,相聚整整一天。

鲁 迅

9月1日上午,鲁迅和许广平偕海婴冒雨来到紫霞路68号。瞿秋白欣喜地从书桌旁站起来欢迎。两人热烈地讨论文字改革。瞿秋白找出一些字,请许广平用广东方言发音。午餐席上,他们谈笑风生,非常亲热。从这以后两家来往更为密切。不久,在瞿秋白鼓励下,杨之华写了短篇小说《豆腐阿姐》,瞿秋白让她拿给鲁迅看。鲁迅收到小说后,当天下午改妥,还将文中错字分别改正。后来鲁迅编译苏联短篇小说集《一天的工作》,收录作品十篇,其中《岔道夫》和《一天的工作》

鲁迅与妻儿

位于紫霞路68号的瞿秋白旧居　　　　　　　内山完造夫妇

两篇就是杨之华译、瞿秋白校定的。当良友公司答应出版，书稿刚送出，稿酬还未付时，鲁迅便从当天所得版税中抽出60元给杨之华，以补贴瞿秋白家的生活之用。

　　白色恐怖笼罩下的上海，瞿秋白夫妇随时面临被捕的危险。鲁迅夫妇置生死于度外，尽力掩护他们。1932年11月，听说有一个叛徒在盯杨之华的梢，瞿秋白便立即转移到鲁迅家中暂避。为了鲁迅家的安全，在甩掉叛徒之前，杨之华在街上转了三天三夜，才来到鲁迅的住所。次年2月，中共上海中央局得到情报，说国民党特务要在当晚破坏紫霞路一处机关，组织部长黄玠然赶来，要瞿秋白夫妇迅速转移。傍晚时分，在黄玠然的护送下，他

瞿秋白与鲁迅（油画
作者：罗炳芳）

们再次来到鲁迅家中避难。

在这次避难中,正赶上英国著名作家萧伯纳来中国访问,鲁迅和中国民权保障同盟负责人一起会见了萧伯纳。萧伯纳来时上海各报刊发表了大量的消息和评论,文章对萧伯纳有各种各样的猜测与想法。在家里,鲁迅同瞿秋白兴奋地谈起报刊上关于萧伯纳的种种言论和会见情形,瞿秋白边谈边翻阅鲁迅带回的报刊。

肖伯纳在上海

鲁迅提议将报刊上这些言论剪辑下来,编个小册子,算是给萧伯纳来华留个纪念。瞿秋白非常赞成鲁迅的提议,后来由他进行圈选,许广平和杨之华边剪边贴,就这样《萧伯纳在上海》这本反映上海各报对萧伯纳不同评论的书便编辑完成了,鲁迅还为这本书作了序。

几天之后,黄玠然又把瞿秋白接到中央局内埠交通主任高文华家去住。这样频繁地流离搬迁,使瞿秋白夫妇始

位于东照里12号的瞿秋白寓所旧址

施高塔路上的东照里

终得不到一处比较安全的生活和写作环境。3月初,鲁迅通过日本老朋友内山完造夫人的帮助,两次去北四川路施高塔路东照里12号(今山阴路133弄12号)看房,隔天瞿秋白夫妇就迁居这幢仿日式三层建筑的二楼亭子间。鲁迅拿着一盆堇花来到瞿秋白夫妇的寓所,祝贺他们乔迁。小小的亭子间经过一番布置,倒也温馨舒适,特别是挂起了鲁迅手书的"人生得一知己足矣,斯世当以同怀视之"的联语,竟然蓬荜生辉。一个月后,鲁迅全家也由拉摩斯公寓迁居施高塔路大陆新村9号(今山阴路大陆新村9号)。两家在同一条马路上,相距不足五分钟的路程,来往十分方便。

据杨之华回忆:"鲁迅几乎每天到东照里来看我们,和秋白谈论政治、时事、文艺各方面的事情,乐而忘返。我们见到他,像在海阔天空中吸着新鲜空气、享受着温暖阳光一样。秋白一见鲁迅,就立刻改变了不爱说话的性情。两人边说边笑,有时哈哈大笑,驱走了像牢笼似的小亭子间里不自由的闷人气氛。我们舍不得鲁迅走,但他走了以后,他的笑声、愉快和温暖还保

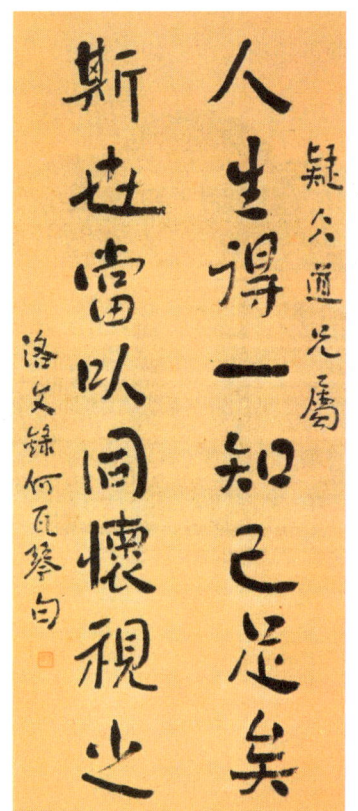

鲁迅手书的对联

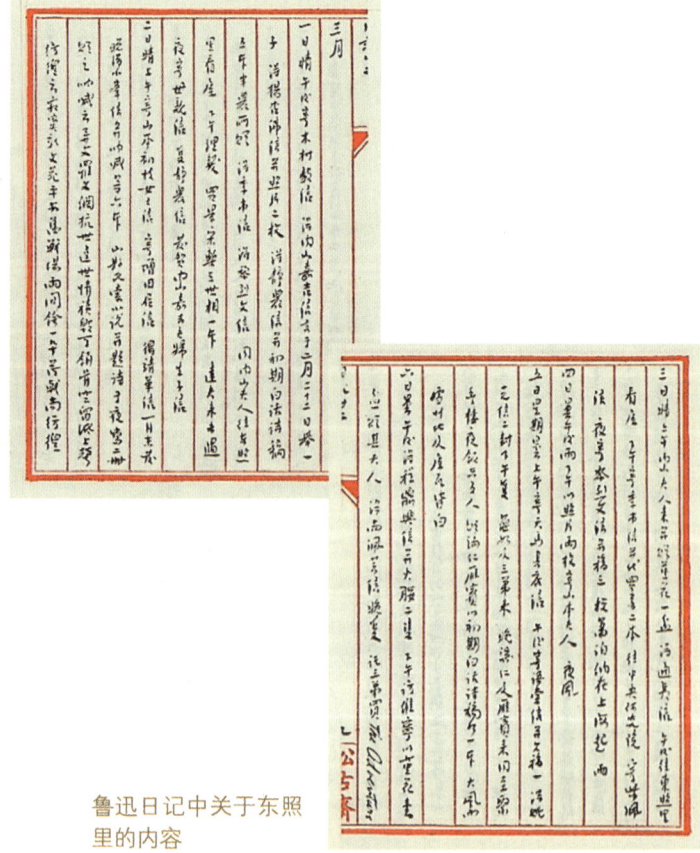

鲁迅日记中关于东照里的内容

留在我们的小亭子间里。"他们推心置腹地长时间交谈,加深了彼此的了解。瞿秋白不止一次地说过:"鲁迅看问题实在深刻","和鲁迅多谈谈,又反反复复地重读了他的杂感,我可以算是了解了鲁迅"。鲁迅在闲谈到一些问题的时候,也常常情不自禁地说:"这问题,何(鲁迅经常亲切地称瞿秋白为"何苦")是这样看法的。我以为他的看法是对的。"

有了比较安定的生活环境,瞿秋白在短时间内,写了一批精美的杂文,经许广平誊抄,用鲁迅的各种笔名发表(瞿秋白的名字不能见诸书报刊),其中有几篇是瞿秋白与鲁迅两人漫谈后写成的。许广平说:"在他和鲁迅见面的时候,就把他想到的腹稿讲出来,经过两人交换意见,有时候会补充或变换内容,然后由他执笔写出。他下笔很迅速,住在我们家里时,每天午饭后至下午二三时为休息时间,我们为了他的身体健康,都不去打扰他。到时候了,他自己开门出来,往往笑吟吟地带着牺牲午睡写的短文一二篇,给鲁迅来看。鲁迅看后,每每无限惊叹于他的文情并茂的新作是那么精美绝伦,其思想和艺术上的成就,已经达到了那个历史时期杂文的高峰,堪与鲁迅并驾齐驱,成为领袖群伦的大手笔。"鲁迅曾几次和冯雪峰谈到,"何苦的文章,明白畅晓,是真可佩服的"。

瞿秋白职务调动后,每月仅能从中央领到十六七元钱,加上身体有病,需要治病和调养,日子过得艰难。鲁迅有意帮助瞿

瞿秋白与杨之华在上海

东照里12号

秋白，曾请他编了一本《鲁迅杂感选集》，鲁迅当即给了瞿秋白200元大洋的"编辑费"。除此之外，鲁迅还请瞿秋白翻译了一批苏俄文学，以换取稿酬，补贴家用。

作为文化战线主将的鲁迅，曾遭到来自各个方面的围攻，敌人攻击他，朋友误解他，有的甚至贬低他，说他是一个"杂感家"，有的进步刊物甚至攻击他是"封建余孽"。因此，如何正确评价鲁迅，成了当时文化革命战线上一个重要的问题。这一时期，瞿秋白白天专心研究鲁迅的著作，夜深人静时就伏在一张小方桌上写作，花了四夜工夫，写成了《〈鲁迅杂感选集〉序言》。这篇长达一万七千字的《序言》，对鲁迅杂文作出了极高的评价。他说："正因为一些蚊子苍蝇讨厌他的杂感，这种文体就证明了自己的战斗的意义。"对于鲁迅本人，瞿秋白则赞誉他"是封建社会的逆子，是绅士阶级的贰臣，而同时也是一些浪漫蒂克革命家的诤友，是最清醒的现实主义者"。他从哲学和政治高度勾勒了鲁迅思想发展的基本轨迹，既指出他世界观从进化论走向阶级论的发展过程，又指出他从绅士阶级的逆子贰臣进到无产阶级和劳动群众的真正友人，以至于战士的革命过程，首次指出鲁迅前期是反叛封建统治阶级的革命民主主义者，后期则是一位无产阶级的战士，并指出他顽强的战斗精神和来自实践经验的深刻观察能力，是贯穿鲁迅一生的基本特点，显示了鲁迅不仅是文学家，同时也是思想家和革命家，从而奠定了鲁迅在中国新文化运动中的地位和作用。可以说，这篇序言是瞿秋白为鲁迅的书留下的"一个永久的纪念"，也是中国现代文学批评史上具有里程碑意义的经典文献。鲁迅本人对这篇《序言》很满意，杨之华记载了鲁迅见到这篇《序言》时的情形："鲁迅认真地一边看一边沉思着，看了很久，显露出感动和满意神情，香烟头快烧到他的手指头了，他也没有感觉到。"

由于安全的原因，瞿秋白夫妇于1933年6月初从东照里搬到王家沙鸣玉坊一家花店的楼上，这里是冯雪峰居住的中共江苏省委机关。不久，这里的安全又发生了问

大陆新村9号

题，必须即刻转移。瞿秋白夫妇毅然决定到鲁迅家去，那里是他们最乐意投奔的庇护所。他们冒着大雨，坐上黄包车，扯下车篷，安全地到了大陆新村寓所，鲁迅夫妇热忱地接纳了他们。

转眼到了1934年1月，瞿秋白奉命要离开上海去中央苏区。临行前几天，他有股不可压抑的深情，一定要当面向鲁迅、茅盾辞行，并与他们进行长谈。他预料今后天各一方，难得再有见面的机会。1月4日晚，瞿秋白来到鲁迅家，三个多月没有见面了，两人似乎有说不完的话，而这一次相见将意味着长久的离别。两个人都希望倾听对方的谈话，从中体味战友的深情。晚上，鲁迅一定要让瞿秋白睡在自己的床上，他与许广平睡在地板上。瞿秋白也将自己年轻时的一首诗赠予鲁迅，以表谢意："雪意凄其心悄然，江南旧梦已如烟。天寒沽酒长安市，犹折梅花伴醉眠。"

回家后，瞿秋白为实现这次辞行显得很兴奋，他笑容满面地对杨之华说："要见的都见到了，要说的话也说了。大先生和茅盾身体都好，海婴也没病。"但在心底的深处，瞿秋白还是有点隐痛，除了惜别之情，也许是因为不得不离开他喜爱的文艺战线，不得不离开这批肝胆相照的挚友。但他感到安慰的是，他和鲁迅共同领导了左翼文艺运动，一起参加了文艺战线上反文化"围剿"的斗争。谁也没有想到，这竟是他们的最后一次叙别。

1935年6月，瞿秋白殉难的消息登报后，鲁迅悲愤交加，木然呆坐良久。后来，他为瞿秋白题写了一副挽联："是七尺男儿，生能舍己；作千秋鬼雄，死不还家。"

1930年，瞿秋白夫妇在莫斯科留影

瞿秋白将自己年轻时的一首诗赠予鲁迅（雕塑）

长征路上出"阴谋"的关键先生

—— 张闻天故居

诞生地　寻找中共在上海的红色基因

张闻天故居纪念馆

纪念馆前矗立的"声闻于天"巨石

张闻天的卧室

中共早期领导人张闻天的故居坐落在今浦东新区祝桥镇邓三村川南奉公路4398号。这里有一座具有江南水乡风韵的农家院落，四周围绕着竹篱笆，宅前有菜园、绿树，宅后一片翠竹掩映着小溪。走进院子看到的是一座一正两厢、砖木结构的平瓦房，据说它是张闻天的曾祖母与堂祖父在清光绪年间合建起来的。1900年8月30日，张闻天就出生在这座院子客堂西侧的正屋内。进入纪念馆大厅，矗立在观众面前的是一座高高的张闻天全身铜像，身着中山装，端庄平和而略带沉思的神情，一副温文尔雅、令人可亲可敬的学者风度。而馆中展出的每一件物品却生动地展示了老革命家坎坷跌宕、波澜壮阔的一生。

张闻天的祖祖辈辈都是种田人，先祖靠辛勤劳作置下了这点产业。到了他父亲张芹梅成家时，日子过得还算可以。在张闻天卧室板壁上镌刻着宋朝诗人王禹偁的诗句："无花无酒过清明，兴味萧然似野僧。昨日邻家乞新火，晓窗分与读书灯。"这是当年房屋翻修时，父亲请本村秀才张柱唐书写的，也反映了长辈寄望儿子未来读书成才的一番苦心。张姓秀才还引用《诗经·小雅·鹤鸣》篇中的两句："鹤鸣于九皋，声闻于天。"为孩子起名"应皋"，字"闻天"，寓意长大后会成大才。从张家的家族祖辈来看，除多数从事农耕之外，也有一部分是教书行医的，"非读即耕"，家风"尚诚朴，崇节俭"。

长征路上出"阴谋"的关键先生

张闻天故居

张闻天铜像

张闻天故居

"孝友堂"客厅

织布房

诞生地　寻找中共在上海的红色基因

青年张闻天

张闻天6岁"发蒙"读私塾，7岁进"养正小学"，15岁念职业学校。17岁那年，他从上海《申报》登的广告上得知南京河海工程专门学校招生的信息，才得以考入这所设在六朝古都的培养高级专业人才的学府，这是他人生的第一重要突破。在五四运动的激励下，这位已是"河海"二年级的学子，决心脱离家庭，脱离学校，来到上海独闯世界，这是他人生的又一转折。

在上海，他起初投考留法勤工俭学预备科，结果法国未去，却去了日本，半年后又从日本回到上海。20岁出头的张闻天就在这里开始了以译著为生的自由文化人的生涯。其中有近一年时间，他一面译作，一面担任上海中华书局"新文化丛书"的编辑。这一时期上海出版的《民国日报》《东方杂志》和《小说月报》等报刊上经常可以见到这位年轻人的译著。1922年夏，他又应美国一家华侨报纸编辑部的聘请，从上海第二次出洋，去大洋彼

南京河海工程专门学校

张闻天留日期间住处附近街道

中华书局静安寺路办公场所

长征路上出"阴谋"的关键先生

加利福尼亚大学伯克利分校图书馆阅览室

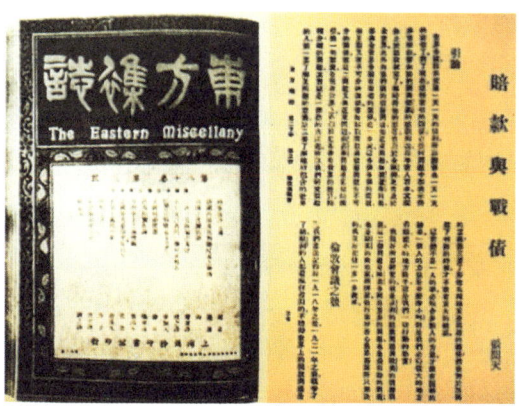

在《东方杂志》发表的译著

岸的美国旧金山。他在美一年多期间,一面当报馆编辑,一面在加利福尼亚大学伯克利分校做旁听生。这次美国之旅,不仅使他大大拓宽了视野,而且推动了这位年轻人的译著水平上升到新的高峰。回国后,他住在位于静安寺附近的民厚南里译书。一次,他不小心把煤油打气炉打翻,滚入床下,火欲烧及床下书籍报纸,幸好移床扑火及时,没有酿成灾难。是夕,闻天不再译书,与其弟健尔同出至静安寺散步,以资压惊。

1925年上海爆发五卅运动,促使张闻天抛弃做"自由文化人"的志向,在上海加入了中国共产党,并于同年受组织派遣赴苏联的莫斯科中山大学学习。这是他第二

静安寺附近的民厚南里

次从上海出国学习,而这次一去就是五年。学业完成回国后,他仍然返回这座自己熟悉的城市。然而这时的上海已经处于国民党的白色恐怖之中,共产党完全转入地下,他也多次更换住所。1932年,他大部分时间住在爱文义路(今北京西路)平和里27号的团中央机关,白天在党中央秘书处,同博古、陈云、康生商谈工作,阅读文件,晚上回这里的"家"。有一次,这里突遭搜查,与他做假夫妻作掩护的女同志被捕,而他因外出而幸免,之后不得

诞生地 寻找中共在上海的红色基因

莫斯科中山大学

爱文义路平和里27号旧居

重庆北路216弄摩律斯新村旧居

长征路上出"阴谋"的关键先生

张闻天（中）、沈泽民（右）、沈雁冰（左）于上海合影

不躲到重庆北路216弄的摩律斯新村避难。在险恶的斗争环境下，张闻天挑起了中共临时中央政治局常委的重担，1932年底随临时中央撤离上海，进入江西中央革命根据地。

在中央苏区，他与毛泽东逐渐熟悉。时任中共中央政治局候补委员、红军总政治部主任的王稼祥也与他们逐渐走到了一起，形成了一个"三人团"。因为他们对当时的革命形势、中央的军事政治策略有共识，并对第五次反"围剿"中博古、李德的单纯防御和逃跑主义策略提出了尖锐的批评。

1934年10月长征开始，红军在湘江之战遭受沉重打击后，人数由出发时的八万余人锐减至三万余人。在这样的危局下，毛泽东、张闻天、王稼祥在中央政治局内部公开批评博古、李德在军事指挥上的错误，认为在敌人已经完全摸清我方意图的情况下，仍然坚持到湘西与红二、红六军团会合的原计划显然是错误的。

在红军到达湖南与贵州交界的通道县时，毛泽东找张闻天谈话。毛泽东明确地提出，不能再照原计划去与红二、红六军团会合，应该改变方向，向当时敌人力量最薄弱的贵州进军。在通道会议上，毛的提议得到张闻天的带头支持，而有了后者的支持，才避免重演长征前他对第五次反"围剿"的不少正确意见都不被采纳的情况。周恩来、朱德等人也赞同这个意见。经过激烈争论，最终在几天后的黎平会议通过了《中央政治局关于战略方针之决定》，正式决定在以遵义为中心的黔西北地区建立根据地。

虽然有了黎平会议的决定，但博古、李德仍然不甘心认错，仍在找机会让红军转向湘西。由于博、李二人仍然占据着军事指挥权，错误的决策很可能卷土重来，党和红军将遭

诞生地 寻找中共在上海的红色基因

"三人团"在关键时刻达成了共识（雕塑）

灭顶之灾。在"三人团"里，王稼祥坦率地表示：这样下去不行，应该把博古、李德轰下台。

1934年12月20日，军委纵队来到黄平。在一片橘林中，张闻天、王稼祥躺在担架上休息。王稼祥忧心忡忡地说："博古、李德这样指挥下去，能行吗？"张闻天说："我考虑再三，博古、李德再指挥部队不行，还是要毛泽东同志出来！毛泽东同志打仗有办法，比我们有办法，比李德强多了！"王稼祥紧接着表示，只有请毛泽东出山，才能挽救红军危局。这一谈话史称"橘林密谈"。当天晚上，王稼祥就将张闻天的想法告诉了彭德怀，又告诉了毛泽东等人。长征之前，张闻天的职务是中共中央政治局委员、中央书记处书记、中华苏维埃共和国中央人民委员会主席，是当时公认的在地位上仅次于博古、李德三人团的人物。有了他的这番话，很多人都赞成要开个会，让毛泽东出来指挥。美国著名记者哈里森·索尔兹伯里在他的《长征：前所未闻的故事》一书中描述这个经典的故事时，称之为"担架上的'阴谋'"。这个"阴谋"，正是挽救中国革命的关键事件。

毛泽东

张闻天

王稼祥

长征路上出"阴谋"的关键先生

1935年1月,中国西南小城遵义。一栋两层砖木结构、通体用灰砖砌成、呈曲尺形的建筑里,十几个人在这里开中共中央政治局扩大会议。博古在报告中将第五次反"围剿"的失利归因于敌强我弱的客观情况,而回避主观上的指挥错误和责任。接着,一个戴着眼镜、充满儒雅气质的人第一个站起来发言,他的发言尖锐犀利,直指第五次反"围剿"和长征开始以来博古、李德等人的军事指挥错误,对其进行了旗帜鲜明而系统的批评。他就是张闻天,这番被称为"反报告"的发言,打响了扭转党和红军命运的第一炮。

云山古寺大樟树下,毛泽东和张闻天促膝交谈处

会议第二天,毛泽东做了长篇发言,深刻剖析了错误军事路线的症结在于进攻中的冒险主义、防守时的保守主义、撤退时的逃跑主义。此时,会场上出现了两种完全对立的思想观点和方针路线,形势严峻而危急。在这个历史抉择的关键时刻,王稼祥站

遵义会议旧址

张闻天

室内会议室

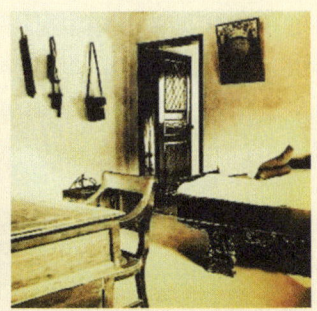
张闻天在遵义时的卧室

张闻天与毛泽东

起来表示坚决支持毛泽东的发言和张闻天的"反报告",提出"中国的红军和中国的革命战争,应该也必须由毛泽东这样有实际经验的中国革命家来领导才能取得胜利",并提议把毛泽东增补到中央政治局常委,以更好地发挥他的作用。

在周恩来、朱德、刘少奇、陈云、李富春等人的支持下,会议决定改组中央领导机构,增选毛泽东为中共中央政治局常委,取消博古、李德的最高军事指挥权。会后,中共中央政治局常委决定由张闻天代替博古负总责,毛泽东、周恩来负责军事。在后来的长征途中,又成立了由毛泽东、周恩来、王稼祥组成的三人军事指挥小组。受中央委托,张闻天在之后的行军途中起草了《中共中央关于反对敌人五次"围剿"的总结决议》,即遵义会议决议,以党内文件的形式确认了这次会议的成果,从而挽救了红军、挽救了党、挽救了中国革命,成为长

长征路上出"阴谋"的关键先生

遵义会议（油画　作者：沈尧伊）

征途中关键的转折点，而促成这次会议成功召开并使其落实的张闻天是当之无愧的"关键先生"。

作为一名"红色教授"，张闻天更热爱理论研究，他被推为中央总负责人之后，感到自己并不完全适合担任领导工作。1935年4月红军长征渡过北盘江后，要派一位中央负责人到白区工作，张闻天主动要求离职前去，毛泽东等人不同意而改派了陈云。同年夏天，红一、红四方面军会师后，为了表示团结，他又主动提出将自己的职务让出来，被毛泽东劝止。长征之后的1938年秋天，召开中国共产党六届六中全会前，共产国际确认毛泽东为中共的领袖，但是职务并未明确。于是，张闻天又在会议期间诚恳地提出，应推举毛泽东为

张闻天

党中央总书记。毛泽东经过全面考虑，对张闻天说："洛甫，你是'明君'，开明之君，党中央总书记继续由你担任吧。"会后，张闻天却"主动让贤"，将工作逐步转交给毛泽东。

张闻天于1925年离开浦东，再次回到家乡已是33年后的1958年。1962年他又回了一次家。两次回到浦东都是为了调查研究，了解群众的生产生活境况，体现出他作为一名共产党员的责任与使命担当，以及作为一位革命家的伟岸、正直、朴质的品质。晚年，他曾多次提出"以上海为养老地点"，但没有被批准，最后落脚在无锡，从中反映出他对这座与其一生有着难舍难分情结的城市的深恋之情。

早期工人运动发祥地

领导全国工人运动的总机关

——中国劳动组合书记部旧址

诞生地 寻找中共在上海的红色基因

1921年7月,中国共产党第一次全国代表大会通过《中国共产党第一个决议》,其中明确提出目前党的主要任务是开展工人运动,建立产业工会组织。在谈到新中央如何根据大会决议展开工作时,共产国际代表马林提出了要建立工人运动中央机构的决定。由于它还不是由各地工会产生出来的机构,所以还不能称之为总工会。马林提议将其命名为"中国劳动组合书记部",并说明这个名称适合于一般共产主义者从事工会组织工作。

8月间,上海浦东英美烟草公司工人为要求改善待遇而爆发罢工事件,就在这次罢工之后的11日,中国劳动组合书记部便正式建立起来了。在中共一大上当选为中央局成员并负责组织事务的张

中国劳动组合书记部旧址

国焘(化名张特立)担任了该组织机构的主任。于是,在位于当时五大工业区居中位置,又是上海缫丝厂分布最密集的成都北路新闸路口,租赁了北成都路19号C(今成都北路893弄7号)一处单独的房子,门口挂上"中国劳动组合书记部"的招牌。李启汉、包惠僧、李震瀛、董锄平、许白昊等都在书记部工作过。1922年春,刘少奇从苏俄回国后也曾在这里工作过短暂的时间。

当时,主要工作人员都不住在书记部内而居住别处,以便于从事秘密工作。该处门前还有有轨电车站,可以方便到达全市各大工业区,便于发动市内各处的工人运动。在这里办公,能最快进入工人圈子中,听到来自底层最真实的声音。

中国劳动组合书记部旧址今貌

诞生地 寻找中共在上海的红色基因

中国劳动组合书记部在这里召开第一次会议

对于"中国劳动组合书记部"这一名称，曾经有过一些争论。它的英文名称为"Trade Union Secretariat"，"Trade Union"原意为"工会"，马林曾经在日本从事过工人运动，或许"劳动组合"正是他从日语译介来的。当有人提出不同意见，认为"劳动组合"太费解时，张国焘坚持不肯修改，并把责任推到马林身上。很多回忆材料都说"劳动组合"是日语名词的翻译，"书记部"是俄语名词的翻译，"劳动组合书记部"是把一个日语名词和一个俄语名词合并起来，作为一个劳工运动组织的名称。当然，劳动组合书记部大纲也是马林先用英文写下底稿，然后翻译成中文的。

这是一幢一楼一底、土木结构的石库门房子。房子坐西朝东，进门穿过天井，就是一间大客堂。客堂中央放着一张大餐桌，桌上铺着一块白布，上面放有一架留声机，以及一些供公开阅读的报纸。餐桌四周放了近十只凳子，靠墙还有几

劳动组合书记部干事讨论《宣言》的情景（蜡像）

领导全国工人运动的总机关

书记部机关报《劳动周刊》　　　《中国劳动组合书记部宣言》

条长凳。附近工厂的工人放工以后，可以常来看报纸，这里成了一个小小的阅览室。客堂后面是厨房。楼上是书记部工作人员办公和临时休息的房间。房间里有两张单人床，临窗有一张方桌，还有一些油印器材和生活用具等。

　　1922年8月16日，《中国劳动组合书记部宣言》简称（《宣言》），在机关报《劳动周刊》创刊号上发表。《宣言》指出："我们只有把一个产业底下的劳动者，不分地域、不分男女老少，都组织起来，做成一个产业组合。因为这样一个团体才能算是一个有力的团体，要这样的组织法，劳动者才能用他们的组织力，做奋斗事业，谋改良他们的地位呢。"《宣言》发表后，工人们知道书记部是为工人谋利益的机构，不少工人主动上门反映情况，要求书记部派人指导他们开展斗争。书记部也主动走出去联络、团结工人，

李启汉

诞生地 寻找中共在上海的红色基因

▲南洋兄弟烟草公司包烟车间的女工

◀日华纱厂的童工每天要站立操作12小时

组织工会,逐步发展工人运动。

　　书记部秘书李启汉是上海工人运动早期领导人之一。1921年夏,他曾去联络和指导上海英美烟厂工人大罢工,这次大罢工取得了胜利。罢工以后,工人们组织了"上海烟草工人会"。1922年1月30日,书记部内又召开了讨论声援香港海员大罢工的会议,香港海员罢工后援会就设在书记部机关内。1922年3月,在李启汉指导下,浦东日华纱厂工人成立了上海纺织工会浦东分会。同年4月的日华纱厂工人罢工、5月的上海邮务工人罢工,

领导全国工人运动的总机关

《劳动周刊》编辑部

都曾得到书记部以及李启汉的支援和帮助。5月25日，书记部组织了罢工经济后援会，捐款支援了浦东日华纱厂的工人罢工。1922年1月至1923年2月，上海工人在书记部指导下总共发动了48次大罢工，参加罢工人数达七万多人。在该组织的领导下，全国也兴起了第一波工人运动高潮，各地工人俱乐部、工团联合会相继成立，各地罢工活动也此起彼伏。

中国劳动组合书记部在中共党史和工人运动史上具有开创性的意义：这里是中国共产党领导工人运动的第一个总机关；组织了中国共产党成立后领导的第一次工人运动——上海英美烟草厂工人罢工；创建了中国共产党成立后的第一个工会组织——上海英美烟草工会；创办了中国共产党成立后的第一份工人刊物——《劳动周

《马克思纪念册》

上海英美烟厂工人罢工

李启汉开办的沪西小沙渡工人半日学校

刊》；为纪念马克思诞辰104周年，编印了第一本《马克思纪念册》；领衔发起在广州召开第一次全国劳动大会；推动形成中国工人运动的第一次高潮；发起中国共产党领导的第一次劳动立法运动，制订《劳动法大纲》19条；第一次建立领导工人运动的分支机关，在北京、汉口、长沙、广州和济南设立中国劳动组合书记部五大分部以及天津支部；建立了中国共产党成立后的第一家工人补习学校。由此，揭开了中国工人运动崭新的篇章。

由于工人们经常在书记部机关活动，各工人团体也常在这里集会，引起了反动当局的注意和干涉。

1922年2月,租界巡捕房查抄书记部机关,传讯了李启汉。6月初的某一天,书记部楼下响起了敲门声,从窗口望出去,有个穿长袍子、完全不像工人模样的人声称要买50份《劳动周刊》,于是,张国焘让李启汉下楼去和他接头。不一会儿,楼下传来了李启汉洪亮的声音,这表明情况不好。张国焘和董锄平马上翻墙从隔壁跑了,而李启汉却被抓去了。租界巡捕房以"煽动罢工"的罪名,逮捕了李启汉,并非法判处徒刑。同时,《劳动周刊》也被迫停刊。7月16日,租界总巡捕房查抄了北成都路19号,并以"有碍租界治安"为由将其封闭。7月25日,中国劳动组合书记部正式被查封。8月,书记部由上海迁往北京,北京的机关称总部,主任为邓中夏。1923年"二七惨案"发生后,劳动组合书记部总部及大量工会组织被破坏,不得不又迁回了上海,并转入地下秘密活动。直到1925年第二次全国劳动大会宣布成立中华全国总工会,中国劳动组合书记部才完成历史使命。

机械的电车开始变得有灵魂了

——英商上海电车公司遗址

诞生地 寻找中共在上海的红色基因

19世纪末,上海租界内人口日益增长,城市渐趋繁华,发展公共交通成为急待解决的问题。1881年(光绪七年),英国怡和洋行向法租界公董局建议在租界内开办有轨电车业务。公董局采纳了其建议,并着手研究在租界内开辟电车交通的计划。这是上海有史以来第一次筹办有轨电车的工程项目。

1904年,上海公共租界工部局招标,英国布鲁斯·庇波尔公司(Bruce Peeble Co.)中标。翌年,该公司最终获得在上海创办有轨电车工程的权利,所有工程由英商哈泼兄弟公司(Har Per Bros Co.)负责承包建设。1906年,哈泼兄弟公司将专营权转让给英商上海电

▲在静安寺路铺设电车轨道

◀有轨电车正从车栈出发

机械的电车开始变得有灵魂了

位于静安寺路上的公共租界市政厅

气建设有限公司(Shanghai Electric Construction Co. Shanghai Tramway)。该公司成立电车部经管,称英商上海电车公司(简称"英电"),总管理处设在北苏州路2号。随后,英电对租界内进行系统的管网铺设、架空线的设置、筹建变电站、铺设电车轨道,接着又在赫德路(今常德路)80号购地12亩,兴建"静安寺车栈",内置钢柱支撑的波形铁皮顶房一座,面积近6 500平方米,还建有票务结账间、车务间、打铁间等。至此,上海公共租界内交通运行所需的基础设施已具备。

位于赫德路80号的英电公司遗址

1908年1月21日，上海第一辆有轨电车从静安寺车栈徐徐驶出，并在爱文义路（今北京西路）试运行。3月5日清晨，英商1路有轨电车线路正式通车，自静安寺至外滩上海总会，全线总长6.04公里。这里可算是申城电车交通发轫之地。后来，英电的业务逐步扩张，当时上海公共租界的主要街道上都有英电的电车行驶。据《上海英电工人运动史》记载，到1936年，英电职工人数由开办初期的290人，不断增加到鼎盛时期的2 600余人。

张爱玲曾住在离"静安寺车栈"不远的常德公寓，她有时会伫立阳台远眺楼下的电车场。在散文《公寓生活记趣》中，她

英商电车公司印制的广告宣传画

用细腻的笔触描述了电车场的情景："我们的公寓邻近电车厂，可是我始终没弄清楚电车是几点钟回家。'电车回家'这句子仿佛不很合适——大家公认电车为没有灵魂的机械，而'回家'两个字有着无数的情感洋溢的联系。但是你没看见过电车进厂的特殊情形吧？一辆衔接一辆，像排了队的小孩，嘈杂，叫嚣，愉快地打着哑嗓子的铃：'克林，克赖，克赖，克赖！'吵闹之中又带着一点由疲乏而生的驯服，是快上床的孩子，等着母亲来刷洗他们。车里灯点得雪亮。专做下班的售票员的生意的小贩们曼声兜售着面包。有时候，电车全进了厂了，单剩下一辆，神秘地，像被遗弃了似的，停在街心。从上面望下去，只见它在半夜的月光中袒露着白肚皮。"但是，她不知道"机械的电车"也开始变得有灵魂了。

张爱玲

英电创建早期就有过工人斗争事例。首次罢工斗争发生在1908年3月3日，起因是售票员马义堂因为不懂外文，在车上执勤时给错了车票，被印度籍查票

机械的电车开始变得有灵魂了

司售人员和运营车辆

售票员被判"枷"刑

员诬指为舞弊。英电资方不分青红皂白就将马义堂送"会审公廨"堂讯,最后判他"枷"(用木板制作的套在颈上的刑具)刑,并在沪东杨树浦路示众三天。马妻不堪打击,愤愤之下吞下鸦片自尽。马义堂的遭遇,使英电工人初次觉醒,看清了嗜血资本家的真实面目。为了抗议洋人的暴行,保障自身权利,工人们于3月31日举行了首次罢工,并表达了对公司延长工作时间的抗议,提出每班工作8小时的要求。工人的斗争力量让外国资本家恐慌,他们没有想到中国工人居然能进行如此的反抗。资方害怕事态进一步扩大,对开张不久的企业不利,被迫答应修改公司章程。谁也没想到,英电工人为维护自身的权益,竟敢于团结起来与资本家展开斗争。

1919年五四运动爆发后,上海的工人阶级举行大罢工,将运动推向了高潮。英电公司工人队伍规模庞大,又和社会接触广泛,是上海工人运动中的一支重要力量。其中有240名工人积极响应"一律罢工,停驶电

英电公司职工上班领牌出勤

位于南苏州路185号的英商上海电车公司大楼旧址

英商电车工会会徽

车"的呼吁，参加了这场声势浩大的罢工斗争。尽管两年前建成的、位于南苏州路185号的英商上海电车公司大楼中有人发出指令，阻止工人们前去声援青年学生的爱国行动，但在愤怒的工人面前，一切强制都是徒劳的。中国共产党成立后，非常重视在工人集中的英电发展党员和建立党组织。1925年，英电第一个工会组织——公共租界电车工会正式成立，第一任会长由中共党员王有为担任。五卅运动爆发后，英电工人七百余人在工会领导下，于6月2日开始统一行动，至4日进入全面罢工。

1925年9月，随着惠民路修理工厂的建成，资方将静安寺车栈机务部的主要设备迁去，并调了大部分工人前去，于是英电公司工人运动的中心从沪西转向了沪东。在中共杨

1925年6月4日，英电工人罢工，图为当时停驶的电车

机械的电车开始变得有灵魂了

英电工人在外国监工的监视下劳动

英电工人俱乐部遗址

树浦部委领导下,英电建起了惠民路机务部党支部,同时,在静安寺车栈亦建立了沪西电车公司党支部,由中共曹家渡部委领导,这就为壮大英电内部党的力量和深化工人运动,奠定了良好的组织基础。

英电工人将自己的命运与国家的未来、民族的解放紧紧联系在一起,开展了一系列救亡图存的运动,在五卅运动、上海工人三次武装起义、抗日救亡运动以及迎接上海解放等一系列重大历史事件中,进行了卓有成效的斗争,谱写了可歌可泣的篇章。

1927年2月,上海总工会以纪念"二七"京汉铁路工人大罢工四周年的名义,在榆林路157弄(今延龄里,已被拆迁)12、14号两幢二层楼的石库门房子内,召开工会干部会议,讨论第二次武装起义准备事宜。与此同时,英电工人俱乐部在此宣告成立,以后惠民路机务部党支部和工会组织的许多重要活动均在这里举行。"四一二"反革命政变后,该工人俱乐部曾被租界巡捕房多次查封,但仍在逆境中坚持活动。英电资方为了破坏工人的团结,也通过工头去进行压制,但英电机务部党支部在厂外租设了"黑房间",办起夜校,把受苦的工人团结起来,启发他们的阶级觉悟,激励他们的革命热情。他们击毙英电工贼倪天生,巧妙处决走狗"茶叶黑炭",投身上海工人三次武装起义。与此同时,英电工人也在斗争中意识到,只有在共产党的领导下团结起来,彻底改变社会制度才是根本的出路。

1932年"一·二八"淞沪抗战爆发后,英电工人与上海人民一起,前往抗日前线慰问十九路军将士。资方迫于形势虽不直接反对,却以"慰劳队要耽误工作时间"为由予以阻挠。针对英国资本家的这种无理行为,工人俱乐部先是向英商展开说理斗争,而英国资本家却用"谁要参加慰劳队就开除谁"的高压手段来威胁工人。这样一来,工人们被激怒了,罢工顺势地发动起来了。参加这次罢工的有司机、装配工、修理工、售票员等四五百人,约占全公司人数的80%。面对罢工怒潮,资本家用更狠毒的手段对付工人,如开除部分工人,雇佣一些白俄来开车和售票。这种恶劣伎俩,使工人们更加怒不可遏,事态进一步扩大了。

在党的领导下,英电工人马上成立了罢工委员会,组织了联络机构,同资本家进行针锋相对的斗争。他们向资方提出:不许开除任何工人;工人有爱国自由,有权参加慰问十九路军的正义行动,资方不得干涉;被开除工人要召回复职等。资本家开始不予理睬,工人们就上街用石头砸公共汽车,用石灰包袭击白俄售票员、司机。这样一来,震动了全

十九路军将士前线英勇抗敌

机械的电车开始变得有灵魂了

上海，资本家不得不坐下来同工人俱乐部代表谈判。结果，英国资本家答应将被开除的工人召回复职，关于慰问十九路军之事，也以"中国人内部之事"为由，推说不管。这样，罢工取得了最后的胜利，罢工委员会宣告了复工的决定。

回首英电工人早期的斗争历史，可以发现，当他们处于刚起步的自在阶段，犹如一辆"机械的电车"，而一旦这辆车有了灵魂，它便处于自为阶段。正是这些有目的性的斗争，让革命的火把在英电熊熊地燃烧起来，英电的工人运动也随着民主革命时代的脉搏一起跳动，从自发的零星斗争到有组织、有规模的大罢工，从纯粹的经济斗争到反帝爱国的政治斗争，英电工人队伍成为上海工人运动中的一支中坚力量，在上海工人运动史中谱写下属于自己的光辉篇章。

静安寺路上的有轨电车

万千劳工发出觉醒的呐喊

——上海南洋烟厂工人大罢工旧址

位于东百老汇路817号的公司大楼

简照南

简玉阶

1905年，广东商人简照南、简玉阶兄弟在香港创办广东南洋烟草公司，当时资本为10万港元。由于缺乏技术和经验，并受到英美烟草公司的竞争和打击，三年后公司亏损停业。1909年，得到叔父简铭石资助9万元，公司复业，并更名为"广东南洋兄弟烟草公司"。两年后，公司转亏为盈，业务不断发展。

1915年，公司自广东北上，在上海知名广商劳敬修的协助下，觅得靠近黄浦江码头的东百老汇路（今东大名路）一所栈房，改为卷烟厂，每年盈利均高达百万元。不久，一座五层高、通体灰白色的总部综合大楼，在同一条路的817号拔地而起。它结构规整，一至四层楼的窗户都是平拱式的窗楣，而第五层的窗户均为半圆券式样，顶层两端近女儿墙一侧，设对称塔楼作立面构图中心，具有东南亚寺庙式建筑风格。这就是简氏在沪创办的南洋兄弟烟草股份有限公司总部旧址（今高阳大楼）。身为大老板的简照南一踏入这幢气派的大楼，就默默铆足了劲儿，誓要让南洋兄弟烟草公司（简称南洋烟厂）在上海打出一片天地。可谁想到，老对手英美烟草公司（British American Tobacco，简称BAT）步步紧逼得让他们喘不过气来。作为国际大公司的英美烟草，起步比南洋烟厂早，资金比南洋雄厚，产品名气比南洋烟厂响亮，这会儿又一次向南洋烟厂提出收购……

思虑再三，简氏兄弟没有同意合并，继续开打商战。南洋烟厂开始虎口夺食，一路高

南洋兄弟烟草公司卷烟厂旧址

南洋兄弟烟草公司大楼旧影

公司大楼正门

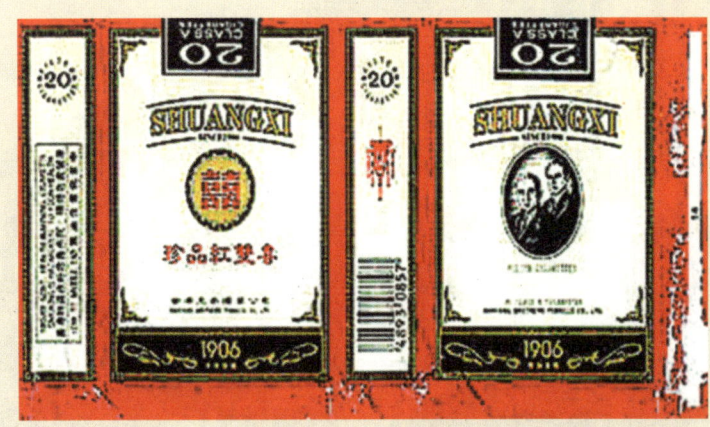

1906年版"红双喜"牌子烟壳

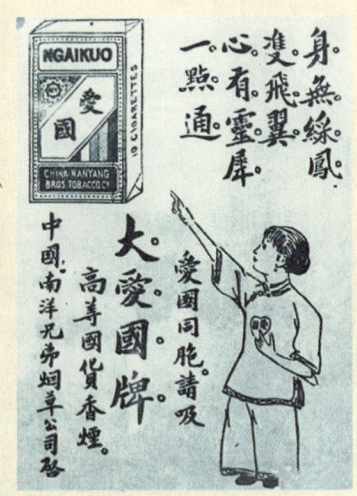

▲南洋烟厂宣传国货的招贴画

◀南洋烟厂工人大罢工遗址

▼南洋烟厂包装车间

喊"中国人吸中国烟"的口号,大力发展国货品牌。一有国货展览会,便赶紧寻个抛头露面的机会;香烟的外包装也印上"新爱国""红双喜""长城"等品牌名,具有明显的国货特色;

五卅运动爆发后,南洋烟厂更是借势在报纸上刊登广告,号召民众抵制英美货,改抽民族品牌的南洋烟。火热的民族感情与烟草产品的定位一拍即合,南洋烟厂俘获了大批的烟民,在"冒险家的乐园"站稳了脚跟。1918年,南洋烟厂将上海的公司设为总厂,香港为

万千劳工发出觉醒的呐喊

南洋烟厂工头监视工人操作场景

烟筒盖

公司大楼一角

分厂,雇得工人万余名。

南洋兄弟烟草公司成立八年后,已成为中国的烟草大王。资本由120万累积到1 500余万,卷烟车由四部增加至173部,雇佣工人由300余人增至7 000余人。因而,在与英美烟草公司的竞争中,曾三次粉碎该公司企图吞并的阴谋,并在商标战、销售战、并购战、信誉战等斗争中立于不败之地,还先后两次拒绝北洋政府企图垄断烟业和谈判合办的要求,为民族工业的发展尽了绵薄之力。

但是,这一切的实力基础都是靠剥削工人的剩余价值累积起来的,而工人的生活因受剥削仍陷于极端困苦的境遇。民族资本家的两面性,决定了其与工人阶级的矛盾是绝对的,对工人的剥削也是残酷的。

1924年2月,受资方操纵的"上海南洋烟草职工同志会",在工人们的强烈反对下被迫改组,改组后的工会委员大半是工人,这当然是资方不愿看到的。是年4月,资方任命被工人反对而离职的前工会会长邝公耀为工务稽察长。他到任后,便策动厂方取消原来实行的工人病假期间

向警予

张琴秋

发给工资的规定,还制定了三十多项苛待工人的管理条例,工人屡次要求更改都无结果。不久,厂方又无故开除十余名工人,工会交涉无效,厂方变本加厉将工会代表陈倩如、伍惠芬也一起开除,从而激起公愤。一向自诩为爱国振兴实业、抵制外货的资本家,对付本国苦难同胞之时,却与洋资本家一样的狠毒。

在忍无可忍的情况下,七千余名工人在中国共产党的领导下,决定从9月8日起实行闻名全国的大罢工。时任上海女界国民会议促成会书记的向警予参与领导了这次大罢工,她与张琴秋一起出席烟厂职工代表会,对罢工进行指导。党组织发动各界群众成立"南洋失业工人救济委员会",募款救济被厂方无理开除的五百多名工人。

面对工人的罢工,资方及其走狗一面收买流氓进行恐吓,一面派出打手五十余人,拉工友回厂上工,对不从者动辄殴打。当时在通往厂区的沿路,可谓是男呼女嚎,惨无人道。同时,资方将工会代表四人开除,并将代表顾君殴打之后拘留在公司。有女工五十余人监押厂内,不准她们回家哺儿,饮食亦不得出外采购。此外,他们还采取了一种混淆视听的方法,以该厂员工稽察邝某和李某、"粤侨工界"者十人、公司"工厂工友"等名义登了三则启事,矛头和措辞莫不一致攻击罢工者,借以破坏外界对工人的同情。而且这些启示登上了国民党机关报《民国日报》,公司以为这样便可以使工会解体,破坏他们的一致行动了。

向警予发动工人举行大罢工（浮雕）

在向警予等共产党人的领导下，三十多个团体向全国发出宣言和通电，争取各界对南洋烟厂罢工的声援。中共中央机关刊物《向导》连续发文揭露资本家破坏罢工的卑劣手段，指斥国民党破坏罢工的反革命行为。在工人被迫局部复工后，向警予等又发起联合37个公团举行会议，推举代表进行调解。资本家拒绝调解后，他们又组织南洋烟厂工人罢工后援会，推举中共党员李立三、郭景仁等九人为执行委员，并以后援会的名义通电全国各报馆，支持烟厂工人继续罢工。9月25日，南洋烟厂资方用武力夺取原工会会所，并以"掠夺会内什物"的罪名，通缉原工会所有工作人员，开除工人1 700余人。被开除的工人并未屈服，他们一面另行组织工会，一面派代表到粤、港、澳等地求援。各地工会立即行动，积极援助南洋烟厂工人的罢工斗争。当时在广州铁路工人中开展工作的杨殷，在广州组织了南洋兄弟烟草公司罢工后援会，带领工人没收该公司在广州销售的229箱香烟，价值五万多元，拍卖后作为上海被开除工人的救济金。11月，中共发动各地团体，组织南洋失业工人救济委员会，向罢工工人发放每人每天两角的救济金。

资本家很懂得造舆论，专门派人到各家报馆去通报："我们工厂里罢工了，希望贵报莫登工人送来的消息与广告！"后面又拖了一句，"敝公司每月给贵报的广告费不少，想

诞生地 寻找中共在上海的红色基因

杨殷

《民国日报》被资本家所买通

来贵报一定愿意帮忙的。"果然,《民国日报》尽登载一些替资本家助虐和诬蔑造谣工人的消息,后来在几个国民党左派分子的逼迫下,才有几段含含糊糊的文字刊载于报纸不起眼的边角上。毛泽东看到国民党机关报与上海执行部在这次罢工事件中的态度后,极为不满,他在广州出版的《政治周报》上发表了《上海〈民国日报〉反动的原因及国民党中央对该报的处置》一文,对该报在南洋烟厂罢工期间的反动行径予以谴责。当时的舆论也纷纷对南洋烟厂进行斥责,认为当前的情况与国民党党纲上大书特书的保护工农利益完全相反,反倒是保护了资本家的利益,并发出"这是怎么一回事?"的疑问。

南洋烟厂资本家比别的资本家更会使阴谋诡计。他们早已看清"工人团体结得坚牢"足以置他们于死地,所以他们使出对付罢工的策略便是在工人团体内挑拨离间。他们雇佣山东打手捉拿罢工工人的同时,给返厂者以双资,升散工为长工,以开除来威吓罢工工人。而此时的工人衣食无着,流离失所,忍受严寒,于沿街露宿者不计其数,疾病死亡也时有所闻。在这种情况下,一部分经不起生活折腾和引诱的工人便忍辱含酸地进了厂。资本家借此大大地宣传了一番,并限令工人9月14日前不进厂者一律开除。不仅如此,资方还得寸进尺地挟制多数工人发表五千人具名的启事,被逼承认此次罢工为少数人之煽动,并将此次工人阶级与资产阶级的争斗说成是工人之间的内讧,从而使资方在法律上可以不承担任何责任。

卷烟制造厂的烟囱

万千劳工发出觉醒的呐喊

这次罢工斗争虽以失败而告终,但使广大工人受到了教育。事后,向警予以"振宁"的笔名在《向导周报》第85期发表文章,指出:"你们为工人利益勇敢奋斗的精神是永远不可磨灭的!工人阶级有了你们,好比有了保卫队一样,工人阶级的解放全靠你们。一次罢工失败算不了什么,你们不要灰心,要好好团结这二千多极坚决极勇敢的分子,把他们散布在上海各香烟厂内,将这次罢工所以失败的教训告诉大众,组织更有力的雄军,我敢断定,最后胜利终是你们的。"

这次罢工斗争产生的影响是深远的。党领导的早期工人运动在1923年"二七"惨案后陷入低谷。随着国共合作的开展,工人运动风起云涌,让万千劳工发出觉醒的呐喊,而上海南洋烟厂工人大罢工正是这一时期的典型事例。邓中夏曾高度评价了这次罢工斗争,他认为"党领导了南洋烟厂工人罢工,1924年下半年,上海工人运动已经冲破了1923年以来工人运动的消沉状态,显示了活跃的征兆",掀开了工运史上波澜壮阔的一页。此后,一个新的工人运动高潮在全国范围内迅速兴起,极大地推动了全国革命运动的发展。1927年1月,南洋烟厂工会正式加入上海总工会,接着,这支工人队伍又参加了上海工人第二次、第三次武装起义,在革命运动的风暴中锤炼成长。

南洋兄弟烟草公司大楼

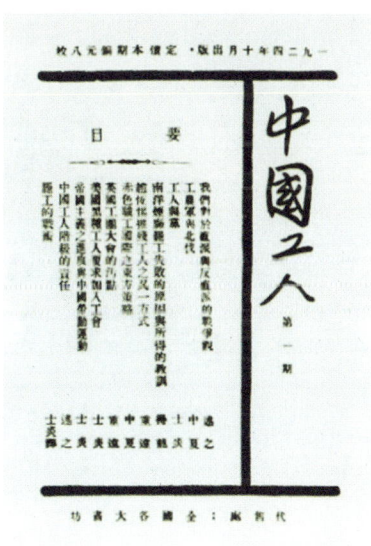

《中国工人》刊文总结罢工斗争经验

十里洋场一次规模空前的反帝进军

——"五卅"运动爱国群众流血牺牲地点

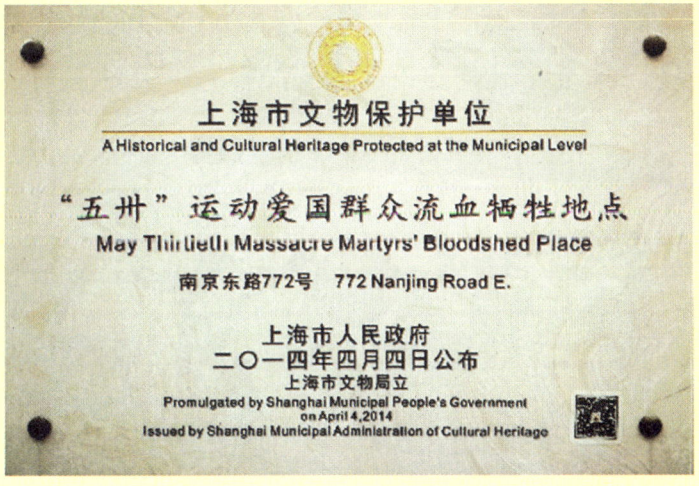

诞生地 寻找中共在上海的红色基因

五卅运动纪念碑

在上海市中心南京西路、西藏中路西南侧的一片绿地中，矗立着陈云书写碑名、陆定一题写碑文的五卅运动纪念碑。碑体由一座不锈钢材质的主体雕塑、一座青铜雕塑和三块花岗石组成。主体雕塑由"五""卅"两字组成，气势磅礴，如大鹏的翅膀抑或烈焰的火舌，象征振奋、腾飞、向上的精神；青铜塑像塑造了一位神情凝重的工人，满腔悲

十里洋场一次规模空前的反帝进军

愤地怀抱着倒下战友的身躯,体现着革命先烈的铮铮铁骨,呼唤着子孙后代们接力革命的火种;三块花岗石背面各有一组展现"五卅"斗争历史画卷的青铜浮雕,生动地刻画着穷极潦倒的工人、悲痛欲绝的妇人、嗷嗷待哺的孩子,以及为民众利益奔走呼叫的共产党人。站在纪念碑前,你会热血沸腾地追思起近百年前那场震惊中外、规模空前的反帝进军。

时光回溯到1925年2月,当时上海22家日本纱厂的四万多名工人举行大罢工,反对日本资本家无理开除工人。5月15日,上海日商内外棉七厂资本家借口存纱不敷,故意关闭工厂,停发工人工资。共产党员顾正红带领

顾正红

顾正红带着人群进行自我防卫(雕塑)

顾正红烈士殉难处(今澳门路300号)

诞生地 寻找中共在上海的红色基因

顾正红带领工友进行斗争的群雕

愤怒的工人,推倒铁门栏,冲进工厂,要求资本家发工资。守大门的日本人竟然举起木棍、铁棒乱击工人。顾正红高喊:"东洋人打人了!"带着人群直奔物料间,每人拿一根打梭棒进行自我防卫。七厂的日本大班川村领着一帮打手,手持武器冲过来,顾正红身中数弹倒在血泊之中,第二天下午因伤势过重逝世。顾正红的壮烈牺牲成为五卅运动的直接导火线。

惨案在报上披露后,引起了广大群众的极大愤慨。此时,帝国主义租界当局又提出了"增加码头捐""印刷附律""交易所注册",以及欺骗人民的"取缔童工法案"等四个提案,更激起了各界人民的不满。中共中央决定在全市范围内,发动一个大规模的反帝游行、演讲、示威运动。

5月24日,在潭子湾沪西工友俱乐部(今安远路278—282号)前面的空地上,召开了全市性的追悼顾正红烈士大会。到会群众一万多人,恽代英以及一些知名人士登台演讲,悲壮激昂,声泪俱下,听者无不为之感动。虽然大批军警冲进会场进行干

潭子湾沪西工友俱乐部旧址

扰，但大会还是产生了很大的影响。5月28日，中共中央紧急发出《扩大反帝运动和组织"五卅"大示威游行》的决议。第二天，各校代表的会议开了一整夜，除了传达八点行动要求和确定相互联系、支援的方式外，还制作了各种臂章、证章和小旗，油印了大量传单，还租了百余辆自行车，作为游行时巡视队伍和传达命令之用。没想到，5月30日天刚亮，指挥总部就接到外来电话，告知复旦、圣约翰等几所大学的学生已自

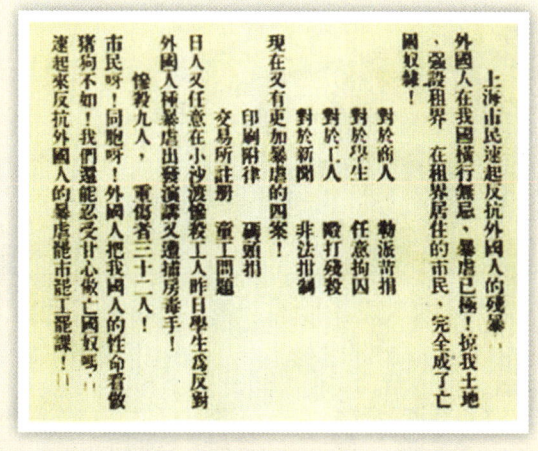

反帝传单

动整队向大马路（今南京东路）进发了。为防止意外情况的发生，指挥部当即决定改变原定下午一时集合的计划，并通知了十余所学校即刻出发，加以声援。

九点钟光景，远近居民扶老携幼，带着小凳、竹椅静坐南京路两边街沿。沿路各幢楼房的窗口以及先施、永安等四大公司的屋顶花园都挤满了人。市中心几条马路已拥入大批学生。游行队伍按指定地点集合完毕后，罗亦农骑自行车来往检阅整个队伍的阵容。下午一时，指挥部下令，游行开始。排在外滩公园前的一支工人队伍，首先将公园门口一块"华人与狗不准入内"的牌子砸得粉碎，丢入江中。上海总工会的队伍由530人组成（意为"五卅"），六个人拉着横幅开道，纠察队排在最前列，后面是铁路、海员、码头、纱总、

顾正红烈士追悼大会场景

诞生地 寻找中共在上海的红色基因

"五卅"惨案发生前在南京路上的群众

上海总工会委员长李立三在向工人发表演说

印总、邮政、电讯、电气、自来水厂、造船、店联等工会组织的工人。排在工人后面的学生队伍由学联率领,阵容整肃,秩序井然。他们分组在公共租界各马路散发反帝传单,进行讲演,揭露帝国主义枪杀顾正红、抓捕学生的罪行,坚决反对"四提案"。这可谓是一次规模空前的反帝进军,轰动了整个十里洋场。

租界当局增派了大批武装巡捕,夹在人群中间飞舞棍棒,大肆拘捕爱国学生。那些宣传队员刚站上凳子演说,就被巡捕拉了下来,推上卡车,一直开到巡捕房(今

十里洋场一次规模空前的反帝进军

▶ 五卅运动中上海人民集会

▼ 学生在永安公司前散发传单

诞生地 寻找中共在上海的红色基因

◀上海租界巡捕房的外国巡警严阵以待

▼爱国群众流血牺牲地点铭牌

培光中学）关押。当队伍行进到南京路、河南路路口时，人如潮涌。老闸捕房的巡捕们惊恐万状，他们将两扇大铁门关上一扇，三十几个印度籍巡捕排成一字形，站在铁门外，严阵以待。人们高呼"打倒帝国主义！"，还有人用英语责问："我们在自己的土地上演讲，犯什么罪？""立即释放被捕者！"

五卅惨案现场

十里洋场一次规模空前的反帝进军

双方相持到下午四时左右,租界巡捕房英籍捕头埃弗森登场,扩音器立刻传出他用英语谩骂游行群众为"暴徒"的声音。他看看手表,限令人们十分钟内撤退,群众不理,过了五分钟,群众仍不散。埃弗森就在公共租界老闸捕房及同昌车行(今南京东路772号)门前,公然下令开枪屠杀手无寸铁的群众,制造了震惊中外的"五卅惨案"。据1925年6月4日出版的《热血日报》统计,当场死亡13人,重伤18人,逮捕150余人,牺牲者有上海大学学生何秉彝、同济大学学生尹景伊及永安公司职工李超伯等。当时,南京路上笼罩着一片沉寂的恐怖气氛。这时,《民国日报》主编邵力子和几个新闻记者前来察看和拍照,但都被驱赶走了。片刻间,白色的救护车、红色的警备车,还有收尸车,疾驰而来,将尸体收去。伤者由工部局送医院,老闸捕房赶紧用水冲洗掉血迹。

惨案发生后,上海市工商学联合会召开20万人的反帝示威大会,开始罢工、罢市、罢课,号召人民废除一切不平等条约,取消帝国主义在

《热血日报》

当年同昌车行门前的流血地(矮墙处)

英国巡捕开枪扫射手无寸铁的群众

英国巡捕用水管冲洗血渍

五卅运动时期市民抵制英、日仇货

华的一切特权。在中国共产党的领导和推动下，五卅运动的狂飙迅速席卷全国，从工人发展到学生、商人、市民、农民等社会各阶层，并从上海发展到全国各地，约有一千七百万人直接参加了运动。北京、广州、南京、重庆、天津、青岛、汉口等几十个大中城市和唐山、焦作、水口山等重要矿区，都举行了成千上万人的集会、游行示威和罢工、罢课、罢市。6月11日，汉口参加游行示威的群众行至公共租界时，英国水兵向人群开枪射击，打死

五卅惨案后张贴在老闸捕房的抗议标语

数十人，重伤三十余人。汉口惨案进一步激起全国民众的愤怒。全国各地到处响起"打倒帝国主义""废除不平等条约""撤退外国驻华的海陆空军""为死难同胞报仇"的怒吼声，形成了全国规模的反帝怒潮。

历史给予五卅运动这样的评价：这是一次伟大的群众性反帝爱国运动，它大大提高了全国人民的觉悟和组织力量，在全国范围内为北伐战争奠定了群众基础，并将国民革命推向高潮，从而拉开了1925至1927年风云跌宕的国民革命的序幕。

工人阶级从此攥成了一个"拳头"

——"五卅"运动初期的上海总工会遗址

上海市文物保护单位
Monument under the Protection
of Shanghai Municipality

"五卅"运动初期的上海总工会遗址
Former Site of Shanghai Federation of Trade
Unions in Early May 30th Movement

上海市人民政府
2014 年 4 月 4 日公布
上海市人民政府立

诞生地 寻找中共在上海的红色基因

位于西门路泰康里41号的上海机器工会遗址

第二次全国劳动大会在广州召开

上海开埠后,东西方列强纷纷利用其在"冒险家乐园"的特权,进行掠夺。尤其在外资工厂里,上海工人备受野蛮的民族压迫和敲骨吸髓的剥削,被迫当牛做马,每天工作十多小时,一家老小却难得温饱。1920年11月,在西门路泰康里41号(今自忠路225号)一幢破旧的两层楼临街住宅前,推开吱吱呀呀的简陋木门,工人阶级第一次找到了自己的"娘家人"。这里,就是上海机器工会。这是我党领导下的第一个工会组织。1922年6月,中国共产党曾提出建立上海总工会的计划,却因为种种原因一直没能实现。

1925年1月,中共四大在上海召开,大会提出了无产阶级在民主革命中的领导权问题,制定了开展以适应革命大发展为目标的工农群众运动的工作方针和计划,并加强了对全国工农群众运动的领导。5月初,第二次全国劳动大会在广州召开,会议之前邓中夏曾撰文说:"资本家不但有自己的严密组织,而且他们还有国家、政府、法庭、警察、军队,种种的组织,来重重压迫我们,我们如不有大规模的统一组织,以与之对抗,以与之搏战,试问我们工人哪能战胜资本家而得到解放之路呢?"在这一思想指导下,会议作出了"上海问题决议案",指出:"应由此次出席大会之上海各工会,联络其余各真正工会共同组织全上海工会之总联合机关,以便真能为无产阶级谋利益,而抵抗帝国主义、资本家以及工贼之联合进攻。"参加会议的上海代表回沪后,开始着手建立上海总工会。

5月2日,中华海员工业联合总会上海支部、上海公共租界电车工会、上海印刷工人联合会等24个团体代表开会,组成了上海总工会筹备会。同月15日,由于上海内外棉七厂的日本大班枪杀工人顾正红,引发八千多工人奋起罢工,三十五个各界团体组成后援团,并形成了以沪西工人俱乐部和沪东工人进德会两大工会组织的"大本营"。危难之际,上海总工会

位于会文路营业里18号的上海总工会筹备大会遗址

到了必须"出手"的时候,从而加快了整个筹备工作的进程。

5月18日,上海各工会派出百余名代表,齐集闸北会文路营业里(今会文路136弄)18号,召开了上海总工会的筹备大会。会上通过了《上海总工会章程》,并选举李立三为会长,陈杏林为副会长,陈佐臣、刘贯之等九人为董事,会议还决定会所就设在营业里18号。为了与国民党领导的工会组织"上海市总工会"有所区别,筹备大会决定用"上海总工

李立三

上海总工会组织的大游行

五卅惨案现场

上海总工会在报纸上刊登的罢工启事

会"的名称对外公布,一字之差显示了将要成立的总工会是共产党领导的工会组织。没多久,便有二十九个工会加入了上海总工会,属下的会员很快就突破了三万人。

上海总工会正式成立的导火索是1925年发生的五卅惨案。惨案发生当天晚上,中共中央召开紧急会议,决定以工人阶级为主力,组成各阶级的联合阵线,率领上海人民实行罢工、罢课、罢市,坚决回击帝国主义的屠杀政策。会后,上海总工会领导人立即召集下属各工会的干部开会,介绍五卅惨案的情况,动员起来反抗,部署三罢斗争事项。

工人阶级从此攥成了一个"拳头"

刘华

刘少奇

为适应迅速发展的形势，改变地下工作的局面，5月31日夜晚，上海总工会筹备会在虹江路46号广东会馆礼堂召开各工会联席会议，一致通过上海总工会成立的决定，并选举李立三任委员长、刘华为副委员长、刘少奇任总务科主任，主管总工会日常工作。这是上海历史上第一个由中国共产党领导的跨区域跨行业的工会组织，从此，上海工人运动有了一个坚强的领导核心。邓中夏在《中国职工运动简史》中这样写道："于是光芒万丈的明星——上海总工会便于当晚出现了。"

6月1日下午，上海总工会公开发布了总同盟罢工宣言，号召上海的工友们"起来呀！罢工呀！"。工人们热烈响应总工会的宣言，除继续坚持罢工的日资纱厂外，英资的电话公司、电车公司、怡和纱厂、工部局铁厂的工人以及怡和公司、太古公司和日资日清轮船公司的海员等许多中外企业的工人都站在上海总工会的大旗之下，使罢工、罢课、罢市成为一股强大的社会洪流。这时，上总所属工会已有一百十七个，会员近二十二万人。为适应组织规模的扩大和工会业务的剧增，上海

上海各大中学校四万多名学生总罢课

诞生地 寻找中共在上海的红色基因

宝山路宝山里弄堂口

宝山路宝山里弄内

五卅运动初期上海总工会遗址

总工会于6月6日前将会所迁至宝山路宝山里2号（今宝山路403弄，原建筑在1932年"一·二八"事变中被日本侵略者炸毁），公开挂牌办公，从此，工人阶级开始攥成了一个"拳头"。

总工会内分别设置总务科、宣传科、交际科、会计科、组织科，李立三任委员长，刘少奇、刘贯之、陈杏林、傅冠雄、吴敏分任各科主任。除了宝山里2号的总办事处外，总工会还在联盛里65号设立了分办事处。同时，还根据需要，在上海的高郎桥、引翔港、浦东、小沙渡、曹家渡、沪军营设立了六个办事处。6月11日，上海总工会创办了机关报《上海总工会日刊》（后改为三日、五日刊）。

对于这个代表着上海工人阶级的愿望和利益，领导开展反帝反封建斗争的组织，帝国主义、军阀政府和买办资产阶级对它极为恐惧和仇视。他们或假冒上海总工会的名义招摇撞骗，或诬陷上海总工会贪污罢工救济款，试图煽动和围困工会组织。6月中旬，一个隶属于国民党右派控制的上海工团联合会青帮大头目公然宣称,他们才是上海三十万工人的真正代表,并企图取代上海总工会的地位。为了欺骗舆论,制造声势,这个工贼工会在大资产阶级支持下,用发放救济款为诱饵,吸引工人群众参加他们召开的所谓"全上海工人大会"。李立三在警卫的保护下,只身闯进已有几百工人的会场,这时,工人们感到出席工贼召集的大会对不起总工会,于是纷纷退出了会场。青帮头目目睹这一场景后,气急败坏,凶相毕露,当场要李立三交出总工会的印章,这种无理取闹的行径理所当然地遭到了李立三的严厉斥责。一些打手们在李立三大义凛然的震慑下,又看到警卫身上所带的手枪,不敢上前动手。青帮头目继续耍赖,为了控制总工会,他硬要李立三做自己的兄弟方肯罢休,这无疑遭到了李立三的断然拒绝。但为了暂时缓和局面,争取青帮内的一般群众,李立三同意出席以警卫名义主办的酒席,并给青帮头目让出首席,自己坐在第二席上,从而了结了这场刀兵相逼的风波。

8月,反动派又策划了一起利用流氓工贼捣毁总工会,谋杀李立三、刘少奇等工人领袖的行动。在这以前,上海党组织对此阴谋已有所闻,许多党的干部撤离了第一线,总工会也精简了人员,增强了防卫。一天,李立三接待了一个工贼的密探,及时发觉了敌人的阴谋后,他先让刘少奇撤退去报告党中央,自己却去部署财务人员把现款锁进保险柜里,因而被打进来的流氓围困在楼里。在这危急关头,他在工人奋勇掩护下,从楼顶天窗爬出去,沿着屋脊跑到另一幢楼里,终于在工人家属保护下脱离了危险。而他从工人家里出来

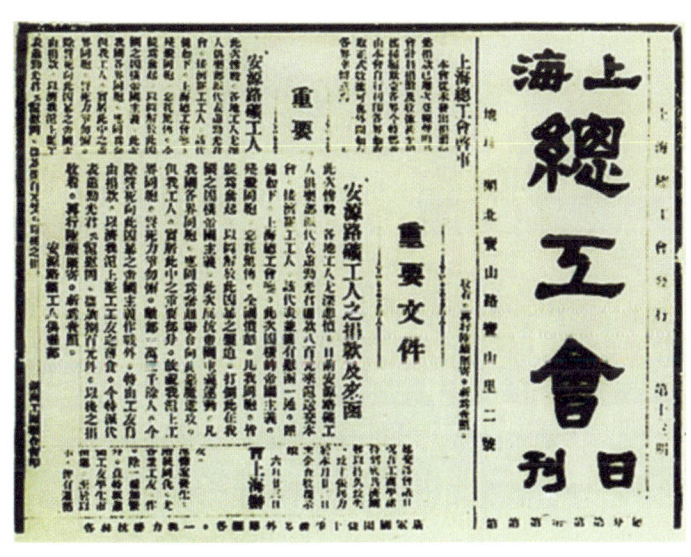

上海总工会机关报《上海总工会日刊》

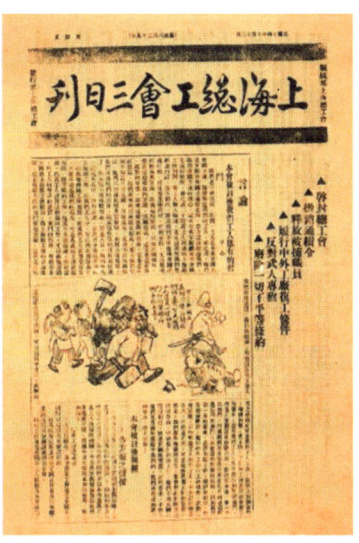

《上海总工会三日刊》

诞生地 寻找中共在上海的红色基因

做的第一件事是去奉军警备司令部提出强烈抗议,然后率领赶来保卫总工会的工人纠察队赶走流氓打手,救护受伤工人,恢复总工会的工作。

鉴于当时工人运动斗争的需要,上海总工会曾多次迁址。7月20日,由于会务日益扩大,总工会原会址宝山里2号的办公场地不够用,总工会搬迁到共和路和兴里27号(今华康路68号)两幢新楼办公。两个月后,奉系军阀终于撕下了面具,公开查封上海总工会,镇压各级工会组织,工会负责人遭到通缉。不久,李立三、刘少奇等主要领导人在党组织严密部署保护下,相继撤离上海,总工会也就被迫关门,转入地下活动。《中国共产党为总工会被封告工友书》中宣告:"军阀只能一时封闭你们的工会,不能永久封闭你们的工会,更不能封闭你们万众一心的团结精神。"以此激励工人继续进行斗争。

办公场所被查封之后,上海总工会继续以"工人代表会议"的名义进行公开或半公开的活动。在这段时间里,上海总工会曾经在金陵路(今秣陵路)德宝里358号、中华新路顺成里25号(原建筑毁于1932年"一·二八"事变)等处办公。在党的领导下,上海总工会迅速组建了由汪寿华、项英、林育英、谢文锦四人组成的新的上海总工会党团,并在狄思

汪寿华

位于狄思威路麦加里的上海总工会秘密办事处旧址

位于会文路201号湖州会馆的上海总工会旧址

工人阶级从此攥成了一个"拳头"

威路麦加里（今溧阳路965弄）21号一幢普通的石库门房子中，设立秘密办事处，汪寿华、龙大道等经常住在这里办公，李立三、林育南、项英等亦常来研究工作，此处已然成了中国共产党领导全市工人举行总同盟罢工和第三次武装起义的指挥所，为中国工人运动史谱写了光辉的史篇。

1927年3月21日，上海工人第三次武装起义爆发，随后工人纠察队攻克会文路201号的湖州会馆，上海总工会机关也随之迁入。红底白字的"上海总工会"横幅高悬会馆主要建筑的门厅上方，工人纠察队员肩扛步枪、腰束皮带，雄赳赳地站立两旁，检查进出人员的证件和标志，办公人员胸前都佩戴着"上海总工会职员"的小红布条。3月27日，上海工人代表大会在湖州会馆召开，汪寿华向大会报告第三次武装起义的经过和上海总工会今后的工作。在数万工人的欢呼声中，上海总工会自动启封，公开恢复活动，开始了新的历史征途。

工人纠察队在湖州会馆门前列队守卫

汪寿华在湖州会馆上海工人纠察队成立大会上讲话

上海总工会湖州会馆旧址纪念石碑

早期工人运动的策源地

——商务印书馆第五印刷所旧址

诞生地 寻找中共在上海的红色基因

1897年,设在江西路德昌里的厂屋(图纸)

昔日宝山路上海商务印书馆全景图

商务印书馆是中国第一家现代出版机构,与北京大学并列被誉为"中国近代文化的双子星"。1897年2月,商务印书馆创办于上海江西路(今江西中路)德昌里未街3号。1904年,商务印书馆购下宝山路八十余亩地,兴建总馆和编译所。1932年"一·二八"淞沪战争中,商务印书馆在闸北的印刷所、编译所和东方图书馆都毁于日本侵略者的炮火之中,而唯一留存的是1923年设立的商务印书馆第五印刷所(今天通庵路190号)。旧址坐南朝北,平面呈矩形,为钢筋混凝土结构二层大楼,中间有四方弧顶钟楼,立面撰有"商务"二字。

这里一直与中共早期创始人保持着密切的合作,是马克思主义书籍出版的重镇。

早期工人运动的策源地

早在1902年,商务印书馆就出版了陈独秀的第一本书《小学万国地理新编》,那时他还在东京留学。1920年,由北京回到上海后,商务印书馆曾邀请他担任馆外名誉编辑,每月300元,一年只须写一本小册子,且选题、内容自定。陈独秀表示月薪不必多,编辑事务也不愿太繁重,因为他主要工作是党务,愿任商务印书馆的名誉编辑不过是为维持生活。他还经常为商务印书馆推荐书稿,瞿秋白的《赤都心史》就是由他推荐而出版的。虽然总经理张元济将"社会主义"称为"过激主义",但是商务印书馆还是将其作为一种思潮加以介绍。仅1919至1922年间,商务印书馆就出版了《综合各国社会思潮》《马克斯经济学说》《经济史观》《救贫丛谈》《社会问题详解》《布尔什维主义底心理》等书籍共二十一种。商务印书馆主办的《东方杂志》很早就有翻译和介绍社会主义和共产主义的文章,并连载日本幸德秋水撰写的《社会主义神髓》等著作。后来,陈独秀虽被捕入狱,商务印书馆仍毫不避讳地经常刊登他的稿子。

该馆还是中国共产党在上海开展早期活动的重要据点,也是中国共产党的秘密联络处。1916年夏,沈雁冰(茅盾)从北京大学预科毕业,带着商务印书馆北京分馆经理孙伯恒给张元济经理的介绍信来到上海,被安排在商务印书馆编译所当英文阅卷员。一个月后,他读了商务印书馆刚出

被日军轰炸后的商务印书馆

位于天通庵路190号的商务印书馆第五印刷所旧址

诞生地 寻找中共在上海的红色基因

版的《辞源》后，有感而发，"贸然"给张元济写了一封信，谈了自己读《辞源》的感受。不料，茅盾这封有感而发的信引起了张元济的高度重视，认为沈雁冰在英文部用非其才，亲自批示并与编译所高梦旦先生商量，让他到更能发挥其才能的国文部跟随孙毓修编译童话、校订古籍。后来，因新文化运动冲击，《小说月报》销售量下降，他又"临危受命"，于1920年担任《小说月报》主编，对刊物进行全面的革新，使刊物成为全国新文化运动的坚强阵地，销量日上，成为五四运动后第一个全国性的纯文学刊物，同时也成为文学研究会与复古派交锋的一个重要阵地。沈雁冰在文章和刊物编辑中表现出来的进步思想，为当时思想界领袖陈独秀等人所看重，不久他便参加了上海

沈雁冰

张元济先生和商务印书馆编译所

位于宝山路商务印书馆总厂内的编译所大楼

沈雁冰于1916年和1926年的留影

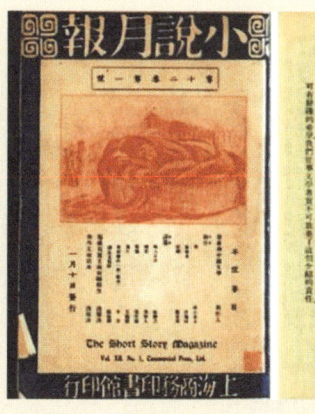
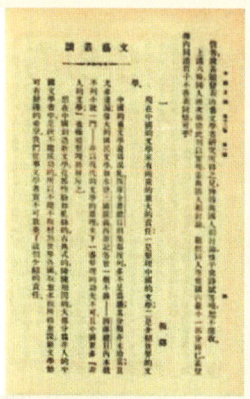

沈雁冰主编的《小说月报》

共产党早期组织，经李达、李汉俊介绍加入中国共产党，成为我党最早的党员之一，也是商务印书馆的第一位党员。

中国共产党建立以后，党中央与各省党组织之间的信件和人员的来往日渐频繁。为了确保安全，必须建立一个既隐蔽又可靠的联络点。考虑到沈雁冰《小说月报》主编的合法身份和社会关系广泛的有利条件，党

印刷车间

中央决定让他担任直属中央的秘密联络员，负责处理中央与各省党组织之间的函件和人员往来。无疑，这是一项危险的工作，然而年轻的沈雁冰将"生命之火向改造社会那条路上燃烧，决不可向虚幻的享乐道上燃烧"。他机智而又隐秘地主持着联络点的工作。

在那段时间里，各地党组织给中央的函件，外封面写着：上海宝山路45号商务编译所沈雁冰收，内封则另写"钟英"（"中央"之谐音），有的也写成"沈雁冰先生转钟英小姐玉展"，或"转陈仲甫先生台启"，以此方式遮人耳目。沈雁冰则每日汇总后送中央处理。一次，趁沈雁冰不在，他的好友郑振铎再也忍不住了，好奇地偷偷打开其中一封信，只见信封

诞生地 寻找中共在上海的红色基因

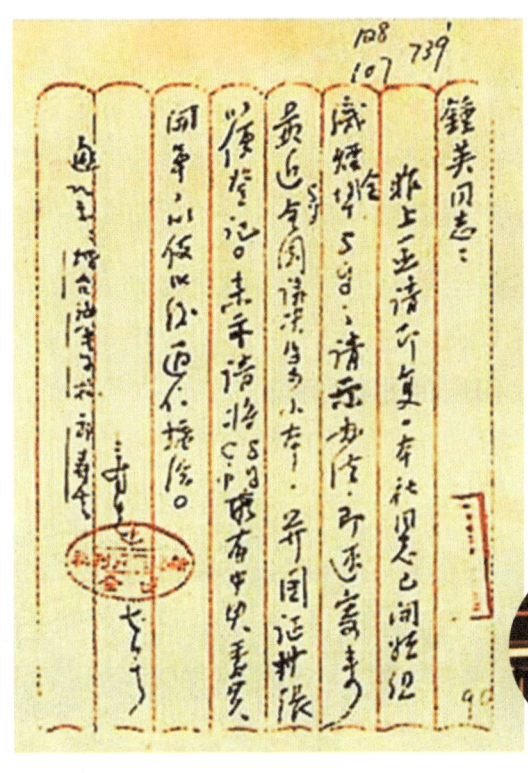

寄"钟英"的秘密信件

华文排字部工人按稿取字排版

徐梅坤

里还有一个信封，上面写着"沈雁冰同志并转党中央"的字样。郑振铎不禁大吃一惊，这才明白了沈雁冰的真实身份。当外地有人来上海找中央时，一般也先去找他，对过暗号后，他问明来人住什么旅馆，就叫其回去静候，他则把来人姓名住址报告中央，再作后续安排。因此，他就必须每日到商务编译所办公，"为的是怕外地有人来找我时两不相值"。沈雁冰主持的中共秘密联络点一直维持到1926年4月。

其间，中共曾派杭州排字工人徐梅坤来到商务，他不仅要在这里组织上海印刷工人的工会，而且拿着陈独秀的亲笔信与沈雁冰取得联系，共同在商务印书馆印刷工人中发展党、团员。在商务印书馆当过学徒、店员的陈云就是此时入的党。在沈雁冰的支持下，徐梅坤建立了中共商务印书馆支

早期工人运动的策源地

位于棋盘街的总发行所旧址

陈云在总发行所二楼文具柜当学徒

部,到了1927年,共有党、团员近二百名,除了沈雁冰、陈云,胡愈之、叶圣陶、郑振铎、杨贤江等也都是在这里踏上追求进步的革命之路。当时,中共上海地方兼区执行委员会曾将上海的五十三名中共党员进行编组,共分为五个小组,其中第二组称为商务印书馆组,计十三人。后来陈云在谈起自己在商务印书馆的工作时说,商务党、团、工会组织阵容之强,党、团员人数之多,在上海各产业中居于首位。

商务印书馆曾经扮演过隐秘而又关键的角色,成为上海早期工人运动的重要策源地。1919年12月,15岁的陈云离开家乡青浦练塘镇,来到位于棋盘街(今河南中路211号)的商务印书馆总发行所二楼北侧文具柜当学徒。他努力钻研业务,利用一切机会学习新知识,掌握新本领,很快成

陈 云

诞生地 寻找中共在上海的红色基因

商务印书馆虹口分店旧址

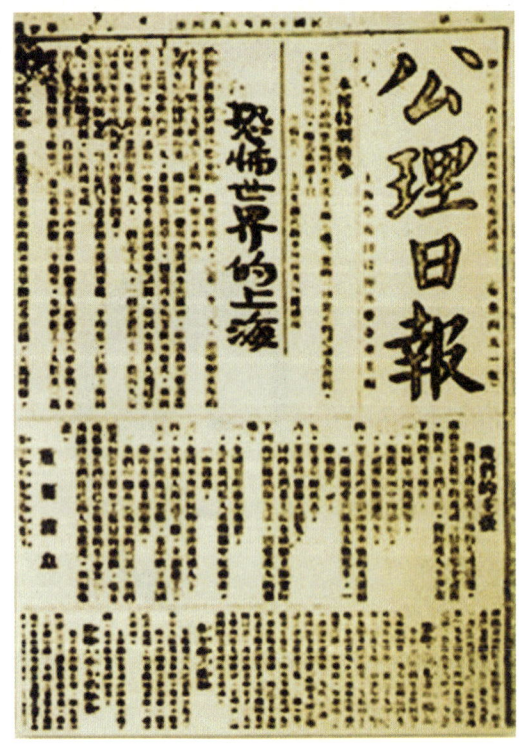

《公理日报》

为行家里手。工作之余,陈云广泛阅读报刊书籍,坚持学习英语、练习毛笔字和打算盘。每天早上6点,他就离开上海老北站华兴路顺征里7号商务印书馆集体宿舍,去闸北公园锻炼身体。商务印书馆党员众多,在那里陈云第一次读到《共产党宣言》,接触了革命的思想,这促使他开始重新思考人生,并最终走上了革命的道路。

1925年,陈云以商务印书馆虹口分店(今四川北路856号)店员的身份开展地下工作。随着五卅惨案的爆发,全上海乃至全国掀起了声势浩大的反帝爱国运动。商务印书馆职工也积极投入这场运动,迅速发起、成立了五卅惨案后援会。6月3日,商务印书馆郑振铎、叶圣陶、胡愈之等编辑的《公理日报》创刊,报社宗旨中写道:"发表我们万忍不住的谈话,以唤醒多数的在睡梦中的国人。"主要内容为揭露帝国主义的血腥屠杀,报道海内外支持五卅运动的消息、文告等。为了扩大《公理日报》的影响,年轻的陈云和工友们主动利用业余时间一起上街当卖报员,并且参与罢工、游行、散发传单。

在亲身经历这场运动的过程中,陈云目睹了帝国主义的残忍,真切地感受到工人运动的巨大力量,并与其他党员一起,在商务印书馆内积极组织工人进行斗争。8月21日晚,临时党团以五卅宣传队名义召集商务印书馆"三所一处"(即印刷所、发行所、编译所和总务处)的四十多名积极分子举行秘密会议。会

早期工人运动的策源地

商务印书馆发行所职工会第一届委员合影，前排左三为陈云

上决定罢工，并选举了由十五人组成的罢工临时委员会，陈云被推举为委员长，沈雁冰担当起"新闻发言人"，并亲自执笔草拟与馆方谈判的复工条件。由于沈雁冰、陈云等的坚决斗争，罢工于8月27日取得胜利，8月28日上午，商务印书馆全体职工在东方图书馆广场召开大会，沈雁冰报告罢工谈判经过，解释协议内容，宣布罢工胜利，工友们热烈欢呼。

11月，发行所职工会创办地下刊物《职工》。年仅二十岁的陈云

东方图书馆广场

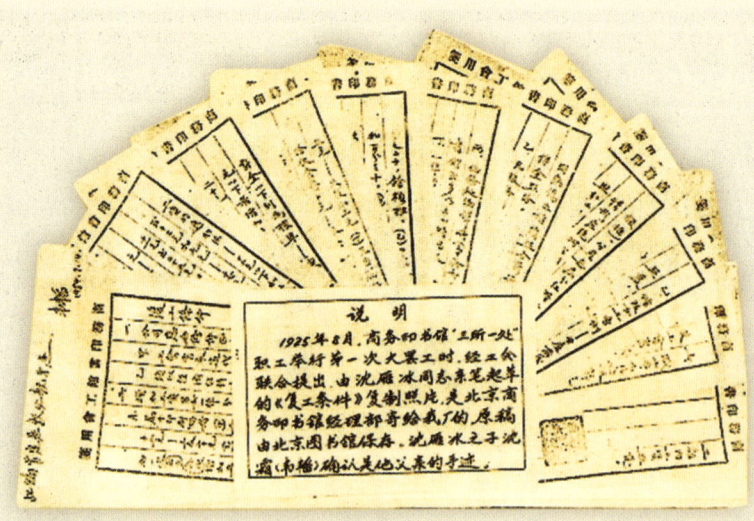

沈雁冰手书的复工条件文稿

以"怀""民""怀民"等笔名在《职工》上先后发表《职工在现社会的地位》《总工会是什么》《罢工后职工应有的觉悟》《中国民族运动之过去与将来》等文章,高度评价了五卅运动的历史意义为"震惊全世界的五卅运动,将中国民族运动升至高潮。"

1927年,在上海工人第三次武装起义的前夕,周恩来也曾多次在赵世炎、陈云、章郁庵、徐梅坤等同志陪同下来到商务印书馆,部署起义的准备事项。有一次,他亲自坐汽车送来两箱枪支和弹药,一箱给商务印书馆工人纠察队,另一箱送往指挥部的一个临时集中点。当周恩来到达时,大家正在开会,见到他亲自来送枪支,纷纷感到不安,因为那些天的宝山路俨然是危险地带。可周恩来微笑着说:"兵法上不是说要出其不意吗?谁相信青天

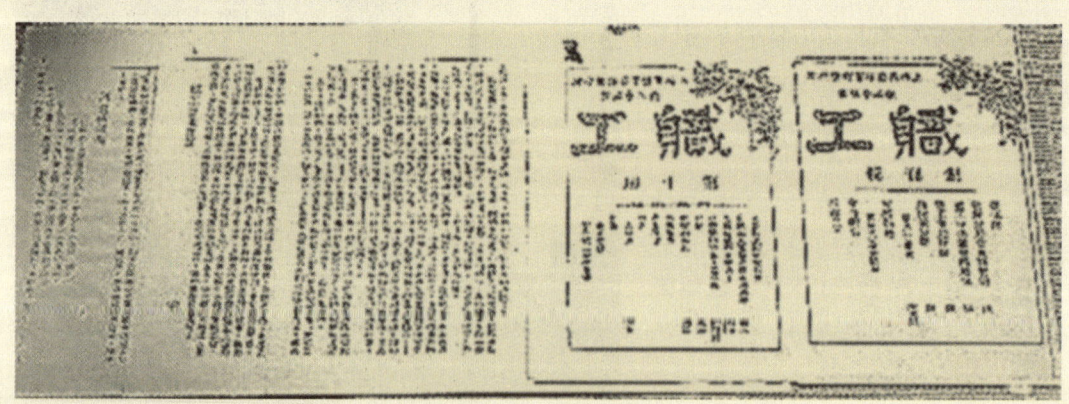

商务印书馆发行所职工会创办的地下《职工》刊物

商务印书馆第五印刷所新貌

"四一二"反革命政变中商务印书馆大楼遭袭　　　商务印书馆第五印刷所大门

白日坐着汽车的阔老板肯自冒风险送军火。大刀队不是眼看着我坐的汽车直驶而来也不问吗？"他那种为革命不顾个人安危的勇敢精神，使商务工会的同志们敬佩不已。

　　从五卅运动到上海工人三次武装起义，商务印书馆的职工不仅积极参与，更是其中的中坚力量。商务印书馆被视为"革命大本营"和早期工人运动的策源地。1927年4月12日，蒋介石发动反革命政变后，上海顿时陷入一片"白色恐怖"，商务印书馆党组织遭到国民党的破坏而转入地下。为了保存党的力量，馆内的中共党员经上级党组织安排，先后撤离商务印书馆，开始进入更残酷的对敌斗争。

黄浦江畔惊心动魄的一幕

—— 上海工人第三次武装起义工人纠察队总指挥部旧址

上海工人第三次武装起义
工人纠察队总指挥部旧址

上海市文物保管委员会立
一九八七年三月二十一日

诞生地 寻找中共在上海的红色基因

走到宝山路东宝兴路口（今宝山路584号），见到的是上海市幼儿师范高等专科学校校址。这里原来是由商务印书馆出资建造、1924年落成的东方图书馆所在地，而该馆底楼的商务同人俱乐部又是上海工人第三次武装起义工人纠察队总指挥部旧址，原建筑在1932年"一·二八"事变中不幸毁于战火。

历史往前推到1926年。那年，上海工人阶级为响应北伐战争，推翻军阀的反动统治，建立市民自治政府，曾在中国共产党的领导下，联合国民党、资产阶级，两次发动武装起义。然而，第一次武装起义由于准备不够，各区没有统一行动，因而没有成功；第二次起义又因国民党派遣的别动队负责人钮永健的动摇而失败。

起义失败后，封建军阀李宝章的大刀队，任意搜捕残杀工人，全市陷入一片恐怖之中。上海千百万群众因总同盟罢工而高涨的斗争热情，面临严峻的考验。在这黑

总指挥部旧址纪念碑

毁于战火的东方图书馆

黄浦江畔惊心动魄的一幕

云压城、工人武装起义面临两次失败的危难之际,中共并没有偃旗息鼓,而是抖擞精神,马上投入了第三次武装起义的准备工作之中。

1927年2月23日,中央和上海区委联席会议决定组织特别委员会,由陈独秀、罗亦农、赵世炎、汪寿华、尹宽、彭述之、周恩来、萧子暲等八人组成,并在特委下面设军事委员会和宣传委员会,作为起义的最高决策和指挥机关。周恩来怀着对封建军阀残酷暴行的强烈愤慨,为夺取武装,建立人民政权的使命,担负起领导上海工人第三次武装起义的重任。

上海工人第三次武装起义(浮雕)

针对前两次起义失败的教训,周恩来特别重视起义前的准备工作。他在被任命为特别军委书记的第二天,就参加了上海区委各部书记联席会议以及召集各区军事专员会议,详细了解各区工人纠察队的力量配备,研究敌方军警的据点和力量分布。在调查研究的基础上,周恩来在当天晚上召开的特委会议上,就军事准备工作提出了自己的具体设想和战略部署。

他深知,工人纠察队的作战能力将直接关系到起义的成败。为训练武装起义骨干,专门为他们举办了两个星期的军事训练班,由各部委和大厂工人纠察队负责人参加,从工人中选调当过兵、有实战经验的党员做教员。他还从到达浙江的北伐军中调来共产党员、黄埔军校第一期毕业生侯

位于自忠路381号的军事训练班旧址

镜如,让他负责工人纠察队的训练工作,并调黄埔军校第一期毕业生何樾,参加南市区起义指挥部工作。

为使军事训练工作落到实处,他经常冒着被捕甚至牺牲的危险,亲自到各个训练点和工人纠察队中去,指导浦东、南市、小沙渡、杨树浦以及商务印书馆等地的军事训练,教工人练习射击、进攻与防御。商务印书馆工人纠察队是闸北工人纠察队的骨干力量之一,晚上他们就利用印书馆铸造部翻砂车间那里的噪音,练习实弹射击。

周恩来很重视这支纠察队,经常过去指导。一次,一个队员的手枪走火,另

工人纠察队上街宣传

上海工人纠察队在操练

三山会馆

一个队员受了伤,周恩来马上告诉大家不要紧张,不要乱,要镇定下来,从而稳定了大家的情绪。南市纠察队的起义准备工作在三山会馆,周恩来身着黑色中山装来到这里,询问训练情况。他亲切地说:"小心枪支走火,不能大意呀,一定要好好训练,消灭敌人。"

周恩来还十分重视解决工人纠察队的枪械筹措问题,并在特委、军委会议上多次强调将原先分散的枪支集中起来,还专门派人赴军阀部队、兵工厂等处买来二百多支枪。那时,闸北工商界为了维持自身安全,由何公干等出面组织了一个叫"保卫团"的武装组织。军委得此消息,周恩来和赵世炎亲自去商务印书馆,要工人纠察队有组织地派遣工人打进去,以便控制和利用这个保卫团。当时一些年轻工人想不通,表示反对参加这个组织,周恩来当时边笑边问他们:"我们现在缺少的是什么?""枪支和弹药。""对!如果我们加入了保卫团,不是每个人都可以有枪支和弹药吗?不仅如此,我们还可以利用保卫团这个合法身份进行军事训练,掩护我们有关起义的其他准备工作。"经过他这么一提醒,大家开了窍。根据当时的工作需要,商务印书馆工人中有四十多人参加了保卫团,有的人还当了班长、排长,穿起保卫团的制服,利用各自的合法身份运送枪支、弹药就方便多了。

诞生地 寻找中共在上海的红色基因

3月21日上午,新上任的中共上海区委特别军委书记周恩来上身穿一身灰布棉袍,头戴一顶鸭舌帽,围了一条深灰色围巾,下身着西装裤子,脚蹬黑皮鞋,步履匆匆地走进自忠路361号一处不起眼的民居。这里正在召开紧急会议,会上罗亦农代表中共上海区委发出中午12时起实行全市80万工人总罢工随即举行武装起义的命令,并宣布周恩来任起义总指挥,赵世炎任副总指挥。

中午12时,正当海关大钟敲响的时候,一场铺天盖地的革命风暴,顿时席卷了整个上海。按照预先的布置,黄浦江上的轮船和各大工厂同时汽笛长鸣,各路工人纠察队听到这汽笛声,纷纷拿起武器,呼声震天地涌向集合地,对各区的警署、兵营与军队驻地同时展开进攻。平日里耀武扬威的反动军警,如今都蜷缩在自己的巢穴里,不敢再出来逞威风了。

发起武装起义的命令在自忠路361号发布

黄浦江畔惊心动魄的一幕

工人纠察队胸标

工人纠察队的岗哨

工人纠察队整装待发

起义开始时,总指挥部设在商务印书馆医务所大楼

诞生地 寻找中共在上海的红色基因

建于1900年的湖州会馆

那些帝国主义的巡警,战栗地伫立在租界、华界的交界处。租界里的外国士兵纷纷出动,他们荷枪实弹,如临大敌,戒备森严。

这次起义分南市、闸北、虹口、浦东、沪西、沪东、吴淞七个战区,参加行动的工人纠察队员有五千人,各区均设有指挥部。而负责总指挥的周恩来和赵世炎在宝山路横浜桥南的商务印书馆职工医院内运筹帷幄,他们围在市区地图前,进行紧张而有序的指挥。各地区前来的联络员们进进出出,周恩来一边听着短促的汇报,一边发出简要的指示。起义部队按照预定的目标,向各区的警署、兵营和军事机关发动进攻,广大群众跟随其后支援,枪声和群众的欢呼声震撼着整个上海城。在各路工人纠察队的冲击下,铁路被截断,电线杆被砍倒,电话局和电报局被占领。工人们使用的是斧头、木棍、铁条和少量的枪支,还把爆竹放入火油箱,发出打机枪的声音。那些无心恋战的警察们,急忙脱下黑制服,扬起白手巾,纷纷逃命。工人们夺过他们的枪支,立刻又去攻打别处的敌人。

当天下午,南市工人纠察队和起义工人已经攻占了警察署和淞沪警察厅,接着又占领了南火车站,战斗很快就结束了。在浦东,工人纠察队虽然只有十多支枪,但两个小时就拿下了警察局。沪东、沪西、吴淞也很快结束了战斗。最后,战斗的焦点便是敌人主力集

周恩来指挥上海工人第三次武装起义(油画　作者:佚名)

中地闸北,那里共设有二十多个据点,其中主要有北火车站、东方图书馆、湖州会馆和三处警察署。当天下午四点前,工人纠察队迅速攻占了湖州会馆和三个警察署。黄昏前后,闸北、虹口、沪东的起义队伍合力攻下天通庵车站,消灭了从吴淞逃回市区的四百多人的敌军,缴获了大量武器弹药,大大增强了纠察队的战斗力。

商务印书馆俱乐部是敌人的军需所在地,是总指挥部和北火车站之间的必经之路,地理位置十分重要。守军有一个排的兵力,弹药充足,凭借四层楼的钢筋水泥建筑,难以攻克,工人纠察队员牺牲很大。在这胶着状态下,周恩来等领导冒着枪林弹雨,亲自来到街头指挥作战。呼啸的子弹从他们身边飞过,他们却毫无惧色,根据战场形势的变化,将队伍作了重新调配,在战术上也进行了及时的调整,改用"围而不打"的办法,同时对敌人进行攻心劝降。敌人在坚守无望的情况下被迫弃械投降,总指挥部随之迁入东方图书馆,在底楼的商务同人俱乐部内坐镇指挥,并在大门上方悬挂"上海总工会工人纠察队总指挥部"横幅。

邮务工人乘车前往闸北参加战斗

工人纠察队控制了敌人增援的火车头　　　　总指挥部迁入东方图书馆

诞生地 寻找中共在上海的红色基因

工人纠察队攻占东方图书馆

在东方图书馆广场悼念起义中牺牲的烈士

周恩来在这里坐镇指挥了总攻北火车站的战斗。盘踞在那里的敌人有二千之众，并凭借着重机枪、装甲车和迫击炮继续负隅顽抗。上海总工会派人前往驻龙华的北伐军东路军指挥部请白崇禧出兵助战，但他却婉辞推托，按兵不动。周恩来听取汇报后，决定依靠自己的力量，消灭军阀残余部队。他命令来自沪东、沪西和闸北的各路工人纠察队立即向北站发起猛攻。随着战斗的进行，敌人据点一个个被工人纠察队占领，敌军人心涣散，

攻击闸北火车站场景

土崩瓦解，就连他们的首席指挥官毕庶澄也迫于大势，换了便服，偷偷地逃入租界，敌人顿时群龙无首。下午六时整，上海工人阶级依靠自己的力量，终于拿下了敌人固守的最后一个据点——北火车站。

经过两天一夜共30个小时艰苦激烈的战斗，本次武装起义一共消灭北洋军阀部队三千余人和武装警察二千余人，缴获了长短枪近五千支，大炮若干门及大量弹药和装备。上海工人第三次武装起义在周恩来的亲自指挥下取得了最后的胜利。

上海特别市临时市政府旧址

起义胜利后，上海各界代表四千余人在新舞台召开第二次上海市民代表大会，选举产生了由19人组成的上海历史上第一个民选政府——上海特别市临时市政府，其中中共党员有罗亦农、汪寿华、李震瀛、林钧、何洛等九人，并在今蓬莱路171号一幢西班牙风格的建筑内，设立了市临时政府办公地。从此，上海这个长期被帝国主义和北洋军阀统治的东方大都市回到了人民自己的手中。

上海特别市临时市政府全体成员合影

思想文化战线主阵地

《共产党宣言》中文全译本在成裕里问世

——又新印刷所旧址

诞生地 寻找中共在上海的红色基因

陈望道

在上海复兴中路（原辣斐德路）靠顺昌路的西南角，有一条名为"成裕里"（今复兴中路221弄）的石库门里弄，弄内12号那幢两层的石库门建筑，承载着一段不平凡的经历。原来这里开设过一家印刷厂，自其诞生之日起，就肩负起了与其他印刷所不一样的使命，而它所承印的第一本书便是具有划时代意义的《共产党宣言》中文全译本。负责这家小型印刷所的郑佩刚回忆说："委我全权负责。我便在辣斐德路成裕里租一房子，建立'又新印刷所'，第一次印刷了陈望道翻译的《共产党宣言》。"所谓"又新"，出自《大学》里的"日日新，又日新"，更显其独特的创意。

自从1905年朱执信在《民报》上介绍《共产党宣言》的片断以后，其译文不断被零星地介绍进来。但是到了"五四"时期，这本巨著还没有中文全译本公开出版。当时，早期共产主义者在沪创办的《星期评论》周刊曾呼吁，尽快把马克思主义经典著作完整地译成中文，"已是社会之急需，时代之召唤"，并急切希望译出《共产党宣言》全文进行连载，继而再设法出版单行本。但是，要完成这本小册子翻译任务的译者又很难找，担此任者起码得具备三个条件：第一，对马克思主义须有深入的了解；第二，至少得精通德、英、日三门外语中的一门；第三，有较高的语言文学素养。得知此事后，主编上海《民国日报》副刊《觉悟》的邵力子马上举荐了多次向自己投稿的陈望道。陈望道在日本留学期间，就认识早期著名社会主义者河上肇和山川均等人，日语和汉语的功底又很深厚，而且在报刊上已刊出《扰乱与进化》（1919年3月）、《我之新旧战争观》（1919年5月）、《改造社会的两种方法》（1920年1月）

又新印刷所旧址

《共产党宣言》中文全译本在成裕里问世

复兴中路成裕里

等文章,并翻译了《唯物史观的解释》(1920年1月),足见他思想的先进和翻译的娴熟。最后,"能承担此任者,非杭州的陈望道莫属",这个建议得到了大家一致的同意。

1890年12月,陈望道生于浙江义乌分水塘村的一个农民家里。1915年赴日本留学,接触马克思主义学说。1919年6月回国后受聘于浙江第一师范学校。那年秋天,他和一些进步教员、学生发起了国文教育改革、学生自治等运动,遭顽固势力的围攻,引发了轰动全国的"浙江一师风潮"。1920年春,"一师事件"结束后,他愤然离职,回到家乡分水塘村。

成裕里弄堂口

诞生地 寻找中共在上海的红色基因

位于浙江义乌分水塘村的陈望道故居

陈望道在柴房翻译《共产党宣言》的场景（蜡像）

《共产党宣言》中文全译本在成裕里问世

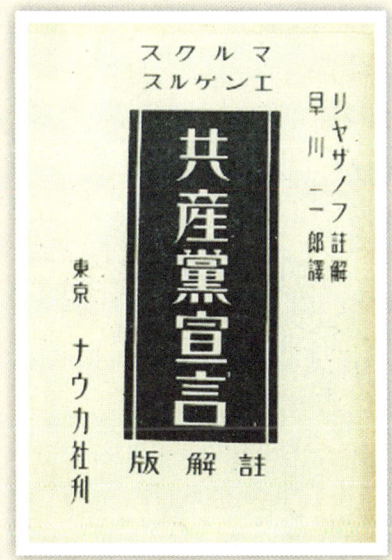

日文版《共产党宣言》

陈望道躲进简陋柴房专心翻译

一天，陈望道正欲出门，邮递员送来了一封上海邵力子的来信，他以为又要让自己给上海《国民日报》副刊《觉悟》撰稿。拆开一看，是一封约稿信和一本日文版的《共产党宣言》，细阅后方知，邵力子是代表《星期评论》编辑部邀请自己翻译《共产党宣言》。此时，他心中顿时涌起一股暖流，暗暗发誓要向世人奉献一本高质量的全译文，使之成为"唤醒中国这头睡狮最为嘹亮而有力的号角"，房间内的寒气似乎也一下子被驱散了。

为了避开各种干扰，静下心来专心地译书，他躲进了离住宅不远处的简陋柴房。堆柴的小屋因年久失修，破旧不堪，再加上农村的早春天气十分寒冷，尤其到了晚上，刺骨的寒冷冻得他手足发麻，他硬是凭借一盏油

英文版《共产党宣言》

灯、一块铺板、两条长凳以及老母亲送来的三餐，夜以继日、孜孜不倦地努力工作。他翻译《共产党宣言》依据的是戴季陶提供的日文本，并参考了陈独秀通过李大钊借自北大图书馆的英文本，甚至连必要的工具书和基本资料都缺少。结果，他"费了平常译书的五倍功

《星期评论》社　　　　　　　　　　　　　　　《共产党宣言》在这里印刷

夫",把全文译了出来。一次,母亲特地送来粽子和义乌盛产的红糖,不料由于全神贯注于翻译,他竟然将砚台里的墨汁当作红糖蘸着粽子吃了!母子俩相见后不禁哈哈大笑:"这是真理的味道啊!"

1920年4月,马克思主义经典著作的第一部中文译稿,在浙江农村简陋的茅屋里诞生了。5月,陈望道提着藏有译稿的箱子,赶赴上海白尔路三益里17号(今自忠路163弄17号,遗址位于今"翠湖天地"住宅小区)的李汉俊家。在三楼阳台上,他见到了《星期评论》社的李汉俊、沈玄庐、沈雁冰、李达等人,并把译稿连同日文、英文版《共产党宣言》交给了李汉俊校阅。李汉俊校完后,又给住在环龙路老渔阳里2号的陈独秀再校,最后由自己改定。

谁知正准备在《星期评论》连载时,该周刊突然因"言论问题"上的进步倾向被当局勒令停办,原来的打算看来已无法兑现。这时,共产国际代表维经斯基和杨明斋经李大钊

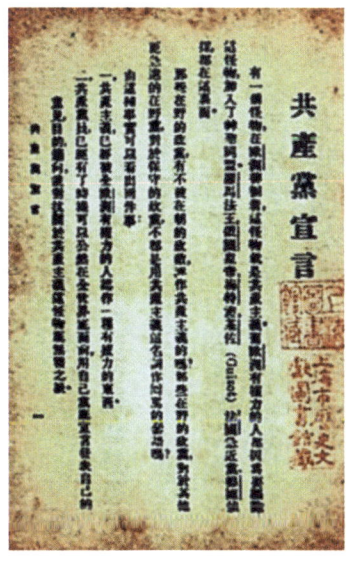
《共产党宣言》首版中译本

《共产党宣言》首版第二次印刷版

介绍正来上海与陈独秀商谈在中国建立共产党组织的问题。当维经斯基得知《共产党宣言》中译本已经译出后，非常重视，决定资助出版。为此，他与陈独秀商量后，决定在上海辣斐德路成裕里12号，建立名为"又新"的小印刷所，以"社会主义研究社"的名义秘密出版。

1920年8月，陈望道翻译的《共产党宣言》首个中文全译本在上海问世。它竖排平装，略小于32开本，全书共56页，用五号铅字排印，封面为浅红色，印有马克思1875年在伦敦拍摄的肖像，自右至左横排印有几行小字："马格斯（即马克思）安格尔斯（即恩格斯）合著""陈望道译""社会主义研究小丛书第一种"等字样。书末版权页除写明著者及翻译者外，还竖

又新印刷所旧址今貌

排印有几行字:"一千九百二十年八月出版""定价大洋一角""印刷及发行者社会主义研究社"。然而,由于排版工人的疏忽,将封面标题上的"产"和"党"顺序排颠倒了。

《共产党宣言》中译本初版所印的千余册很快赠售一空。9月再加印了1 000册,封面书名的排字差错被纠正了过来,马克思肖像的底色也改为蓝色,书中正文只字未动。虽然只是一次重印,但封三的版权页上却印着"一千九百二十年九月再版"的字样。在不到两个月的时间里,《共产党宣言》连续印刷两次,这在马克思主义著作出版史上也是不多见的。之后,各地争相翻印,不断再版。

《共产党宣言》出版以后,陈望道曾寄赠一本给鲁迅,请求指正。鲁迅接到

《民国日报》刊登的《答人问〈共产党宣言〉底发行所》

此书的当天就翻阅了一遍,并称赞说:"这个工作做得很好,现在大家都在议论什么'过激主义'来了,但就没有人切切实实地把这个'主义'真正介绍到国内来,其实这倒是当前最要紧的工作。望道在杭州大闹了一阵之后,这次埋头苦干,把这本书翻译出来,对中国做了一件好事。"当时,许多读者苦于找不到"社会主义研究社"地址,纷纷写信给《星期评论》编辑部,询问发行处在哪里。1920年9月30日,沈玄庐在上海《民国日报》副刊《觉悟》上,巧妙地回答读者:"你们来信问'陈译马格思《共产党宣言》'的买处,因为问的人多,没工夫一一回信,所以借本栏答复你们问的话:一、'社会主义研究社',我不知道在哪里。我看的一本,是陈独秀先生给我的;独秀先生是到'新青年社'拿来的,新青年社在法大马路(今金陵东路)大自鸣钟对面。二、这本书底内容,《新青年》、《国民》——北京大学出版、《晨报》都零零碎碎译出过几章或几节的。凡研究《资本论》这个学说系统的人,不能不看《共产党宣言》,所以望道先生费了平常

译书的五倍功夫,把彼全文译了出来……"这封公开信实际上为《共产党宣言》作了一则公开的广告。

陈望道翻译的《共产党宣言》是马克思主义经典著作首次以中文全译本的形式在我国出版,它为中共的建立从理论上和思想上作了积极的准备。为此,1920年8月17日,维经斯基在给共产国际的信中说:"中国不仅成立了共产党发起小组,而且正式出版了中文版的《共产党宣言》。中国革命的春天已经到来了。"然而人们没有想到的是,这部马克思主义经典著作第一个中文全译本的诞生地,恰恰是坐落于上海复兴中路成裕里的小小又新印刷所。

我們為什麼叫伊
平民女學

"作一个风雨晦冥中的晨鸡"

——平民女校旧址

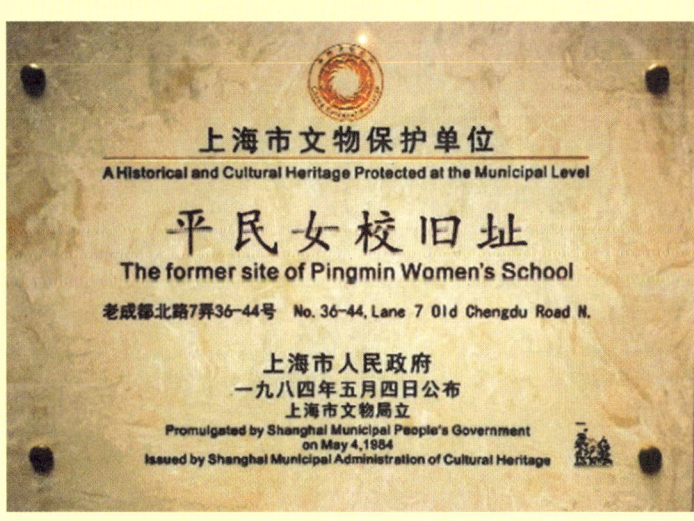

诞生地 寻找中共在上海的红色基因

位于南成都路辅德里632号A的平民女校旧址

李达寓所与平民女校间隔的弄堂

党的一大召开后不久,作为中共中央局领导的陈独秀和李达感到,工人运动的发展迫切需要培养一批妇女干部去女工较集中的烟厂、纺织厂开展工作;同时,一批来自各地的革命同志的家属文化水平普遍较低,缺乏谋生手段,难以维持日常生活。经商议,他们决定在上海创办女子学校,招收"一班有觉悟而无力求学的女子"入学,以"养成妇运人才,开展妇运工作"。

正巧,1921年冬天,李达寓所斜对面的南成都路辅德里632号A(今老成都北路7弄42、44号)二楼二底的旧式石库门房子急于出租。李达夫妇就用平时的稿费和工资的一部分,凑齐50元租下了这两幢坐北朝南、总面积为416平方米的房子。李达提出,就把这房子作为培养女干部的校舍,定名为"平民女学",女校的教室、工场、学生宿舍及教师办公室都在里面。原先没有挂牌子,也没有对外招生,仅用来接待来上海的各地支部的同志及其家眷。

办学校还必须有个主办单位。因为李达夫人王会悟是上海女界联合会的成员,李达和陈独秀便同她商量,能否用"上海中华女界联合会"的名义。该会是一个合法的进步妇女团体,于1919年由同盟会元老黄兴的夫人徐宗汉等人发起成立。联合会成立后,曾组织女学生参加

"作一个风雨晦冥中的晨鸡"

五四运动和声援福州惨案的斗争,大力宣传爱国思想,使徐宗汉在社会上很有声望,与陈独秀和李达也都有交往。王会悟旋即专程拜访了她,王会悟对她讲,陈独秀、李达他们为了要提高妇女的觉悟,想办个女校,想以"上海中华女界联合会"的名义出面。徐宗汉见到志同道合的王会悟,很快便答应了,认为这样一来对妇女有好处,二来女界联合会也会因此而提高声望。她还邀请王会悟接任刚因患肺病去世的助手,使女界联合会的工作重新开展起来,并赞助了一批旧的课桌,油漆后送女校使用。

翌年2月,中共创办的第一所培养妇女干部的学校——平民女校在上海正式挂牌,党的第一份妇女刊物《妇女声》

徐宗汉

上海中华女界联合会旧址

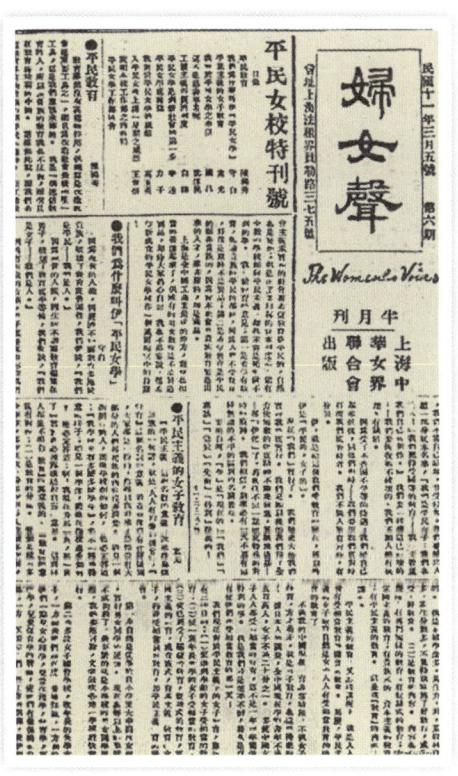

《妇女声》刊载平民女校特刊号

诞生地 寻找中共在上海的红色基因

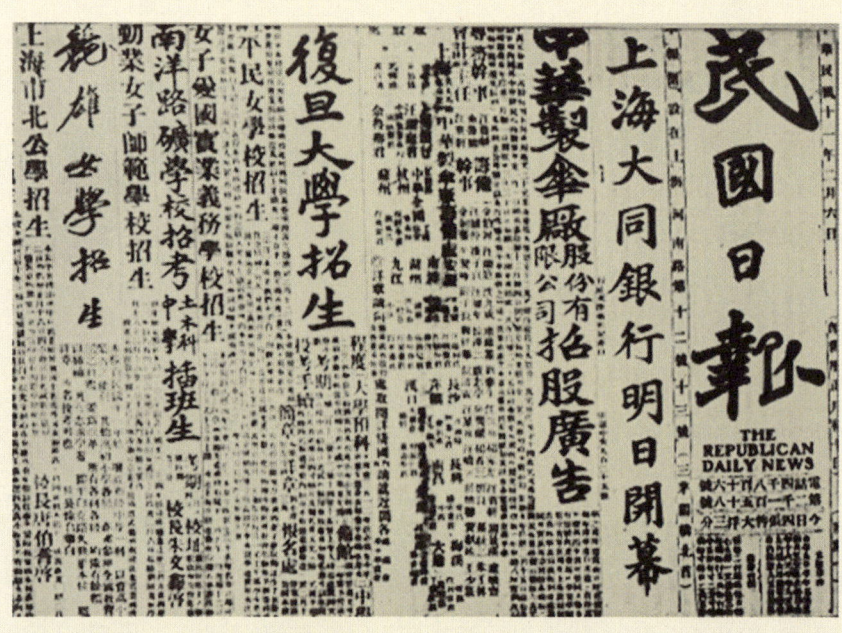

1922年2月6日，刊登在《民国日报》上的平民女校招生启事

李达画像

和《民国日报》都刊登了招生广告。招生广告简明扼要地说明其宗旨："本校是我们女子自己创办的学校，专在造就一班有觉悟而无力求学的女子，使其得谋生工具，养成自立精神。"《妇女声》还出版了"平民女校特刊号"，李达撰文发表感慨："现在感觉知识缺乏的女子一天比一天多了，假使全国各大城市都能照样把平民女学创办起来，使这类有觉悟的女子都能够得到求学的机会，那么我想不上几年，真的女子解放的先锋队到处都要组织起来了。"至于为什么取名"平民女校"，教员沈泽民有过一个解释："'平民'是别于'贵族'的意思，换一句话说，何以称作平民女校，因为第一，这是平民求学的地方，第二，这是有平民精神的女子养成所。"他希望平民女校发达起来，"实现我们理想

中所盼望的妇女运动之花"。陈独秀在《平民教育》一文中指出"教育是改造社会重要工具之一",并热情赞扬该校是"到新社会的第一步","惟希望新成立的平民女学校作一个风雨晦冥中的晨鸡!"

平民女校名义上为"上海中华女界联合会"主办,实则为中共中央局直接创办领导。校长由李达担任,他的公开身份是教务主任,他的夫人王会悟则协助管理学校行政事务。李达概括平民女校的特点为:"一、为无力求学的女子设工作部,替伊们介绍工作,使取得工资维持自己的生活,实行工读互助主义。二、为年长失学的女工设专班教授,务使于最短时间,灌输最多知识。三、为一般不愿受机械的教育的女子设专班教授,使能自由完成个性。"

在这两厢一客厅的二层楼房里,前厢房和前楼是教室,楼下是客厅兼饭厅,其余是办公室及学员

王会悟

平民女校的灯光

女校教室

诞生地 寻找中共在上海的红色基因

女校校门

女校女生宿舍

宿舍。学校实行半工半读,半天读书,半天做缝纫和织袜,劳动所得归各人自己,伙食自理,房租由党内支出。学生主要来自两个部分:一部分是受五四运动新思潮影响,追求自由、真理的进步女学生,她们把《新青年》当作接受新知识、新思想必不可少的读物,对陈独秀、李达等非常敬仰;另一部分学生是革命同志的亲属,如张秋人的未婚妻钱希均、教员高语罕的妹妹、商务印书馆一些同志的家属等。

1920年春天,湖南桃源第二女师的进步学生王剑虹决定随父到上海求学。可是当时上海的读书费用很高,王家经济拮襟见肘。后来通过国民党元老谢持的介绍，她先到"上海中华女界联合会"做临时文字工作。正是在这里，王剑虹通过王会悟的关系，进入"平民女校"学习，并结识了陈独秀、李达等共产党人，成为中共早期妇女运动的积极参与者。年末，她特意回湖南一趟，向同学亲友介绍了上海这所具有进步思想的学校，于是她的同窗好友丁玲、小学教员王一知、堂姑王醒予以及王苏群、薛正源都来到上海平民女校。这些女学员不仅走上了革命道路，有的还和党的领导人结成了革命伴侣。

学校设有高级、初级两个班和一个工作部。高级班的学生都具有中学文化水平，课程设有语文、英文、数学、理化、经济学、教育学等。陈望道、邵力子、高语罕上语文课，沈雁冰、沈泽民上英文课，李达教代数，商务印书馆编辑周昌寿上物理课；初级班的学生，学校根据她们的文化程度，分成扫盲、初小、高小三个班，采用复式教学法进行授课，课程设有语文、算术、初级英文等。王会悟、高君曼上语文课，张秋人上英语课，柯庆施上算术课。

王会悟对教员上课情况有过一个全面的介绍："各教师所选的教本，都是适应新思

丁　玲　　　　　　王剑虹

王一知　　　　　　钱希均

诞生地 寻找中共在上海的红色基因

女校一角

教室一隅

"作一个风雨晦冥中的晨鸡"

部分劳动工具

想,又合于平民的。国文教员邵力子先生,他选的国文,是从现今报纸上、杂志上、小说上所载的名著、译文及评论的一类文字,和那贵族女学内所受的什么节妇传,什么太史公牛马走的文章,真有天上人间之别了。作文教员陈望道先生,他的教法与一班国粹先生完全不同,他第一教我们作文法。他说,先前的作文是重文字,现在的作文是重意义的。他的讲解亦非常透微。国语文法教员张守白先生,讲义是他自己编的,非常详细明了。英文教员是沈泽民、沈雁冰、安立斯三先生,泽民先生教我们读本,他的教法是要我们注重翻译,用的教本是法国莫泊三(桑)的小说。雁冰先生教我们文法,……数学教员是李达先生,教授法也极好。经济学教员是李希贤先生,教育学教员是范寿康先生,理化教员是周昌寿先生,这三位先生都是在日本帝国大学毕业的。社会学教员是陈独秀先生,讲解得非常明了。此外还有两小时的讲演,是本校教员轮流讲演的,讲的都是关系我们平民女子切身的问题,这一课别的女学校没有的。"每周两小时的演讲,内容大多是妇女和妇女运动问题,还有关于中国革命必须革私有财产的命、走十月革命的道路,为何要反帝反封建,军阀割据与世界帝国主义的关系等问题的讲解,极大地拓展了女子的眼界，提升了女性的觉悟。除了陈独秀、李达亲自任教外，从苏俄回国的刘少奇、张太雷等也先后到校演讲。他们介绍的俄国革命和建设的情况，使学生耳目一新，更加激励了学生追求真理、投身革命的热情。

工作部是学生参加劳动的场所，设置成衣组和织袜组，对外制作衣服和销售产品，工价比成衣店便宜。织袜组先由一个学生从自己家里搬来了一部手摇织袜机，以后学校又买了一部，两部织袜机织出的袜子，对外销售。李达非常重视工作部的工作，曾向参加工作部的学生提出要求："第一，须有刻苦耐劳之精神，切不可好逸恶劳，懒于操作。第二，须有严格自制的意志，切不可倚赖他人或仰助学校。"又说，"本校工作部是为一般愿作工读书的女子而设的，凡入工作部的人，都要靠自己作工维持生活，本校尽能设法代为介绍工作，却没有能力给予经济上的补助。"

学校还组织学生参加社会活动，主要是到纺织厂、绸厂、烟厂等女工多的地方去进行宣传鼓动、贴标语、发传单、听工人的生活诉苦等。如1922年3月19日，女校学生参加了上海工人和各界人士举行的黄爱、庞人铨追悼会，抗议军阀杀害湖南劳工领袖。4月和5月，浦东日华纱厂三千多

平民女学工作部特别广告

手摇织袜机

"作一个风雨晦冥中的晨鸡"

工人两次举行罢工,学生们向罢工女工进行慰问与宣传,拿了写着"支援工人罢工!""不许虐待工人!""要求改善劳动条件!"的小旗,挂了竹筒,不顾巡捕的威胁,到街上募捐,支援罢工工人,大大地鼓舞了罢工工人的斗志。

1922年秋,应毛泽东之邀,李达赴湖南自修大学任教,王会悟随之同行,平民女校作为党的一项工作交由蔡和森和向警予负责。年底,学校因经费拮据等原因停办,部分学生转入上海大学或上大附中学习。

虽然平民女校只存在短短不到一年的时间,但培养了一批享誉全国的学生,如参加长征的红军女战士钱希均、著名的文学家丁玲、长期从事地下工作的教育家王一知等,她们为革命事业鞠躬尽瘁,贡献了自己毕生的精力,而平民女校则是她们一生革命的起点。

第一张公开发行的党中央机关报

——《向导》发行所遗址

中共二大后，共产国际代表马林回到中国。为了传达贯彻共产国际的指示精神，党中央又于同年8月29至30日在杭州西湖召开特别会议，讨论中国共产党人以个人身份加入国民党的问题。会议期间还"抽出时间专门研究了中央的宣传工作"。时任领导人的陈独秀希望在北京办一份《远东日报》，专门宣传国民革命，但这一决定遭到了马林的反对，在他看来，当时中共的能力有限，不应该办这样大的机关报，而且有很快就被查封的可能。陈独秀等人接受了马林的意见，决定创办作为中央机关报的《向导》周报，并将原来的《共产党》月刊停刊，同时，决定由蔡和森担任《向导》主编并负责筹办工作。

据郑超麟回忆："1922年8月，中共中央在杭州召开西湖会议，主要议题是讨论党与孙中山领导的国民党建立统一战线的问题，当时我们认为国民党比较幼稚，应当从政治上、思想上和理论上帮助它，并指导国民革命，决定创办一个刊物，起名《向导》，意思就是'向导'国民革命。"

上海老西门一带旧照　　　　　　　位于肇浜路兰发里3号的《向导》发行所遗址

第一张公开发行的党中央机关报

同年9月13日，中共成立后第一张公开发行的中央机关报《向导》在上海正式创刊，发行所位于上海老西门肇浜路兰发里（今复兴东路1047弄）3号，是一家名叫"光明印刷厂"的小厂。时任中共中央执行委员会委员长的陈独秀，不仅为《向导》题写刊名，还撰写了发刊词。在第1期发表的《本报宣言》中，他开门见山地发问："现在最大多数中国人所要的是什么？"随后肯定地回答："统一与和平。""那么，如何才能达到此目的？"《宣言》提出的任务是"反抗国际帝国主义的侵略"、"推倒为和平统一障碍的军阀"、号召国民为"统一、和平、自由、独立"而奋斗。

1925年9月，陈独秀在《本报三年来革命政策之概观》一文中，对《向导》的宗旨有了更准确的说明："我们在本报未刊行以前，在发表的对于时局主张中，即已喊出'继续民主革命''打倒帝国主义''打倒军阀'这三个口号，所以本报刊行之始，一切政治主张都根据在这三个口号之上。"而"民主革命"的口号，从《向导》第2期的《造国论》开始改用"国民革命"，这是因为"民主革命这个口号，未免偏于纯资产阶

首任主编蔡和森（画像）

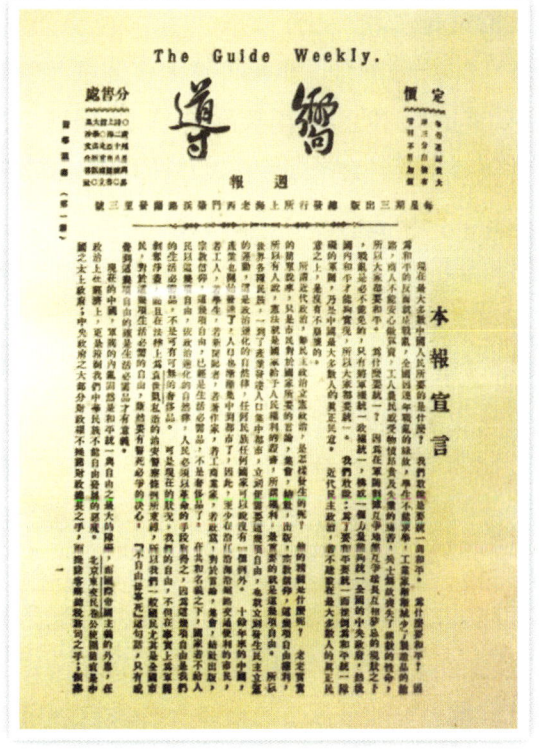

1922年9月13日，《向导》周报在上海创刊

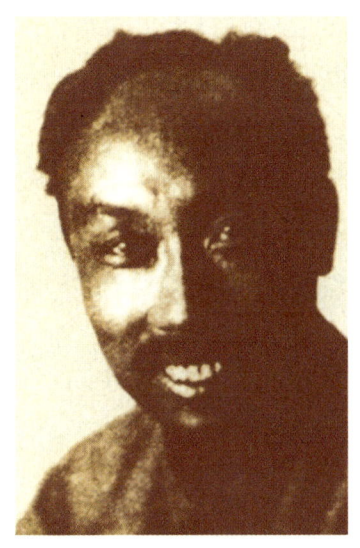

陈独秀是《向导》的真正灵魂

级的，在殖民地半殖民地的经济地位，绝没有欧洲18世纪资产阶级的革命之可能"。所以，国民革命口号的使用是积极有效的，不但国民党可以采用，更发展成了全国普遍的口号，更重要的是，它"适合于殖民地半殖民地各阶级联合革命的需要"，而《向导》的办报宗旨正是适应了反帝国主义、反封建军阀的国民革命需要。这就将中共为何创办这份周报、革命任务和宣传宗旨等问题论述得很清晰，犹如黑暗中点亮的一盏明灯，把中共的政治主张和盘托出。

陈独秀在《向导》上发表的文章最多，除1922年底出席共产国际四大和1926年初因病住院外，几乎每一期《向导》上都有他的文章。有时甚至整个一期都是他的文章，如第55、56和77期等，合计发表了265篇之多，可谓《向导》周报第一撰稿人以及真正的灵魂。

《向导》周报的撰稿群体大多为中共领导人，主要有陈独秀、蔡和森、瞿秋白、高君宇、李达、彭述之、张国焘等，毛泽东、周恩来、赵世炎、王若飞、张太雷、李立三也发表过一些重要文章。共产国际代表马林和维经斯基也分别用"孙铎""魏琴"等笔名，为《向导》撰稿。其中著名的有：赵世炎以笔名"施英"所写的一至七论《上海的罢工潮》、蔡和森的《今年五一之广东农民运动》、毛泽东的《湖南农民运动考察报告》、瞿秋白的《农民政权与土地革命》、彭湃的《关于海丰农民运动的一封信》等。

《向导》从创办到停刊共四年又十个月，先后共四任主编，均为共产党的主要领导人。首任主编是当时主持中央宣传工作的蔡和森，他被指定担任该周报的主编，与马林有着密切的关系。马林认为，蔡和森是一个"影响很大""很能干"的马克思主义理论家和宣传家，是"很好的编辑"。他实际主持工作达两年零八个月。在这期间，他在《向导》上用"和森""本报同人""记者"等署名，共发表了156篇文章，全都围绕中国革命最紧迫的问题而展开，不仅探索了近代中国社会的性质和任务，而且对中国革命的对象、动力、斗争形式、工农运动等基本问题做了深入分析。

蔡和森的身体虽然瘦弱，哮喘病也经常发作，但他不顾自己的身体，总是夜以继日地工作。有时，晚上写作疲倦了，也不解衣服不脱鞋，只横倒在床上休息一下，没过多

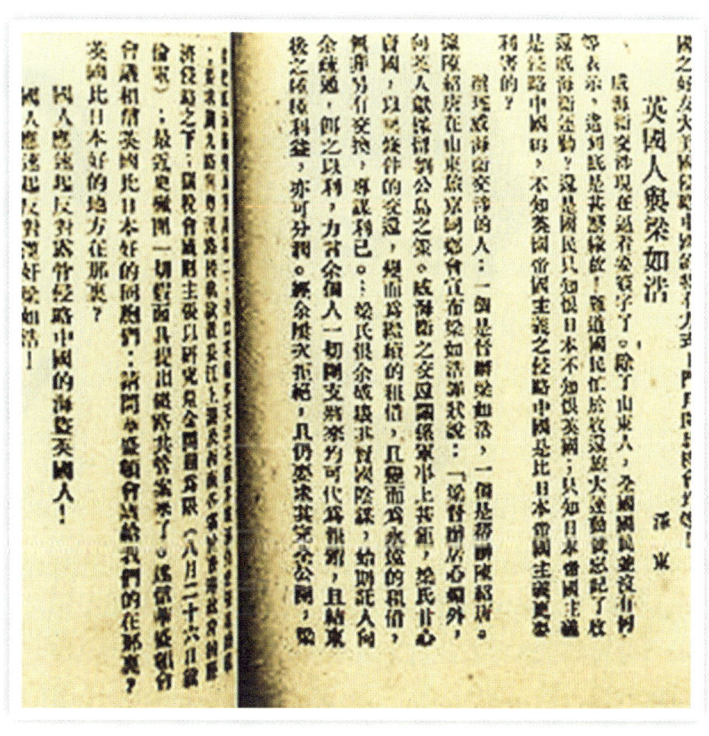

《向导》发表署名"泽东"的时评

久,又一骨碌爬起来继续写作,直到天明。这些发表在《向导》周报上的一篇篇战斗檄文,无不凝结着他的心血。为了按时付印,他会让当时在上海英租界光明印刷厂当排字工的徐梅坤前来编辑部取稿,或者干脆自己亲自将稿子送去。为防止反动派的突然袭击,《向导》周报编辑部还不得不经常搬迁,出刊日期也须经常更改。由于当时党的经费十分困难,蔡和森还以编辑部的名义,经常向国内外的热心读者和革命同志募捐,从而基本保证了《向导》周报的正常出刊。1925年10月,根据中央安排,蔡和森赴莫斯科参加共产国际执委会第六次扩大会议,并担任中共驻共产国际代表,从此《向导》主编由瞿秋白接任。

瞿秋白同样是中共中央早期机关报的重要领导人,在中共成立之前就从事了大量的新闻活动。作为杰出的马克思主义理论宣传家,他十分注意用马列主义原理分析中国革命的实际问题,为《向导》写过六十多篇社论和述评。在1926年7月党的四届三中全会扩大会上,他与陈独秀、彭述之的思想分歧表面化,被迫退出编辑部,此后《向导》由彭述之担任主编。

郑超麟回国后就担任中央宣传部秘书,同时主管《向导》周报编辑工作,近百期(第

蔡和森

瞿秋白

86到184期、编辑部迁到武汉之前）刊物都是由郑超麟负责编辑和校对的。特别是五卅运动爆发后，蔡和森离开《向导》编辑部，而接任主编的彭述之又因伤寒住院，这时的郑超麟只能以宣传部秘书的身份挑起了这个担子，担任起《向导》的执行主编。

据记载，《向导》为16开本，从第7期起开辟"中国一周""世界一周"等专栏，随后又增设"寸铁"专栏，新辟"时事评论""余录""读者之声""什么话"等栏目。在国民党"一

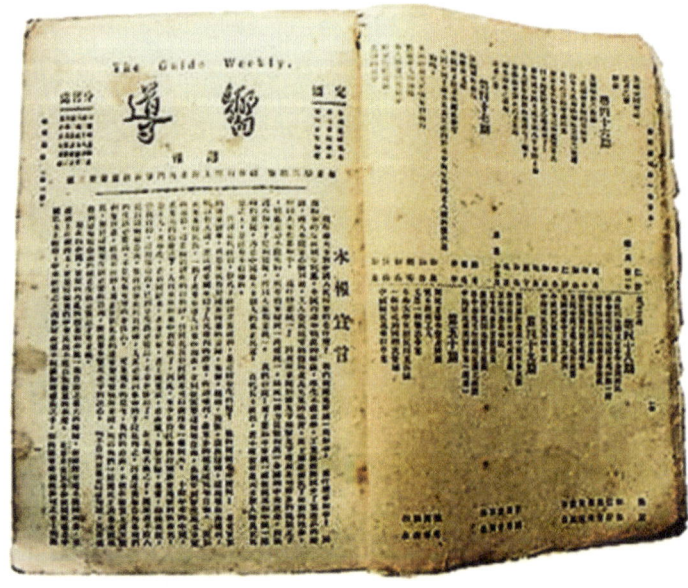
《向导》内页目录

大"以前,集中宣传中共反帝反封建的革命纲领,积极帮助孙中山进行国民党的改组,推动革命统一战线的建立;在国共合作形成后,对孙中山提出的联俄、联共、扶助农工三大政策做了重点宣传,同时热情宣传和支持工农革命运动,促进了工农革命运动和国民革命的迅速发展。这些文章无情揭露了帝国主义的侵略罪行,及时戳穿了他们欺骗群众的阴谋,第一次公开提出"打倒国际帝国主义"的口号;深刻地揭露和批判了封建军阀剥削和压迫中国人民的罪行和本质,号召人民与封建军阀作斗争;揭穿了国民党新、老右派勾结帝国主义和封建主义、充当其代理人的反人民反革命的罪恶行径。报刊所用文字通俗,体裁多样,既有重磅炮弹式的长篇政论文,又有短剑匕

《向导》内页目录

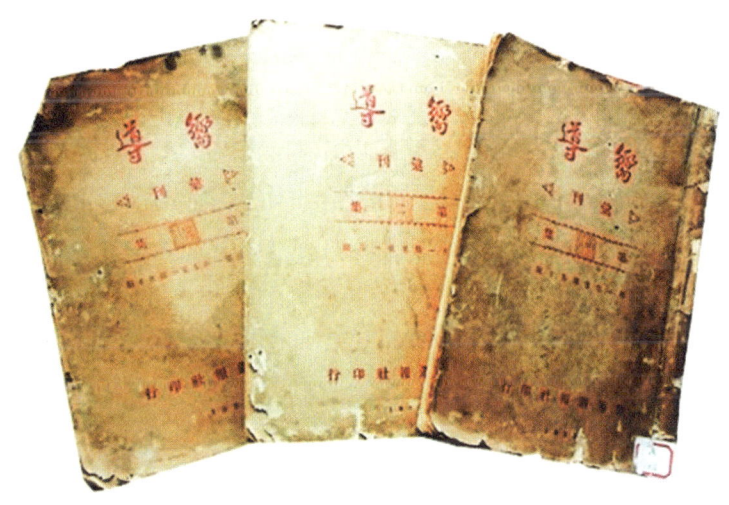

《向导》合订本

首式的杂文"寸铁"篇,还有每周国际国内的时事述评以及简讯等。

《向导》一出版,就销售一空,往往一版、再版、三版,以满足广大读者的需求。后来出版合订本《向导》汇刊,一共出了五集,也因迅速售罄,一再重新印刷。《向导》创刊时,只印二三十份,而到党的四大召开时,发行量已达到七千多份,到1926年7月北伐前夕,销量已突破五万份,不仅遍及国内,影响还远至法属印度支那(今越南等国)、德国、法国、日本等地,广受读者欢迎,被誉为黑暗中国的"一盏明灯"、苦难同胞的"思想向导"。

随着大革命形势变化,中共中央所在地多次转移,《向导》发行所也频繁搬迁。据史料记载,该刊自创刊至第5期,总发行所位于上海老西门肇浜路兰发里3号;10月随中央

迁到北京，从第6期开始，社址改为景山东街中老胡同1号；到了第8期，"总发行所"改为"发行通讯处"，为"北京大学第一学院收发课"转罗璈阶（即罗章龙），同时上海老西门肇浜路兰发里3号恢复使用；到第86期，这个地址取消，又增加了"上海英界上海大学杨志青"。

《向导》以及党在上海的活动引起了工部局的注意，12月2日《警务日报》中就有这样的记载："最近几个月来，中国布尔什维克之活动有显著的复活，颇堪注意。这些过激分子的总机关设在西摩路132号上海大学内，彼等在该处出版排外之报纸——《向导》，贮藏社会主义之书籍以供出售，如《中国青年》《前锋》……本市代销《向导》周刊的除上海大学书店外，尚有河南路91号知识书店（Intelligencepress）及民国路之上海书店（Shanghai Book Store）。"不久，在会审公廨的授意下，工部局警务处和静安寺捕房派人搜查了上海大学、慕尔鸣路307号等处，没收了大量书籍报刊，其中有《向导》《新青年》《中国青年》《前锋》《社会进化史》等。但"在搜查中并未发现足以加深对该大学是《向导》编辑部所在地的怀疑迹象，但所发现的证据却明显地说明了该校约三百个学生大部分是共产主义的信徒。"于是，《向导》在上海的发行通讯处和分售处被迫先后取消，由杭州发

上海工部局对《向导》进行干涉

行通讯处代理相关事务。

1923年春,由于中央南迁广州,以便更快启动国共合作,《向导》自第21期起,随迁至广州昌兴街28号出版发行;同年9月,随中央迁回上海;1927年4月,《向导》随中央从上海迁到汉口英租界辅义里27号,瞿秋白重新担任主编,其间还曾短暂地在上海宝山路宝山里(今宝山路403弄)设立新的发行所(1932年毁于日寇的战火)。

▲位于宝山路403弄的《向导》发行所旧址

同年7月,国民党右派背叛"国民革命",作为"国共合作的《向导》周报就没有存在的价值了。该报是中共中央1922年9月13日至1927年7月18日出版的机关报,历时近五年,共出版201期,发表文章1474篇。初创时只谈国民革命,而将社会主义、世界革命、阶级斗争等问题给作为"理论机关报"的《新青年》刊载。中央迁回上海之后,郑超麟奉命恢复出版《向导》,他向瞿秋白提议即将出版的中央机关报不应再用《向导》这一名称,而应当改为《布尔塞维克》,瞿秋白同意了。

国共合作时期创办的第一所"红色学府"
——上海大学遗址

诞生地 寻找中共在上海的红色基因

坐落于闸北西宝兴路青云路一条叫"青云里"（今青云路323号，原屋毁于"一·二八"淞沪战争）弄堂的上海大学，前身是私立东南高等师范专科学校，因师资缺乏，办校无方，引起学生极端不满，学生们组织起来赶走了校长。当年正值国共两党酝酿建立革命统一战线时期，中共中央考虑由国民党出面筹办学校更加有利，便让学生代表出面邀请当时较有声望的国民党人于右任来校任校长，并于1922年10月23日改名为"上海大学"。后在《民国日报》上刊登启事："本校原名东南高等师范专科学校。因'东南'二字与东南大学相同。兹从改组会议议决，更名学制，定名'上海大学'，公举于右任先生为本大学校长。此布。"为克服办学初期的种种困难，迅速打开工作局面，于右任请共产党人参与上海大学的创办。中共也希望通过开办上大，使之成为宣传马克思主义理论、争取进步青年，培养革命干部的一座洪炉。

1923年4月，于右任与新聘任副校长的邵力子为商量"上大"的校务，在福州路同兴楼京津菜馆内邀约李大钊、张继中午便餐。经李大钊向于右任推荐，邓中夏出任校务长，主持学校的行政工作，瞿秋白为教务长，并建立由瞿秋白、恽代英、邵力子、沈雁冰、施存统、陈望道等参加的评议会，作为学校的领导决策机构请孙中山为名誉校董。于右任在筹备办学经费、扩建校舍等方面尽心竭力，但因忙于政务，学校的实际领导一直由共产党人和左翼人士担任。

邓中夏出任校务长后，制定了《上海大学章程》，明确规定"本大学以养成建国人才，促进文化事业为宗旨"，虽然学校教学设施简陋、学科专业偏少、教师严重不足、规章制度

于右任

邵力子

邓中夏

不全，各方面工作仍处于初创阶段，但作为校务长，他通过制订学校章程、拟定发展规划、延聘名师任教、完善行政建制等一系列措施，实现了学校各项工作的规范有序。当时，李大钊不仅向于右任推荐邓中夏，还向他提出，"从中国革命的需要出发，上海大学应开办社会学系，并以它为办校重点，培养国民革命骨干"，特介绍瞿秋白任该系主任。这样，邓中夏在制订学校发展规划时将社会学系作为发展的重点。自1923年秋季学期起作为一个独立的学系开始招生，成为当时中国大学的首创，通过这个教育平台公开而系统地讲授马克思主义

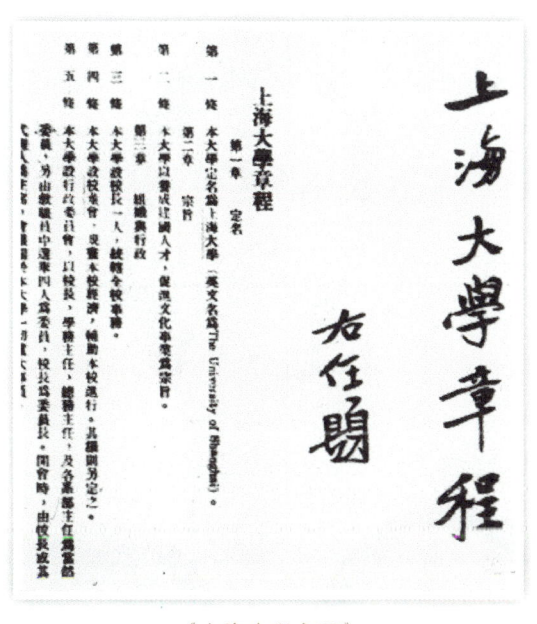

《上海大学章程》

位于青云路青云里的上海大学初创时校舍

诞生地 寻找中共在上海的红色基因

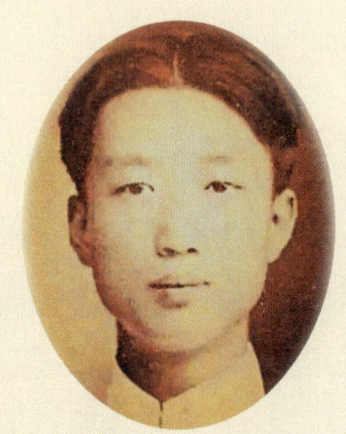

社会学系主任瞿秋白

恽代英

张太雷

蔡和森

萧楚女

理论,传播革命思想,培养革命骨干。同时,邓中夏还聘请了一大批学识渊博、思想进步、社会声望较高的名家学者来校任教,如聘请恽代英、张太雷、蔡和森、萧楚女、任弼时、蒋光慈等到社会学系任教;聘请沈雁冰、俞平伯、田汉、周建人、朱自清、郑振铎、傅东华等到中国文学系任教;聘请周越然、孙邦藻等到英国文学系任教。他本人也身体力行,在工作十分繁忙的情况下,仍亲自讲授伦理学和工人运动史等课程。1923年4月和11月,李大钊多次来上海大学讲演史学,宣传马克思主义的唯物史观,任弼时、鲁迅等也来校讲过课。这些教师不仅理论和学术水平较高,而且绝大多数都是"热心于教育工作的有识之士",尤其是许多共产党人为了培养"建国人才,备为世用",在承担学术译著和从事繁重的社会活动的同时,更是精心于上海大学教务改革,"乐得英才而教育之",总是满怀热情地指导和帮助学生,直到学生对所教的理论完全理解为止。

据当时"上大"的学生回忆,蔡和森在授课《社会进化史》时,国共合作时期创办的第一所"红色学府"

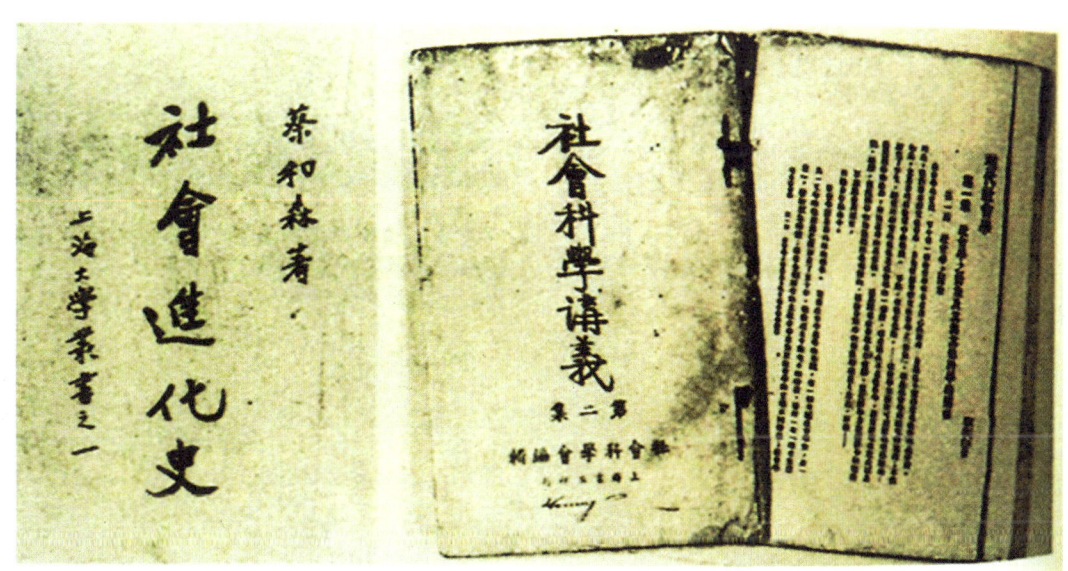

蔡和森编写的《社会进化史》等教材

"每讲到关键的章节,总是旁征博引,讲得详尽明确";恽代英讲《国际政治与国内政治》时,"热情洋溢,声若洪钟,往往汗流浃背";邓中夏开《中国劳工问题》课时,集中讲工人阶级与资产阶级斗争的历史,讲十月革命和巴黎公社,讲各国革命运动史和中国工人运动情况;张太雷在讲列宁的《帝国主义论》时,习惯于就某个社会问题开展热烈的课堂讨论,当讨论发生争议时,往往会拖延一两小时,连吃夜饭都顾不上。在这样一批教师的授课下,"上大"的教学质量迅速提升,学生的知识和理论水平提高较快,许多学生在他们的教育和影响下,走上了革命的道路。

由于共产党人的殚精竭虑、呕心沥血,这所由国民党人和共产党人合作创办

恽代英与学生们在一起

1924年春,上海大学全体教职员合影

位于西摩路132号的上海大学旧址

的第一所文科大学被注入了革命的血液,迅速发展成为名家学者齐聚,深为青年学生仰慕的著名"红色学府",并使其获得了"文有上大,武有黄埔"和"北有五四的北大,南有五卅的上大"的美誉。许多青年从四面八方慕名而来,有的甚至脱离有名的高等学府前来就读。到1924年2月,学生由原来的160余名猛增至近400人,教师发展到五十多人,原有的校舍显得过于狭小。为适应学校发展,校址便迁到了当时的公共租界西摩路132号的新校舍(今陕西北路342号南阳路口绿地,原楼已拆)。那是一座三层楼的红瓦洋房,里面有一大块空地,适于做运动场,比之过去的校舍宽敞得多了。同时还租了斜对面时应里522—526号(今陕西北路299弄4—12号)的房子设立分部,学校的规模得到了扩大。

国共合作时期创办的第一所"红色学府"

上海大学时应里校舍

此外,为了进一步扩大马克思列宁主义理论的教育面,学校还于1924年5月在校内设立了书报流通处,为师生提供了大量马克思列宁主义著作和其他革命书籍,比较全面地宣传了社会主义,揭示了革命的发展前景,批判了各种形式的错误思潮,为马克思主义在思想上的正本清源和广泛传播起了很大的推动作用。同时,"上大"学生还先后组织了各类团体,如"社会问题研究会""三民主义研究会"(后更名为中山主义研究会),这些社团一般都带有鲜明的政治倾向,把学术研究与认识社会、改造社会结合起来,并主办了《中山主义》周报,宣传革命的三民主义和孙中山联俄、联共、扶助农工的三大政策。进步师生先后在吴淞、杨树浦和小沙渡等工人集中的地方,创办了工人补习学校,由"上大"学生轮流做教员。通过这些学校的开办,"上大"师生与上海的工人开始结合起来。

"上大"不仅通过创办社会学系向学生传播科学社会主义理论,还大力倡导"读活的书",将理论与实践紧密结合,通过直接引导学生参与社会实践活动,使他们不断得到锻炼和提高。1924年6月,上海13家丝厂的一万四千名女工爆发了罢工,就有很多"上大"学

诞生地 寻找中共在上海的红色基因

生参加。此后,学生们还先后参加了上海南洋兄弟烟草公司和其他一些工厂的罢工运动,这些罢工运动一定程度上改变了"二七"大罢工失败后的消沉局面,工人运动开始走向复兴,为在上海开展更大规模的罢工运动奠定了基础。在不久后的五卅反帝爱国运动、北伐战争和上海工人三次武装起义中,"上大"学生始终在运动中发挥着先锋和骨干作用。在邓中夏等的带领下,他们组织队伍深入各工厂进行宣传,并组织募捐队向社会各界进行募捐,以维持罢工工人的正常生活,为罢工斗争的胜利做出了贡献。五卅运动中遭到逮捕,甚至惨遭杀害的"上大"学生不在少数,据《上大五卅特刊》记载,仅在五卅惨案的当天,"上大"学生受伤的就有13人,被逮捕关押的达131人。在南京路老闸捕房门前英勇牺牲的何秉彝和

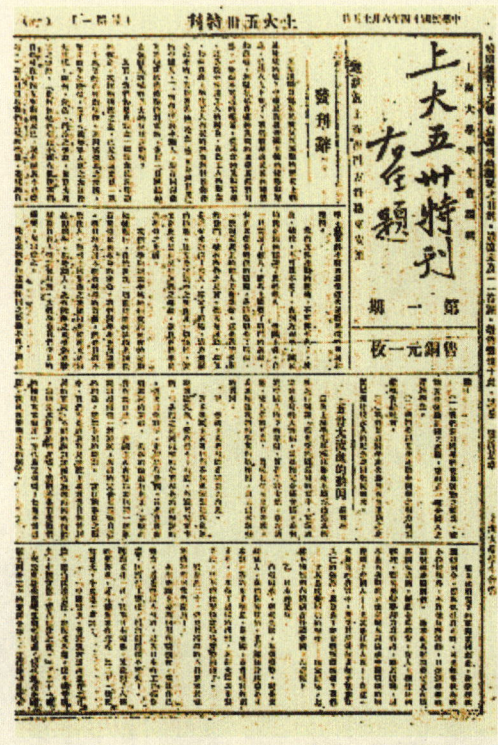

《上大五卅特刊》

"上大"与各校学生参加五卅示威游行

510

著名的五卅运动领导人之一、共产党员刘华都是上海大学的学生。

上海大学在五卅运动中的杰出贡献，引起了帝国主义极大的恐慌。1925年6月4日，英国海军陆战队强行武装占领上海大学校舍，进行全面搜查，并迫令在校师生在十分钟内徒手离开。8月，上海大学被迫搬迁至闸北青云路师寿坊（今青云路167弄，1932年"一·二八"事变中被日本侵略者炸毁）设立临时校舍。1927年春，上海大学又搬至江湾镇附近，在共产党领导下继续进行革命活动和教育事业，"上大"成了蒋介石的眼中钉，国民党右派更视"上大"为"赤色大本营"。"四一二"反革命政变后，白崇禧秉承蒋介石的旨意，突然派兵进驻江湾新校区，不少学生被捕，财产被抢劫一空，学校被封闭了。但是，上海大学师生不屈不挠的斗争精神在中国革命史上留下了光辉的一页。

位于青云路师寿坊的上海大学临时校舍

为革命的青年作革命的指导

——《中国青年》编辑部旧址

穿过繁华的淮海中路，沿着淡水路一路往前，是一片绿意盎然的延中绿地，在这郁郁葱葱的勃勃生机中，有一排透着老上海古朴气息的石库门房子，这便是《中国青年》编辑部旧址。

中共成立前，各地在筹备共产党早期组织的同时，也纷纷建立起社会主义青年团，有些地方团体还组织创办了自己的刊物，如1922年1月，北京团组织创办的《先驱》半月刊；3月，广州团组织创办的《青年周刊》，四川团支部创办的《人声》周刊；6月，旅法少年共产党创办的《少年》杂志等。在这首批团刊中，出版时间最长，也是唯一由地方团刊

先驅

The Pioneer

半月刊

第八號

一九二二年五月十五日出版

中國社會主義青年團第一次全國大會號

每份售銅元二枚

●中國社會主義青年團第一次全國大會

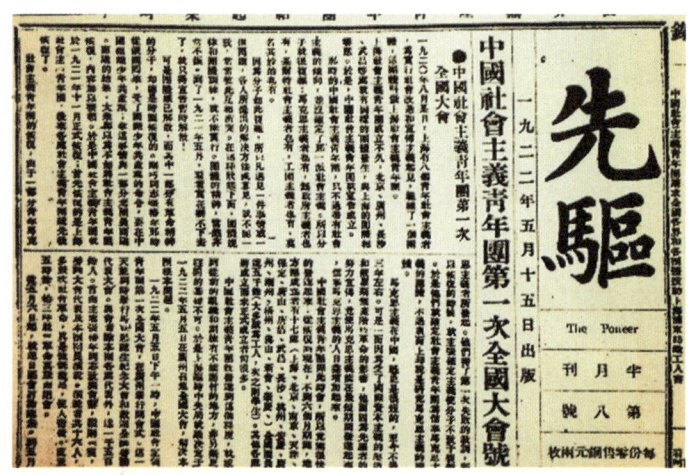

◀《先驱》半月刊

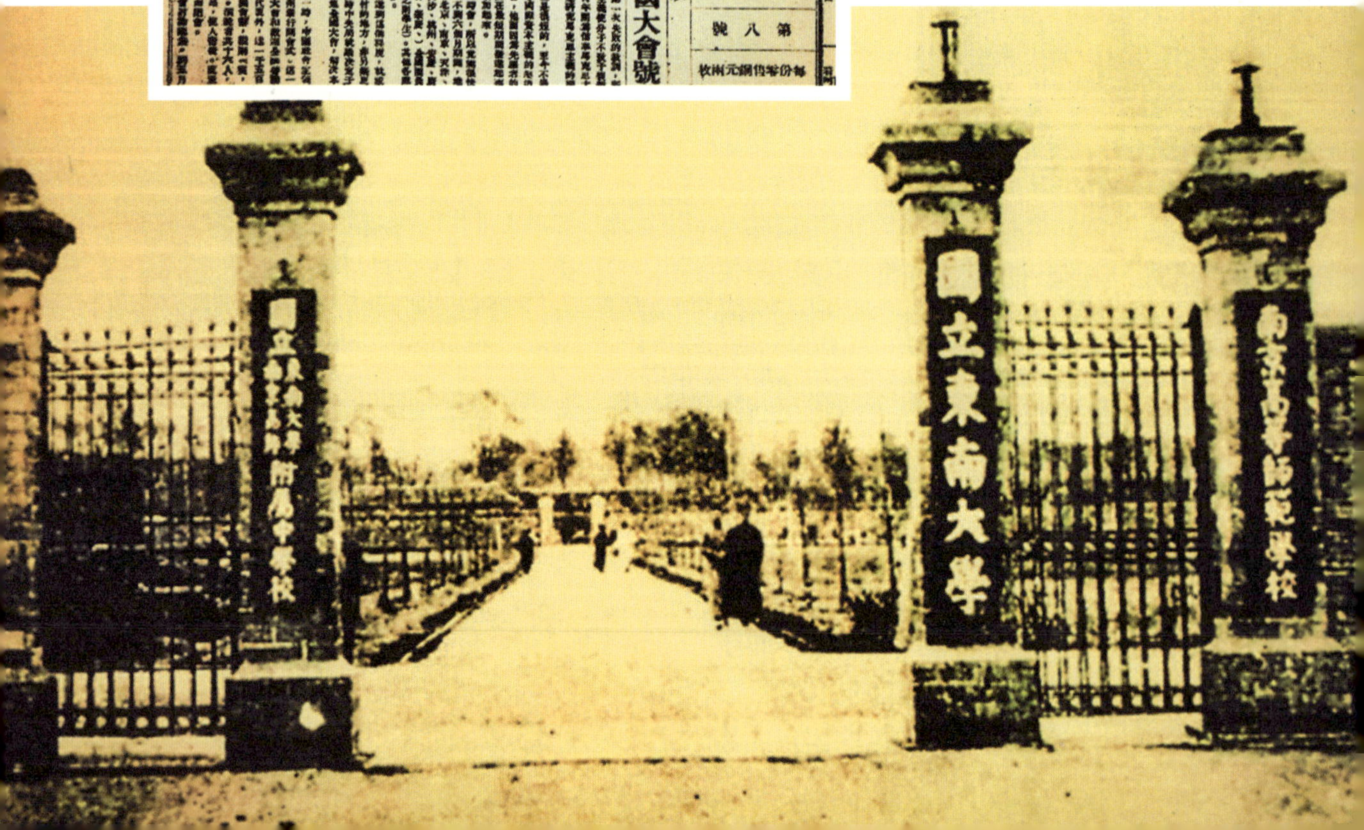

▼青年团二大在南京国立东南大学召开

转为中央团刊的《先驱》半月刊,就是《中国青年》的前身。《先驱》作为中国社会主义青年团机关报,创刊于1922年1月15日,到1923年8月15日因为经济原因被迫停刊。

8月20至25日,为了贯彻中共三大会议的精神,进一步发动广大青年积极进行反帝反军阀的斗争,中国社会主义青年团第二次全国代表大会在南京国立东南大学召开,会议着重讨论了如何贯彻党的三大关于建立统一战线的方针问题。在团二大的感召下,为把"打倒列强除军阀"变成一声声呐喊,并让青年们担负起这救国的使命,同年10月,团中央的机关刊物《中国青年》在上海创刊,第一任主编是刚上任的团中央宣传部长恽代英。

恽代英受邓中夏之邀来到上海,曾居住在北成都路丽云坊(今成都北路741弄54号)。五四时期,他是湖北地区学生运动的重要领导人,曾创办过"利群书社"和类似苏俄布尔什维克式的革命团体"共存社"。这次赴上海,除了出任上海大学教授外,很重要的任务便是主办好

恽代英出任《中国青年》主编(油画 作者:魏景山)

"利群书社"旧址

"共存社"旧址

位于成都路丽云坊的恽代英旧居

《中国青年》这本团中央的机关刊物。创办之初,编辑部没有固定的场所,信件也只能由辣斐德路186号(今复兴中路196号)通讯处转"但一"君(即恽代英)。1924年春,团中央最终选定刚建成的萨坡赛路朱依里252号(今淡水路66弄4号)一幢坐北朝南的二层石库门住宅,为编辑部所在地。

该建筑为典型的三合院石库门房屋,平面呈"凹"字形,外墙为清水青砖、红砖腰线,二楼局部有挑空阳台,二坡顶,砖木结构。当时底楼客堂是萧楚女的寓所;二楼客堂和亭子间作为编辑部办公室;三楼小阁楼是印刷室,条件极为简陋和艰苦。

辣斐德路一带

位于淡水路66弄4号的《中国青年》编辑部旧址

为革命的青年作革命的指导

根据陆定一的回忆，当时"共产主义青年团中央宣传部的秘密机关就是《中国青年》编辑部。狭窄的房子，有一两个书架子的参考书，白天在那里开会、看书、写文章、编辑，有时还校对，夜里就在那里睡觉。为了避开敌人警察和特务的破坏，还常常要搬家。印刷是在秘密印刷所里进行的。发行则有秘密的发行机关，经过共产主义青年团的组织发行出去，也有经邮政发行的。在上海小北门有一个'上海书店'，是《向导》（党中央的机关杂志）和《中国青年》的公开发行机关，1926年1月该书店被封了，……开始还可以半公开的发行，以后变得只能秘密发行了"。

在这样艰苦的环境下，《中国青年》杂志开办了，创刊号上的刊名即为邓中夏的笔迹。在《发刊词》中，人们看到的是振聋发聩的呐喊："政治太黑暗了，

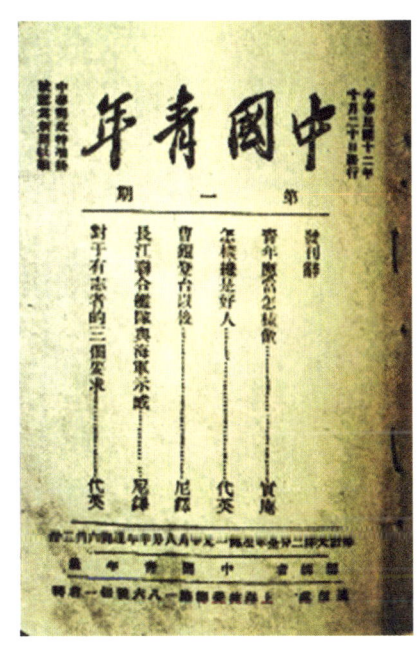

《中国青年》创刊号

教育太腐败了，衰老沉寂的中国像是不可救药了，但是我们常听见青年界的呼喊，常看见青年界的活动。许多人都相信中国的唯一希望，便要靠这些还勃勃有生气的青年"，"打倒一切魔鬼，为中国前途开一个新纪元。"

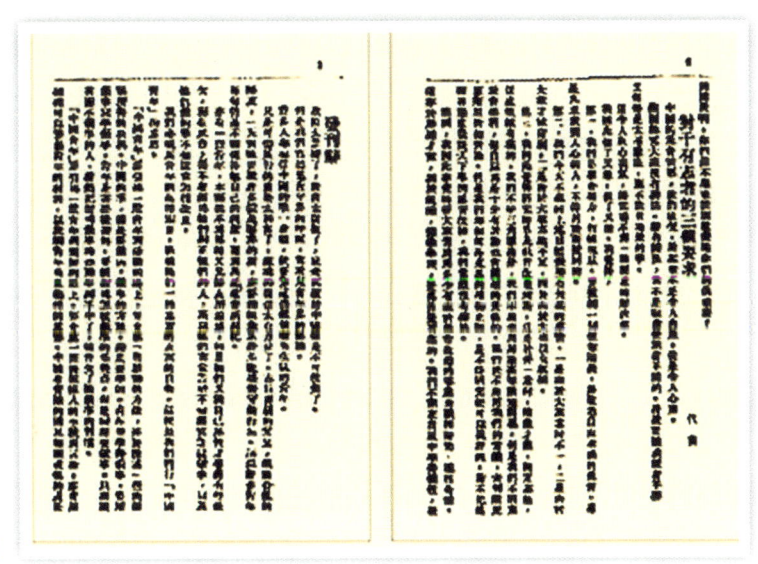

《中国青年》发刊词

诞生地 寻找中共在上海的红色基因

邓中夏

恽代英

萧楚女

那时，恽代英年仅28岁，但他已是全国著名的青年领袖和革命家。他从《中国青年》创办一直到1926年离开，见证了《中国青年》辉煌的三年时光。他先后以天逸、但一、但毅、子怡、雅宜、F.M等笔名和代英的真名及记者、编者的名义，为《中国青年》撰写论文与通讯共220多篇。他发表的杂文笔锋剔肌析骨、置敌死命，讽刺幽默辛辣、绝妙切中要害，论述剖情析理、层层深入、以理服人，用马克思主义真理来教育和启发青年。《中国青年》成了他与青年沟通交流的园地。在这里，他向青年学生、工人、农民敞开心扉，与他们讨论文学与爱情，倾听他们心底的彷徨，帮助他们走出生活的误区，成为青年的良师益友。青年们也以恽代英为榜样，模仿他的演说，诵读他的诗文，以他奋斗的一生成为自己的楷模。郭沫若曾说："在大革命前后的青年学生们，凡是稍微有些进步思想的，不知道代英，没有受过他的影响的人，可以说没有。"

萧楚女是一个文笔犀利、知识渊博的才子，他曾是《崇德报》《大汉报》赫赫有名的记者，也是党早期著名的社会活动家和政论家。他曾说："代英很像墨子，摩顶放踵而利天下。"因为敬佩，他便追随恽代英干革命、搞宣传，和恽代英建立了终生不渝的生死之交。他于1925年开始从事《中国青年》编辑工作，两年多的时间里为杂志投入了极大的热情与精力，以"楚女"为笔名，写了大量出彩的文章。他善于抓住青年的特点，文章观点鲜明，有很强的煽动力和说服力。他长期执笔杂志的《新刊批评》专栏，撰写了大量时事评论、政治论文以及和青年读者探讨学习、思想的文章，为很多青年理清了头绪，赶走了心头的阴霾。

为革命的青年作革命的指导

张太雷

林育南

位于萨坡赛路朱依里252号的《中国青年》编辑部旧址

诞生地 寻找中共在上海的红色基因

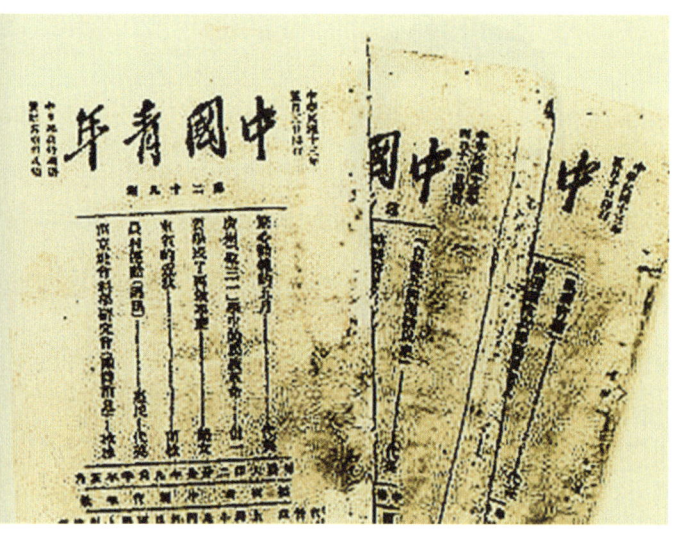

恽代英和萧楚女在《中国青年》上发表了大量的文章

然而,他的这一漂亮的名字却为他徒增了不少烦恼。有不少青年因为看到"楚女"的名字及其所写的文字产生遐想,以为作者是位美丽动人的女子,并给他写信求爱。萧楚女曾无奈而幽默地为此特发表过一则启事:"楚女是个年近40的男子,脸麻、背驼、多须、近视,并不是未婚的女性……"这一趣事也恰恰反映了青年读者对萧楚女文风与人格的首肯。与"楚女"这一颇具女性气息的名字相反,他实是一位让人敬佩的铮铮男儿。1927年,蒋介石发动"四一二"反革命政变,半年间屠杀共产党人和革命志士达30万人,萧楚女便在这个时期被杀害。据说,当他被军阀从病床拖赴刑场时,还调侃地说:"我是一个要死的人了,你们还不愿让我死在病床上,硬要送我一个革

《中国青年》编辑部旧址大门

为革命的青年作革命的指导

《中国青年》编辑部旧址一角

《中国青年》编辑部旧址铭牌

命烈士的名义,谢谢你们的美意,我将欣然去死,含笑九泉!"凸显了他不屈不挠和浪漫主义的革命气节。

恽代英和萧楚女是《中国青年》最受欢迎的两位作者,由他们所代表的《中国青年》的编辑群体,都是风华正茂的同辈热血男儿。他们在创办初期的编辑工作中,不仅以自己的人格魅力和学识涵养深深征服了一代青年,而且以饱满的革命激情投身于火热的斗争生活,迸发出独特的凝聚力和感召力,唤醒了睡梦中的青年,并引导他们走向未来正确的道路。邓拓曾回忆道:"那时不少年轻人的衣袋中常常藏有一本32开的周刊;在反革命统治的角落里,这样一本刊物,往往要秘密地传递过十几个甚至更多人的手。它和《新青年》《向导》一起成为革命的群众、进步的学生、教职员乃至一部分稍有新思想的老先生们所热烈追求的读物。"

萧楚女

为革命的青年作革命的指导

《中国青年》随着革命浪潮的波动而颠沛流离。1926年2月,在孙传芳的严禁下,编辑部迁往广州;1927年,蒋介石发动"四一二"反革命政变,编辑部从广州迁到了武汉;1927年7月,在汪精卫"七一五"的白色恐怖下,编辑部又秘密迁回了上海,一直到10月10日在国民党政府迫害下被迫停刊。从1923年10月到1927年10月,从创刊号上"政治太黑暗了"的浩叹,到最后一期"唯有暴动的争斗才真正是民众的争斗"的呼喊,《中国青年》以惊世骇俗的战斗激情走过了灿烂的四年历程,共刊出168期,留下了240多万字的宝贵思想财富。创刊时是16页的周刊,发行量仅3 000册,后来发展成为32开的周刊,发行量达三万册,发行点遍及长沙、广州、南昌、宁波等地,在香港和法国巴黎也设有特约经销处。而在这辉煌的背后,则是一个个被鲜血浸染的名字:恽代英、萧楚女、邓中夏、张太雷、李求实、林育南等人先后倒在敌人的屠刀之下,但他们早已成为中国革命史上一支支跳跃着的红色火把。

《中国青年》是一个与中国革命和中国青年同呼吸、共命运的革命阵地,是一面引导中国青年走向革命的光辉旗帜,它在中国青年运动史和现代革命史上留下了浓墨重彩的一笔。

恽代英在青年中(油画 常州恽代英纪念馆藏)

薄利小店做大红色书刊发行销售网

——上海书店遗址

诞生地 寻找中共在上海的红色基因

徐梅坤

从《向导》周报总发行所所在地上海复兴东路1047号出发,到曾经的人民路1025号,只要走几分钟。只是由于扩路,上海书店旧址已被夷为平地,只留下一块模糊不清的石碑,安静地矗立在路边的绿茵中。

1923年6月,中国共产党第三次全国代表大会召开,会上确定了联合一切可能联合的力量,共同完成反帝反封建民主革命任务的方针。为了进一步宣传马克思列宁主义和党的方针政策,中共中央决定继《向导》周报、《新青年》季刊之后,再出版《前锋》月刊,并成立人民出版社在上海结束业务后第二家公开的出版发行机构。负责宣传工作的瞿秋白认为,在错综复杂的形势下,不宜由党的领导同志具体操办书店的创建和管理。经中央候补执委徐梅坤提议,选调在绍兴女子师范学校任教的徐白民来上海筹办并经营书店。

徐白民到上海后,瞿秋白与他谈了话,交代了任务。他后来回忆:"大约经过一个多月,在小北门找到了一座店房,一楼一底,还有一间过街楼,倒也适用,交通也算便利。店址确定后,就办租赁手续,一切顺利解决,于是中央取了一个店名,叫做'上海书店'。"经郑超麟证实,上海书店是党中央的财产,"这也许是我们党最早的'党产'"。

上海书店营业前在《民国日报》上刊登了广告,阐述开办宗旨:"我们要想在中国文化运动上尽一部分的责任,所以开设这一个小小的书子。我们不愿吹牛,我们也不敢自薄,我们只有竭我们的(力)设法搜求全国出版界关于这个运动的各类出版物,以最廉价格供献于读者之前,这是我们所愿负而能负的责任。"经过周密准备,1923年11月1日,在上海华界与法租界交界处的小北门外民国路振业里11

上海书店发布的开业广告

薄利小店做大红色书刊发行销售网

位于民国路振业里的上海书店遗址

号（今人民路1025号及1027弄1号过街楼）一幢坐东朝西砖木结构的老式街面楼门口，挂上了一块书有"上海书店"四个大字的蓝底白字的搪瓷招牌，上海书店就此开业了。楼上过街楼是宿舍和党内活动的秘密场所，楼下布置为书店。店堂靠墙两边是按房间高度定制的木质玻璃书橱，中间有一个橱柜放置笔墨纸等文具。

上海书店开业后，为了避免反动当局的注意，转移敌人的视线，曾代销上海各书店的图书，其中民智书局、亚东图书馆、新文化书社的书刊较多，商务印书馆、中华书局这几家大书店合作条件较为苛刻，代售不能退货，只选择有价值的几种新书各三五本，摆满了书橱。之所以当时没有自己的书，一是自己的书不多，二是为避免外界注意，不便把自己的书立刻摆放陈列出来。

诞生地 寻找中共在上海的红色基因

上海书店发行的书刊

上海书店门店

上海书店表面上看是一家普通的书铺，实际却承担了1924至1925年间中共加强马克思主义宣传的主要任务，党的所有对外宣传刊物都由上海书店印行，为此还专门创办了会文堂印书局，这些刊物只能秘密发行。当时，正值广州"新青年社"结束业务，于是《共产党宣言》《资本论入门》《列宁传》《京汉路工人流血记》等十余种存书也一并移交上海书店代售。为避免过于引人瞩目，这些进步书刊都放在不起眼的位置。

书店创办初期，生意非常清淡，一天只有四五元营业额，很少超过十元，仅能勉强维持生存。经过半年多的开拓发展，1924年下半年经营状况才有起色，逐渐盈利。以后党内出版刊物，所需费用都由上海书店承担。

从1924年起，上海书店出版了三十余种新书，如《社会科学讲义》《社会科学概论》《马克思主义浅说》《唯物史观》《国外游记汇刊》《新社会观》《平民千字课》《革命歌声》《恋爱与道德》《评中西文化观》等，还出版了《中国青年社丛书》六种、《向导丛书》四种。这些进步书籍在知识分子和青年学生中秘密传阅，令他们如饥似渴地从中学习社会主义理论，探求革命真理，从此走上革命道路。

1925年，随着全国革命形势的高涨，马克思主义著作和进步书刊的读者越来越多，各地对上海书店出版物的需求也日益迫切。这时，上海书店来了个"杨老板"，他就是化名"杨杰"的毛泽民，中央委派他担任中央出版发行部经理，领导上海书店的工作。当时毛泽民为开展革命工作，穿上了长衫马褂，俨然一位出版界的大老板。那时他住在大通路大通里（今大田路331弄）。从此，上海书店向外地发行书刊，开始由中央组织部所属的中央交通处通过党内的交通网运送。

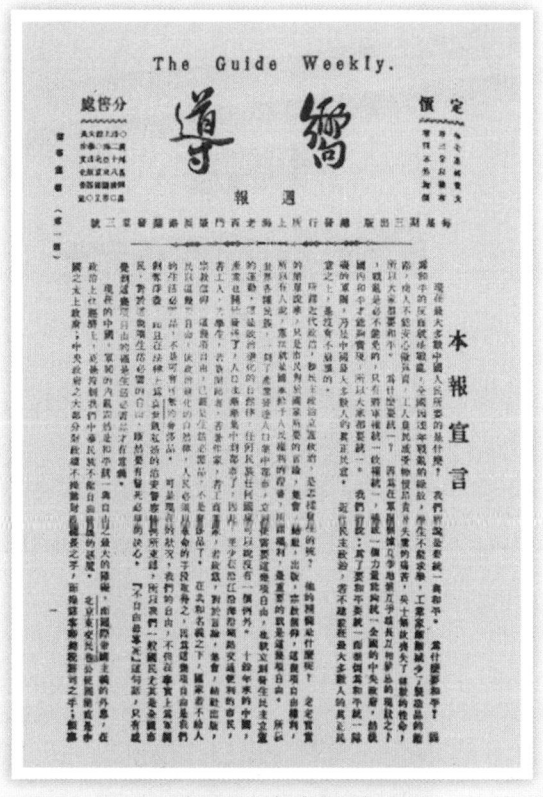

中央机关报《向导》

毛泽民上任时接收的资本只有72元3角8厘，出版发行部的一切经费全靠书店收入开支。而当时《向导》周报每月都要在《申报》《新闻报》《民国日报》上刊登广告，广告费用是72元，中央除拨60元广告费外，其余一概不管。此时的毛泽民对出版发行工作完全陌生，在中共亚东图书馆支部书记汪原放和他的叔父汪孟邹的帮助下，他不断摸索印刷发行业务，积累经验，很快担负起党的"出版印刷发行之总责"。

毛泽民

诞生地 寻找中共在上海的红色基因

位于大通路大通里的毛泽民旧居

这一年,上海书店很快打开了局面。由于经营有方,不久就在国内外建成庞大的销售发行网,其分社有长沙文化书社、湘潭书店、南昌明星书店、广州国光书店、潮洲韩江书店、太原明星书店、安庆新皖书店、青岛书店、重庆新署书店、宁波书店、海参崴五一书店、巴黎书报社、香港代销处等,有时书刊尚未印刷,就能收到这些代售点上千元的预约款。毛泽民将这些预约款作为资本,使发行工作得到迅速发展,在他到任的一年时间内,出版发行部已经赚到一万五千余元。

这段时间,上海书店不仅继续出版《共产党宣言》,《共产主义的ABC》也成了它的畅销书之一。短短三年间,上海书店先后出版"中国青年丛书""向导丛书",还刊行其他书籍逾三十种,其中包括:瞿秋白等的《社会科学讲义》、施存

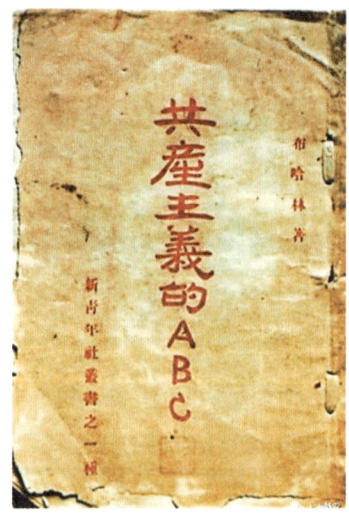

《共产党宣言》《共产主义的ABC》成为上海书店的畅销书

薄利小店做大红色书刊发行销售网

上海书店出版发行的刊物

印刷工场

统的《世界劳工运动史》、一峰和辟世编的《马克思主义浅说》、萧楚女的《显微镜下的醒狮派》、恽代英编的《反帝国主义运动》、杨明斋的《评中西文化观》、中国青年社编的《唯物史观》《共产主义的ABC问题及附注》等。这些由党内同志编写的出版物,装帧考究,销量较大,其中《马克思主义浅说》重印了八次,《共产主义的ABC》1927年半年中就发行了三万册。其间,一本讴歌十月革命和社会主义制度的诗集《新梦》也由上海书店出版,这是蒋光慈的旅俄诗集,《新青年》介绍这部诗集是现代中国文学界的"一个响雷、一盏明灯"。

诞生地 寻找中共在上海的红色基因

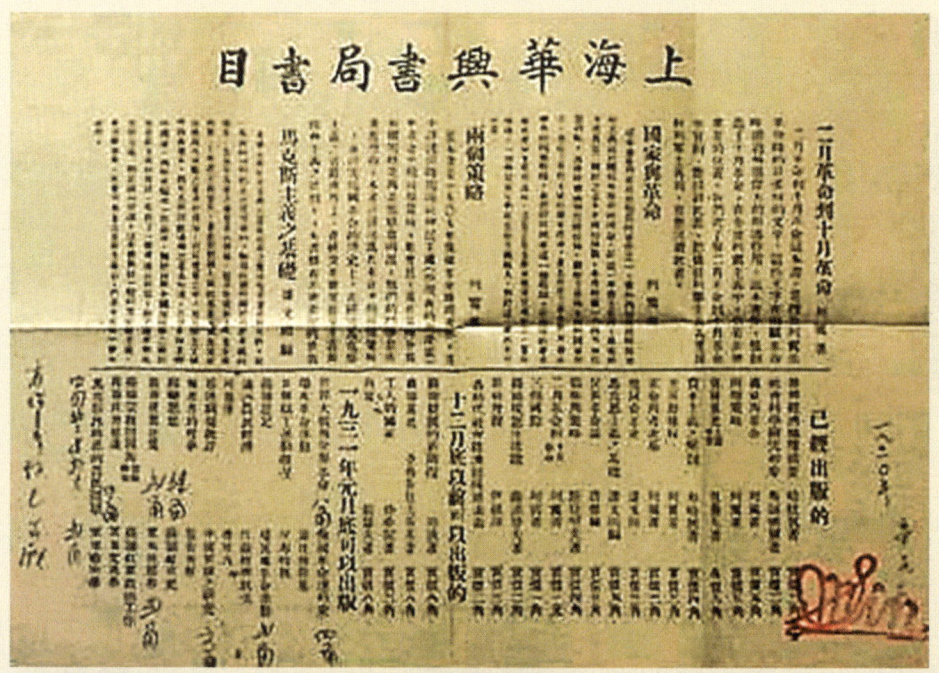

华兴书局出版的书目

华岗译的《共产党宣言》

蒋光慈诗集《新梦》

随着书店业务的拓展,政治影响也日益扩大,那些积极宣传马克思列宁主义、无情揭露社会弊端的书籍,引起了军阀当局的恐慌。1926年2月,盘踞在华东地区的孙传芳以"印刷过激书刊,词句不正,煽动工团,妨害治安"等罪名,指使淞沪警察厅查封了上海书店。2月17日出版的《中国青年》刊文控诉了军阀这一丑恶行径,并表示:"军阀以武力摧残我们,然而革命的势力是摧残不了的,我们希望读者与我们的努力,能战胜一切压迫与黑暗。"上海书店被关闭后启封无望,中央决定在武汉建立长江书店。

1926年12月7日,《申报》刊登的长江书店广告中说:"……继续上海书店营业……批发零售一切革命书报。所有上海书店从前对外账目改由本店全权清理。"次年7月,长江书店因大革命失败也遭封闭。1929年,上海书店又化名"华兴书局",在极为困难的条件下,翻译出版了相当一批马克思主义经典著作和有关俄国革命的书籍,1930年出版了华岗重新翻译的《共产党宣言》的第二个全译本,还精心编辑了一本《马克斯主义的基础》的小册子,其中包括马克思、恩格斯的六篇论著。后来,华兴书局又遭到破坏,便改名"启阳书店",后再更名"春阳书店",继续出版发行,为在国统区传播马克思主义发挥了重要作用。

亨昌里的暗夜明灯

——《布尔塞维克》编辑部旧址

诞生地　寻找中共在上海的红色基因

1927年大革命失败后，中共中央在武汉召开著名的八七会议。这次会议之后，党中央机关从武汉迁回上海，原来半公开发行的中央机关报《向导》已无法恢复。同年10月，瞿秋白等中央领导经过多次商议，决定出版一种新的中央机关刊物，定名为《布尔塞维克》。

"工人区待不下去，我们就从静安寺开始，一条一条马路走，最终找到了这里"，担负恢复工作的中共中央宣传部秘书郑超麟回忆说，1927年"四一二"反革命政变后，位于今天上海虹口和老闸北一带的工人区不再安全，中共中央在上海必须迅速找到新的革命据点。于是，郑超麟将目光投向了当时被英、法两国共同管治的上海西区，那里不受国民政府直接管制，有相对的出版自由。经过周密考察，最终郑超麟将目光锁定了静谧古雅而又隐蔽的愚园路亨昌里418号（今愚园路1376弄34号）的一栋民宅。

这是一栋假三层砖木结构的新式里弄住宅，有铜窗、壁炉、雕花楼梯和欧式阳台，加上木质的百叶窗和百叶门，显得格外精致。邻居们都是先施公司和永安百货的高级雇员，与他们相比，编辑部的家具显得异常简单朴素，甚至与小楼的格调相异。但就在这里，一群年轻的共产党人迅速进入新的舆论宣传阵地，为处于革命转折关头的人们指引

位于愚园路亨昌里418号的《布尔塞维克》编辑部旧址

愚园路亨昌里弄堂口

方向。反动派们没有想到,在这栋西式民宅里诞生了中共重要的理论喉舌。

1927年10月24日,《布尔塞维克》杂志在这里正式创刊,由瞿秋白、罗亦农、邓中夏、王若飞、郑超麟组成了编委会,并由时任临时中央政治局常委,主持中央工作的瞿秋白担任编委会主任,主持工作。身着一席蓝色长衫的瞿秋白每周必从位于福煦路(今延安中路)的住所来到编辑部,走上又窄又陡的木制扶梯,同编委们围坐在房中间一张八角麻将桌前,商讨选题、筛选来稿和接见党内领导人的来访,并以搓麻将来作掩护。编辑部所在地还是党中央领导同志革命活动的重要场所。10月下旬,党中央派黄玠然(原陈独秀秘书)接陈独秀到编辑部机关,与瞿秋白整整秘密

瞿秋白

交谈了三天。时任中央政治局常委、组织局主任、杂志编委的罗亦农就常住在编辑部机关楼上。1928年4月15日,当他从编辑部住处去戈登路(今江宁路)、爱文义路(今北京西路)望德里1239号党中央机关接待山东省来中央的代表时,因叛徒告密不幸被捕。但他坚贞不屈,未吐一字,英勇就义,表现出了一位共产党员视死如归的革命气节,同时也保护了编辑部免遭损失,保证了党刊的继续出版。

罗亦农

面对革命形势发生的严峻变化,中国共产党人需要探索出一条自己的中国革命道路。瞿秋白、蔡和森、李立三、恽代英等党的领导人,在《布尔塞维克》上发表了许多理论文章,对中国革命的性质问题、道路问题、路线策略等问题,进行了思考、研究和探讨。该刊积极宣传党制定的实现土地革命和工农武装暴动的总方针,大量报道了党领导的工农群众武装反

编辑部内的上下扶梯

二楼为常务编委的卧室兼书房

抗国民党的英勇斗争，及时总结了革命斗争的经验和教训，还及时刊登了党中央的许多决议、指示和其他重要文件，发表探讨、研究中国革命问题的理论文章，转载共产国际的有关文献。它保存了党的大量历史文献，记录了党领导人民斗争的历史事实，在中国革命历史上产生了重要影响。此外，还载有毛泽东在井冈山领导农民暴动和红军开展武装斗争、建立苏维埃政权等内容的通讯报道，使之成为土地革命时期党最重要的政治喉舌和宣传舆论阵地。

罗亦农牺牲前最后的住处

该杂志的编撰群体也都大有来头，比如博古曾使用笔名"伯虎"、陈独秀曾使用笔名"撒翁"、周恩来曾使用笔名"恩来"为杂志撰文。瞿秋白在1927年10月至1928年6月不到一年时间，主编了23期杂志，发表文章53篇；陈独秀则为"寸铁"栏目撰文，总计153篇。在短短的五年中，该刊曾开出过16个栏目，包括社论、国内政治、外交问题、职工运动、农民运动、中国革命问题、党内问题、理论问题、经济与财政、妇女问题、青年问题等，共出版了五卷52期，其中在亨昌里的一年四个月里共出版了31期，占出版总期数的一半以上。

在白色恐怖的外部环境下，《布尔塞维克》从一开始就不得不秘密出版发行。1928年2月，中共中央决定在西藏北路口的开封里（今开封路236弄）创办印刷厂，

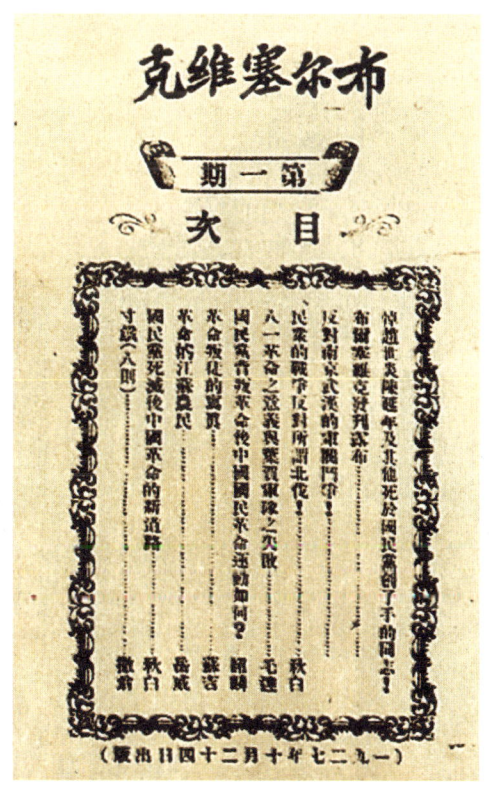

瞿秋白题写刊名的《布尔塞维克》创刊号

诞生地　寻找中共在上海的红色基因

常务编委郑超麟

专门承印《布尔塞维克》。印刷厂当时的设备极其简陋,只有一台四开的脚踏印刷机,一部切纸机(刀架),一只浇字摇炉,一副老五号宋体铜模和三、四号头子铅字,而且印刷的纸张、字体、排版等都十分普通,看上去就是一份普通的读物。为了避免特务密探的迫害与检查,刊物不得不伪装封面出版,曾先后以《少女怀春》《新时期教授国语书》《金贵银贱之研究》《中国古史考》《平民》《经济月刊》等封面做掩护出版。1932年7月,杂志第5卷第1期以《虹》为伪装封面出版,成为《布尔塞维克》的绝唱。此外,刊物还经常不能按时出版,根据郑超麟的回忆:"《布尔塞维克》从第19期(1928年1月16日)至第20期(1928年5月30日)中间,曾经相隔了三个月才出版。这是因为承印《布尔塞维克》

旧上海的开封路西藏北路口

的开封路印刷厂,正巧设在上海流氓头子顾竹轩公馆的同一条弄堂里,被他们发现后就去告密,一告就告到蒋介石那里。蒋介石得悉后,就把这个案子批给司令部驻沪特派员鲍君甫查办。又正巧,鲍君甫是我党的关系人,他就通过顾顺章(当时尚未叛变)通知我党,说开封路印刷厂已暴露。我们党得到这个情报后,立即采取措施,组织转移,所以《布尔塞维克》的出版受到影响,中断了三个月余。"

《布尔塞维克》的出版虽然历经坎坷,但每篇文章的字里行间都蕴涵着中国共产党人的革命理想、信念及志向,传递着革命的目标、任务和要求,宛如清风吹散了大革命失败后的阴霾,又犹如一盏明灯,照亮了黑暗中摸索前行的共产党人。

《布尔塞维克》印刷厂遗址

吹响以鲁迅为旗手的革命文学号角

——中国左翼作家联盟成立大会会址

历史回溯到了20世纪30年代。鲁迅先生曾在《革命咖啡馆》中有过记载:"遥想洋楼高耸,前临阔街,门口是晶光闪烁的玻璃招牌,楼上是我们今日文艺界的名人,或则高谈,或则沉思,前面是一大杯热气腾腾的无产阶级咖啡,倒也实在是理想的乐园。"但他本人不喜咖啡,独喝绿茶,所以"这样的咖啡店里,我没有上去过"。有趣的是,一年后他"食言"了,竟然成了离他家很近的"公啡咖啡馆"的常客,为的是出席筹备"左联"的聚会。

"左联"是"中国左翼作家联盟"的简称。大革命失败后,党组织受到严重破坏,原先缺乏统一的各种文化组织,除了反对国民党以外,内部矛盾表面化,无谓的内耗战无疑给方兴未艾的革命文化运动带来损害。党中央十分关注当时那场批评鲁迅的事件,并成立"文化工作委员会",通过潘汉年向各文化团体传达党的指示,明确对鲁迅的批评是错误的,应一律停止,而且明确中国革命文化运动应以鲁迅为旗手,成立一个新的革命文化团体。新团体的名称不仅要区别于国民党御用文人的旧文化,而且要表达新文化的革命倾向。经过一番斟酌,最后决定以"左"为名,"中国左翼作家联盟"的名称由此诞生。

位于四川北路998号的"公啡咖啡馆",堪称中国左翼作家联盟的摇篮。1929年10月,"左联"首次筹备会就在这里举行,以后一般每周一次,几乎都在"公啡"二楼包间。冯乃超在回忆中提到:公啡"顾客很少,我们倒是常去……几乎被我们包下了"。这对存在分歧的上海各方文学力量来说,是一个畅所欲言、交流反思、化解矛盾的绝佳场所。因为地处公共租界,由外国人营业,"包打听"(巡捕房密探或线人)不太会干涉,比较安全。田汉的《咖啡馆之一夜》还原了"公啡"的部分内饰:正面有置饮器的

昔日窦乐安路(今多伦路)

鲁迅在咖啡馆与青年畅谈

橱,中嵌大镜。稍前有柜台,上置咖啡、牛乳等暖罐及杯盘等,适当地方陈列菊花,瓦斯灯下黄白争艳,两壁上挂着西洋油画。餐桌旁,人们在辩论《子夜》的文采;丁玲在审阅文学月刊《北斗》;萧军、萧红正跟鲁迅洽谈《生死场》的出版事宜……一次,周扬夫人苏灵扬也是在这里充当周扬和鲁迅之间的联络员,她先陪周扬到"公啡"等候,再去内山书店请鲁迅。交谈时,周扬夫妇喝咖啡,鲁迅喝茶,穿长袍,含烟斗,烟雾袅绕……

1930年2月16日,鲁迅在日记中写道:"午后同柔石、雪峰出街饮咖啡。"这次喝咖啡,是鲁迅去公啡咖啡馆出席"左联"成立前的最后一次筹备会。鲁迅等12位"左联"发起人就"清算过去"和"确定目前文学运动任务"进行了讨论,并研究了"左联"成立大会的议程、报告和人选,讨论了"左联"《理论纲领》和《章程》所要包括的主要内容。

位于四川北路998号的公啡咖啡馆外景

窦乐安路老路牌

中国左翼作家联盟成立大会纪念馆

诞生地 寻找中共在上海的红色基因

位于窦乐安路233号的中国左翼作家联盟成立大会旧址

鲁 迅

鲁迅在左联大会上讲话
（油画 作者：陈逸飞）

3月2日，在中共的领导下，中国左翼作家联盟成立大会在窦乐安路233号（今多伦路201弄2号）中华艺术大学举行。当时陈望道是该校校长。说是大学，其实仅是三上三下的弄堂房子。为了保证大会顺利进行，保护好鲁迅的安全，党动员了一批可靠的党员担任纠察，对可能发生的一切都做了周密的计划和安排，一旦有意外，首要任务是确保鲁迅平安离开会场。会上，潘汉年代表中共做了重要讲话，鲁迅也发表了《对于左翼作家联盟的意见》，提出今后三条努力方向：第一，对于旧社会和旧势力的斗争，必须坚决，持久不断，而且注意实力；第二，我们的战线应该扩大；第三，我们应当选出大群的新战士。"这个意见实质上就是左翼文化的斗争纲领，也被认为是左翼文化运动的方向。最后，大会推举鲁迅、沈端先、冯乃超、钱杏邨、田汉、郑伯奇、洪灵菲为"左联"

吹响以鲁迅为旗手的革命文学号角

大会会场外景

常务委员,周全平、蒋光慈为候补委员,通过了中国左翼作家联盟的理论纲领和行动纲领。出席会议的有五六十人,一致拥护鲁迅为"左联"的盟主和旗手。但鲁迅拒绝了"主席""委员长"等头衔,提议成立委员会,并设常委,实行集体领导,

潘汉年

大会会场内景

诞生地 寻找中共在上海的红色基因

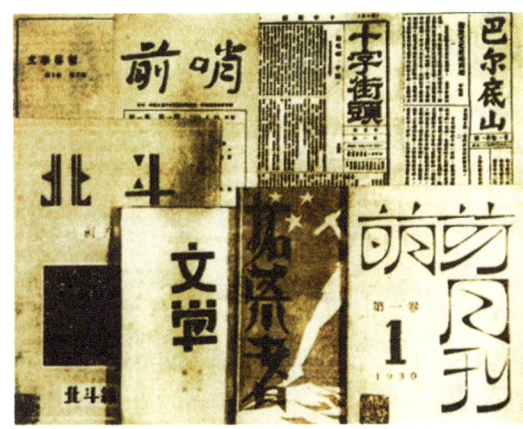

"左联"出版的部分刊物

"左联"成立大会旧址今貌

从而揭开了左翼文学运动新的一页。

其间,各文化团体出版了大量刊物,仅"左联"机关刊物就有《北斗》《拓荒者》《萌芽》《文学月报》《文学》《十字街头》《中流》《海燕》等。他们还利用《大美晚报》副刊、《电影旬报》副刊、《申报》等公开报刊进行革命宣传,扩大左翼文化影响,其中尤以鲁迅的杂文最富战斗力,反响特别强烈。同时,左翼作家还开展对外国进步作品的翻译工作,高尔基的著作,绥拉非莫维奇的《铁流》,法捷耶夫的《毁灭》,以及美国、日本、法国等进步作家的作品被大量介绍进来,在左翼文化运动中发挥了主导作用。

关于会址,曾有过一段插曲。20世纪50年代,鉴于"左联"在中国近现代文化史上的重要地位,其成立大会会址的确认和保护提上了政府文化部门的议事日程。经"左联"早期盟员冯雪峰、唐瘦等人的指认,确定今多伦路145号为"左联"成立大会会址。不久,社会各界呼吁尽快恢复"左联"成立大会场景,并成立"左联"纪念馆。然而,当1989年"左联"纪念馆经过修整准备开馆之时,有些老同志提出异议,根据他们的回忆,"左联"成立大会的会址中华艺术大学并不在145号。

这一情况引起了有关部门的高度重视。抱着对历史负责的态度,寻访人员分别前往市公安局、市档案局、市城建局查阅档案文献资料,并前往徐家汇藏书楼翻阅早期报纸上的招生广告,希望通过中华艺术大学的招生广告来确认"左联"会址的确切位置,但毫无收获。正当寻访工作一筹莫展之际,夏衍认为可以去北京询问一下当时"左联"盟员、中华艺术大学西洋画系教师许幸之先生。

这下可有了结果。许幸之清楚地记得,"左联"成立大会会址是多伦路201弄2号,并说有一张中华艺术大学的照片可以佐证。但事隔多年,照片一时无法找到,之后通过美术杂志社副总编辑吴乃步,从一位旅居夏威夷的原中华艺术大学学生处找到了那张照片。照片中一位步履匆匆的行人正从学校大门口经过,"中华艺术大学"的门匾清晰可见。这是一幢坐北朝南的假三层砖木结构洋房建筑,始建于1924年,屋前有花园,外有围墙,具有典型的英国新古典主义风格。"左联"成立大会就是在一楼的一间教室里举行的。

"左联"成立后,引起了国民党极大的恐惧,他们视左翼文化为"罪恶",拉拢御用文人造谣、诬蔑,利用"民族主义""第三种人""自由人"等文化旗帜,妄图扑灭新兴的左翼文化运动。国民党还颁布一系列报刊审查、报刊登记的禁令,指向鲁迅、茅盾等大批革命作家,企图扼杀左翼文化。更为卑鄙的是,他们对左翼文化战士实行残酷的人身迫害,老"左联"成员几乎都坐过国民党的监狱,有的最后牺牲在敌人的屠刀之下。

佐证该址为中华艺术大学的照片　中华艺术大学门匾

一座具有英国新古典主义风格的建筑

诞生地 寻找中共在上海的红色基因

"左联五烈士"塑像

其中影响更大的是,"左联"人士柔石、殷夫、冯铿、胡也频、李求实于1931年1月17日在上海汉口路的东方旅社举行秘密会议时,万没想到阴谋恐怖已经笼罩在他们头上。这一天整个东方旅社早已被大批英租界工部局巡捕及国民党便衣警察包围,参加会议的人全部被捕,仅关押了21天后就在上海龙华国民党淞沪警备司令部被秘密杀害。当时曾引起国内外强烈的震动,鲁迅写出了沉痛的悼文,并向国民党反动行径进行"笔伐"。他提笔写下了那首有名的"忍看朋辈成新鬼,怒向刀丛觅小诗"的悼诗,还在《为了忘却的记念》中悲痛地说:"我沉重的感到我失掉了很好的朋友,中国失掉了很好的青年。"在"左联"秘密出版的《前哨》专号上,他又表示"我们现在以十分的哀悼和铭记,纪念我们的战死者,

瞿秋白(塑像)

茅　盾(塑像)

沈尹默(塑像)

吹响以鲁迅为旗手的革命文学号角

也就是要牢记中国无产阶级革命文学的历史的第一页，是同志的鲜血所记录，永远在显示敌人的卑劣的凶暴和启示我们的不断的斗争。"

1936年春，"左联"党组面对"华北事变"后的抗日大局，出于抗日救亡和联合战线的需要，加之曾接到王明关于解散"左联"，另组新团体的指令，遂决定自行解散。六年来，"左联"在中共的领导下，以鲁迅为旗手，在倡导无产阶级革命文学、培育进步文艺队伍、创作反映时代精神的文艺作品、粉碎国民党反革命文化"围剿"中，建立了不可磨灭的历史功绩。它是"五四"以来中国革命文化运动又一重要的发展阶段，它提出的"普罗文学"口号，标志着中国革命文化运动进入了一个新的无产阶级文学发展时期。

位于汉口路的东方旅社

叶圣陶（塑像）

冯雪峰（塑像）

柔石等五烈士（塑像）

一代文化斗士弥留之际立下入党誓言

——韬奋故居

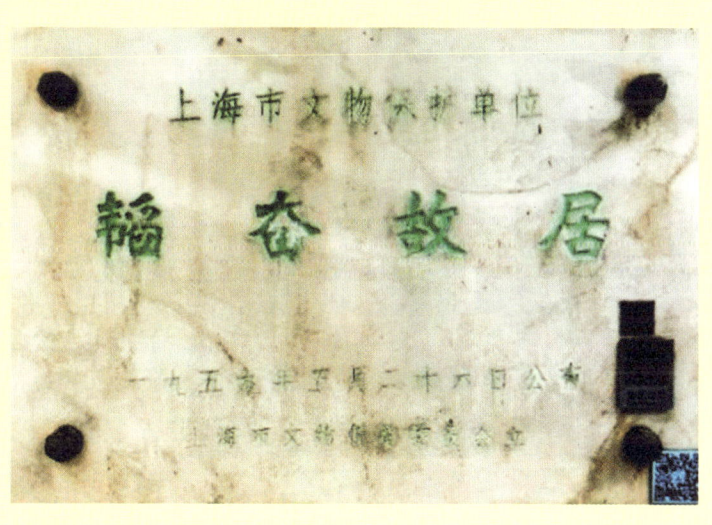

重庆南路万宜坊弄口

位于万宜坊54号的韬奋故居

在法国公园（今复兴公园）附近的吕班路上，1929年建造了一片新式里弄住宅，名曰"万宜坊"（今重庆南路205弄）。这里三层砖木结构，孟莎式屋顶，红瓦坡顶，底层前有两米高的围墙，门窗漆成绿色，与浅黄色水泥拉毛墙面互相映衬，显得温馨而和谐。这条弄里曾居住过一批文化名人，蒋光慈、胡敦复、钱杏村、丁玲、胡也频……其中54号是伟大的爱国者、卓越的文化战士邹韬奋的故居，1930至1936年间，他与夫人沈粹缜即居住于此。

邹韬奋，原名恩润，幼名荫书，祖籍江西余江，17岁时被父亲送到上海南洋公学（交通大学前身）读书。1919年转入圣约翰大学，改学文科，此时韬奋立志当一名新闻记者。1926年10月，他接任《生活》周刊主编，正式从事新闻出版事业，并开始用"韬奋"的笔名发表文章。"韬"寓意"韬光养晦"，"奋"为"奋斗不懈"。故居亭子间便是韬奋当年的写作室，他在这里主编《生活》周刊，并与胡愈之、杜重远等好友会晤聚谈，讨论时事。

《生活》周刊创刊于1925年，原是位于华龙路（今雁荡路）的中华职业教育社的机关刊物。次年，韬奋以职教社编辑股主任的身份，接办了这一周刊，并选址在辣斐德路（今复兴中路）444号一个小小的过街楼里。编辑部里三张办公桌就把小屋塞得几乎没有转身之地，编辑部、总务部、发行部、广告部、资料室、会议室六位一体,都在这十几平方米的空间里。他的办刊宗旨是:"暗示人生修养、唤起服务精神、力谋社会改造。"有一个"因公",专做阐扬三民主义及中山先生遗教的文章;有一个"心水",专包人身修养之议论;有一个"落霞",专译述世界名人传记或轶事;还有"孤峰""秋月"等等,分任各类短篇文字,编辑部看来人才济济,其实都是韬奋给自己取的笔名,他一人分饰多种角色。

韬奋最重视的是刊物的一头一尾。一头就是开篇的"小言论",他说,小言论"虽仅仅数百字,却是我每周最费心血的一篇,每次必尽我心力就一般读者所认为最该说几句话的事情,发表我的意见"。一尾就是末尾的"读者信箱"专栏,帮助读者解答有关生活、求学、求职、婚姻、医药等各

大学毕业时的邹韬奋

中华职业教育社社址

辣斐德路《生活》周刊社过街楼外景

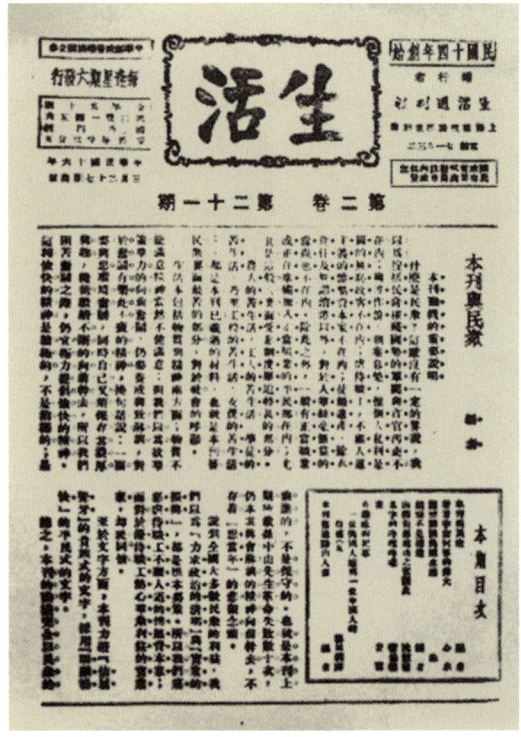

《生活》周刊

种问题。如他所说,这如同写情书,鞠躬尽瘁,写而后已,尽心竭智,一时回答不上来的,还要请教专家,有时甚至还要为读者跑腿,从而大大加强了编辑与读者之间的心声交流。

在他的主持下,《生活》周刊渐渐转变为主持正义的舆论机关,着重于社会和政治问题的解决,出发点也由个人转向了集体,反映群众疾苦和揭露社会黑暗的文字日益增多。1931年8月,《生活》应读者要求,准备揭露国民党政府交通部长王伯群的贪污丑行。王获悉后即派人携巨款来找韬奋,妄图用金钱堵住《生活》之口,遭拒绝后又写匿名信,"警告"韬奋要"小心"。韬奋软硬不吃,仍然刊登了关于王伯群贪污腐化的调查报告,并义正词严地指出:

编辑中的韬奋

一代文化斗士弥留之际立下入党誓言

位于华龙路80号的《生活》周刊社

"在做贼心虚而自己丧尽人格者,诚有以为只须出几个臭钱,便可无人不入其彀中,以为天下都是要钱不要脸的没有骨气的人,但是钱的效用亦有时而穷。"韬奋这种威武不能屈、富贵不能淫的精神,是使《生活》始终保持独立"报格"的重要支柱。

由于韬奋主编的《生活》周刊坚持反帝反封建的民主主义立场,敢于批评时政,攻击黑暗势力,维护民众利益,因而深得读者青睐,发行量从原来的2 800份迅速上升,曾经创下15.5万份的历史纪录。随着刊物的迅速发展,《生活》周刊社也告别了过街楼,于1928年迁到了华龙路(今雁荡路)80号。

1931年"九一八"事变以后,在中华民族内忧外患交织的艰难时刻,韬奋勇敢地战斗在民族解放的第一线。正如他自己所说的,"自'九一八'国难发生以来,我尽我的心力,随同全国同胞共赴国难;一面尽量运用我的笔杆,为国难尽一部分宣传和研讨的责任,一面也尽量运用我的微力,参加救国运动。"9月26日出版的《生活》周刊,对"九一八"事变做了报道,认为"全国同胞对此国难,人人应视为与己身有切肤之痛,以决死的精神,团结

诞生地 寻找中共在上海的红色基因

揭露日寇的照片陆续在《生活》周刊上刊登

韬奋

读者到《生活》周刊社捐款抗日

起来作积极的挣扎与苦斗。"1932年1月28日,日寇发动了对上海的入侵,19路军将士在上海民众的支持下奋起抗日。韬奋始终与上海军民同呼吸共命运,忘我地支持19路军抗战,奉献了全部心力。1月29日,《生活》周刊一天出两次"紧急号外";1月30日至2月8日,又连续出版三期"紧急临时增刊",使读者及时了解有关战争的重要消息,竭力"唤起民众注意,共赴国难"。他还写了《上海血战抗日记》,帮助读者了解"19路军血战抗日之忠勇悲壮行为"。3月初,《生活》周刊社在读者捐助6 000元的基础上,借梵王渡青年会中学(今上海中等职业教育中心）的校舍，开办了伤兵医院，韬奋带了100本新出版的《生活》周刊，亲赴该院慰问受伤将士。

1932年，局势的发展已不利于《生活》周刊，那时宣传抗日是违法的，爱国倒成了有罪，因这直接抵触了国民党的"不抵抗主义"和"攘外必先安内"的政策。为了不牵连中华职业社，《生活》周刊社宣告独立经营，并在华龙路（今雁荡路）80号成立了生活书店。两个月后，生活书店随《生活》周刊社一起迁往环龙路环龙别业（今南昌路212号）2号。又过了两个月，生活书店单独迁往陶尔斐斯路（今南昌路东段）48弄弄口。此时，韬奋已居住在吕班路万宜坊（今重庆南路205弄）54号，离生活书店很近，他几乎把时间全扑在工作上。

从生活书店成立到抗日战争前夕，五年间共出版期刊十种、图书近四百种。出版的刊物有《新生》《大众生活》《抗战》《全民抗战》《文学》《世界知识》《译文》《太白》《光明》《妇女生活》等，在国民党实行反革命文化"围剿"的情况下，为进步文化工作者开辟了战斗的阵地，对形形色色反动思想进行了针锋相对的批判，广泛教育了群众，推动了抗日救亡运动的发展。

面对国民党反动政府非法逮捕和屠杀共产党人和爱国青年，肆意践踏人权，韬奋毅然加入了由宋庆龄、蔡元培、杨杏佛等于1932年12月发起建立的"中国民权

《生活》周刊刊登的"上海血战抗日画报"

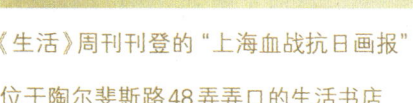

位于陶尔斐斯路48弄弄口的生活书店

韬奋的亭子间书房

底楼会客室

生活书店创办的各类刊物

保障同盟",并担任了同盟的临时全国执委,积极参与了同盟的各项活动。他认为:"民权之获得保障,决不是出于统治者的恩赐,乃全由民众努力奋斗争取得来的。"当时,江苏省主席顾祝同不经公审,仅以"宣传共产"为名,非法将《江声日报》主编刘煜生枪决,引起了全国的公愤。韬奋在《生活》周刊上撰文,强烈要求对刘案"彻底根究以昭示于全国民众"。邹韬奋的斗争触犯了国民党的统治,被反动当局列入了黑名单,经常遭到特务的盯梢,只能被迫离开上海,开始了在国外长达两年的流亡生活。

1935年,日本帝国主义的侵略魔爪又伸向了华北。11月16日,刚从海外流亡归来的韬奋,在上海创办了《大众生活》周刊。他在发刊词中提出办刊的三大目标,即"力求民族解放的实现,封建残余的铲除,个人主义的克服"。《大众生活》一创刊就受到读者的热烈欢迎,销量增加到20万份,开创了中国杂志发行的新纪录。

"一二·九"运动爆发后,救国运动以燎原之势在全国各地迅速展开。《大众生活》也先后刊登了上海文化界发表的两次救国运动宣言,成为救国运动坚强的宣传阵地,从而遭到国民党政府的敌视和迫害,禁止邮寄,不准出售,并最终在1936年2月29日以"鼓动学潮,毁谤政府"的罪名,被当局勒令停刊。在短短三个多月时间里,《大众生活》搬了两次家,创刊时在福州路复兴坊(今福州路384弄),1936年1月迁至爱多亚路(今延安东路)中汇大厦414号,2月22日又迁至四川中路33号的企业大楼。韬奋也在金神父路安和新村8号(今瑞金二路198弄8号)杜重远家隐避了一个多月后,再度被迫离开上海,去了香港。

7月15日,韬奋和沈钧儒、章乃器、陶行知等救国会领导人联名发表公开信,明确表示赞同中共关于建立

韬奋开始了第一次流亡生活

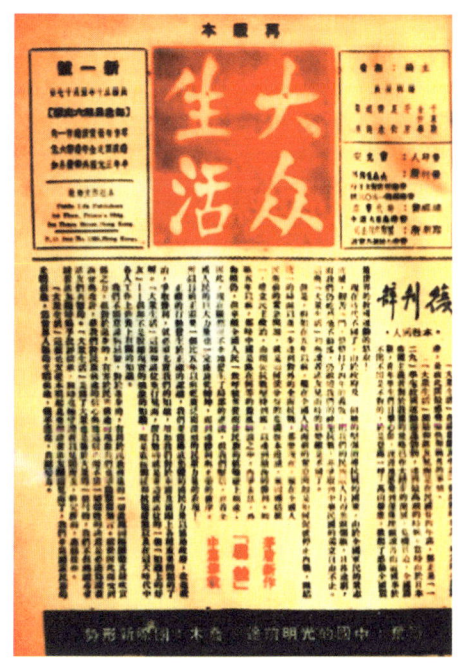

《大众生活》周刊

韬奋在抗日救国大会上发言

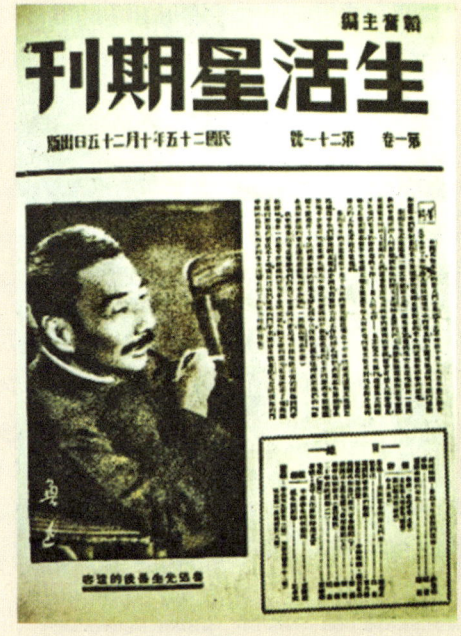

《生活星期刊》

抗日民族统一战线的主张,要求国民党改变"先安内后攘外"的方针,联合红军,共同抗日。8月,韬奋回到上海,在爱多亚路泰晤士报大楼(今延安东路160号)主编《生活星期刊》,继续倡导停止内战,联合抗日,建立民族统一战线。11月22日深夜,韬奋在辣斐德路601弄(今复兴中路565弄)4号寓所,被国民党政府以"危害民国罪"逮捕。同时被捕的还有救国会的其他六位领导人。这就是震惊中外的"七君子"事件。《生活星期刊》也在12月13日出到第28期就被迫停刊了。

1937年"七七"事变以后,全国形成团结抗战局面,国民党政府不得不于7月31日将"七君子"交保释放。韬奋出狱后先是居住在吕班路巴黎新村(今重庆南路169弄)5号,后又迁至拉都路389弄(今襄阳南路389弄)3号。8月19日,他创办了《抗战》三日刊,社址在城内肇家路75号。11月11日上海沦陷,韬奋不得不再度离开上海,开始了漫长的颠沛流离的生活。

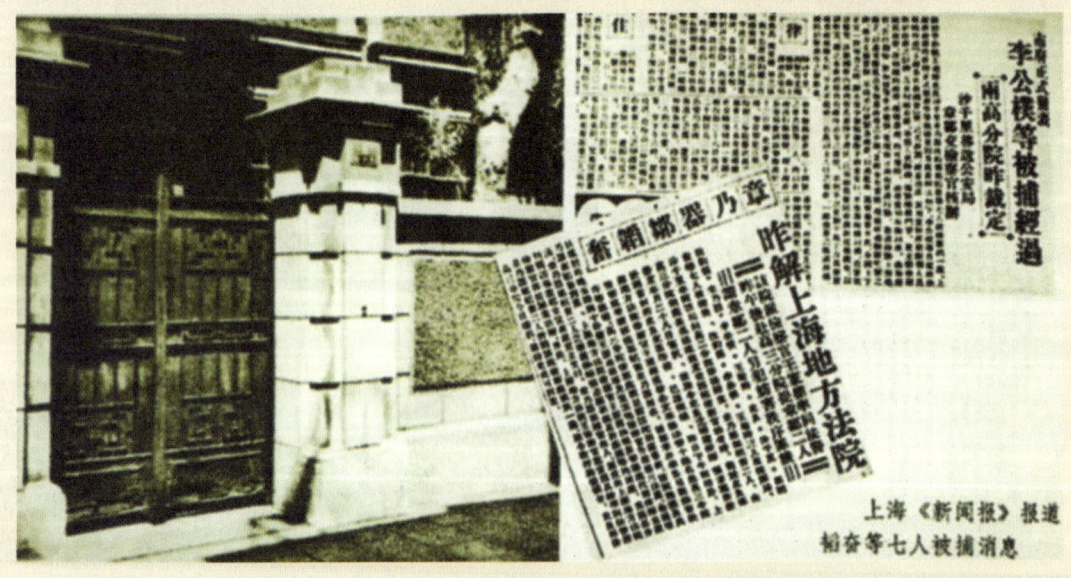

韬奋在辣斐德路601弄4号寓所被国民党反动政府逮捕

一代文化斗士弥留之际立下入党誓言

囚禁中仍勤奋读书和写作

韬奋在狱中

"七君子"获释后走出看守所

1943年2月，韬奋为了治疗耳病，从苏北抗日根据地回到了他长期生活工作的上海。经医生诊断，他得了耳癌，必须手术治疗。由于手术中损伤了颌面部的神经，韬奋的半边脸歪了。他经常照着镜子，用诙谐的口吻说："这下倒好，别人不容易认出我来了。"其间，他把自己反复思考的一些问题口述出来，这是韬奋生前最后一次《对国事的呼吁》。他指出："我个人的安危早置度外，但我心怀祖国，眷念同胞，苦思焦虑，中夜彷徨，心所谓危不敢不告。故强支病体，以最沉痛迫切的心情，提出几个当前最严重的问题，对海内外同胞作最诚挚恳切的呼吁，希望共同奋起，各尽所能，挽此危机，保卫祖国。"口述完毕，他伏在床前放着的椅子上，用毛笔写了该文的最后一节。不久，他还向代表中共中央和华中局前来看望他的徐雪寒表示，希望病愈之后能很快回到苏北解放区去，并写了一封信请他带给华中局。信中说，"我死也死在抗日民主根据地"，他认为中共领导人民获得解放的地区，才是他归宿的地方。

1944年初，韬奋的病情相对稳定，便开始撰写《患难余生记》。他"能写多少是多少，写一些是一些"，直到体力实在不能支持了，才停下笔来。他原计划还要写《苏北观感录》和《各国民主运动史》，他对夫人说："我虽在病中，也还一定要写，要把我这次看到的这么许多好的东西都写出来，把解放区的真实情况介绍给千百万读者，让他们看到那里是我们新中国的希望！"

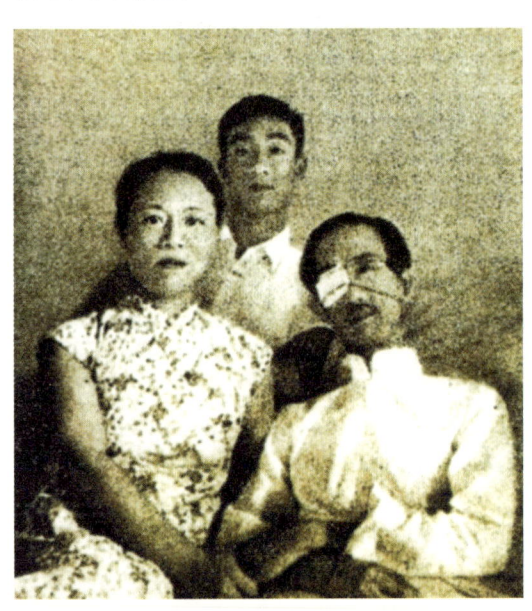

韬奋在病榻上和夫人及长子合影

当徐雪寒再次来上海探望韬奋时，他迫不及待地表示："我看来是不行了，日本帝国主义还没有赶出去，我却再也不能拿起笔保卫祖国、保卫人民了！我的心意，我的希望，寄托在延安，寄托在党中央，我要求入党，请你代我起草一份遗嘱，也就是一份申请书，请求党在我死了之后，审查我的一生行为，如果还够得上共产党党员这样光荣的称号，请求追认我为伟大的中国共产党的党员。"他断断续续，用了生命中最后的力量，说出了弥留之际的肺腑之言。

1944年2月，正当韬奋心力交瘁的时候，日军谍报机关已知道他在上海治病，

一代文化斗士弥留之际立下入党誓言

治病期间隐居在新闸路沁园村22号

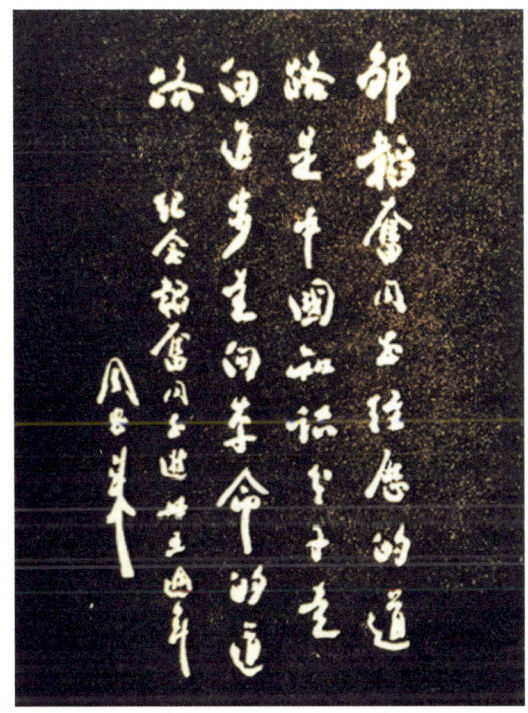

周恩来为韬奋题词

派出特务四处打探。危急之下,生活书店的同事立即将他转移到新闸路沁园村(今新闸路1124弄)22号毕青同事的家中隐居。7月24日,一代文化斗士韬奋被病魔夺去了生命。

鲁迅曾经说过:"我们从古以来就有埋头苦干的人,有拼命硬干的人,有为民请命的人,有舍身求法的人……这就是中国的脊梁。"韬奋一生都在为中国的民族解放、民主政治、进步文化事业而奋斗不息,无愧为"中国的脊梁"。1944年9月28日,中共中央根据他生前的愿望,追认他为中共正式党员。

新文化运动奠基人的最后寓所

——鲁迅故居

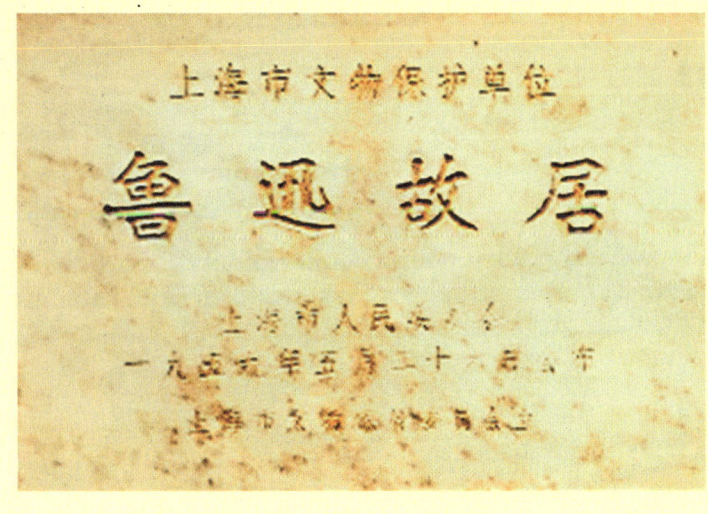

诞生地 寻找中共在上海的红色基因

伟大的文学家、思想家,新文化运动奠基人鲁迅一生中的最后九年,是在上海度过的。这九年是他斗争最艰苦、最辉煌的九年。由于政治环境的险恶和革命斗争的需要,鲁迅在上海经常迁移寓所,外出避难,几乎每年都要变换住所。

1927年9月,鲁迅为了迎接新的战斗,乘太古轮船公司的"山东"号,离广州赴上海。10月3日,鲁迅和许广平一起抵达上海后,来到位于"三洋泾桥东首"、英租界爱多亚路长耕里689号(今延安东路158弄)的"共和旅馆"。这里原是经营住宿业务的"泰安栈",约1926年才改名"共和旅馆",离太古码头(今金陵东路外滩)很近。《鲁迅日记》载:"下午同春台、三弟及广平访绍原于泰安栈。"这里是鲁迅到上海后第一个临时住宿和活动地点,估计当时店名改称共和旅馆没多久,故鲁迅沿用了原来的店名。

第一个临时住宿"泰安栈"

鲁迅一生中最后九年在上海这座城市度过

新文化运动奠基人的最后寓所

五天后,鲁迅便与三弟周建人商议,从共和旅馆迁入闸北横浜路景云里23号(今横浜路35弄23号)居住。鲁迅说:"这里是中国界,房租较廉。"景云里西面隔墙"大兴坊",北面直通宝山路,东临窦乐安路(今多伦路)。这是一条较短的普通弄堂,内有三排坐北朝南的黑砖墙石库门二层楼房,闻名中外的商务印书馆、东方图书馆离此不远。他到来之前,茅盾、叶圣陶、周建人等著名文化界人士已在此居住,鲁迅则选择弄内第二排最后一幢入住,前门斜对着茅盾家的后门。一年后,由于住所周围声音嘈杂喧闹、邻处顽童耍赖,鲁迅就移居到同一排的18号,并邀请建人全家从第一排原来的住所搬到一起。不久,隔壁17号有了空房,鲁迅喜欢它朝南又朝东、两面见阳光,便又租了下来,而出入仍在18号。同年9月底,鲁迅之子周海婴出生。

鲁 迅

鲁迅寓居景云里的时间虽只有两年零七个月,但鲁迅在这里首次与茅盾晤谈并主编《语丝》,与郁达夫合编文艺月刊《奔流》,与许多文学青年如柔石、冯雪峰等结为至交,并

景云里

位于横浜路景云里23号的鲁迅寓所

鲁迅在景云里的书房

与美国进步作家、记者史沫特莱,日本友人内山完造等国际友人建立了深厚的友谊。在这段生活时间,鲁迅刻苦学习和介绍马列主义文艺理论,先后发起并加入"中国自由运动大同盟""中国左翼作家联盟"等革命团体,思想日趋成熟,成为中共领导下的左翼文化运动的旗手。

1930年5月12日,鲁迅由日本友人内山完造介绍,自景云里搬到北四川路194号由英国人拉摩斯出资建造的拉摩斯公寓(今四川北路2093号北川公寓A3楼4室)。是日《鲁迅日记》记载:"夜同广平携海婴迁入北四川路楼寓。"有关这次移居的经过,内山完造曾作过详细回忆。他说:"那时鲁迅突然从景云里搬了家,这事的背后可以看出危险正逐渐向鲁迅先生身边逼来。""住在现在兴亚院前面拉摩斯公寓里的我的一个朋友,到海关工作去了,迁居到青岛,房间现在空着。我征求他的意见,……鲁迅说:'啊,这儿好,好。'于是以我的名义租来,当天人就过来了。门上贴着我的名片搬了进去,而邻居是一个英国人,素不交往。"

鲁迅抵沪后一直居住在北四川路附近

新文化运动奠基人的最后寓所

拉摩斯公寓

1930年5月,鲁迅携家人搬入拉摩斯公寓A3楼4室

寓居拉摩斯公寓期间,鲁迅写了约170篇的重要杂文,编订了《三闲集》《二心集》等四部集子,翻译了法捷耶夫的长篇小说《毁灭》等外国作品,还为日本友人增田涉讲授《中国小说史略》。拉摩斯公寓内鲁迅书斋里的灯火常常彻夜不灭。增田涉回忆说:"有一次夜里两点钟的时候,我走过他所住的大楼下面,只有他的房间还亮着灯,那是青色的灯光……在漆黑的夜里,只一个窗门照耀着。"

1931年1月,鲁迅为抗议国民党反动派屠杀左联五烈士,与冯雪峰在此连夜编撰《前哨》(创刊号),发表《中国无产阶级革命文学和前驱的血》予以声讨。一个深夜,他独自站在院子里,以无比悲愤的心情吟出了"忍看朋辈成新鬼,怒向刀丛觅小诗"的不朽诗篇。

上海左翼文化界人士为鲁迅50岁生日祝寿时,史沫特莱拍了此照

鲁迅与日本友人内山完造

内山书店旧址

鲁迅突然想到,在柔石衣袋里还有一份自己抄写的与北新书局的合同,这可能会引来灾祸。在这危急的关头,日本友人内山完造深为鲁迅的生命安全而担忧,他设法为鲁迅联系了附近黄陆路30号(今黄渡路49弄5号)一家日本人开的花园庄旅店作为避舍,后又与内山书店中国店员雇乘四辆黄包车,陪送鲁迅全家前往那里躲避了39天。在此动乱的岁月,他不仅参加了宋庆龄、蔡元培、杨杏佛等发起组织的"中国民权保障同盟",还在拉摩斯公寓会晤了在上海治病的红军将领陈赓,瞿秋白也曾两次在此避难,与鲁迅结下了深厚友谊,这一时期的鲁迅作品与日记中还经常出现瞿秋白的化名。

新文化运动奠基人的最后寓所

位于施高塔路130号的鲁迅最后寓所

1932年"一·二八"战争爆发,拉摩斯公寓陷入战火之中,"鲁迅的书桌旁边,一颗子弹已洞穿而入",日军又闯入寓内搜查,"真有命在旦夕之概"。于是鲁迅又一次避居施高塔路(今山阴路11号)的内山书店。是年1月30日,应内山之邀,鲁迅、许广平携海婴,偕同周建人一家共10人,"俱迁内山书店""蜷伏于书店楼上"。许广平回忆说,我们"过着几个人挤在一起大被同眠的生活,窗户是用厚棉被遮住的,在黑暗沉闷的时日里,度过了整整一星期"。

为了寻找一个安静的写作环境,同时鲁迅看到海婴体质虚弱,多病易感,觉得一定是因为居住朝北,长期得不到太阳照晒

鲁迅故居大门

诞生地　寻找中共在上海的红色基因

的缘故，于是他决定再搬一次场。新居在施高塔路130号（今山阴路132弄9号）即大陆新村9号。这片新式里弄建于30年代初，原为"大陆银行"职工宿舍，共分六排坐北朝南的红色砖木结构的三层楼房，9号位于首排倒数第二幢。鲁迅受内山完造之助，以内山书店职员的名义租赁迁入，并半秘密地居住在这里，日常事务诸如缴付房租、水电、煤气等费用及信札往来，均有内山书店代办。为了安全起见，鲁迅家中也不存放马列著作和革命书籍，在1933年4月迁入大陆新村前夕，鲁迅在狄思威路（今溧阳路）租了一个房间，作藏书室。

新居的屋前有个小花圃，种植桃树、紫荆、石榴等花木。底层前间是客厅，中间一张西餐桌、五把椅子。沿西墙放有书

鲁　迅

二楼后间贮藏室

新文化运动奠基人的最后寓所

▶ 三楼客房，瞿秋白、冯雪峰等中共人士多次到此避难

▼ 二楼鲁迅的书房兼卧室

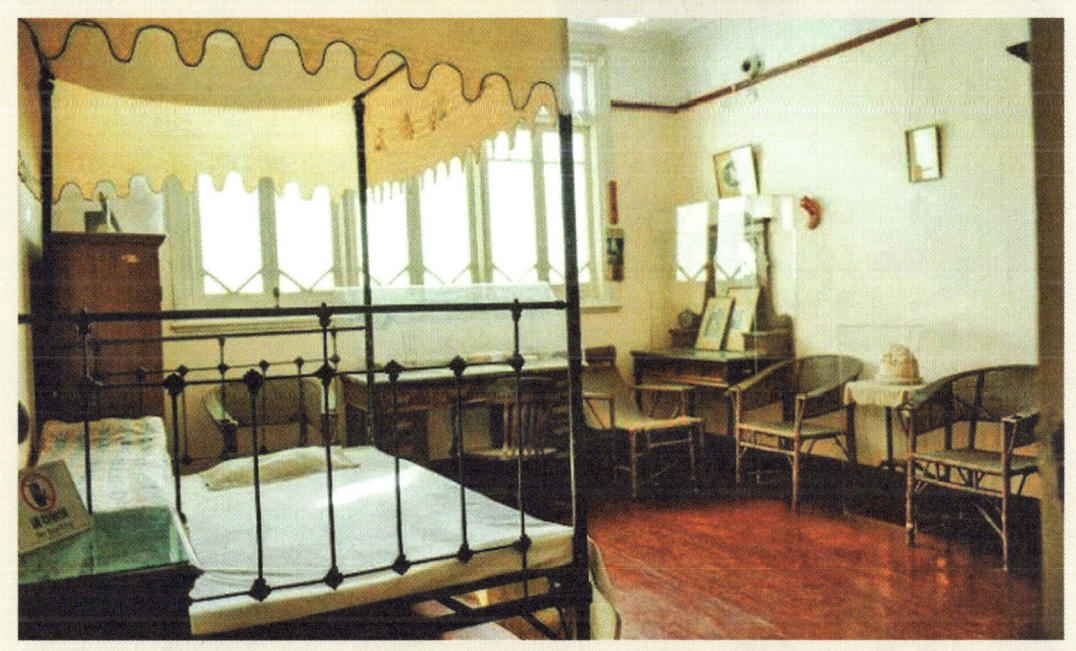

橱和瞿秋白留赠的书桌。二楼的前间是鲁迅的卧室兼书斋。东面是张铁床，沿西墙放着大衣柜、茶几、两把藤椅和一只镜台，镜台上陈设着外国版画。一幅海婴出生后16日油画像挂在靠北墙的五斗橱的上端。南窗糊着彩色玻璃纸，窗下是书桌，桌上放着文具、烟具和花具。因鲁迅故居地为"越界筑路"地区，具有半租界性质。鲁迅以"租界"二字的一半命名自己的书斋为"且介亭"。后间是贮藏室，有一只瞿秋白留下的红色破皮箱，两边的木箱盛放着鲁迅举办版画展览时的镜框，一只多层用品橱，内有鲁迅的修书工具、药品和医疗器皿等各种什物。三楼前间有阳台，是海婴与保姆的卧室，除一张大床外，室内陈

党外的"布尔什维克"（版画）

设简单。后间是客房，放着简单的卧具、桌椅和书橱，瞿秋白、冯雪峰等共产党人多次到这里避难。

当鲁迅写作时，许广平经常会把双手放在他肩上，打算劝他休息，结果引来鲁迅满脸不高兴，满心好意却遭到这样的回应，真让人心里不舒服。不过鲁迅后来解释："写开东西的时候，什么旁的事情是顾不到的，这时最好不理他，甚至吃饭也是多余的事。"许广平在《鲁迅先生的日常生活》中这样写道："他并不过分孤行己意，有时也体谅到和他一同生活的别人。尤其留心的是不要因为他而使别人多受苦。所以，他很能觉察到我的疲倦，会催促快去休息，更抱歉他的不断工作的匆忙没有多聚谈的机会，每每赎罪似的在我睡前陪几分钟。临到我要睡下了，他总是说：'我陪你抽一支烟好吗？''好的。'那么他会躺在旁边，很从容地谈些国

晚年鲁迅

新文化运动奠基人的最后寓所

家大事或友朋往来,或小孩子与家务,或文坛情形,谈得起劲,他就要求说:'我再抽一支烟好吗?'同意了他会谈得更高兴,但不争气的多是我,没有振作精神领受他的谈话,有时当作是催眠歌般不到一支烟完了,立刻睡熟了。他这时会轻轻地走开,自己去做他急待动笔的译作。"鲁迅惜时如金,把别人喝咖啡的时间都用在工作上了,能这么陪着妻子,就算补偿一份歉疚,真是令人感动。

鲁迅在这里先后选编了他的历史小说《故事新编》及《伪自由书》《南腔北调集》《准风月谈》《花边文学》《且介亭杂文》等七本杂文集,翻译了《表》《死魂灵》《俄罗斯的童话》等四本外国文学作品,编印出版了《木刻纪程》《引玉集》《凯绥·珂勒惠支版画选集》等木刻作品集,编校出版了瞿秋白的译文集《海上述林》(上下卷)。

鲁迅居住大陆新村时期,民族危机日益加剧,粉碎国民党反革命文化"围剿"的斗争更加艰苦,但鲁迅对中共领导的人民解放事业始终深信不疑。他在致电党中央祝贺长征胜利时说:"在你们身上,寄托着人类和中国的将来。"同时,他光荣地把共产党人"引为同志",无保留地做党的"一个小兵"。为了中国民族的解放,鲁迅以笔作武器,坚持"韧"性战斗,直至生命的最后一刻。

1936年10月19日清晨5时25分,鲁迅在大陆新村与世长辞。站在鲁迅故居门外,只见一树石榴花正火一样伸出围墙,鲜艳夺目。

鲁迅纪念馆前的雕塑

中华民族不屈精神的怒吼

——《义勇军进行曲》纪念地

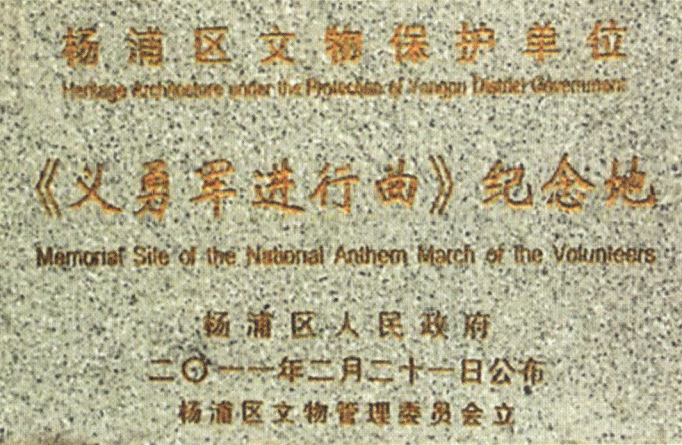

诞生地 寻找中共在上海的红色基因

"起来,不愿做奴隶的人们!把我们的血肉,筑成我们新的长城!中华民族到了最危险的时候,每个人被迫着发出最后的吼声……"这耳熟能详的歌词与雄壮的旋律,在大连路长阳路交汇处的国歌纪念广场(荆州路151号)唱响。这是一个大型开放式广场,圆形的场地好似唱片的造型,寓意着《义勇军进行曲》从这里唱响全中国。在广场的西南侧,有一座"国歌展示馆",通过四百余件文物、文献和历史照片,全面展示了《义勇军进行曲》的诞生背景、过程和影响,向人们讲述着国歌背后那些鲜为人知的故事。

1930年7月24日,从香港开往上海的"长江轮"徐徐靠上了外滩码头。一位年轻人拎着行李走下轮船,径直沿着外白渡桥下的百老汇路,向北走进了公平路同春里31号的福兴公寓。这里是"云丰申庄"上海分号的所在地。这家公司规模不大,只有三个人,一个老板,一个伙计,还有一个就是新来的、不满19岁的聂守信。原本来这里谋职的是他的哥哥聂叙伦,聂守信因参加学生运动,被当地军阀列入了"黑名单"。为免遭迫害,聂叙伦决定自己留下,让弟弟赶紧离开家乡,辗

国歌纪念广场主体雕塑

中华民族不屈精神的怒吼

国歌展示馆

转来到上海。初来乍到,他住进了公平路185弄86号二楼北侧后厢房英商电车公司员工的宿舍。不料,半年后云丰申庄上海分号倒闭了。

初到上海的聂耳

位于公平路185弄86号的聂耳旧居

小提琴练习生聂耳

一天,失业的聂守信看见《申报》登出联华歌舞班招生启事,马上赶去报名。在云南老家,聂守信出生于一个清寒的医生世家,曾学过二胡、月琴、三弦及小提琴,所以很有信心赴考。主考官是久负盛名的音乐人黎锦晖,他对于聂守信似乎有特别的好感,经过两轮考试,终于被"破格"录取为小提琴练习生,而且因为耳朵敏锐,别人送了个"耳朵先生"的绰号给他,于是他索性就此改名"聂耳",开启了人生的艺术生涯。

1932年"一·二八"淞沪抗战爆发后,联华歌舞班因资金捉襟见肘而停办,但大家不愿散伙,决定成立"明月歌舞剧社",聂耳遂随原"联华"数十人一起搬至赫德路恒德里(今常德路633弄)65号。这幢楼系两层新式里弄,已经空关了两年多,积尘很厚,聂耳邀集几个社员进行了洗刷,房子遂焕然一新。整幢建筑与周边的民宅相比显得较大,底层做排练场,二楼是男演员宿舍,三楼是女演员宿舍。当年聂耳住在楼上最靠北的那个房间,常在底层练小提琴。

聂耳(前排左一)与云南学校学生乐团合影

一段时间以来,聂耳一直在思考"什么是中国新兴音乐"的问题。他在日记中写道:"音乐和其他艺术、诗、小说、戏剧一样,它是代替着大众在呐喊。大众必定会要求音乐的新的内容和演奏,并且有作曲家的新的态度。他们感觉到有闲阶级所表现的罗曼蒂克的、美感的、内心的情调是不适切的,是麻醉群众意识的。"当时,黎锦晖热衷于儿童歌舞音乐和通俗舞音乐,他的早期音乐作品大多为儿童歌曲,如《麻雀与小孩》《葡萄仙子》《神仙妹妹》《可怜的秋香》《月明之夜》等,后热心新音乐运动,转向《毛毛雨》等流行音乐的创作。所以,他们两人的音乐创作观是不同

位于赫德路恒德里65号的聂耳旧居

聂耳(左三)和同伴在集体宿舍门前合影

赫德路恒德里弄堂口

的。不久，聂耳以"黑天使"为名，在《电影艺术》上发表文章，公开批评前辈黎锦晖："我们需要的不是软豆腐，而是真刀真枪的硬功夫！"如此"唱靡靡之音，长此下去，人们会成为亡国奴"，并热情地呼唤黎锦晖："你想，资本家住在高楼大厦大享其福，工人们汗水淋漓地在机械下暗哭，我们应该采取怎样的手段去寻找一个劳苦大众的救主……你要向那群众深入，在这里面，你将有新鲜的材料，创造出新鲜的艺术。喂，努力！那条才是时代的大路！"

黎锦晖为女儿黎明晖伴奏《毛毛雨》

由此，聂耳被上海左翼文化运动领导人田汉注意到了。当他得知聂耳的经历和追求进步的愿望后，专门找他作了彻夜的长谈和交流。聂耳那时也正为所在歌舞团整天演出脱离社会现实的"靡靡之音"感到不满和苦闷，共同的音乐追求使他们一见如故。在田汉的影响下，聂耳参加了左联的音乐小组。1933年初，田汉还介绍他在徐家汇联华影业公司的摄影棚内加入了中共，并开始了他们之间的第一次合作，为影片《母性之光》谱写《开矿歌》。虽然聂耳比田汉小14岁，但两人都有相见恨晚的感觉。

1934年春，由夏衍领导的中共地下电影小组创立了左翼的"电通电影制片公司"，夏衍、田汉主持电影创作，司徒慧敏为摄场主任，袁牧之、应云卫为编导。《桃李劫》是公司成立后拍摄的第一部影片，剧本创作者袁牧之邀请聂耳为影片的主题歌谱曲。几天后，待田汉写好歌词后，聂耳立即投入创作，一首旋律明快，充满活力，具有进行曲风格的《毕业歌》很快宣告完成。随着《桃李劫》在金城大戏院的上映，《毕业歌》成为华夏神州流行的金曲。

紧接着，影业公司开始筹拍田汉撰写的文学剧本《凤凰涅槃图》，它描写的是30年代初期中国知识分子投笔从戎，参加义勇军英勇杀敌的故事。田汉在山海关路安顺里（今山海关路274弄）11号的家中奋笔疾书，还在此创作了影片主题曲的歌词，并把它写在文稿的最后一页，当时的歌名叫《军歌》。他写得很匆忙，因为国民党特务的追捕之手已经伸向了他。

中华民族不屈精神的怒吼

电影《桃李劫》海报

电影《风云儿女》海报

果然,一天晚上他在这里被以"宣传赤化"的罪名给逮捕了。据孙师毅回忆:"歌词是写在包香烟的锡纸背面,纸上有茶水渍,有些字被茶水化开了,不容易看清楚,他们一个字、一个字仔细辨认后,再抄录下来。"

最终,在躲过一劫的夏衍的领导下,田汉的文学剧本被改写成电影拍摄脚本,并征得田汉的同意,把影片改名为《风云儿女》。田汉等左翼文艺工作者的相继被捕,使年轻的聂耳满腔怒火,主动请缨,担当起为影片作曲的任务。当看到纸片上的歌词后,聂耳仿佛听到了母亲的呻吟、民族的呼声、祖国的召唤、战士的怒吼,爱国激情在胸中奔涌,雄壮、激昂的旋律从心中油然而生。

他在霞飞路(今淮海中路)1258号三楼居所内,琢磨着田汉的歌词初稿。这是一首自由体诗,各句字数不同,长短不一,聂耳在谱曲过程中,为增强歌曲的力度,作了三处修改:一是在歌词开头将"起来"与"不愿"完全分开,又在句末加

田 汉

诞生地 寻找中共在上海的红色基因

位于山海关路安顺里的田汉旧居

位于霞飞路1258号的聂耳旧居

上了休止符以作强调;二是将田汉歌词中的"冒着敌人的飞机大炮前进"去掉飞机,并在句尾也加上了休止符;三是在原歌词"前进! 前进! 前进!"后再增加了一个"进!"。他用短短两天的时间就谱写出雄壮的曲子,并将歌曲名称《军歌》改为《进行曲》。

1935年4月,上海的白色恐怖日益加剧,而逮捕聂耳的风声也一阵紧似一阵。为了保护新生的革命力量,经中共地下组织的安排,聂耳即将离开上海。就在出国的前一天,聂耳还到上海荆州路405号电通影业公司摄影棚,用简谱初稿试唱,听者感动得纷纷热泪盈眶。4月15日清晨,他带着刚完成的《进行曲》初稿,在汇山码头登上赴日本的邮船"长崎号"。客居东瀛期间,聂耳受到友好人士的热情接待,同时也看到军国主义分子磨刀霍霍,大肆鼓噪"扩大在支那利益",这段遭遇更激发了他的创作灵感,迅速将曲谱定稿寄回上海。电通影业公司收到聂耳的定稿后,组织专人,几经推敲,认为歌名无论是《军歌》还是《进行曲》,总感觉主题不太突出,最后决定在《进行曲》前面加上三个字"义勇军"。这样,一首表现中华民族刚强性格,显示祖国尊严、豪迈气概的《义勇军进行曲》诞生了!

遗憾的是,这成了聂耳短暂一生中的最后一个作品。几天后,他在日本神奈川县藤泽市鹄沼海滨游泳时,不幸溺水身亡,此行竟成诀别。从南京宪兵司令部监狱出来的田汉听到《义勇军进行曲》后非常兴奋,但惊闻聂耳遇难,他失声痛哭,作悼诗曰:"一系金陵五月更,故交零落几吞声。高歌正待惊天地,小别何期隔死生!乡国只今沦巨浸,边疆次第怀长城。英魂应化狂涛返,重与吾民诉不平!"

中华民族不屈精神的怒吼

聂耳在为《车歌》谱曲（版画）

田汉

田汉对聂耳的音乐才华赞赏有加，在他的遗物中有一张写着密密麻麻铅笔字的16开稿纸，上面是关于《义勇军进行曲》的说明："我和聂耳合作过好些歌曲。他没有受过正规的音乐教育，但他天赋甚高，有强烈的民族感情，又勇于学习。他的作品爽朗明快，善于处理别人很不易驾驭的语句。歌词中'中华民族到了最危险的时候，每个人被迫着发出最后的吼声'这句很不易驾驭，而他却处理得很自然、有力……"

聂耳

位于荆州路405号的电通影业公司摄影棚

诞生地 寻找中共在上海的红色基因

《进行曲》的创作手稿

人民音乐家聂耳

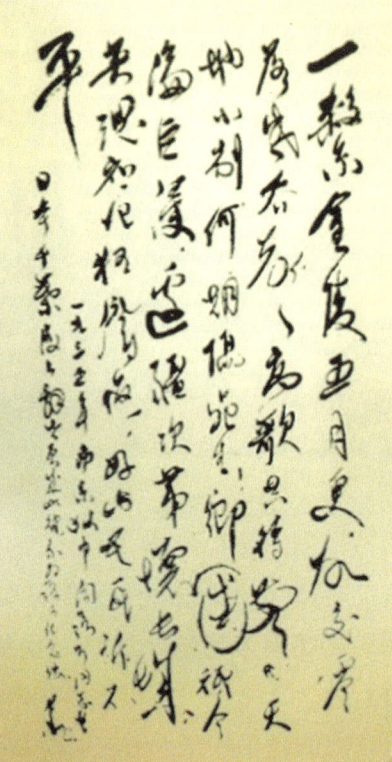

田汉悼聂耳的七律诗手稿

《义勇军进行曲》在小红楼录制

中华民族不屈精神的怒吼

《风云儿女》是在荆州路405号的上海电通影业公司摄影棚拍摄的。为了使《义勇军进行曲》录制获得更好的效果，影片导演许幸之请作曲家贺绿汀帮忙，找到侨居上海的俄裔犹太音乐家阿甫夏洛莫夫（Aaron Avshalomoff, 1894—1965），一起去位于徐家汇路1434号（今衡山路811号的徐家汇公园小红楼）的上海百代唱片公司，代为谱写乐队伴奏，并灌制了第一张《义勇军进行曲》唱片，将该录音再转录到影片《风云儿女》的胶片上。同年5月，影片制作完成后，在北京东路贵州路口的金城大戏院（今北京东路780号的黄浦剧场）首映，而它的主题歌《义勇军进行曲》很快响彻了大江南北、长城内外，被誉为抗战前线铿锵有力、震撼人心的旋律，成了中华民族不屈精神的怒吼。

中华人民共和国成立后，《义勇军进行曲》被定为中华人民共和国国歌。当鲜艳的五星红旗伴随着庄严嘹亮的国歌冉冉升起的时候，我们依然会怀念这两位勇敢无畏的音乐赤子在中华民族危亡之时，给我们留下的不朽歌词和旋律。歌词精粹，那是中国人民的灵魂凝聚；曲谱铿锵，那是中华民族的精神绽放！无不凝聚着中国人民对振兴中华的不懈求索。

位于徐家汇路1434号的上海百代唱片公司旧址

灌制唱片

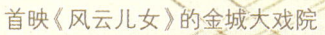

《义勇军进行曲》第1版唱片

首映《风云儿女》的金城大戏院

隐蔽战线斗争聚焦地

烟纸店老板的特种经营

——中共中央秘密印刷厂旧址

诞生地 寻找中共在上海的红色基因

位于新昌路99号的中共中央秘密印刷厂旧址

毛泽民

梅白克路（今新昌路）99号近凤阳路口，属于石库门里弄"祥康里"的街面房子，虽然它不是中共在沪创办的首家印刷机构，却是上海唯一保存完好的中共中央秘密印刷厂旧址。穿过祥康里的过街楼，绕到新昌路99号的后门，有"中共中央秘密印刷厂旧址"的铭牌，它默默诉说着九十多年前我党地下工作者的传奇经历。

1923年中共三大结束后，中共中央局从广州迁至上海。为了扩大宣传，中共中央决定派罗章龙、徐白民、恽代英等组成出版委员会。1925年五卅运动前后，革命高潮迭起，中共中央急需自己的印刷场所，出版委员会决定在上海开办地下印刷所，专门印刷秘密刊物和内部文件。那年冬天，毛泽东大弟毛泽民来到上海，担任中共中央出版发行部经理，主持印刷厂的创建工作。他化名杨杰，公开身份是印

烟纸店老板的特种经营

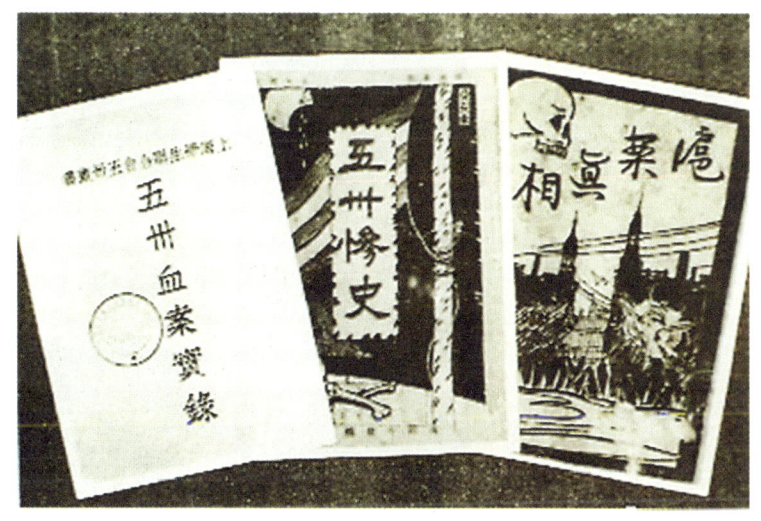

秘密刊印《五卅血案实录》

刷厂老板,还派人到韶山迎接毛特夫、毛远耀等人来上海,配合自己工作。

经过努力,1925年6月,党的第一个地下印刷机构"国华印刷所"开设在上海北站附近会文路125弄6号一条弄堂里的一幢两上两下石库门房子中。为防周围环境发生不测,房外特意挂上"会文堂印书局"的招牌,以此名义对外营业。那时印刷设备只有一部对开机、一部脚踏圆盘机、一副老五号宋体的铜模和三、四号字头的铅字等。三个月后,一名交通员在送党内文件校样至中共中央组织部途中,遭遇巡捕搜身,慌忙中将校样丢弃。机构工作人员估计印刷所有被查抄的危险,于是决定销毁印刷模板和印张等物品,停产迁厂,以防万一。

▼位于会文路的中共首家地下印刷厂旧址

▶地下印刷厂曾开设于青云路青云桥附近的隐秘处

诞生地 寻找中共在上海的红色基因

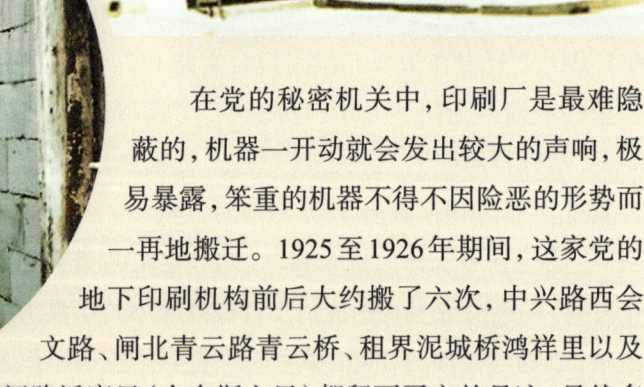

新闸路忻康里的地下印刷厂

在党的秘密机关中,印刷厂是最难隐蔽的,机器一开动就会发出较大的声响,极易暴露,笨重的机器不得不因险恶的形势而一再地搬迁。1925至1926年期间,这家党的地下印刷机构前后大约搬了六次,中兴路西会文路、闸北青云路青云桥、租界泥城桥鸿祥里以及新闸路忻康里(今东斯文里)都留下了它的足迹,虽然多次遇险,但总能逢凶化吉。即便如此,地下印刷厂仍然发挥出强大的战斗力,它先后承印了共产党和共青团的机关刊物,如《向导》《中国青年》《中国工人》《新青年》及其他一些临时性秘密文件,又承印了全国各大进步书店发行的马列主义书刊,把革命思想播撒到民众中去。

1927年春夏之交,国民党右派发动反革命政变,第一次国共合作失败。在白色恐怖笼罩下,中共报刊出版工作几乎陷于停顿。为了重建党的宣传阵地,11月初,党中央急调毛泽民重返白色恐怖下的申城,恢复党的出版发行工作,与郑超麟、彭礼和、倪忧天等人组成中央出版委员会。毛泽民首先在闸北爱而近路（今安庆路）春晖里创立了当时最大的秘密印刷机关"协盛印刷所"，刊印党内刊物《中央通讯》和中央理论刊物《布尔塞维克》等。为了应对国民党军警和租界密探的严密搜捕和层层检查，印刷厂的工友们巧妙地给革命刊物装订上各种伪装封面，如《中国文化史》《中国古史考》等，有时还用国民党机关刊物《中央半月刊》做封面来迷惑敌人，从而保证党中央的机关刊物和革命书籍源源不断地转送到读者手中，仅《向导》一本杂志向全国发行达八万份。

1928年，协盛秘密印刷厂被租界的"包打听"发现，巡捕房密探顺藤摸瓜，突然闯进印刷所。当他们发现车间里正在印刷共产党的宣传品时，便立即封锁了弄堂口，对印刷所大搜查，将全体工人集中关押在一间屋子里。"包打听"拿着几张刚刚印出的传单，恶狠狠地质问"杨老板"，毛泽民泰然自若，不漏破绽，咬定自己只是个为了赚钱而开印刷所的普通老板，"我是商人，不懂什么共产党！人家给的价钱大，又是现金，我为什么不干？我得养活厂里的几十个工人呢。"巡捕给毛泽民戴上手铐，秘密押解到一家旅馆，盘问不出个名堂，特务便大敲竹杠，以"印赤色刊物犯法"为由，索要十万元罚金。毛泽民随机应变，表示愿意出去设法筹款。特务认为反正"跑得了和尚跑不了庙"，在毛泽民交付了800元后，就将他暂时释放。

周恩来得知毛泽民被捕的消息后，立即部署了营救行动，而毛泽民按照中共中央"必须转移"的指示，一边公开登报出售机器、印刷所，迷惑特务，一边加紧拆卸印刷设备，隐藏于别处。隔了几天，特务到印刷所拿钱，不但找不到"杨老板"，连机器也毫无影踪，这才知道上了当，一场危机被机智地化解了。而这时的毛泽民已奉命离开上海，踏上赴天津重组秘密印刷厂之路。

位于安庆路春晖里的"协盛印刷所"遗址

诞生地 寻找中共在上海的红色基因

钱之光

1931年春,上海的情况有所松动,中央要求毛泽民返沪重操旧业,毛泽民和钱希均即刻在天津港乘上南下的轮船直达上海。回到上海后,他就与瞿云白(瞿秋白之弟)、钱之光商谈具体的筹办事宜。经过一番辗转,印刷厂落户在齐物浦路元兴里(今周家嘴路998弄146—148号)的两幢楼房。钱之光在回忆录中写道:"这个厂在齐物浦路周家嘴路元兴里146号至147号。印刷厂有两楼两底的两幢房子,紧紧挨在一起,对外是两家,即一边是印刷厂,一边开了一个绸布庄。瞿云白负责印刷厂内部的工作。我负责印刷厂对外的工作,同时还管理绸布庄的事情。我那时化名徐之先,由毛泽民同志领导。"为了使声音更小,他们还加厚了印刷车间的墙壁,增强隔音效果。瞿云白夫妇就住在印刷厂内,以住家形式掩护印刷厂。房间陈设完全是平常居家的摆设,一进房门是个小天井,往里走依次是客堂、后堂和灶间,印刷车间就安装在后堂。

通常,印刷所需纸张都是伪装成绸缎布匹运进绸布庄,然后再送进印刷厂,印好的文件也是经过伪装后,再从绸布庄运出去。绸布庄里装有电铃开关,电铃安在印刷车间。当外面有人进店铺时,就会按下电铃开关,印刷车间的人听到电铃响,就会停止印刷,以免被人听见印刷机的声音。如有突发情况,他们也会根据约定的电铃暗号,通知印刷车间采取紧急措施。这里最值钱的机器仅有一台四开的脚踏印刷机。即便如此简陋,大家还是在极其艰苦的环境下,克服重重困难,印刷了党内许多文件、报刊以及各种宣传品,把中央的方针、政策和主张及时传向各地,承担了传播革命理论、传递革命信息、播撒革命火种的重要使命。

元兴里附近工厂环境吵闹,适合办印刷厂,

安上电铃的印刷车间

机器轰鸣能掩盖印刷机的声音。可是刚开张几个月，钱之光发现有个叛徒在印刷厂附近的安国路菜场转悠，党组织商量后决定马上转移，相关人员先分散到几家旅馆，再由钱之光寻找落脚点。1931年端午节前后，他来到市中心，很快便看中了梅白克路（今新昌路）99号一幢新式红砖三层街面楼房。附近有电影院、跑马厅，周边马路弄堂四通八达，进退方便，不远处那幢远东第一高楼国际饭店正在建设施工中，机器声和打夯声整天不绝于耳，为印刷厂提供了绝佳的掩护。

搬到这里后，钱之光摇身一变，成了烟纸杂货店的"老板"。一楼紧靠街面卖杂货，二楼作宿舍，三楼用来排字、印刷和装订。屋外本有一道铁杆门，里面有一道木板门，钱之光又加了一道铁栅栏，三道门如同三保险，把印刷厂隐蔽得严严实

开绸布庄以掩护地下印刷任务

新昌路祥康里周边街面（素描）

位于新昌路99号的中共中央秘密印刷厂旧址

实,"夜里关上三道门,在木门上开个小窗。有人敲门,开窗探视,若形迹可疑,就采取措施对付。"

印刷厂搬过来之后,规模越做越大,人员也增加了不少,有十余人参与浇铸、印模、排字、装订、包装等工作,又添置了一台两相电动机,把脚踏印刷机改成半自动的电动印刷机,大大提高了工作效率。除了印制《党的建设》《中央通讯》《红旗周报》《布尔塞维克》《实话》等刊物外,还翻印了《共产主义ABC》《列宁主义问题》《国家与革命》等经典著作,以及大量的苏区文件和有关罢工斗争的传单。为了蒙蔽敌人,《红旗周报》常用其他刊物的封面作伪装,这一期是《实业周报》,下一期是《平民》,钱之光还设计过一个美女像封面,并配上了"摩登周报"四个醒目的艺术字,封底刊登菊花牌袜子广告。国民党当局万万没有想到,共产党竟在眼皮底下摆开了作弄自己的强大阵势。

1932年夏天,在梅白克路印刷厂附近出现了几个可疑分子,钱之光立刻关了店门,寻找"新家"。在接下来不到一年的时间里,他又连续搬了三次家。先去了麦特赫斯脱路(今泰兴路)386号的一幢三层楼房,这几乎是印刷厂待得最短的一处。因为调试机器时,发现这幢房子是整体设计的钢筋混凝土结构,噪音很大,无法隐蔽,钱之光想尽办法来隔音,但效果都不理想,无奈之下只好放弃。下一个去处是武定路181弄12—14号的一幢西式洋房,房子质量很好,装饰也很讲究,况且印刷厂搬进豪宅,一般人不大会起疑心。可是没运转几天,钱之光发现新来的交通员经

《红旗周报》伪装成《实业周报》《平民》

常擅自行动,尤其夜里常常外出至深夜,让人很是猜忌。为了避免意外,印刷厂不得不再度搬迁至爱文义路(今北京西路)张家宅路73弄48号。这也是钱之光负责印刷工作期间的最后一次搬家。

尽管从1931年初开始,中共中央印刷厂完全转入地下,不再挂印刷厂招牌,而且排字、印刷、装订分开设厂,采用住家、庄号、货栈或其他工厂等形式出现,相对避开了敌人的注意,但是地下印刷厂的平静岁月总是短暂的。由于白区斗争环境的进一步恶化,党组织将钱之光等人转移去中央苏区,地下印刷厂也开始向外地迁移,完成了它在上海的光荣使命。

麦特赫斯脱路一带

爱文义路张家宅路一带

战斗在敌人心脏的"伪装者"

——中共中央特科机关旧址

诞生地 寻找中共在上海的红色基因

走进武定路930弄,迎面就能见到一栋红砖砌成的三层楼房,这栋占据了弄堂最大空间的14号楼(原武定路修德坊6号),1928年11月至1931年4月期间是中共中央特科机关所在地之一,那里曾经指挥过多场惊心动魄的战斗。

1927年党的八七会议之后,中共中央机关从武汉迁往上海。当时的上海,敌情特别复杂,帝国主义的巡捕房,国民党的特务、军警机构,地方上的流氓、帮会势力相互勾结,处心积虑地对付共产党,到处搜索共产党人的踪迹,破坏党的机关。不少共产党员和革命群众被追捕、遭暗杀,而个别经受不住考验的人又可耻地充当了敌人的鹰犬,给党组织的安全造成了极大的危害。

中共中央要在国民党军警宪特和租界巡捕暗探密布的十里洋场站稳脚跟,在敌人的眼皮底下开展工作,必须准确、及时地掌握敌人的活动情况,打击叛徒特务的嚣张气焰,从而保障党组织特别是中央机关的安全。为此,中共中央决定于当年11月成立中央特科。一年后,中央政治局常委会又决定由向忠发、周恩来、顾顺章组成中央特别委员会,周恩来主持特委工作。特委下辖中央特科,周恩来直接指挥特科,特科负责人由顾顺章担任。

特科的主要任务是保卫中央领导机关的安全,了解和掌握敌人的动向,营救被捕同志和惩办叛徒特务。特科设总务、情报、保卫三科。总务科(一科)负责设立机关,布置会场和营救安抚等工作,科长洪扬生;情报科(二科)负责收集情报,建立情报网,科长陈赓;

位于武定路修德坊6号的中共中央特科机关旧址今貌

保卫科（三科，也称"打狗队"或"红队"）负责保卫机关、惩处叛徒、震慑敌人，科长顾顺章。顾顺章是中共特工史上一个重要且复杂的人物，从苏联受训回来后不久，先于陈赓参与中央特科工作，又是中央政治局候补委员，故而担任了特科的第一负责人。1929年下半年，"红队"的力量发展到顶点，拥有的四十多名行动队员几乎人人是神枪手，大部分人会伪装、会驾驶汽车，除了装备各种型号的手枪，还装备有化学手榴弹。随着革命形势的发展，中央特科后来又增设了无线电通讯科（四科），负责设立电台，培训报务员，开展与各地的通讯联络工作，科长为李强。

周恩来

中央在上海，首先需要开设各类店铺，如电器行、照相馆、布店、古玩店、诊所、木器店、通讯处或代办所，作为中央各机关工作的活动场所和联络地点，以确保安全。当时上海虽然空房较多，但租房要担保，要找到"殷实店铺"来具保则不容易。

周恩来指示，要千方百计去找各种社会关系来解决这个问题。于是，总务科既设法利用现成的店铺，同时自己也开设了各种店铺，如劳合路（今六合路）的泰亨源水电行、北四川路（今四川北路）老靶子路（今武进路）口的三民照相馆、静安寺路（今南京

中共中央特科储存武器的"三民照相馆"

诞生地 寻找中共在上海的红色基因

斜桥总会

周恩来题词

董健吾

西路)的古董店、泥城桥(今西藏路桥)东堍的木器店等,都是特科设立的联络点。后来,听说古玩店是探听青洪帮、黑社会动向的好窗口,中央特科至少设立了四处:即黄浦江边"伍豪"老板开设的"松柏斋古玩号"(1931年周恩来离沪去江西后,由特科中扮"红色牧师"的董健吾负责)、法租界的古玩店、静安寺路(今南京西路)斜桥总会旁的古玩店、爱文义路戈登路口的古玩店。

由于情报工作指导思想明确,中央特科成立不到两年,就已利用各种关系"渗透"到了上海租界巡捕房、国民党上海市政府公安局、上海淞沪警备司令部,以及国民党通讯社、地方法院等其他党政军机关,掌握了敌人致命的要害部门,截获了大量国民党核心机密,保证了中央机关的安全,对各地的革命斗争也起了重要作用。

1928年1月,国民党中央党部成立调查科("中统"前身),要在上海筹建调查机构,以反共为首要目的。杨登瀛得到蒋介石手谕,成为"中央驻沪特派员",独立于军警和侦察机关,直属于陈立夫。他同时又是陈赓手下陈养山的旧相识,毕业于日本早稻田大学,与

杨登瀛（后排右一）与国民党要人合影

"松柏斋"的古玩

张道藩有私交。陈养山发现，杨登瀛对共产党很有好感，又不愿意放弃做官的机会，于是将情况报告给了陈赓。在周恩来的直接干预下，特科决定启用这条线索，并由陈赓单线和杨登瀛联系。杨登瀛要求汽车、保镖和活动经费，特科尽力满足他，并要求他和上海党部、市政府、淞沪警备司令部建立关系。上海各种警察机构之间矛盾复杂，杨却能得到各方信任，他独立的身份又有权参加陪审。政治上，杨登瀛并不可靠，官架子很大，做事情总是两手准备，心思深，然而秘密工作却需要这样的人。1929年10月，陈赓为杨登瀛在北四川路大德里对面过街楼上成立了一个办事处，挂牌"国民党中央调查科驻沪办事处"。陈赓派女党员安娥去做秘书，杨登瀛一带回情报，安娥就及时抄送给陈赓。

陈 赓

严惩党内叛徒，避免我党机密泄露是中央特科的职责之一。1930年，黄埔军校学员黄第洪回到上海后就给周恩来写信，说自己已暴露身份，请周恩来给他在中央机关安排个工作。周恩来给他写了回信，约定同他进行面谈。一接到周恩来的信，他就给蒋介石写密信，以学生的身份告诉"蒋校长"，他在共产党里很不得志，有重要机密要直接同"蒋校长"面谈。不料，这封信正巧落入杨登瀛手中。7月26日，黄第洪按照约定时间准时到了城隍庙准备接头，以配合中统密捕中共要人。黄第洪刚刚在城隍庙西街口道边的树荫下站定，就见一个人骑着自行车由东向西飞驰过来，还没等他看清骑自行车人的面孔，只听

诞生地 寻找中共在上海的红色基因

中共情报人员安娥

"砰！砰！"两声清脆的枪响，冰冷的子弹已经穿透了他的胸膛。

罗亦农被捕后，特科通过在英捕房的内线很快得知，出卖罗亦农的就是他手下的秘书何家兴夫妇，而他们手中还掌握着十几处机关地址，对党组织的安全构成严重威胁。中央决定采取行动严惩叛徒。4月25日清晨，"红队"成功击毙叛徒，制止了叛徒的进一步出卖，保卫了中央机关的安全。1929年11月，出卖彭湃等人的叛徒白鑫在霞飞路（今淮海中路）和合坊71号门前被中央特科击毙。第二天，"霞飞路暗杀案"轰动了当时的上海滩，成为各大报纸的头号新闻。此外，"红队"还先后击毙混入党内的内奸戴冰石、国民党密探陈慰年等。这些行动，打击了叛徒的嚣张气焰，令敌人胆战心惊。

中央特科不仅从敌人营垒中将能为我所用的人拉出来，而且选择忠诚可靠而又精明能干的党员打入敌人内部去。1928年，国民党中央组织部调查科主任陈立夫指派徐恩曾开办无线电训练班，扩充特务系统，中央特科即派遣李克农、钱壮飞、胡底先后考入训练班。钱壮飞利用是徐恩曾同乡的身份，获取徐的信任，担任机要秘书。1929年底，徐恩曾奉命赴南京组建国民党特务组织"中统"，钱壮飞自然也化身为"中统要员"，并

李克农

钱壮飞

胡　底

且引入李克农、胡底卧底。钱壮飞公开身份是南京"长江通讯社"社长,胡底为天津"长城通讯社"社长,李克农则在上海主持无线电管理局。不久,钱壮飞完全掌握了徐恩曾的电报密码本。从他手中,蒋介石对江西革命根据地发动第一、二次围剿的命令,相关的兵力部署、时间等绝密情报源源送出,为红军制定正确的战略决策,取得反"围剿"胜利做出重要贡献。

1931年4月,中央委派顾顺章秘密执行护送张国焘的任务,任务完成后,他继续逗留武汉,在德明饭店公开表演魔术,还到处张贴"化广奇"的海报,结果很快被一个叛徒认出了。他被逮捕以后,要求面见国民党高官,称可透露中共机密。在安排船只送他去南京告密的同时,武汉特务

潜伏在中统头子徐恩曾身边的钱壮飞

向中统头子徐恩曾连发了六封加急电报请示。当时恰逢周末,徐恩曾等特务头子都去花天酒地鬼混了,电报均为潜伏在徐恩曾身边的中共特工钱壮飞所截获。在这千钧一发之际,他利用密码译出电文,并派自己的女婿赶去上海找李克农报告,抢在敌人前面发出了警报。面对严峻的形势,周恩来沉着应对,并在陈云等人的协助下,机智果断地采取了一系列的应急措施,销毁文件,转移中央机关及主要负责人,切断顾顺章在上海所能利用的所有主要关系,最终化险为夷。第二天,国民党军警、特务、宪兵联合出动,对在上海的我党地下机关全面搜捕,想要一网打尽,但是空手而归。周恩来欣慰地赞誉这三把插入敌特机关的利刃为"龙潭三杰"。

营救被捕同志特别是党的重要领导人,是中央特科的另一项重要工作。一般营救会公开聘请律师出面辩护,合法营救。如1929年11月17日,时任中共江苏省委常委、宣传

中央特科（油画　作者：王金安）

部长的任弼时在上海被捕，敌人在他身上只搜出一张电车月票，并没有真凭实据，法庭审判时，特科请了上海著名律师潘震亚出庭辩护，结果任弼时提前出狱。有时会寻找内线、托人说情或行贿买通。1930年恽代英被捕后，没有暴露身份，特科通过内线找到捕房"打招呼"，后被判三年，特科又通过法院的关系使恽代英得到减刑。但届时恰逢顾顺章叛变出卖，即将出狱的恽代英因此而英勇牺牲。1931年春，关向应被公共租界巡捕房逮捕时，还被抄去一箱文件，其中一些重要文件内容如果被敌人得知，不仅泄露了党的机密，也极易暴露其真实身份。特科通过杨登瀛了解到这箱文件还在巡捕房，随即派刘鼎以"专家"的身份去巡捕房"鉴别"文件，最后鉴定结果是一批"学术研究资料"，把敌人骗了过去，关向应关押不到一年就被保释出狱了。

在以上两种方式均不能奏效，万不得已的情况下，特科也会采取武力劫持的方式，但很少成功。1928年4月15日，中共中央临时政治局常委罗亦农在上海爱文义路望德里1239号半（今北京西路1060弄）的中央联络点被捕。周恩来获知后立即组织营救，但由于罗亦农身份已暴露，敌人十分重视此案，严加戒备，营救未能奏效。1929年8月24日，因叛徒告密，设在新闸路经远里1015号的中央军委机关遭到敌人破坏，正在开会的中共中央政治局委员、中央农委书记彭湃等五位同志不幸被捕。当晚，周恩来主持召开紧急会议，布置特科营救。当从内线得知敌人准备将彭湃等人转押至龙华淞沪警备司令部的确切消息时，便决定在途中劫车营救。28日清晨，周恩来亲临现场指挥，特科人员化装埋伏在刑车必经的枫林桥附近，但因未能掌握好时机，营救未获成功。

这是一支活跃在隐蔽战线的传奇部队，他们是战斗在敌人心脏的"伪装者"，用生命的利剑刺破云雾重重的长夜，用一次次的"亮剑"行动有力地打击了叛徒和特务的嚣张气战斗在敌人心脏的"伪装者"

陈 云

潘汉年

焰,守护着中央机关的安全。然而,由于顾顺章的出卖,党的组织遭受了严重的破坏,周恩来离开上海前往苏区,陈赓隐藏去了天津,之后中央特科工作先后由陈云、潘汉年等人接管,继续用热血熔铸光辉的旗帜和不朽的丰碑,印证着莫斯科无名烈士纪念碑上的那句话——"你的名字无人知晓,你的功绩永世长存"。

隐蔽战线英雄群雕

"风语者"火种在四成里集结

——中共中央无线电训练班旧址

诞生地　寻找中共在上海的红色基因

李　强

张沈川

中共中央第一座秘密电台遗址

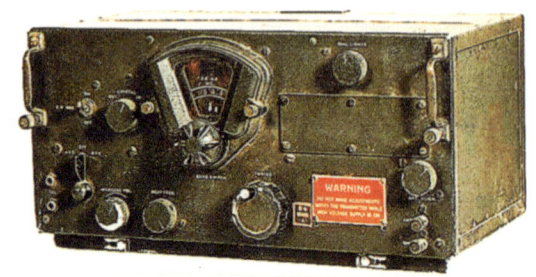
中共建立了历史上第一座无线电台

中央特科除了冲锋陷阵、惩处叛徒的行动科之外，还有一支专注于幕后工作的队伍，那就是专门负责秘密交通联络的"特四科"。战士们隐蔽在水陆交通线上，担任轮船水手、火车司机、茶房、乘务员或小商贩、客栈店主等，建立起党中央到各省区、各苏区根据地的秘密水陆交通线，同时还负责护送中共重要人员及武器、经费与文件的往来。然而，这要冒很大的风险，有时要付出生命的代价。

为了加强中央与各地的通讯联络工作，1928年6月，中共六大会议专门讨论了建立无线电通讯的计划。周恩来有意将这个"白手起家"自制、设置、保卫电台的艰巨任务，交给年仅23岁的中央特科无线电通讯科科长李强，并找来了中共上海法南区委所属法租界党支部书记张沈川。张沈川化名张燕铭考入上海无线电学校，结业后又在国民党军队的电台实习两个月，熟练地掌握了无线电收发报技术，不久又受周恩来指派去苏联学习无线电技术，成为中共第一位无线电报务员。

"风语者"火种在四成里集结

毕业于南洋学堂土木工程专业的李强是个奇才,不仅会自主研发电台,还会造枪。当他接受任务之后,就以无线电业余爱好者的身份,同当时在上海经营美国RCA无线电器材的亚美公司和大华公司的商人交了朋友,从他们那里购买了制造电台所需要的零部件和材料。然后照着《无线电杂志》上的线路图样,同张沈川一起,先组装收报机,再组装发报机。大概经过一年的时间,就把收发报机搞成功了。经过多年的反复考查、选址,中共历史上第一座无线电台于上海大西路福康里9号(今延安西路420弄9号)一幢三层楼新式石库门房里(现已改建为美丽园大厦)诞生,那年正是1929年的10月。

三个月后,李强带着自制的收发报机去香港九龙弥敦道建台。因为我们的电台功率太小,上海要跟苏区联系,必须经过香港中转。当时,他西装革履,手拿大铁皮箱子,把收发报机藏在里边。到了香港,看见英国警察,他给人家手里塞了几块银元,人家就在他的铁皮箱子上画个叉,表示不需要打开检验。

混入九龙后,香港与上海的电台正式通报,实现了中共首次远程无线电联络。当时的电文从香港发出,邓颖超在上海亲自译电,成为中共历史上的第一份电报。两台通报成功以后,由于福康里隔壁开设了一家妓院,英国兵每天夜晚来来往往,安全受到威胁,党组织决定将电台迁到公共租界静安寺路(今南京西路)赫德路福德坊1弄32号,这里两面墙外就是万国公墓,比较僻静安全。后来中央电台又迁到慕尔鸣路(今茂名北路)兴庆里17号,毛齐华夫妇兼做中央台的掩护人。那里的房间布置得比较阔气,有麻将、花瓶、古书、电炉、大衣柜、梳妆台等,收发报机就藏在大衣柜内,电瓶藏在楼板底下。为了避免发报时邻居电灯闪跳,引起人们惊慌和敌人的注意,工作人员往往等到深夜一点以后才开始工作。

值得一提的是,中共发电报所用的密码,是中央特科首脑周恩来发明的。他根据当时所获得的各种密码本资料,借鉴苏

香港九龙弥敦道

诞生地 寻找中共在上海的红色基因

联无线电通信的经验,结合汉字和阿拉伯数字的特点,反复钻研,终于编写出中共第一本通讯密码。由于周恩来早期在觉悟社从事革命工作期间,曾化名"伍豪",因此这套密码在党内被称为"豪密"。1930年春天,受过培训的伍云甫、曾三、涂作潮从上海到达江西中央苏区。后来在第二次反"围剿"中,红军缴获了国民党的一部100瓦电台,由此建立了中央苏区同上海党中央的无线电通讯。令人不解的是,国民党的密电屡被中共无线电部队破译,而他们截获的用"豪密"发出的中共密电,却始终无法破译。无线电通讯事业的开创,切实发挥了党的"耳目"和"卫士"的作用,为中共许多战役的决策提供了重要的情报。

随着党和革命事业的发展,党中央无论与不断壮大的根据地的联系,还是与白区隐蔽战线地下组织以及共产国际的联络,都需要更为便捷和安全的无线电通讯,这就需要采用集中办训练班的形式培训电台人员,正是在这样的背景下训练班急须上马。

位于慕尔鸣路兴庆里17号的中央电台旧址

1930年9月,一位头戴卷檐帽,身着深色长袍的年轻人多次奔走在法租界的巨籁达路四成里(今巨鹿路391弄),几经协商后租下了西南角12号那幢清水砖墙、人字屋顶的单进式三层小楼,对外宣称将开办工厂。没过几日,"上海福利电器公司工厂"的招牌就悬挂在两扇厚重的黑漆木门上方。经营此处颇具"神秘"色彩的富商就是代号"木匠"、不久前从苏联学习归来的涂作潮。他曾参加了震惊中外的"五卅运动",因身份暴露被中共选派到苏联莫斯科东方大学工人班留学,以后转入列宁格勒的伏龙芝军事学院,改学无线电通信技术。毕业后奉命回到上海,与李强接上了头。当时,党内懂无线电通信的人少之又少,涂作潮接受过正规学习,可谓是求之不得的"宝贝"。他被安排到李强负责的

"风语者"火种在四成里集结

中央苏区建立了同上海党中央的无线电通讯

涂作潮

中央特科无线电通讯科工作,着手秘密培养我党通讯工作的第一代报务人员。

中共地下无线电训练班就在巨籁达路四成里的这幢房子里创办了。负责人李强兼管机务,张沈川负责报务,涂作潮负责教话务,吴克坚分管行政财务,方仲如教电学兼管学员生活和政治学习。为了安全,训练班内设备需要各种掩护,底层橱窗里放置了一些待修理的收音机和零件,还布置了工作台、老虎钳、马达和待充电的蓄电池等,电台的天线架设于三楼晒台及屋脊上,利用各种伪装加以掩护。由中共广东、江苏、湖南、福建省委选派的16名学员分别住在二楼和三楼。

中央特科第一个无线电训练班旧址

诞生地 寻找中共在上海的红色基因

巨鹿路391弄弄口

电台的天线架设于三楼晒台及屋脊上

虽然挂着电器公司的招牌，可是这个工厂对外很少有业务往来，开办不久就引起了敌人的怀疑。一天，天空下着蒙蒙细雨，石库门房外吹着一股股寒风。涂作潮外出去购买油漆，报务教员张沈川在二楼指导大家练习发报。临近中午，六名侦探突然破门而入，用手枪指着众人大喊："不许动！"巡捕们开始翻箱倒柜地搜查，他们在三楼很快发现了来不及隐藏的电台零部件。

正当巡捕对张沈川等人逼问的时候，涂作潮手拎漆桶，莽撞闯入，他并没有看到三楼用来做暗号的花瓶已经移位。看到开门的是手持警棍的法国巡捕，涂作潮吃了一惊。眼看法国巡捕冲他大吼，他才急中生智，伸手索讨工钱："你们老板呢？欠我的油漆钱还没给我！"还要法国巡捕帮他"维权"，气得法国巡捕飞起一脚，晃了晃警棍说："赶紧滚开，再不走把你也抓起来！"侥幸脱险的涂作潮立刻赶往李强住处通报情况。随后，侦探们把张沈川等二十余人全部押上了汽车。

这一突发事件，在当时的上海引起了不小的震动，以至于当时颇有影响力的《申报》也于1930年12月18日的报纸上公开报道："(前一日)午12时许，市公安局局长袁良，忽据密报，谓现有大批反动分子，匿迹法租界巨籁达路四成里12号屋内，私设无线电台，图谋不轨，请速饬员往捕等情。袁局长据报,立即饬干探多人,持文至法捕房特别机关,请求协拿。捕头复派中西包探偕同前往,果在屋内三层楼搜获无线电听筒及电线多种,当场获得男女二十余人,一并带入捕房,经捕头略诘一过,即交来探带去归案讯办。"

事发后,张沈川等人被押往法租界巡捕房,之后又被引渡到国民党上海市警察局。在被羁押期间,任凭敌人施用各种极刑和软化手段,张沈川等人都用事先编好的口供对付敌人,始终没有暴露彼此之间的特殊身份。最终,敌人以"危害民国治安罪"将17人分别判处6至9年的徒刑。事后,李强和没有被捕的涂作潮等人吸取教训,采取更加隐蔽的单线联络和家庭补习的方式,继续为中国革命事业培训急需的无线电人才。

1936年,经党组织营救,张沈川等人获释出狱,保留了我党无线电事业的仅存火种。历经百年岁月的洗礼,曾经用作暗号的那只花瓶已无处可寻,而四成里旧址却留下了过往的记忆,让每一位寻踪者在这里接受"风语者"发出的一段段红色电波……

瑞兴坊的电台收到了中央红军到达陕北的消息

——路易·艾黎旧居

诞生地 寻找中共在上海的红色基因

路易·艾黎

在静安寺的西面,有一条幽静的小路,名叫愚园路。马路的两旁种植着高大的法国梧桐,绿树掩映之下,坐落着一幢幢不同造型的西式洋房。往西走到瑞兴坊即1315弄口,有一块铭牌,标明该弄4号一幢英国式花园洋房内,1932至1937年曾经住过一位伟大的国际主义战士——新西兰作家、共产党员路易·艾黎(Rewi Alley)。

1897年12月,路易·艾黎诞生于新西兰坎特伯雷地区斯普林菲尔德镇。曾获惠灵顿维多利亚大学名誉文学博士学位。第一次世界大战期间,在新西兰第二远征军服役,因表现出色,荣获威尔士亲王勋章。

1926年,他被报纸上不断刊登的中国北伐战争的消息所吸引——到中国去!看看这个东方大国究竟发生了什么。

位于愚园路1315弄4号的路易·艾黎旧居

1927年3月13日,他乘坐一艘载运中国劳工回国的轮船,经菲律宾抵达香港。在香港逗留的三天中,艾黎听到蒋介石在上海发动"四一二"反革命政变的消息,于是换乘另一艘轮船,于4月21日抵达上海。

当时的上海正处于动乱之中,在周恩来亲自领导下的第三次武装起义中,工人阶级控制了上海。被工人胜利吓破胆的蒋介石,决定以武力制止共产党迅速扩大的影响。这个利用人民革命的浪潮夺取统治地位的新军阀,大开杀戒,使上海及其他一些地方笼罩在一片白色恐怖之中。

刚刚抵达上海的路易·艾黎,虽然不甚了解在此之前发生的事,但一踏上十六铺码头,他已感受到了仇恨的气息,在他经过一个码头工人身边时,竟然遭到了那人的唾沫。"为什么对我这样仇视?"他望着那个远去的工人背影叩问自己。当他进入租界,很快便得出了结论:上海当时有许多外国军队,工人中有强烈的排外意识。进入市区,他的惊讶变成了震惊,经过这场血腥的屠杀,他发现马路两侧的电线杆上,赫然挂着盛有人头的笼子!

艾黎到达上海的第四天,就在给家人的信中谈到这个城市贫富不均的现象:一面是住着宫殿式宅邸的"拥有巨大财富的人",一面是"辛苦劳动,比牛马还不如"的"处

1927年的上海

在工部局消防处供职的路易·艾黎

于最底层的阶级"。他感到这种制度有强大的社会基础,"我们在当时无能为力去改变它。"于是,经人介绍,他到上海公共租界的工部局消防处,担任检查工厂防火措施的见习官。几个月后,任该处督察员。他经常深入工厂,直接接触底层群众,把自己的工作时间和感情投身于有大多数中国人居住的街巷里。他花大量的时间学习中文和上海话,熟悉了解普通中国人的思想感情。在从事督察工作期间,最使艾黎痛苦的经历,是亲眼看到童工们所遭受的令人难以置信的折磨,他吃惊地发现这座被称为"东方巴黎"的繁华大都市背后隐藏着令人震惊的苦难。1929年,当他看到一批缫丝工会的工人在无锡被作为共产党残杀之后,他对在旧制度下可能进行改革的幻想破灭了,他开始意识到"只有进行根本的变革,才是唯一的出路"。

上海虹口消防队,前排右二为路易·艾黎

不久，艾黎搬到了愚园路这栋建于1912年的英国式双开间三层砖木结构的洋房里。该建筑坐北朝南，房屋的开间较大，但进深较小，前面有宽敞的露天水泥台阶直达二楼。宅前庭院围有花式水泥栏杆，院内种植着各种花卉草本。室内装修精致，热水汀、卫生设备一应俱全，硬木打蜡地板，花式钢窗，室内天花板四周饰有石膏线脚，外墙采用水泥方砖建筑，显得简洁明快。二楼左侧第一间为路易·艾黎的卧室，右侧一间为客房，中间是会客室和工作室。建筑的底层为主人的汽车房和厨房间。

路易·艾黎的居住地

1933年，艾黎结识了宋庆龄。早在北伐战争时期，他已开始从报纸上注意到有关宋庆龄和何香凝发起组织"北伐红十字会"，在武汉地区开展卓有成效的救护活动的报道。后来，宋庆龄到莫斯科，他又从美国记者文森特·希恩和安娜·路易斯·斯特朗的著作中了解宋庆龄的情况。直到现在艾格妮丝·史沫特莱带自己到莫里哀路的寓所，他才见到了宋庆龄本人，听她回顾20年代初期从广州脱险的往事。在宋庆龄的帮助下，他和马海德、史沫特莱、斯诺等一些进步的国际朋友成立了第一个国际性马克思主义学习小组，学习《共产党宣言》《雇佣劳动与资本》等马克思主义经典著作，还有关于剩余价值学说、土地私有制问题、社会发展史、亚细亚社会革命道路的论述，并结合国内外时事进行讨论。这类聚会不定期地在不同的地点举行。

在宋庆龄的鼓励下，小组成员与潘汉年、冯雪峰等中共地下党建立了联系，艾黎的政治生涯开始与中国革命发生传奇式的结合。由于他有任职租界工部局的洋人身份，加上居住在愚园路幽静的上流社会环境，因此中共上海党地下组织经常借此开展秘密工作。艾黎家顶楼的小房间里，架设了共产国际中国组的秘密电台，两个年

会客厅

路易·艾黎在学习

轻的德共女党员通过这部电台与进行长征的红军保持着通讯联系。

1935年11月的一天深夜,宋庆龄等人在艾黎寓所收到了红军长征到达陕北的消息,欣喜到当即共同为红军的胜利举杯祝贺,史沫特莱和正在筹办《中国呼声》杂志的美共党员马克斯·格兰尼奇夫妇都赶来参加。宋庆龄与艾黎等国际朋友频频举杯,庆贺长征的完满胜利。

艾黎的住所还经常成为革命志士的接头点和避难所,以解一些"不速之客"的燃眉之急。这里曾经掩护过从东京来沪的国际问题专家陈瀚笙,他以此成功躲避了租界当局的搜捕,后又在艾黎的护送下登上远洋轮船,由此脱离了危险。一天晚上,史沫特莱又陪同一个身材不高的"查尔斯"来到艾黎家,并在艾黎家住了将近一年。后来,艾黎才知道客人的名字叫刘鼎,是党中央委派驻东北军的代

▲路易·艾黎使用过的便携式打字机

◀路易·艾黎(后排右一)与宋庆龄等在香港合影

瑞兴坊的电台收到了中央红军到达陕北的消息

愚园路上"秘密电台"所在地

青年时期的路易·艾黎

表。刘鼎住在艾黎家期间,当局曾以查电表为名,搜查艾黎住宅的情况。当查到艾黎家时,他来不及拔掉电源线,好在工程师看到一个旧冰箱,断定是冰箱漏电引起电量增加,这样才化险为夷。

为了刘鼎的安全,艾黎在风声紧的时候,把他送到宋庆龄家里躲避几天。宋庆龄认为刘鼎最适合代表中共去张学良那里,并可以让张帮助刘鼎去陕北,于是就安排了董牧师与刘鼎接洽。刘鼎临走时把宋庆龄托他转的密信塞在锤子把内,又用台虎钳扳紧锤子头。到达陕北后,他参加了周恩来和张学良在延安的历史性会见,以后又奉派常驻在西安张学良将军的总司令部。

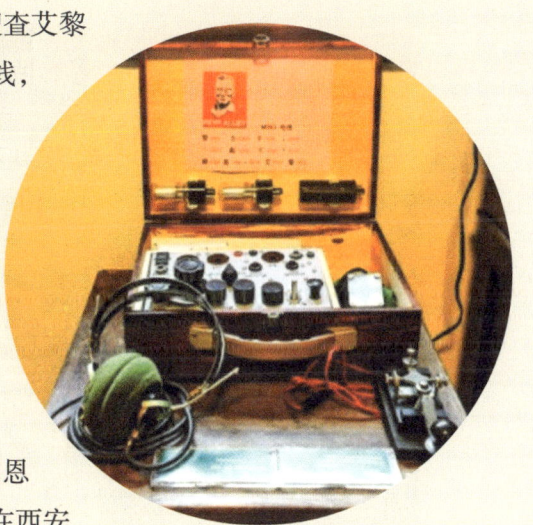

与前线红军联系的发报机

诞生地 寻找中共在上海的红色基因

刘 鼎

宋庆龄

1936年9月间,艾黎肩负着宋庆龄交付的秘密使命,北上西安与刘鼎接头。当时,红军在山西缴获了一大批山西的地方纸币,需要兑换成可以通用的中央法币。第二天,艾黎带着刘鼎交来的沉甸甸的白色大帆布袋子,辗转来到太原。入夜,他打开布袋,连夜清理好钞票,把钱分成三包,为太原城内仅有的三家钱庄各准备一包,每包约三千元。被枪弹

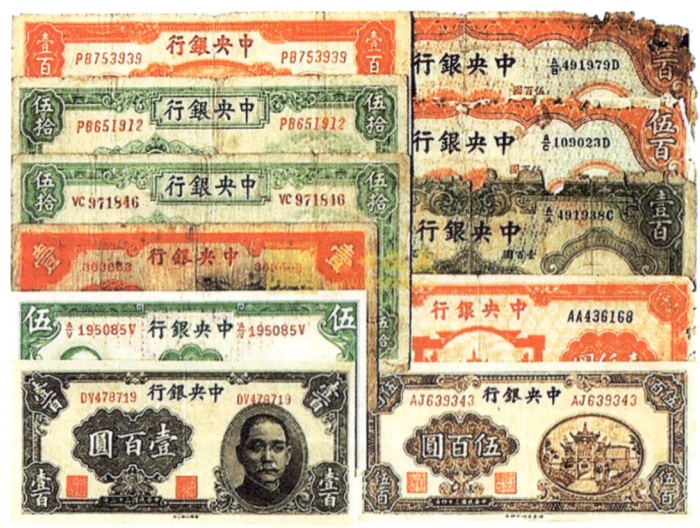
替红军兑换中央法币

路易·艾黎

穿孔或血污粘在一起的钞票,则分成另一包准备带回上海处理。第二天一早,他选雇了一辆最漂亮的人力车,出发去兑换那三包钞票。他镇定地走进钱庄,利用他的大鼻子,以冷静、镇定、略带着一点西方人傲慢的口气,告诉对方自己是华洋义赈会在上海的一名委员,迅速、机智、敏捷地赶在三家钱庄互相通气之前,光顾了每一家钱庄,将钱全部兑换好。后来这笔巨款交到了宋庆龄手里,经上海浙江实业银行的副总经理章乃器电汇给西安的刘鼎,成为我党在"西安事变"时开展各项工作的主要活动经费。他还同宋庆龄、史沫特莱一起,通过国际组织,为苏区伤病员购买药品,为红军根据地采购无线电器材。这些革命实践活动,使他逐步成为一名同情和支持中国革命事业的国际主义伟大战士。

最使艾黎不能忘怀的是,1937年日军占领上海后,宋庆龄离开上海的那个寒冷灰暗的冬天早晨。当时,宋庆龄打电话给艾黎,要他乘一辆出租汽车到家里来。艾黎到达时,见她正在和两位同意看管房了的外籍妇女喝临别咖啡。壁炉里燃烧着明亮的火焰,她说笑着与她们挥手告别,然后坐上了艾黎的车。李妈坐在前座上,手里提一个小布包袱。当她们从那些面目狰狞、虎视眈眈的恶棍们中间走过时,宋庆龄从容地挽着艾黎的胳膊,与他谈笑风生,旁若无人。他们没有遭到任何盘问,就出了关卡。

1937年10月,路易·艾黎从欧美各国考察后回到上海,耳闻目睹日本法西斯在中国的诸多暴行。他为失业工人中日常发生的骚乱和从战场上撤下来的伤残士兵的问题感到担心,于是他开始考虑如何以他在工厂督察工作中取得的实际经验,把劳力资源组织起来,建立抗战的工业。11月,艾黎和斯诺夫妇决定在非敌占区发起建立一连串的小工业

路易·艾黎与埃德加·斯诺夫妇酝酿发起建立工业合作社运动

"工合"运动的徽章和奖章

周恩来在武昌和艾黎(左一)、史沫特莱(中)等友人合影

合作社，给人们一个自救的机会。于是，先由艾黎起草方案，三个人又对方案进行修改，然后请上海《密勒氏评论报》的鲍威尔印成小册子，在上海各界人士中散发。1938年4月，上海第一个工业合作社促进委员会成立，艾黎为其指定了徽章，"工合"英文直译就是"一起工作"。不久，他辞去上海工部局工厂督察的工作，奔赴武汉，他的新头衔是中国工业合作协会技术总顾问、代理总干事。

从1927年在上海登岸，到1938年离开上海去武汉，艾黎在上海生活了11年。离沪那一年他41岁。

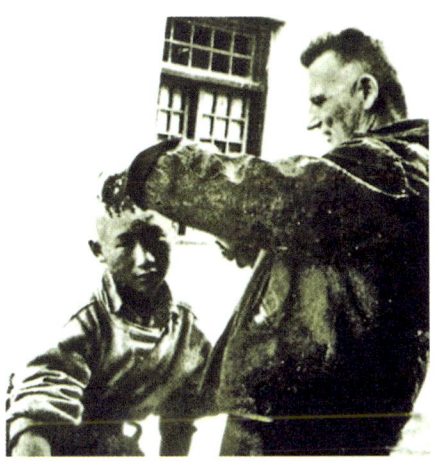

艾黎为贫苦儿童理发

艾黎在武汉筹组"工合"总会时，经常同斯诺去找周恩来研究关于工合组织的性质和人事安排等问题。周恩来鼓励他们要把这一事业进行下去。后来，"工合"在抗战中成为国际友人和海外华侨援助中国抗战的重要纽带，艾黎也成了"世界上最大的生产合作运动"的先驱。他与中国人民一道生活和工作了整整60个春秋，一生没有结婚，没有儿女，却在上海收养照顾了一批革命烈士的遗孤。

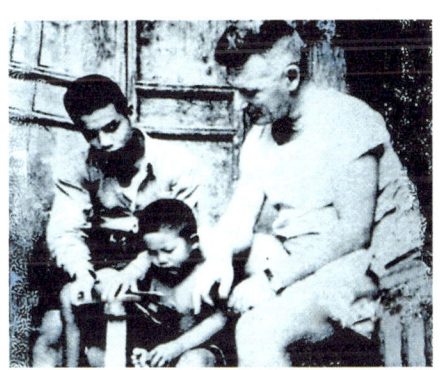

艾黎和他的养子们

艾黎从踏上中国的土地开始，仿佛再也没有离开过这片热土，与中国人民风雨同舟、患难与共，为中国人民的解放和建设事业奋斗了一辈子。对于这样一位杰出的国际主义战士，宋庆龄曾如此评价他难以抹去的光辉历程："当日本帝国主义侵略中国的时候，是他在内地创办了工业合作社，帮助我们培养年轻的一代。为了这项工作，他甚至牺牲好职业。当白色恐怖笼罩上海的时候，当中外特务追索共产党员的时候，是他把自己的家作为共产党员的避难所。当日本帝国主义占领中国的时候，是他在甘肃内地不怕任何艰苦的生活条件，为中国人民工作着。解放以前，他支持我们的文化革命运动，写了很多的书、诗与文章。当世界和平委员会派他去外国时，他为我们讲演和辩论。解放前和解放时我都了解他。……我极端相信他。他如白求恩大夫一样，是国际共产主义、马克思、列宁的信徒！"

三层阁楼里发出永不消逝的电波

——李白烈士故居

诞生地 寻找中共在上海的红色基因

李白到上海后的留影

1936年西安事变发生后,中共中央在上海设立办事处,周恩来派资深的老无线电人员涂作潮来上海筹建电台,接着又派田保洪为报务员,负责建立上海地下党组织与延安联系的空中通道。1937年8月,上海办事处改为公开的八路军驻上海办事处,电台由秘书长刘少文领导,报务工作由直接从延安调来的红五军团电台台长兼政治委员李白负责。

根据组织的安排,在贝勒路(今黄陂南路)148号一间临街的三层小阁楼里,设立了李白到上海后的第一个秘密电台。房屋的主人单志伊曾当过孙中山的秘书兼日语翻译,同情革命,为人正直,同李克农家又是世交,"四一二"事变时曾经保护过李克农,他的儿子单惠民是个医生。组织上认为由这样一个家庭作掩护,对设立电台比较有利。

李白住进贝勒路148号后,便把收发报机装在两只皮箱里,白天同主人家里的皮箱混在一起,到晚上11点后再拎上三楼,关紧门窗,挂上双层深色窗帘,换上5瓦灯泡,在灯泡周围蒙上一块黑布,然后开始收发报。为了安全,他把电台的功率从50瓦改为15瓦,因为上海与延安距离遥远,电台功率改小后信号更加微弱,为了能够清晰地听到党中央的声音,李白每次都工作到凌晨四点。通过电台,李白及时向党中央报告了日军的配备情况、侵略动向、国民党军队的防御情况等,同时也传递了党中央的重大决策和重要指示,为革命事业发挥了重要作用。

有一天,单惠民和他的儿子从外面回

在贝勒路148号设立第一个秘密电台

三层阁楼里发出永不消逝的电波

李白使用过的无线电设备

来,突然看到一个戴礼帽、穿绸衫的人从楼梯上下来,手里拎着的两只皮箱正好是李白的两只箱子。单惠民见此情形,急中生智,立即上前抓住此人胸襟,"啪啪"给了那人两记耳光,厉声问道:"你是什么人?来这里干什么?"

那人一下子跪在地上,说是生活困难才来偷东西的。单惠民借机厉声说:"念你未偷成,还不快滚出去!"那人狼狈跑出门外。单惠民立即通知李白不要回来了,接着叫了一辆黄包车,把李白的两只箱子送走。

1939年5月,党组织从安全考虑,专门调来地下党员、丝绸厂女工裘慧英与李白扮做假夫妻,住进蒲石路蒲石村(今长乐路339弄)18号开展秘密电台工作。一年之后,

长乐路339弄18号　　　　　　　位于蒲石路蒲石村18号的李白电台旧址

诞生地 寻找中共在上海的红色基因

李白和裘慧英假夫妻照

迁入威海路338号的"福声无线电公司"

两位并肩地下工作的战友产生了深厚感情,结成了风雨同舟的革命伴侣。李白发报前先把一圈天线挂在阁楼内墙根,一头露出窗台少许。为防止声音外传,从不开窗,夏天不透气的阁楼如同火炉,每发一次报,衣服都能拧出水来。裘慧英看着心疼,便也流着汗在一旁为丈夫扇扇子。冬天阁楼里不能生火,李白的手指头冻得僵硬肿大,仍强忍痛楚坚持发报。每次工作完,裘慧英都给他揉搓,直到发热。他们不分昼夜地辛勤工作,使中央的指示得以迅速传到上海,上海及周边地区的大量情报也源源不断地送往延安。

为了解决无线电台零件器材采购的难题,也便于职业掩护,由中共上海地下党出资,在威海卫路(今威海路)338号楼下新开了一家"福声无线电公司",由擅长修理的涂作潮出面当老板,作为"账房"的李白和妻子裘慧英也搬来建立新的电台,还调来一位青年党员做"伙计"。电台设在三楼一间只有四平方米的阁楼里,李白夜里发报,白天就跟着涂作潮学习装修电台。

当年的地下工作者回忆:"涂作潮对工作一丝不苟,但性格外向,有时为李白弄坏了一个小小的零件而大声训斥他,事后再向李白道歉。李白总是说:'你是老板,我是店员,还是学徒,出于这种关系的需要应该这样。'"其实,涂作潮对"徒弟"的印象良好,在《木匠的回忆》中他写道:"李白对业务学习很努力,大约只用了两三个月的时间,便能装配和修理电台以及制作一些零件。"

1941年春末,公司学徒的逃跑,给涂作潮、李白的安全带来严重威胁。那年秋天涂作潮向上级提议,既然李白的技术已学好,就必须"分家",以免出事时被敌人一网打尽。次年7月,李白夫妇转移到福履里路福禄村(今建国西路384弄)10号一幢三层楼房里。

两个月后,日伪特务侦测到了李白电台的准确位置,趁他正要发报时破门而入。然而就在"入"的几秒钟内,李白迅速扯掉了两根临时焊接的小线圈,把它们拉直、揉乱,丢在一边,这样收报机就成了收音机,但是夫妇两人并没因此而免除被捕入狱。刑讯中,李白虽遭敌人酷刑逼供,但始终坚贞不屈,一口咬定自己是为阔佬做生意而发的商业情报。当时此类私人电台在上海确实不少,加上敌特认为李白电台的功率不具备向延安发报的能力,同时党组织也请党外人士设法营救,日伪特务机关在关押李白九个月后,也就"顺水推舟",给那些"求情者"一个面子,将他保释出狱。

出狱后,李白化名李静安,在慕尔鸣路九福新村(今茂名北路141弄)6号以开设"良友商店"为掩护,继续从事地下工作。1944年秋,党组织安排李白打入国民党军委会的国际问题研究所当报务员,利用敌台为党继续秘密通信工作。当他乘船到浙江淳安时,装在箩筐里的电台被国民党查获。因有合法的身份,

位于建国西路福禄村10号的李白电台旧址

李白夫妇常利用儿子的帽子、尿布去接送情报

位于茂名北路九福新村6号的李白电台旧址

再加上组织的营救,李白第二次脱险。

抗战胜利后,李白被组织从浙江淳安调回上海,于1945年年底重建电台。他们先在黄陆路亚细亚里(今黄渡路107弄)6号设立电台,后又转移到15号。考虑到李白住处的危险性,组织上特地安排了党员潘子康、何复基夫妇住在楼下作掩护。

当时的电台虽然具有迅速、准确的特点,但它在通报的时候,有灯光和电键声音,电波感应还会引起附近居民的电灯忽明忽暗。为了解决这个矛盾,李白摸索出时间、波长、天线三者之间的规律,选择在人们都已入睡、空中干扰和敌人侦探相对减少的零点至四点之间为通报时间。从此,当人们酣然进入了梦乡,李白却悄悄地起床,把25瓦的灯泡拧下换成5瓦的,并在灯泡外面蒙一块黑布,再取一小纸片放在电键接触点上,这样就能避免光线透出窗外并不使声音外扬。零点一到,他首先向延安发出呼叫,让上海和延安之间架设起了一座"空中桥梁"。

1948年7月,国民党特务在李白电台周边地区,通过分区停电的办法侦察我地下电

三层阁楼里发出永不消逝的电波

陈云题写的牌匾

黄渡路107弄15号李白烈士的最后故居

台的位置。上级决定李白暂停通报联络,并加紧筹建预备电台的工作。但随着辽沈、淮海、平津三大战役的展开,解放战争进入战略决胜阶段,很多重要的军事情报急需及时报告中央。在这种情况下,李白小阁楼里的收发报频率越来越高。他及时将有关敌人海运、各军舰驻地和陆军部署、序列、长江江防计划等许多标有"十万火急"的重要情报发往延安。

可怕的危险还是发生了。12月30日凌晨,一封直接关系着渡江战役进程的国民党绝密军事计划必须及时上报,李白毅然打开了发报机。这时,担任警戒的妻子已发现几个可疑的身影在弄堂中徘徊,敌人已经开始向15号包围。为了中央能够及时获得这份重要情报,李白镇定地让

从容的李白

"同志们,永别了!"(剧照)

妻子将儿子赶紧送到楼下作掩护的同志家中,然后不顾自身安危,坚持发报。正当国民党特务在向自己逼近的危急关头,他向延安党中央发出:"同志们,永别了!"这成了李白烈士最后悲壮的告别。

国民党特务把李白押到淞沪警备司令部刑讯室,对他进行了连续三十多个小时的刑讯逼供,无论敌人以高官厚禄利诱,还是使尽坐老虎凳、钳子拔甲、针刺手指、火烧眉毛等酷刑,他始终坚贞不屈,以超人的钢铁般意志,坚守了党的秘密,从而成功地使上海地下党备用的电台得以迅速启用。

1949年4月,李白被秘密转押至国民党南市警察局蓬莱路看守所。在狱中最后一封家书中,他嘱咐妻子:"我在这里一切自知保重,尽可放心,家庭困苦,望你善自料理,并好好抚养小孩为盼。"他通过一位出狱难友发信给妻子,让她到看守所后面一家老百姓的阳台上与之隔窗相会。当时,他的双腿已被老虎凳压断,不能站立,只能靠难友的扶持,爬到窗口见妻儿一面。而那时的李白只关心解放军的胜利进展,他对妻子说:"天快亮了,我等于看到了,不论生死,我心里都坦然。"年幼的儿子张开双手说:"爸爸,抱抱我。"李白微笑着回答:"乖孩子,爸爸以后会抱抱你的。"这就是李白与妻儿最后的诀别。

5月7日,裘慧英又带着儿子去看望李白,他安详地对妻子说:"事到如今,个人的安

李白夫妇居住的房间和使用过的发报机

危,不必太重视。天快亮了,我无论生死,总是觉得愉快和欣慰的。"就在当天深夜,特务头子毛森根据蒋介石"坚不吐实、处以极刑"的批令,将李白押到浦东戚家庙秘密杀害。这时离上海解放仅有20天。上海解放后,党组织和裘慧英找到了李白烈士就义的地方,挖出了烈士的遗体,后安葬在龙华烈士陵园。

这栋由陈云题写牌匾的西式建筑已经老旧,却仍让人感觉到了它的深邃和内涵。李白一生是短暂的,而他的革命精神和崇高信仰,将化作一道道永不消逝的电波……

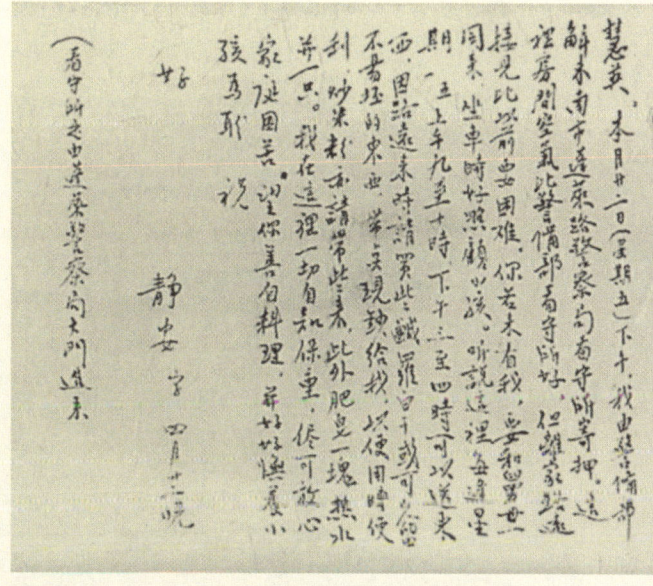

李白最后的家书

李白被捕前穿的长衫

李白烈士被秘密杀害处

"荣泰烟号"胖刘老板的秘密居所

——刘长胜故居

诞生地 寻找中共在上海的红色基因

在上海西区静安寺附近有一条闹中取静的愚园路,这条路上的81号是一幢鹅卵石外墙的三层欧式建筑。这里曾经是中共中央上海局秘密机关之一,也是时任中共中央上海局副书记刘长胜、郑玉颜夫妇1946至1949年的住所。2001年6月,这幢建于1916年的建筑整体自西向东平移了118米,而后又在此建立"中共上海地下组织斗争史陈列馆"。在这幢非同寻常的建筑内,记录了一段弥足珍贵的历史。

1937年6月,中央派曾参加过上海工人三次武装起义,后又在浦东奉贤等地领导过农民武装暴动的刘晓到上海,与潘汉年、冯雪峰会合,其主要任务是恢复和重建上海地下党组织。自临时中央撤离后,特别是在1934年6月、10月和1935年2月遭到三次大破坏之后,上海地下党几乎名存实亡。1936年10月,潘汉年就任上海办事处主任伊始,即与冯雪峰相商,组织了中共上海临时委员会,把恢复和重建上海地下党组织的任务,提到了办事处的议事日程上来。刘晓一到上海,即与潘汉年、冯雪峰等协商此事。根据中央指示,在冯雪峰领导的临委工作的基础上,组成了刘晓、冯雪峰和王尧山的中共上海三人

位于愚园路81号的刘长胜故居

"荣泰烟号"胖刘老板的秘密居所

刘晓

冯雪峰

王尧山

团,作为上海党的领导核心,潘汉年因工作关系未能加入,但对三人团的活动随时过问,一直保持着密切的联系。

"七七"事变之后,随着全面抗战的爆发,以上海为中心的抗日救亡运动风起云涌。根据周恩来的指示,决定把党的重建与领导抗日救亡的群众运动密切结合起来,使党的政治影响和组织基础在广泛的群众救亡活动中不断扩大。于是,在三人团下设工人工作委员会(简称"工委")和群众团体工作委员会(简称"群委")。"工委"由书记林枫和委员吴仲超、马纯古三人组成,领导各产业部门的秘密党团和支部;"群委"由王尧山任书记,沙文汉、王翰、王洞若、陈修良、彭柏山为委员,主要联系职业、文化、教育、学生、妇女界支部干事会和各界救国会秘密党团,加强对各界群众救亡团体的领导。上海地下党组织也在群众的抗日救亡运动中得到了恢复和重建。

1937年11月初,经过大家的共同努力,中共江苏省委在上海正式成立。刘晓任书记,潘汉年任副书记。不久,又先后成

刘长胜故居门外

诞生地 寻找中共在上海的红色基因

立了军事运动、工人运动、职工运动、学生运动、基督教学校学生运动、教育界运动、文化界运动委员会,以及妇女工作、难民工作、近郊区工作、情报工作委员会,开辟了上海地下党工作的新局面。

1947年5月,中共中央决定,将上海分局改为中共中央上海局,刘晓出任书记、刘长胜为副书记。为了掩护革命工作,刘晓安排自己在上海宁绍保险公司当经理,以后又当了上海关勒铭金笔厂的董事;刘长胜化名刘浩然,在常德路65号开办了一家"荣泰烟号"作为党的秘密据点,由于他体型稍胖,人称"胖刘"老板。1946年起,刘长胜将家安在愚园路81号。这里进出方便,附近有一条庙弄,非常闹猛,不易暴露;驻守机关的王尧山夫妇,在机关附近开了一家文具

刘长胜

刘长胜故居外景

位于常德路65号的"荣泰烟号"

"中共上海地下组织斗争史陈列馆"铭牌

"荣泰烟号"胖刘老板的秘密居所

位于福煦路916号的"丰记米号"

店兼卖杂货。交通由刘晓夫人张毅、刘长胜夫人郑玉颜、王尧山夫人赵先等担任。那时,一楼是理发铺和裁缝铺,刘长胜住二楼朝北,当时上海市委书记张承宗住三楼。刘长胜的掩蔽工作做得非常好。三楼张承宗家有电话,为了商量工作,刘长胜有时喊一声:"张师母,借你家电话用一用。"上了楼开始商量工作。楼里一共住了12户人家,邻居里有两姐妹是在国民党政府干活的。刘长胜平时灰布长衫,圆脸上架着宽边圆眼镜,与他们相处得很好,常常一起搓麻将,故有"麻将搭子刘胖"的美称,叫谁也不会想到其中两户人家是中共地下党的领导人。

用以藏文件的米缸

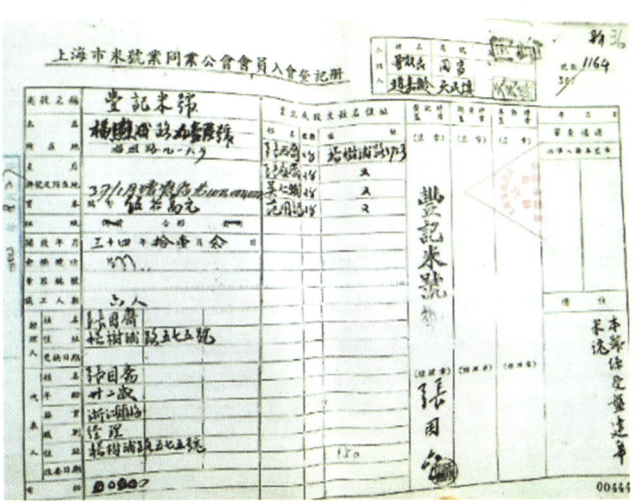

"丰记米号"在同业公会会员登记册内的档案

张承宗(左)、张困斋兄弟合影

他们还在福煦路(今延安中路)916号开了一家门面不大的"丰记米号",它的西头是犹太人维克托·沙逊建造的"哈同花苑"(今上海展览中心),东首是亚尔培路(今陕西南路)。这是刘长胜和张承宗回上海后建立的一个秘密联络站。米店的经理是张承宗的弟弟张困斋。账房赵茅兴、负责送米的勤杂工刘志荣,都是久经考验的共产党员,还有一个营业员王春生是政治上可靠的群众,做米店生意有丰富的经验。刘长胜和张承宗经常在此碰头,张承宗与中共上海学生运动委员会的负责人吴学谦、李琦涛等也在这里接头。当时米

福州路青莲阁茶馆

店的设施很简陋,没有专用的交通工具,刘师傅送米用的是两轮人力推车,即所谓的"老虎车",同时也兼作应变的对外警示标记:一旦发现这个店被查封了,他就把店里的老虎车倒下,表明店内已出事,告诉外面接头的人不要进来,有特务在里面等着。

张困斋每天上午要去福州路青莲阁茶馆内的粮食市场,调查上海粮食市场消费、来源地区和品种数量,目的是为上海解放后粮食供应做好准备。他常穿一套深藏青的中山装,说话带有宁波口音,待人亲切和气,跟左边文具店、右边酱油店的老板都交上了朋友。两家店老板那时对国民党还抱有幻想,张困斋常以日常所见的事实来揭露国民党的欺骗手段。后来又证明了他说的都是对的,那两位老板对他很佩服。一天,围着柜台的赵茅兴望着马路对面亚尔培路(今陕西南路)2号一幢花园洋房里的国民党军队便说:"这些家伙算什么东西,现在耀武扬威,一到前线就败下阵来。"张困斋很警惕地告诉他:"对面是国民党第26军的驻地,我们是在老虎口下开店啊,要格外小心。"不久,这支王牌军被派到东北打仗,这座花园洋房随即迁入中统特务机关,而它的一项重要任务就是抓中共的情报人员。中统机关的人有时也到米店买米,刘师傅就利用给他们送米的机会,千方百计与他们搭讪,了解一些情况,从而获悉该机

位于亚尔培路2号的中统特务机关遗址

张困斋(左)和秦鸿钧

诞生地 寻找中共在上海的红色基因

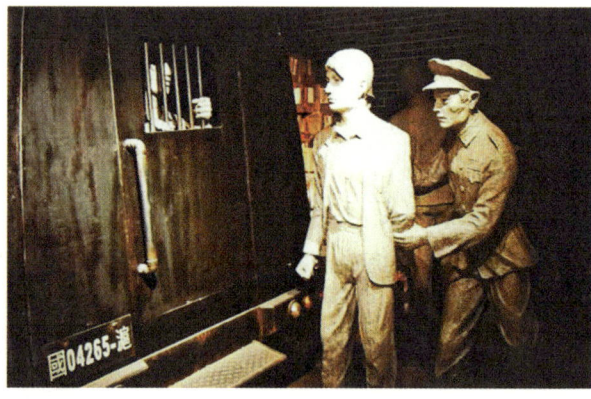

秦鸿钧被逮捕（蜡像）

三烈士追悼特辑

秦鸿钧使用的发报机

关的地下室里还关了共产党的政治犯。

中共上海地下党还在中山南二路新新里（今瑞金二路409弄）315号设立了一个秘密电台，报务员是山东人秦鸿钧，负责与中共中央进行无线电联络，张困斋是他的上级，负责向他输送发报的内容，秦鸿钧也把收到的上级电讯，通过张困斋交给他的兄长张承宗。但是，不幸的事情终于发生了。

1949年3月17日深夜11时，敌人终于通过仪器测得秘密电台所在的位置，包围了打浦桥一幢不起眼的民房，久经考验的报务员秦鸿钧和韩慧如夫妇被捕了。两天后的一个下午，张困斋按约定时间去秦鸿钧家联系工作，敲门时发现情况异常，立即转身离开，走到弄堂口便被守候的特务拘捕。他在狱中遭到酷刑拷打，受尽折磨，老虎凳把他的腿骨折断，灌辣椒水使他咳嗽吐血不止，但他始终坚贞不屈，没有透露党的任何机密。他和秦鸿钧以无比坚强的毅力，忍受超乎寻常的酷刑折磨，使党的组织和同志未受牵连。

3月20日清晨，张承宗得到国民党警察局的内部通报："前夜打浦桥新新里，破获

"荣泰烟号"胖刘老板的秘密居所

李白、张困斋和秦鸿钧三烈士追悼大会

中共电台,共党分子企图从屋顶逃跑未成,即被捕获。"他十分震惊,立即设法通知刘长胜和机要部门的有关同志迅速隐蔽。与此同时,"丰记米号"的刘志荣师傅一大清早来到米店,看到店门已经大开,里面坐着几个陌生人,断定他们是特务。他沉着应付,悄悄把"老虎车"倒放在门边墙头上,向外人发出店内已出事

刘长胜故居一楼客厅

诞生地 寻找中共在上海的红色基因

刘晓（右）与刘长胜运筹斗争策略（蜡像）

的信号，顺手拿起簸箕，装作倒垃圾的样子，从后门出去转两个弯，看看后面没有尾巴，就穿过小弄堂走了。他心急如焚地将此恶讯分别转告张承宗、吴学谦、李琦涛、赵茅兴等同志。

1949年5月7日，中国人民解放军向上海外围发动进攻的前夕，上海解放已经指日可待，垂死挣扎的国民党反动派的刽子手们，扛着上了刺刀的步枪，把张困斋、秦鸿钧等12位同志押到浦东戚家庙枪杀。就义前，他们警告敌特："你们的末日到了，解放军就要来了！"同时，高唱国际歌，高呼口号，显示出英勇不屈的气概。8月28日，在交通大学礼堂，隆重举行张困斋、秦鸿钧、李白三烈士追悼大会，中共上海市委送的挽联上写着："你们为人民解放事业而斗争到最后一滴血，你们的英名永垂不朽！"

刘长胜故居一楼吧台

"荣泰烟号"胖刘老板的秘密居所

随着解放上海时刻的临近,曾经领导上海人民为争取和平与民主而不懈奋斗的中共上海地方组织,开始转入与中国人民解放军里应外合解放上海的战役。他们在这个楼里,汇总了大量有关上海各个方面的调查材料,绘制了标有各种目标的地图,甚至将一些小弄小道、死活里弄也标示在内,这对后来解放军顺利完成解放和接管上海的任务,起到了关键的作用。同时,还筹集了必需的物资、武器、医药,给前线输血,做好人民解放战争的后勤保障。

刘长胜

在国民党特务的黑名单上,刘长胜"名列榜首"。1948年秋,国民党政府换发身份证,就是想搜捕地下党领导,包括上海局主要领导之一的刘长胜。但他们哪里知道,发动一次又一次斗争,弄得国民党团团转的刘长胜,一直安稳地住在愚园路81号这幢小楼里。解放上海前夕,刘长胜工作繁忙没回家,邻里的两姐妹惦记着"麻将搭子"哪里去了?等报纸来了方才知道——天哪,和解放军在一起的领导不就是隔壁的"山东大哥"吗!

迎接解放军的上海市民

"为了忘却的记念"
——龙华烈士陵园

诞生地 寻找中共在上海的红色基因

被捕（油画　作者：陈坚）

淞沪警备司令部押运"犯人"的囚车

刑房

1931年1月7日，在共产国际米夫的一手操控下，中共突然在上海举行六届四中全会，连中央委员都不是且又缺乏实际斗争经验的空头理论家王明，被推选为中央委员、政治局委员，夺取了党中央的领导权。这种非常会议遭到何孟雄、罗章龙、林育南、李震瀛、李求实等人的坚决反对。经过研究，他们决定召开一次会议，研究反对王明的措施。1月17日下午，他们分成两组活动。林育南一组在东方旅社，何孟雄一组在天津路中山旅社。后因叛徒告密而被捕，被解往和杀害于龙华国民党淞沪警备司令部监狱，并把他们的遗体集中丢埋在司令部后面一座方塔西北方附近预先掘好的土坑里。为了遮盖他们一手制造的罪孽，土坑上面未留任何标记。这样，就没有一个同志和烈士亲属能够确切知道忠骸的埋葬地点。从此，他们渐渐地被人们所遗忘。

1949年12月6日，《人民日报》发表了一篇《回忆欧阳立安的就义》的文章，作者是与龙华烈士之一欧阳立安（革命回忆录《我的一家》的作者、共青团江苏省委委员和上海总工会青工部部长）一同被捕坐牢的中共党员黄理文。根据他的叙述，严刑拷打也无法动摇林育南、李求实等人对党的信念，他们坚贞不屈，林育南、李求实等人还向党中央写信，

"为了忘却的记念"

走向刑场(油画 作者:王少伦)

详细汇报他们这次被捕经过和狱中斗争情况。林育南在狱中的墙壁上画了一面红旗,然后将自己的名字写在上面,其他难友也一一效法,以此表达誓死不屈的信念。胡也频在狱中写了一部尚未完成的小说,他已下了必死的决心,要求去找一个理发匠来理一次发。他说:"就义后给反动派拍起照来亦可威武一点。我就是做了鬼,对反动派也不会放松的!"

位于龙华路2591号的国民党淞沪警备司令部

诞生地 寻找中共在上海的红色基因

淞沪警备司令部龙华路出口

淞沪警备司令部大门

他最后遗言是想将手稿交给丁玲留作纪念。何孟雄全家被捕，早知不免一死，最放不下心的是两个被送到孤儿院的幼儿。黄理文还回忆了1931年2月7日那个风雪弥漫恐怖的半夜，他亲眼看见二十多位伤痕累累、镣铐加身的男女，在武装军警的威逼下列队而行，缓步来到淞沪警备司令部边上的一块空地，不久在上海西南角龙华镇上空响起了一阵密集的枪声。第二天听看守们说，共有24名烈士被乱枪打死于龙华淞沪警备司令部内的旷场上，伍仲文烈士连中十枪，仍站立着高呼"中国共产党万岁！"，直到中第13枪才倒下，并被集体埋葬于方塔旁事前挖好的大土坑内。他们之中有何孟雄、林育南、李求实、龙大道、恽雨棠、李文（女）、蔡博真、伍仲文（女）、欧阳立安、胡也频、柔石、殷夫、冯铿（女）、费达夫、王崑等党的优秀儿女，中国和上海工人运动的杰出领导人，左联革命

龙华24烈士雕塑

作家。这是国民党反动派血腥屠杀无产阶级革命者的又一起深重罪行。由于同伴们坚贞不屈，而叛徒并不认识所有被捕的人，黄理文等同期被捕的十余人没有被判处死刑。这十多年来，烈士们的身影已深深印在他的脑海里，难以忘怀。而正是这篇文章拉开了当年寻找烈士的序幕。

1950年3月22日，内政部向上海市市长陈毅发出了一封部令函，函中指示：他们"都是中国无产阶级最优秀的战士，为了追念革命烈士，希你府负责派员进行调查先烈等之坟址，详为勘验，如有塌毁之处，即予以修补，妥为保护为要，并将处理结果详报本部。"陈毅与潘汉年、盛丕华两位副市长传阅后，于当天将此部令函批转上海市民政局，要求从速调查处理具报。民政局即刻派骆洪生一行展开调查。

男牢

位于龙华路2591号的淞沪警备司令部旧址，最早是江南制造局一座兵工厂，创建于清朝同治年间。1917年改为龙华兵工厂，20世纪20年代始，该处也为上海地方军事

篱笆外挖了一个葬人的土坑

龙华革命烈士就义地

机关所在地，设有法庭、审讯处、军法处、监牢等，附近有刑场多处。1927年3月，北伐军攻克上海，国民党先后在此设立淞沪戒严司令部、淞沪卫戍司令部及淞沪警备司令部，直至抗战上海沦陷，为数众多的中共早期重要领导人和革命志士在此地及附近惨遭杀害。

骆洪生一面与龙华接管会的同志联络，一面来到龙华路2501弄1号当年淞沪警备司令部的刑场。那里已是一片草地、菜园，也有稀疏的林子和房屋，原有方塔早被日寇拆毁，分辨不出坟墓痕迹。经询问，龙华镇原兵工厂老工人吴福康提供了一个重要线索，他说："记得在抗日战争前几年，在现在的篱笆外一个坑内，的确有一次埋过二十几个被害者。"后又从家住烈士埋葬处附近、唯一亲眼看到当年实情的老农民鲁才宝那儿了解到更具体的情节。他说："在我30岁那年的12月里，有一天，我正在方塔附近菜田种菜，远远看到在方塔墙头外，有国民党士兵多人在挖一个很大的土坑。根据我以往见闻来推测，知道又有人要遭难了。过了两天，我又看到几个士兵用洋油桶掏净该土坑内的积水。就在当天夜里十一时左右，突然听到围墙里边——淞沪警备司令部里传过来一阵吓人的密集排枪声。第二天，我再走过那个土坑时，坑面已经填平了。我很奇怪，以往国民党杀人以后，总是从围墙的墙根洞中拖出尸体，叫老百姓去埋葬，而这一次却是一反往常？后来，听我父亲鲁步堂说，昨天夜里枪毙的是二十几个共产党，听说还有几个是女的。"调查小组认为，这两位历史见证人提供的线索基本上符合当时的实际情况，于是就由鲁才宝陪同，在现已变成

龙华烈士殉难地纪念雕塑

龙华革命烈士就义地纪念碑

菜田的一块土地上开始挖掘。在挖到一人多深的土层时,果然发现堆在一起的烈士忠骸,其中完整的为18具,另有几具零碎的颅骨和分离的肢骨,无法一一辨认。同时,在坑中还捡出已锈蚀变形的手铐、脚镣和已腐烂变质的女式羊毛背心(后来确认为是冯铿的遗物),上面还依稀可以辨认出那没有消褪的斑斑血迹。至此,被国民党秘密集体屠杀并深深掩埋达20年之久的24位烈士忠骸,终于在解放了的龙华故土上重见天日,最后确定龙华路2501弄1号为烈士就义地点,而上海龙华机器厂第5宿舍后面的场地(今龙华路2577号)为烈士安葬地。

冯铿烈士的毛背心

锈蚀变形的脚镣

被杀害的英烈图

广场入口处的"红岩石"

不久,已无法分辨的忠骸被集中安放在一口临时制就的大棺木内,并暂时埋葬于原处。5月,中央内务部同意上海市政府的意见,为24位烈士忠骸造一合葬墓,墓前立一纪念碑,刻上烈士的姓名与英勇斗争的业绩,在庆祝上海解放周年纪念时,为他们举行隆重的祭奠。8月,市民政局又将合葬墓迁往大场,与"五卅"运动顾正红烈士墓安放在一起。1963年,市政府将龙华革命烈士遗址区和龙华公园连成一片,辟建为上海市革命烈士纪念公园,该墓遗骸又移葬于陵园内,1981年还将烈士殉难处辟为纪念地。

1927至1937年间,国民党反动当局在这里关押、杀害了数以千计的共产党人和革命志士,其中有宣中华、孙炳文、陈延年、赵世炎、罗亦农、彭湃及"龙华24烈士"等,每年都有成千上万的革命后代和各界人士前来凭吊和瞻仰。1983年12月,烈士赵世炎的夫人夏之栩瞻仰了上海烈士陵园后,致函中共中央,建议在中共创建时期许多优秀干部牺牲地——龙华,建造一座与上海历史地位相匹配的类似于南京雨花台的"龙华烈士陵园",以缅怀先烈,继承遗志,教育后代。这一建议得到了邓小平等中央领导的赞同与肯定。1993年10月,民政部根据国务院批示,批准上海市烈士陵园迁入龙华烈士陵园一并建设,面积达到19万平方米,并完工于1995年。

龙华烈士陵园坐落在上海市西南的龙华古镇(今龙华西路180号),与千年古刹龙华寺、龙华塔毗邻,是一座设计新颖、规模宏大、功能齐全的现代化烈士陵园。龙华烈士陵园的主体建筑由入口广场、园名牌坊、纪念碑、纪念馆、烈士纪念堂和烈士墓地等建筑组成。入口广场上巍然耸立着一座由松江佘山赭红岩石叠筑而成的峻伟巨石,名为"红岩石",它以特定的思想意蕴点出了陵园的纪念主题。园名牌楼沿用中国传统的建筑式样,由邓小平题写的"龙华烈士陵园"六个鎏金大字镌刻在牌楼的额上,金光闪烁。纪念碑坐落在陵园南北、东西轴线的交汇点,是陵园的轴心。碑阳镌刻江泽民题词"丹心碧血为人民",碑阴镌

龙华烈士陵园牌坊

龙华烈士纪念碑

龙华烈士纪念馆

无名烈士雕塑

诞生地 寻找中共在上海的红色基因

独立·民主（雕塑）

解放·建设（雕塑）

刻中共上海市委、上海市人民政府署名的碑文。由陈云题写馆名的"龙华烈士纪念馆"，是陵园的主体建筑，高36米，建筑面积近一万平方米，其造型别具一格，素红色的花岗岩和状如金字塔般、湛蓝色的幕墙玻璃虚实对比，给人以强烈的时空感。

纪念馆以崭新的面貌在近六千平方米的基本陈列厅内，用文物、图照、场景和声、光、电等现代手段，展示了从鸦片战争至中华人民共和国成立后牺牲的革命先驱、英烈前仆后继的英勇事迹和爱国主义情怀。烈士墓区由烈士纪念堂、烈士墓和无名烈士墓组成，在百米长的30度的弧形人造坡上，安息着自"五卅"运动至新中国成立初期近1 700位革命烈士的英灵。烈士墓环抱呈圆形的烈士纪念堂，共同组成意为"日月同辉"的建筑造型。无名烈士墓在陵园南北主轴线的最北端，有一座雕像采取了大地艺术的表现形式，表现的是一个巨大有力的侧卧人物身躯，半埋于泥土，露出发达有力的脊梁，象征着无数烈士虽然已为民族而牺牲，却魂归祖国大地。前面供奉着一盏长明火相伴，昼夜燃烧的火焰，象征着烈士们生命之火不灭和革命精神永驻。

龙华革命烈士纪念地在陵园东北部，原国民党淞沪警备司令部大门、电话队用房、看守所等建筑相继复原,并通过一条阴暗狭长的地下隧道,通往僻静的24烈士就义地。这里重建了河塘、小桥、方塔、竹篱笆,地形地貌均依照当年情景恢复,一块山石上刻了"龙华革命烈士就义地"几个字,并树碑对各位烈士一一介绍。走进这阴森森的旧址,历史的沉重感便留在斑驳的墙壁上,锁在大青石的镣铐中,藏在鲁迅先生"不敢"来看的桃花里。先烈们用鲜血和忠骨才换来今天的岁月静好,可谓:"龙华千古仰高风,壮士身亡志未穷;墙外桃花墙里血,一般鲜艳一般红。"

这里曾经是囚禁和残杀无数共产党人和革命志士的魔窟,它与南京雨花台一样,遍地洒满了烈士的鲜血。它是国民党反动派罪恶历史的见证,也是记载着革命者高风亮节的丰碑。提起"龙华",便不由得想起鲁迅先生的文章《为了忘却的记念》。如果你读过历史的长卷,你会发现,在平庸的年代里,没有烈士,帧面上没有什么血迹;而变动的年代里,烈士一个一个地前仆后继,帧面上一片碧血。这个世界如果没有烈士将会怎样?是的,只有纪念才不会忘却!

且为忠魂舞(雕塑)